权威·前沿·原创

皮书系列为
"十二五""十三五""十四五"国家重点图书出版规划项目

BLUE BOOK

智库成果出版与传播平台

能源蓝皮书
BLUE BOOK OF ENERGY

中国能源发展前沿报告（2021）
REPORT ON THE FRONTIERS OF CHINA'S ENERGY DEVELOPMENT (2021)

"十三五"回顾与"十四五"展望

主　编／史　丹

社会科学文献出版社
SOCIAL SCIENCES ACADEMIC PRESS (CHINA)

图书在版编目(CIP)数据

中国能源发展前沿报告.2021:"十三五"回顾与"十四五"展望/史丹主编.--北京:社会科学文献出版社,2022.3(2022.7重印)
(能源蓝皮书)
ISBN 978-7-5201-9818-9

Ⅰ.①中… Ⅱ.①史… Ⅲ.①能源发展-研究报告-中国-2021 Ⅳ.①F426.2

中国版本图书馆CIP数据核字(2022)第035315号

能源蓝皮书
中国能源发展前沿报告(2021)
——"十三五"回顾与"十四五"展望

主　　编 / 史　丹

出 版 人 / 王利民
组稿编辑 / 周　丽
责任编辑 / 王玉山
文稿编辑 / 李惠惠　刘　燕　李小琪　王　娇
责任印制 / 王京美

出　　版 / 社会科学文献出版社·城市和绿色发展分社 (010) 59367143
　　　　　 地址:北京市北三环中路甲29号院华龙大厦　邮编:100029
　　　　　 网址:www.ssap.com.cn

发　　行 / 社会科学文献出版社 (010) 59367028
印　　装 / 天津千鹤文化传播有限公司

规　　格 / 开本:787mm×1092mm　1/16
　　　　　 印张:29　字数:434千字
版　　次 / 2022年3月第1版　2022年7月第2次印刷
书　　号 / ISBN 978-7-5201-9818-9
定　　价 / 198.00元

读者服务电话:4008918866

版权所有 翻印必究

中国能源发展前沿报告（2021）
——"十三五"回顾与"十四五"展望
编 委 会

编委会成员（按姓氏笔画排序）

王 震　王志轩　王能全　白云生　安丰全
孙宝东　杜祥琬　李伟阳　李俊峰　李瑞峰
杨 雷　吴 吟　宋雪枫　张玉清　张有生
陈 刚　陈宗法　徐华清　接道群　蒋莉萍
曾 鸣　雷仲敏　谭建生　戴彦德

主编简介

史 丹 中国社会科学院工业经济研究所所长、研究员、博士生导师。享受国务院政府特殊津贴专家。国家高层次人才特殊支持计划领军人才，中共中央宣传部"文化名家暨四个一批"人才工程。《中国工业经济》《经济管理》主编，中国工业经济学会理事长兼副会长，中国社会科学院能源经济研究中心主任，主要研究方向为产业与能源经济、绿色低碳发展等。主持国家社会科学基金重大课题、国家自然科学基金课题，国家发展和改革委、国家能源局、工信部等部委和省市委托课题百余项，在《经济研究》《管理世界》《中国工业经济》等顶级刊物公开发表各类文章150多篇，撰写专著30余部，获得国家级、省部级学术奖励30余项。

摘 要

2021年是"十四五"开局之年,也是能源行业困扰与机遇并存的一年。2020年9月,习近平总书记在第七十五届联合国大会一般性辩论上发表重要讲话,指出"中国将提高国家自主贡献力度,采取更加有力的政策和措施,二氧化碳排放力争于2030年前达到峰值,努力争取2060年前实现碳中和"。"双碳"目标的提出,为"十四五"能源发展注入了新动能、提出了新要求。

《中国能源发展前沿报告(2021)——"十三五"回顾与"十四五"展望》旨在反映中国能源发展最新动态,深度解析存在的问题,把握全球能源大势,聚焦当年发展焦点、政策重点、理论热点等主题,对"十四五"时期我国能源领域各行业发展趋势进行研判,并提出政策建议。

"十三五"时期,我国能源供给能力不断提升,能源供需结构不断优化;能源利用效率显著提高,能源需求增速逐步减缓;能源体制改革逐步深入,创新驱动成效显著;国际合作程度明显加深,全球治理能力有效提升;发挥脱贫攻坚保障作用,惠民利民成果丰硕。展望"十四五"时期,我国能源发展面临严峻形势。一是经济逐步恢复,能源需求开始反弹;二是能源格局开始改变,能源科技竞争日益加剧;三是绿色低碳目标强化,新型电力系统建设任务艰巨;四是区域性失衡进一步显现,能源安全风险更加复杂;五是大规模可再生能源上网带来较高的系统转型成本。因此,"十四五"时期我国能源发展的重要任务主要包括七个方面:一是加快能源转型,做好助力碳达峰、碳中和的排头兵;二是提高化石能源清洁利用水平,保证转型过程中的能源安全；三是以技术创新为驱动，推动现代能源电力体系建设；四是促进能源区域协调发展，支撑"双循环"战略部署；五是深化能源体制机制改革，加强低碳发展的制度保障；六是坚持节能优先战略，提高能源利用效率；七是推动能源高水平对外开放，加强国际合作。

报告全面系统总结了电力行业、可再生能源行业、煤炭行业、油气行业和核电行业在"十三五"时期取得的成绩，分析了这些能源行业存在的问题，对"十四五"时期能源各行业高质量发展提出了措施与政策建议。报告提出，"十四五"时期，电力行业发展重点是多措并举提升系统综合调节能力，有效控制能源电力转型的系统成本，形成科学的电价、碳价机制，进一步深化电力体制改革；可再生能源市场空间广阔，重点是通过规模化发展，助推能源结构转型；"十四五"时期，我国石油企业要全方位提升国际竞争力，重视投资效益，提升风险防控能力，推进"一带一路"油气合作高质量发展，加快推进全球资产优化，提高天然气领域投资，加强与周边国家互联互通，深度参与全球油气贸易市场，深化专业服务业务与油气投资协同发展，积极参与全球能源治理；提高煤炭兜底保障能力，制定煤炭行业战略转型长远规划；"十四五"时期，进一步加大核能科技创新的强度，核工业产业链、供应链将更加均衡发展、自主可控，核能发展的政策环境趋于完善。

报告围绕"双碳"目标与能源转型、新冠肺炎疫情与能源治理、中国能源安全、能源体制改革以及能源数字化、智能化与节能减排等能源领域中的热点问题进行了系统研究。报告提出，能源低碳转型发展是一项长期艰巨的任务，必须统筹好转型时期能源发展和安全的关系，妥善解决化石能源有序退出的一系列问题，推动可再生能源低成本大规模开发利用，构建适应能源供需格局变化的能源输配体系。报告提出在低碳发展背景下，应认清不同阶段的能源形势，从总体安全观的高度，多措并举，切实加强中国能源安全保障。报告认为，"十四五"时期，能源领域的发展与改革面临多种挑战叠加的形势，为适应高质量发展要求和新发展格局需要，能源行业仍需要在坚持系统观念的基础上，加强顶层设计，明确改革路径，调动各方积极性，科学制定改革方案，扎实推进落实关键环节与市场化改革。对于能源数字化的热点问题，报告系统提出以规划环节为先导，以政策统筹协调为引导；以加速融合发展为基础，以快速发展智慧电力系统为牵引；以破解体制机制壁垒、统一标准为保障，以建设数据中心为"牛鼻子"；以提升关键技术自主创新能力为根本，以商业模式创新为动力的转型基本思路。

报告从国际、区域及城市三个层面分析了我国区域能源转型、城市能源发展以及全球能源发展动态。报告提出，为推进我国"十四五"时期区域能源转型，在国家宏观层面，需要加强顶层设计和统筹谋划，坚持因地制宜和协同推进，强化机制创新和政策支撑。在区域行动策略层面，对于能源转型适配区，积极推动低碳前沿技术研究和产业迭代升级，抢占能源转型和碳达峰、碳中和技术制高点。对于能源转型错配区，加快将资源优势转变成产业优势，在边远、人口稀少等地区，以生物质能源为重点，大力发展农业农村分布式能源，大力发展移动能源技术，提高能源可及性，推进经济社会与生态环境相互协调发展。大力发展分布式能源，强化能源区域互济互保。报告认为，我国城市发展已进入转变发展方式、全面提升品质的新阶段。在实现碳达峰、碳中和目标背景下，城市承担起更多的脱碳责任，成为能源全面绿色低碳转型的主战场。未来，城市能源供应更加安全强韧，城市能源互联网将蓬勃发展，城市能源治理更协同高效。"十四五"时期，要转变能源效率提升方式，夯实能源安全保障基础，补齐能源基础建设短板，创新能源体制机制建设，更加注重绿色低碳理念的践行。

关键词： 能源行业 能源转型 能源需求 碳达峰 碳中和

目 录

Ⅰ 总报告

B.1 中国能源"十三五"回顾与"十四五"展望
……………………………… 中国社会科学院工业经济研究所课题组 / 001
   一 "十三五"能源发展取得的成就 ……………………… / 002
   二 "十四五"能源发展面临的问题 ……………………… / 008
   三 中国能源转型及情景展望 …………………………… / 013
   四 "十四五"能源发展的重要任务 ……………………… / 024

Ⅱ 行业发展

B.2 中国电力行业"十四五"发展展望
…………………………………… 中国电力企业联合会课题组 / 034
B.3 中国可再生能源行业"十三五"发展回顾与"十四五"展望
………………………………………………… 东方证券课题组 / 064

B.4 中国油气行业"十三五"发展回顾与"十四五"展望
.... 中国海油集团能源经济研究院课题组 / 095

B.5 中国煤炭产业"十三五"发展回顾与"十四五"展望
.... 国家能源集团技术经济研究院课题组 / 139

B.6 中国核电行业"十三五"发展回顾与"十四五"展望
.... 中核战略规划研究总院课题组 / 165

Ⅲ 热点分析

B.7 碳达峰、碳中和目标与能源转型发展研究
.... 国家发展和改革委员会能源研究所课题组 / 180

B.8 新冠肺炎疫情对全球能源治理及格局的影响研究
.... 深圳大学课题组 / 197

B.9 中国能源安全展望............ 中化能源股份有限公司课题组 / 222

B.10 "十四五"能源体制改革研究
.... 中国社会科学院财经战略研究院课题组 / 249

B.11 能源数字化与智能化发展前景
.... 国网能源研究院有限公司课题组 / 272

B.12 我国"十四五"时期节能提高能效发展展望
.... 国家发展和改革委员会能源研究所课题组 / 307

Ⅳ 区域与全球能源动态

B.13 "双碳"目标约束下的我国区域能源转型研究
.... 青岛科技大学课题组 / 329

目 录

B.14 我国城市能源"十三五"发展回顾与"十四五"展望
　　　　　　　　　　　　　国网（苏州）城市能源研究院课题组 / 358
B.15 全球能源发展动态研究 ………… 北京大学能源研究院课题组 / 387
B.16 后　记 ……………………………………………………… / 421

Abstract ……………………………………………………………… / 423
Contents ……………………………………………………………… / 428

皮书数据库阅读 **使用指南**

总报告
General Report

B.1
中国能源"十三五"回顾与"十四五"展望

中国社会科学院工业经济研究所课题组*

摘　要：　"十三五"期间，我国能源供给能力不断增强，能源供需结构持续优化，能源利用效率显著提高，高碳能源需求增长总体减缓；能源体制改革逐步深入，创新驱动成效显著；国际合作交流不断加深，全球治理能力有效提升；脱贫攻坚作用显著，惠民利民成果丰硕。"十四五"时期，我国能源发展面临许多挑战，主要包括能源转型存在技术短板，新型电力

---

* 执笔人：史丹，博士，中国社会科学院工业经济研究所所长、研究员、博士生导师，主要研究方向为产业与能源经济、绿色低碳发展；王蕾，博士，中国社会科学院工业经济研究所能源经济研究室副研究员，主要研究方向为能源政策、能源效率；袁惊柱，博士，中国社会科学院工业经济研究所能源经济研究室助理研究员，主要研究方向为农业经济、新能源发展与能源转型；李鹏，博士，中国社会科学院工业经济研究所助理研究员，主要研究方向为产业经济、能源经济；冯敬轩，博士，中国石油天然气集团有限公司中级工程师，主要研究方向为能源经济转型；马丽梅，博士，深圳大学中国经济特区研究中心助理教授、硕士生导师，主要研究方向为能源经济学。

系统建设任务艰巨，能源转型推动成本上升，安全风险呈现多样化，能源供应和转型成本增加等。"十四五"时期是我国实现"双碳"目标的关键期，能源部门是实现"双碳"目标的关键领域。在"双碳"目标约束下，能源结构需要有较大调整，本报告通过系统动力学模型进行初步分析预测，与无碳排放约束目标相比，2030年化石能源消费占比在"双碳"目标情景下将下降至70%左右，清洁低碳能源消费占比提高到24%；2060年化石能源消费占比降至31%，清洁低碳能源消费占比提高至64%左右。为此，"十四五"时期，能源部门要做好助力碳达峰、碳中和的排头兵，保障转型过程中的能源安全，推动现代能源电力体系建设，支撑"双循环"战略部署，加强低碳发展的制度保障，提高能源利用效率，加强国际合作。

关键词： 能源行业　能源供给　能源安全

一 "十三五"能源发展取得的成就

"十三五"时期，在"创新、协调、绿色、开放、共享"五大发展理念和"四个革命、一个合作"能源安全新战略的指引下，我国能源领域深入推进供给侧结构性改革，为经济社会的健康稳定安全发展、实现全面建成小康社会的第一个百年奋斗目标，推动经济由高速增长转向高质量发展做出了重要贡献。

（一）能源供给能力不断提升，能源供需结构持续优化

"十三五"期间，我国能源资源探明储量和基础设施建设取得了长足进步，为我国有序提升能源体系综合供给能力奠定了良好基础。能源供给侧结构性改革深入推进，供给质量不断提高。一次能源生产总量稳定增长，从

2016年的34.6亿吨标准煤增长到2020年的40.8亿吨标准煤。其中，原煤和原油占比持续下降；发电装机容量逐年增长，从2016年的16.51亿千瓦增长到2020年的22.01亿千瓦；可再生能源装机规模达到9.3亿千瓦①，为世界首位；发电量从2016年的6.13万亿千瓦时增长到2020年的7.78万亿千瓦时（见表1）。煤、油、气、核、新能源多元化的能源生产体系不断完善，且向化石能源逐步下降、清洁可再生能源逐步增加的方向发展。超额完成"十三五"煤炭去产能目标，关停落后煤电机组超过3000万千瓦，如期完成"十三五"规划提出的将煤电装机规模控制在11亿千瓦以内的目标。2020年，非化石能源消费在一次能源消费结构中占比15.9%，如期实现了非化石能源消费占比达到15%的目标。

表1 "十三五"时期我国能源生产情况

指标	2016年	2017年	2018年	2019年	2020年
一次能源生产总量（万吨标准煤）	345954	358867	378859	397317	408000
原煤占比（%）	69.8	69.6	69.2	68.5	67.6
原油占比（%）	8.3	7.6	7.2	6.9	6.8
天然气占比（%）	5.2	5.4	5.4	5.6	6.0
一次电力及其他能源占比（%）	16.7	17.4	18.2	19.0	19.6
发电量（亿千瓦时）	61331.60	66044.47	71661.33	75034.28	77790.60
水力	11840.48	11978.65	12317.87	13044.38	13552.09
火力	44370.68	47546.00	50963.18	52201.48	53302.48
发电装机容量（万千瓦）	165051	177708	190012	201006	220058
火电	106094	110495	114408	118957	124517
水电	33207	34359	35259	35804	37016
核电	3364	3582	4466	4874	4989
并网风电	14747	16325	18427	20915	28153
并网太阳能发电	7631	12942	17433	20418	25343

资料来源：国家统计局。

---

① 刘泊静：《资源配置显著优化 电网托举全面小康——"十三五"电网发展综述》，《中国电力报》2021年1月5日。

"十三五"时期，我国将减排治污指标纳入生态文明、绿色发展等绩效评价体系，减污降碳工作取得了显著成效，能源绿色发展水平显著提升，能源结构不断优化。2020年，煤炭消费在一次能源消费结构中的比重降低至56.8%，已开发利用的可再生能源规模达到6.8亿吨标准煤，替代煤炭近10亿吨，减少二氧化碳排放量17.9亿吨，减少二氧化硫排放量86.4万吨，减少氮氧化物排放量79.8万吨。[1] 火电机组结构持续优化，超临界、超超临界机组比例显著提高，全国实施煤电超低排放改造约4.2亿千瓦，实施节能改造约3.4亿千瓦。2020年，具备条件的30万千瓦级以上机组全部实现超低排放，全国实现超低排放的煤电机组累计约9.5亿千瓦。[2] 在散煤治理方面，京津冀及周边地区和汾渭平原农村治理工作完成较好，累计达到2500万户。[3] 同时，我国积极推进生物质能利用和光伏利用，如推广城乡有机废弃物等清洁利用，改善人居环境；积极探索光伏开发与生态修复相结合的新模式，将光伏发电、沙漠治理和种养殖进行融合，促进可再生能源开发利用与生态文明建设协调发展。

（二）能源利用效率显著提高，高碳能源需求总体减缓

"十三五"期间，能源领域在严格落实能源消费总量和能源消费强度"双控"制度的情况下，以年均增速低于3%的能源消费水平支撑了经济7%左右的中高速增长，能源利用效率显著提高。按2015年可比价格计算，万元国内生产总值能源消费量从2016年的0.6吨标准煤下降到2020年的0.5吨标准煤，能源消费强度持续降低。能源加工转换效率总体上保持在较高水平，特别是炼焦和炼油效率分别稳定在92%以上和96%以上，发电及电站供热总效率持续提高。

---

[1] 《国新办举行中国可再生能源发展有关情况发布会》，国家能源局网站，2021年3月30日，http://www.nea.gov.cn/2021-03/30/c_139846095.htm。
[2] 《生态环境部发布〈2020年度火电行业环境评估报告〉》，北极星电力网，2021年10月25日，https://news.bjx.com.cn/html/20211025/1183574.shtml。
[3] 《"十三五"期间中国生态环境质量总体改善》，"人民网"百家号，2020年10月22日，https://baijiahao.baidu.com/s?id=1681202735045269148&wfr=spider&for=pc。

随着能效的提高和产业结构的优化,"十三五"期间高碳能源消费增速逐步减缓、占比下降。一是煤炭消费总量完成了"十三五"规划中控制在50亿吨标准煤以内的目标,煤炭在能源消费总量中的占比持续下降,从2016年的62.2%下降到2020年的56.8%,完成了煤炭消费占比降低到58%以下的阶段性目标。二是石油和天然气消费增速分别从2016年的1.1%和13.1%下降至2020年的-0.5%和5.0%。三是一次电力及其他能源消费占比快速增长,从2016年的13.0%上升到2020年的15.9%,有力支撑了2020年电能在终端能源消费中的比重达到27%以上的目标,电力消费量从2016年的61205亿千瓦时增长到2020年的75110亿千瓦时。我国的能源结构逐步向低碳清洁化方向转变(见图1)。

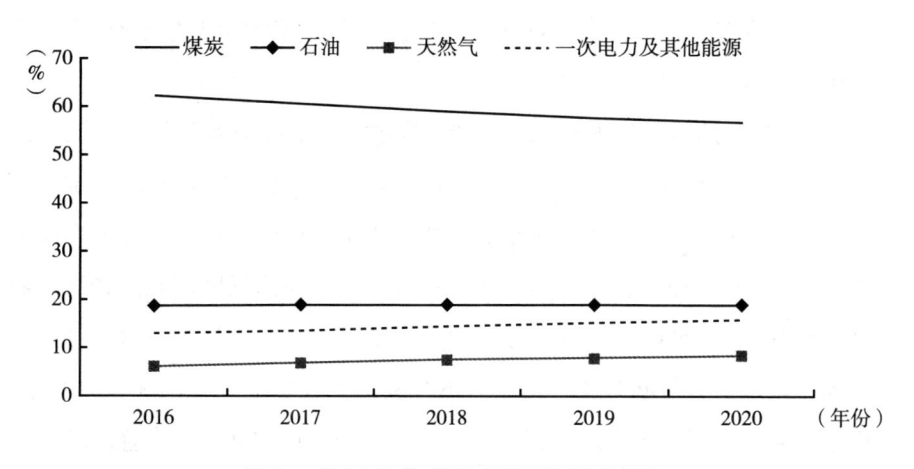

图1 "十三五"时期中国能源消费结构

资料来源:国家统计局。

(三)能源体制改革逐步深入,创新驱动成效显著

能源行业重点领域和关键环节的市场化改革深入推进,我国针对煤炭领域实施了"基准价+浮动价"的市场定价机制改革,有效克服了煤电双方在电煤供应上长期存在的"跷跷板效应"。2019年,全年电煤中长期合同比重超过75%、履约率超过90%。油气勘探开发市场有序放开,矿业权流转、

原油进口动态管理和管网运营机制改革等加快推进，多领域市场不断开放。随着原油期货的成功上市，以及天然气价格机制的逐渐完善，油气行业逐渐形成了多元化市场主体竞争的格局。电力市场体系建设取得一定进展，全国逐步构建起以中长期电力交易为"压舱石"、以电力辅助服务市场为"稳定器"、以电力现货试点为"试验田"的统一电力市场体系。在电力辅助服务市场方面，通过体制改革促进增发清洁能源累计超过2000亿千瓦时，增加系统调峰能力超过5000万千瓦。行业"放管服"改革深入推进，取消下放的审批事项占比达到72%，为市场机制发挥作用、市场主体创业和人民群众生活水平提升营造了更加便利的环境。通过改革，能源的商品属性充分体现，市场在能源配置中的决定性作用得到有效发挥，能源价格市场化有序推进，投资主体多元化、价格市场化、竞争公平化、营商环境健康化的现代能源市场体系初步形成。

"十三五"期间，我国能源行业持续推进能源科技研发和创新，从"跟跑、并跑"向"创新、主导"加速转变，能源自主创新体系初步形成。在煤炭领域，煤矿安全技术水平快速提升。截至2019年底，全国达标煤矿2042处，其中一级安全生产标准化矿井418处。[①] 在油气勘探开发领域，我国已系统掌握了3500米以浅页岩气勘探开发配套技术，且在高含水油田提高采收率理论技术与低渗透和稠油油田开发理论技术上处于国际领先水平。在输电领域，我国已经全面掌握了1000千伏交流和±1100千伏直流及以下等级的输电技术，能够自主研发、设计、制造和建设特高压输电工程，逆变器、数据采集与远程监控系统等关键设备均已实现自主化。在水电领域，我国已具备全球最大的百万千瓦水轮机组自主设计制造能力，且在特高坝和大型地下洞设计施工领域处于世界领先水平。在风电领域，我国已经具备最大单机容量达10兆瓦的全系列风电机组制造能力，国内风电装机90%以上采用国产风机，与国情相适应的低风速、低温、高原等兆瓦级新型风电机组已

---

① 莫非：《"基石"作用持续夯实　保障能力更加稳固——"十三五"煤炭发展综述》，《中国电力报》2021年1月13日。

得到广泛应用，大容量海上风电机组及关键部件国产化已取得重大进展。在光电领域，我国在晶硅电池和薄膜电池最高转换效率方面处于世界领先水平，光电产业在全球具有明显的竞争力。在核电领域，我国已掌握大型三代压水堆和高温气冷堆先进技术，具备自主研发百万千瓦级三代核电的能力，已具备较好的自主成套能力，每年能完成8~10套，压力容器和数字化仪控系统（DCS）等重大装备和关键材料已实现85%的国产化率。

（四）国际合作交流不断加深，全球治理能力有效提升

"十三五"期间，我国能源行业充分利用国内、国际两个市场，大力提高能源对外开放与合作水平，积极与共建"一带一路"国家建立能源合作伙伴关系，目前已经与29个国家开展了能源合作。中亚—俄罗斯、非洲、中东、亚太、美洲五大油气合作区基本形成，电网建设方面已与7个国家实现电力互联，与全球多个国家和地区开展水电和光伏产业合作。已成功举办2届中俄能源商务论坛、1届G20能源部长会议、1届"一带一路"能源部长会议和1届国际能源变革论坛等重要活动。

通过大幅放宽外商投资准入条件，为能源投资和贸易提供便利，为维护全球能源市场稳定积极贡献中国力量。我国坚持互利共赢原则，以负责任的大国形象积极参与全球能源治理，主动承担减排责任，增加自主贡献，承诺在2030年前实现碳达峰、2060年前实现碳中和。我国的国际影响力和参与全球能源治理能力大幅度提升。

（五）脱贫攻坚作用显著，惠民利民成果丰硕

"十三五"是全面建成小康社会的关键时期，能源作为保障和改善民生的基础产业，在决战脱贫攻坚和乡村振兴中发挥了重要作用。为了解决无电人口用电问题，我国在无电地区大力推进电网延伸建设，同时积极进行可再生能源独立供电工程建设，累计解决了上百万无电群众的用电问题。尤其是光伏扶贫成为扶贫增收新渠道。截至2019年底，累计建成投运光伏扶贫电站2649万千瓦，惠及全国1472个县、138091个村和418万贫困户，成为国

家"精准扶贫十大工程"之一。

能源在惠民利民方面发挥了积极作用。新一轮农村电网改造升级大大提升了全国农村电力供应水平，目前大电网覆盖范围内的农村已全部通动力电，电气化率和平均供电可靠率已分别达到18%和99.82%，年户均停电时间从"十二五"末期的51.7小时降低到2019年的15.4小时，综合电压合格率和户均配变容量分别从94.96%和1.67千伏安提升到99%以上和2.7千伏安。其中，实施的小城镇中心村农村电网改造升级工程覆盖范围较广，共惠及30个省（区、市）7.8万个村的1.6亿农村居民；17个省（区）和新疆生产建设兵团1061个县的160万个机井实现通电，惠及农田1.5亿亩。通过建设光伏扶贫电站，较好地实现了能源扶贫。"十三五"末已建成2636万千瓦光伏扶贫电站，给6万个贫困村的415万贫困户带来了真正的实惠。大力推进清洁取暖改造工程，2020年北方地区清洁取暖面积已达125.9亿平方米，比"十三五"初期增加了60.9亿平方米，清洁取暖率达60%以上，京津冀及周边地区清洁取暖率达80%以上。

二 "十四五"能源发展面临的问题

"十四五"时期，随着经济增长的恢复，能源需求将有所增长。在新冠肺炎疫情延续和"双碳"目标等因素影响下，我国能源发展将面临能源供需结构失衡、能源转型存在技术短板、新型电力系统建设任务艰巨、能源安全风险多元化、能源供应和转型成本持续增高等问题。

（一）经济增长逐步恢复，能源供需结构失衡

总体来看，未来5年全球经济复苏势头较为强劲，[①] 特别是2021年，

[①] 2021年10月国际货币基金组织（IMF）发布的《世界经济展望》报告中预测，2022年全球经济将增长4.9%。其中，新兴市场和发展中经济体GDP将增长5.1%，中国经济将增长5.6%，东盟五国（印度尼西亚、马来西亚、菲律宾、泰国和越南）将增长5.8%，印度将增长8.5%。在发达国家和地区中，美国预计增长5.2%，英国增长5.0%，欧元区增长4.3%，日本增长3.2%。

一些主要经济体预期将出现两位数的高速增长。在全球经济复苏驱动下，全球能源市场有望进入新的增长期。① 相比其他国家，我国经济恢复预期良好，能源需求预计会较快增长。2021年，能源消费预期增长2%，② 能源供需总体平衡，但局部地区季节性和阶段性的失衡仍存在。2020年，疫情冲击下经济持续低迷，能源需求断崖式下跌，供过于求导致大宗商品价格大幅下跌，一度出现负油价的失衡状态。2021年，全球疫情得到有效控制后，经济强劲复苏推动能源需求快速反弹，而受疫情冲击的部分能源产品供给不能快速满足需求变化，导致供不应求的现象不同程度存在，我国局部地区某些时段出现了用能用电紧张的状况，其中湖南、四川、重庆缺电问题较为严峻。"十四五"时期，这种局部地区局部时段的电力短缺与全国电力装机利用率下降、煤炭有效产能不足等现象将会并存。③

从2021年上半年我国能源供需发展形势来看，能源生产稳中向好，能源消费快速恢复。上半年，原煤产量同比增长6.4%，原油增长2.4%，天然气增长10.9%；发电量增长13.7%，其中，核电增长13.7%，风电增长26.6%，太阳能发电增长9.0%。油气进口发展态势发生分化，其中，原油进口2.6亿吨，同比下降3.0%；天然气进口5982万吨，同比增长23.8%；

---

① 国际能源署（IEA）《2021年世界能源展望》预计，2021年全球能源需求将增长4.6%。全球石油日均需求量预计比上年同期增加540万桶，同比增长6%；在电力行业的带动下，全球煤炭需求量预计将强劲反弹，同比增长4.5%；受亚洲和中东市场推动等因素影响，全球天然气需求量也将同比上涨3.2%。全球可再生能源发电量将同比增长8%以上，预计将达到8300太瓦时（TWh）。全球核能发电预计较上年增长2%。
② 北京理工大学能源与环境政策研究中心：《我国"十四五"能源需求预测与展望》，2021年能源经济预测与展望研究报告发布会，北京，2021年1月。
③ 2021年1月，受寒潮天气等因素影响，江苏、浙江、安徽、湖南、江西、四川、新疆等地出现电力缺口，各地采取了需求响应或有序用电措施。第二季度，蒙西、广东、云南、广西等地采取了需求响应或有序用电措施，广东、云南电力供应尤为紧张。从各区域的供需平衡情况看，预计华中、南方区域用电高峰时段电力供应紧张，南方区域形势尤为严峻；华北、华东区域电力供需基本平衡；东北、西北电力供需平衡有余。从省级电网供需平衡情况看，预计蒙西、浙江、安徽、湖南、湖北、江西、广东、云南、广西等省级电网在部分用电高峰时段电力供应紧张，或将采取需求响应或有序用电措施。其中，广东、云南、蒙西的电力缺口相对较大。参见中国电力企业联合会2021年7月23日发布的《2021年上半年全国电力供需形势分析预测报告》。

煤炭进口下降较快，进口1.4亿吨，同比下降19.7%。能源消费总量同比增长10.5%，占全社会能源消费六成以上的规模以上工业能源消费增长10.1%，天然气、水电、核电、风电和太阳能发电等清洁能源消费同比增长0.4%，煤炭消费总量下降0.3%。

（二）能源科技竞争日益加剧，我国能源转型存在技术短板

当今世界正经历百年未有之大变局，新一轮科技革命和产业变革深入发展，全球应对温室气体变化行动加速，能源产业发展进入新一轮革命周期。为了在新一轮科技革命中争夺主导权，大国之间的科技竞争将变得更加激烈。从能源领域来看，能源科技竞争主要集中在绿色低碳能源技术、小型模块化反应堆、能源区块链技术、电池储能技术、5G与能源深度融合技术、3D打印技术应用于太阳能电池制造工艺等领域。

从当前的发展情况看，我国能源领域的一些核心设备和关键零部件主要依靠进口，一些核心技术仍掌握在美国、日本、德国等发达国家手中，在能源细分产业的多个环节仍存在"卡脖子"技术问题。"十四五"时期，从实现"双碳"目标的要求来看，我国在电力基础设施网络安全、智能电网、先进核电、智慧矿山、煤炭清洁利用和新能源核心技术研发等重点领域仍存在薄弱环节，在氢能产业链关键技术和装备、天然气上游勘探开发、现代煤化工（技术、装备和催化剂）等方面需要加强技术攻关，解决技术短板问题。

（三）高碳能源占比高，新型电力系统建设任务艰巨

当前全球大多数国家能源结构已转向以油气为主，大多数发达国家提出碳中和目标时，经济发展已过了能源消费与二氧化碳排放峰值期，而我国是少数以煤炭为主要能源的国家之一。在生产部门，我国工业用能占终端能源消费的比例高达60%，钢铁、煤炭、化工、建材等高能耗行业的能源需求仍在增长。由于经济发展处于能源需求和二氧化碳排放上升的阶段，我国实现2030年前碳达峰和2060年前碳中和的"双碳"目标难度远远高于其他国

家。要如期完成"双碳"目标,我国需在"十四五"时期完成产业结构低碳化调整,同时构建绿色低碳新型电力系统。习近平总书记在中央财经委员会第九次会议中提出构建以新能源为主体的新型电力系统,为能源转型指明了具体的发展方向。

"十四五"时期,我国新能源发电装机规模将保持增长,"三北"地区大规模风光基地、西南地区水电基地和东部沿海地区海上风电基地将大规模入网,迫切需要加快电力系统灵活性和智能性改造,加快推动储能技术的发展与商业化应用,消除可再生能源并网发电对电力系统稳定性和安全性构成的隐患,构建新型电力系统。目前,我国新型电力系统在技术成熟度和商业运用成本方面面临一些难题。在能源生产格局方面,需要综合考虑存量优化、增量布局、环境影响等因素,推动能源供应体系实现多能互补及与经济社会系统实现整体优化,为支撑经济高质量发展提供有力的能源供给保障;在能源需求方面,要加强需求管理,以提高能源利用效率为目的,通过市场化和智能化等多种手段,以更低的经济和环境成本来满足能源消费需求;在能源体制机制与能源市场建设方面,需要让市场在能源资源配置中真正发挥决定性作用,同时充分发挥政府在市场环境、规划引导、绿色低碳等方面的监管、调控和引导作用。上述若干方面涉及一系列的技术、体制等问题,这些问题既是构建新型电力系统需要解决的难题,也是"十四五"时期能源体制改革需要解决的重点问题。

(四)能源供需缺口不容忽视,安全风险呈现多样化

我国能源资源与负荷中心呈现明显的逆向分布特征:油气、煤电和水电资源都集中在西部地区,风光等新能源都集中在"三北"地区,而能源需求主要集中在东部沿海和一些内陆省份。"十四五"时期,随着我国能源资源的生产力逐渐向优势资源地集中,能源供需不匹配的格局会进一步显现,如果不加以系统协调,在用能高峰季节,能源资源匮乏且负荷需求高的地区有可能出现缺煤缺电等问题,影响经济社会的发展和企业正常运行。

2019年，我国原油和天然气对外依存度分别超过70%和45%，高度依赖油气进口成为我国保障能源安全的短板。2020年，受疫情影响，我国油气产量未能达到预期。"十四五"时期，油气发展仍面临对外依存度会有所升高、储备和调峰能力不足等问题。目前我国储气能力约为年消费量的5.7%，远低于12%~15%的世界平均水平。"十三五"期间，天然气管道建设的总里程与《中长期油气管网规划》中的规划目标相比，存在一定差距。从目前的基础和建设能力来看，实现"十四五"时期建设目标的难度仍然很大。"十四五"时期，煤炭、石油、天然气仍将是我国的主体能源，其中，石油、天然气由于对外依存度较高而存在传统性安全风险；风电和光伏发电的不稳定和电力网络性特征，使其存在有别于传统能源安全的风险，这些风险更加具有不确定性和隐蔽性。风险的多样性使得我国能源安全面临较大的挑战。

（五）原材料价格高企，能源供应和转型成本增加

受疫情影响，2020年全球经济持续低迷，疫情加剧了供需结构短期失衡，使得大宗商品价格暴跌。为了恢复经济，主要发达经济体实施了一系列大规模的财政和货币刺激政策，如美国拜登政府实施了2.3万亿美元的基础设施投资计划。全球宽松的货币流动性促进了煤炭、石油、钢材、铁矿石、铜矿石、硅、钴、锂、稀土等大宗商品和原材料价格快速上涨，加上经济快速恢复出现的供不应求失衡矛盾的推动，使得大宗商品和原材料价格飙升。其中，煤炭、石油、光伏原材料硅等价格涨幅较大。[1]

---

[1] 截至2021年7月27日，布伦特原油期货价格已经由"负油价"上涨至73.96美元/桶；5500大卡的CCTD环渤海动力煤现货价格已从3月1日的571元/吨上涨到5月10日的865元/吨，涨幅达51.49%；中价卓创钢材价格指数从1月第3周的107.22点上升至7月第3周的132.77点，涨幅达23.83%，其中，长材、板材、管材、型材、棒材价格指数全部上涨；伦敦金属交易所（LME）的期铜价格大幅上涨，5月10日达到历史最高点10747.5美元。参见《国际油价最新消息：27日原油数据汇总》，金投网，2021年7月28日；《"煤超疯"再现，市场煤价还能涨多久？》，新华网，2021年5月20日；《8月6日LME金属综述》，生意社，2021年8月9日。

在"双碳"目标的政策导向下,全球正在加快推进能源低碳转型,风能、太阳能等新能源需求大幅增长,供应紧张的局面将会长期存在。煤炭和石油也进入了涨价的快车道。在能源生产成本升高的情况下,能源行业发展的经济效益有所下降,在能源转型过程中能源价格上涨趋势会较为明显,同时能源转型的难度和市场选择的余地也有所增加。对于能源需求规模巨大的中国,在以煤为主体能源的基础上推进能源低碳转型,实现"双碳"目标承诺,不仅需要承担上涨的能源供应成本,还需要承担可再生能源大规模上网的技术成本、经济成本和制度成本。

三 中国能源转型及情景展望

"双碳"目标驱动下,中国已承诺"将以新发展理念为引领,在推动高质量发展中促进经济社会发展全面绿色转型,为全球应对气候变化作出更大贡献"。[①] 以此为背景,本研究运用系统动力学模型,通过设置无碳排放约束下的基准情景和"双碳"目标情景,[②] 对中国能源转型前景进行预测。

(一)无碳排放约束下中国能源消费结构预测

在无碳排放约束情景下,2030年能源消费结构仍然以化石能源为主,

[①] 习近平:《继往开来,开启全球应对气候变化新征程——在气候雄心峰会上的讲话》,2020年12月13日,http://www.gov.cn/gongbao/content/2020/content_5570055.htm。

[②] 情景一:无碳排放约束下的基准情景。在这一情景下,化石能源的消费总量仅受到经济系统的增长速度与资源有限性两方面的影响。化石能源生产和消费不受其他方面的约束。
情景二:"双碳"目标情景。该情景下,产业升级、能效提升、节约循环理念深入等将使未来化石能源需求增速进一步放缓。电力系统深入转型,天然气和可再生能源快速发展,替代煤炭发电。脱碳负碳技术快速进步,成为实现"双碳"目标的主要途径。中型、重型货车燃料转向天然气,乘用车电动化率超过50%,对于化石能源消费有一定的抑制作用,尤其是对于石油消费。经济发展势头保持稳定,能源需求量温和增长,非化石能源较快发展、能源强度下降促进经济增长和能源消费脱钩,即依靠更少的能源消费实现经济增长。

化石能源消费占比76%左右，可再生能源消费占比18.5%。2030年二氧化碳排放总量达到123.7亿吨，2043年才能达到峰值132亿吨。2060年化石能源消费占比降至62%，可再生能源消费占比提高至33%左右。2060年二氧化碳排放总量逐步下降至106亿吨。

具体来看，石油消费量在2046年达到峰值，峰值为22.04亿吨标准煤；天然气消费量在2057年进入平台期，消费量将达到9.7亿吨标准煤；煤炭消费量在2030年进入平台期，峰值达28.91亿吨标准煤，但煤炭峰值平台期持续时间较长，2050年时仍然有24.9亿吨标准煤消费量；可再生能源和核能消费量逐渐增加，其中2060年可再生能源消费量25.39亿吨标准煤，占比为33%，核能消费量为3.62亿吨标准煤，占比为5%。

全国二氧化碳排放量在2043年达峰，峰值为132亿吨。由于该情景下，化石能源消费无约束，因此化石能源消费峰值主要是产量自然递减所导致，碳排放压力依然较大。2021~2060年累计排放二氧化碳4911.62亿吨。此外，由于能源消费结构过于依赖化石能源，2060年天然气对外依存度将达到50%以上，石油对外依存度接近90%，能源安全问题凸显（见图2、图3和图4）。

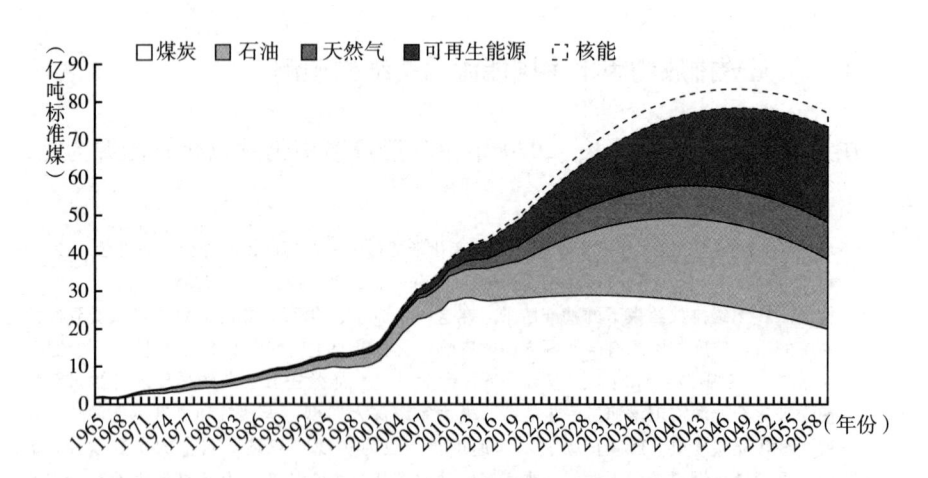

图2　无碳排放约束下中国能源消费结构演变趋势

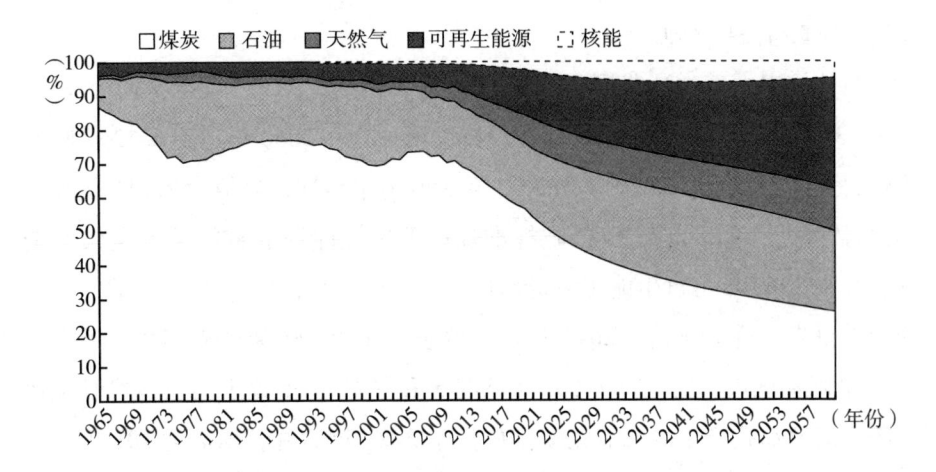

图3 无碳排放约束下中国能源消费结构中各类能源占比

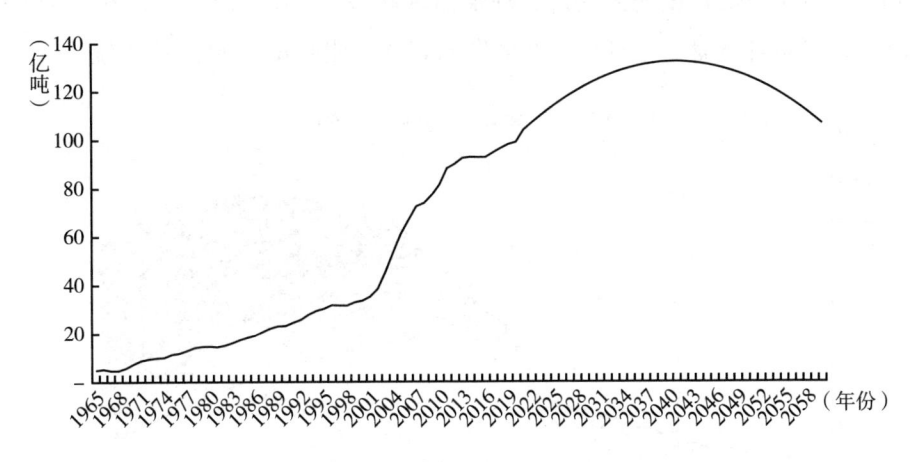

图4 无碳排放约束下二氧化碳排放量趋势预测

(二)"双碳"目标下的能源需求及其结构分析

在"双碳"目标情景下,2030年能源消费结构仍然以化石能源为主,但比重已经降至70%左右,可再生能源消费占比为24%。2021年化石能源消费引起的二氧化碳排放总量进入平台期,2023~2025年排放量维持在101亿吨左右,提前完成2030年碳达峰目标。2060年化石能源消费占比降至31%,可再生能源消费占比提高至64%左右。2060年,二氧化碳排放总

量逐步下降至31亿吨。

具体来看，石油消费量在2025年进入平台期，2035年达到峰值，峰值为11.34亿吨标准煤；天然气消费量持续增长，在2060年达到6.13亿吨标准煤；煤炭消费量从2020年到2025年为峰值平台期，峰值为28.11亿吨标准煤，2060年下降为5.21亿吨标准煤；可再生能源和核能消费量快速增加，其中2060年可再生能源消费量达31.68亿吨标准煤，占比为64%；核能消费量先上升后下降，2043年达到峰值4.13亿吨标准煤，2060年降至2.47亿吨标准煤，占比仅为5%（见图5和图6）。得益于煤炭消费量快速下降，能源消费产生的二氧化碳排放量于2021年达峰，峰值为101.2亿吨（见图7）。此外，由于能源消费结构对化石能源的进口仍有一定程度的依赖，石油对外依存度先升后降，峰值出现在2043年为76%，2060年降至58%；2060年天然气对外依存度将降至17%，能源安全问题有所缓解。

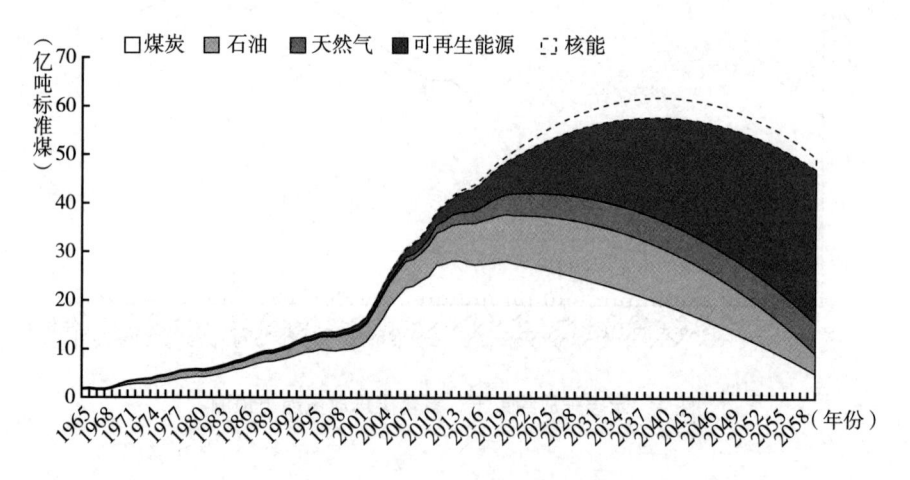

图5 "双碳"目标情景下中国能源消费结构演变趋势

对比两种情景，无碳排放约束情景下，虽然化石能源的大量使用能够促进经济较快增长，但同时碳排放也维持在较高水平，该情景下的经济增长会造成环境污染和气候灾害，极大增加了经济发展的不确定性。"双碳"目标情景下，经济可实现目标增速，同时可降低二氧化碳排放量，减轻能源安全的压力。

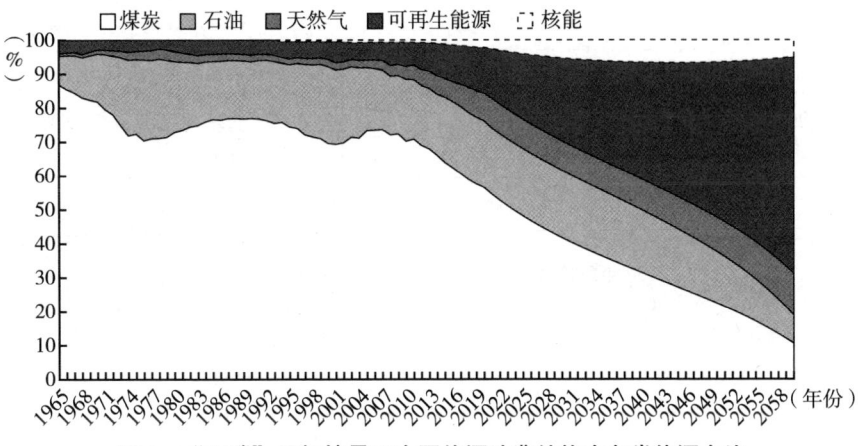

图6 "双碳"目标情景下中国能源消费结构中各类能源占比

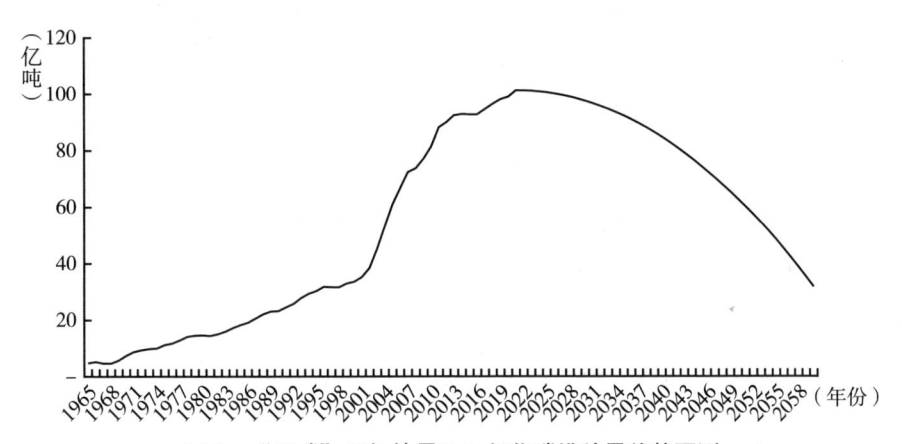

图7 "双碳"目标情景下二氧化碳排放量趋势预测

表2 国内外有关机构对于能源结构及"双碳"目标预测

单位或机构	碳达峰峰值与对应时间	非化石能源占一次能源比重
清华大学气候变化与可持续发展研究院	国家自主贡献（NDC）政策情景下，2030年左右达峰，峰值约为110亿吨；2℃情景下2025年前达峰；1.5℃情景下2020年达峰	NDC政策情景下，2030年非化石能源占一次能源比重为25%；2℃情景下，2050年非化石能源占一次能源比重为73.2%
中金公司	2028年前达峰，净碳排放峰值为130亿吨左右	国内光伏年需求有望达到700吉瓦，累计超过1.4万吉瓦。到2060年光伏将占我国能源供给比例的58%，非化石能源电力装机占比达100%

续表

单位或机构	碳达峰峰值与对应时间	非化石能源占一次能源比重
国家发展和改革委能源研究所	2030年前碳达峰 2060年前碳中和	2050年，中国风电将占能源消费的38.5%，光伏占21.5%
国网能源研究院	2030年前碳达峰 2060年前碳中和	2035年左右，非化石能源总规模超过煤炭；2030年后，风能、太阳能逐渐在非化石能源中占据主导地位；2050年，风能和太阳能占一次能源需求总量比重分别达26%和17%，2060年分别增至31%和21%
国际能源署(IEA)	2030年前碳达峰 2060年前碳中和	到2045年左右，太阳能将成为最主要的一次能源；2020~2060年可再生能源的发电(主要是风能和太阳能光伏发电)增加7倍，约占发电总量的80%
本报告预测	2023~2025年碳达峰 2060年前碳中和	在"双碳"目标情景下，2030年化石能源消费比重下降至70%左右，可再生能源消费占比24%；2060年化石能源消费占比降至31%，可再生能源消费占比提高至64%左右

专栏　研究假设与系统动力学模型构建

1. 研究假设

情景设置中主要有三项基本假设，分别为化石能源资源有限性，能源利用水平按照学习曲线模式提升，整个能源系统可再生能源占比提高导致能源投入产出比提高。

假设一：资源有限导致化石能源产量峰值

目前，我国能源结构仍以化石能源为主，然而化石能源的供应量有限（见表3）。石油、煤炭和天然气中剩余技术可采储量不足对化石能源生产具有严重的制约作用。从资源、环境双重约束角度看，我国的能源结构表现为高碳低效，能源结构亟待转型。

表3 截至2020年中国化石能源剩余可采资源量

能源种类	资源量	储采比（%）
石油（亿吨）	35	18.2
天然气（亿立方米）	84000	43.3
煤炭（亿吨）	1432	37.0

资料来源：*BP Statistical Review of World Energy 2021*。

化石能源产量主要由开采速度和剩余可采储量两个方面决定。其中，前者还会受到各类主客观因素的影响，主观因素包括科技进步水平，通过能源工业投资来度量；客观因素包括化石能源品质，如化石能源开采的难易度以及开采过程中的投入强度等。一般而言，在能源开采初期，资源量较为丰富，技术进步的速度较快，此时易接触的能源首先被开采出来，且开采的能源质量较高，对于技术和装备的要求不高。随着累计产量不断增加，由于资源丰裕度的有限性，能源质量不断下降，技术和装备进步速度不及能源衰竭速度所带来的阻碍作用逐步显现。因此，整个化石能源开采过程表现为开采初期质量较高而后期质量下降。由此可知，投入和剩余可采储量是化石能源开采速度的关键影响因素。当化石能源的累计产量逐渐接近最终可采储量时，化石能源的质量表现为快速下降。在预测化石能源产量时，一般利用峰值曲线模型进行拟合，此时化石能源的可采储量实际上是一个定值，由于其受开采速度影响，不易采用类似外推的数学方法计算储量，避免低估化石能源的供给。在利用系统动力学建立的化石能源产量峰值预测模型中，可以将剩余可采资源量表示为资源量与累计产量的差值，其中，产量为开采速度与剩余可采资源量的乘积。系统动力学预测模型不仅考虑了开采速度、化石能源的有限性，还纳入了投资活动等经济因素对化石能源产量的影响。

假设二：能源利用水平逐渐提高

针对某一种能源利用过程的技术进步水平应呈现逐渐上升的趋势，并且这一趋势符合"快—慢—快"的发展周期。这意味着，某一化石能源利用效率随着时间推移呈现上升趋势，但最终会进入平台期而不能无限上升。虽然针对某一种能源利用的技术水平达到了一个峰值，但总体来说，由于其他类型能源的技术水平不断进步，整个能源系统的能源技术进步速度仍呈现上升趋势，具体体现为整个能源系统能效的提升以及生产端供应的增加。假定能源的技术进步服从Logistic分布，表示随着技术进步和能源结构转型的加快，能源利用效率将呈现由缓慢增长到快速增长再到缓慢增长的变化趋势（见图8）。

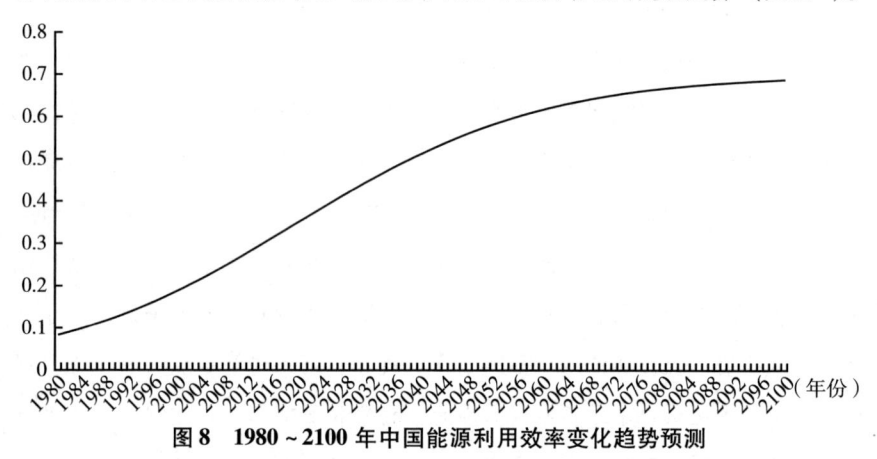

图8　1980~2100年中国能源利用效率变化趋势预测

假设三：中国能源系统产出投入比提高

能源在使用或者转化的过程中往往存在大量损耗。净能源是指能源产出与能源投入之差，是剔除能源系统生产过程中消耗的能源投入后，最终供给经济社会使用的能源。经济系统无法完全利用生产能源的必要投入与生产过程中的损失。对于经济系统而言，这一部分能源量可作为损失量，当化石能源开采难度上升后，这部分损失量也会相应增加。能源系统产出投入比越高，能源生产过程中需要的投入及损耗就越少，净能源产出量越大。

2015年之前，中国油、气、煤在一次能源结构中占比较大，能源开采难度不断增大、环境治理成本逐步增加和能源品位下降，会导致生产能源所需的投入增加。油、气、煤的累计产量不断增加，降低了能源系统产出与投入的比值，即能源投入回报值（Energy Return on Investment，EROI）呈现下降趋势，而2015年之后，随着可再生能源占比逐渐增加，整个能源系统的EROI开始触底反弹（见图9）。事实上，EROI的变化是化石能源质量下降与非化石能源技术进步共同作用的结果。在化石能源开采初期，优质、易采的能源往往被提前利用，技术进步速度较快，其阻碍效应并未显现；当累计产量增加后，剩余可采资源量不足，能源质量出现下降，此时相关能源开采利用技术进步缓慢的阻碍效应开始显现，EROI表现为缓慢上升直至平稳的走势。之后，能源质量与数量快速下降，技术进步速度低于质量下降的速度，EROI表现为下降趋势，且这一趋势不可逆。随着能源转型加快，能源产出投入比较高的非化石能源逐渐取代产出投入比较低的化石能源，整个能源系统的EROI增加，此时技术进步逐渐又开始占据主导地位。本部分研究中EROI的变化在短期内呈现线性趋势，能够基于历史数据通过外推法进行预测。

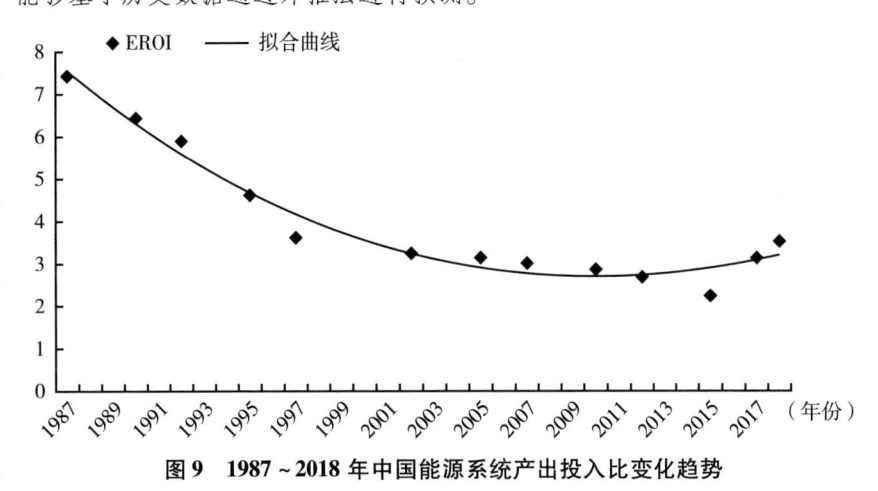

图9　1987~2018年中国能源系统产出投入比变化趋势

资料来源：冯敬轩《基于净能源视角的中国能源产业投入产出研究》，《中国矿业》2021年第10期。

在计算中国能源系统的产出投入比时，能源产出为整个能源系统的一次能源总供应量，能源生产过程中的能源投入通过投入产出表利用隐含能测算模型计算而得。隐含能源（Embodied Energy）也称为"虚拟能源""隐含能源"，是包括产品加工、制造、运输等在内的全过程所消耗的能源总和，也是供给链上直接消耗和间接消耗能源的总和。从隐含能角度出发所考虑的整个能源系统的投入，涵盖整个能源生产过程的直接和间接能源投入。

2. 模型介绍

净能源理论及其分析方法于20世纪70年代由欧美学者提出，近年来得到广泛应用，研究对象范围逐渐拓展。除大量国内外学者对不同种类能源进行净能源分析之外，国际能源署借鉴净能源分析的方法，从能源生产的角度对世界上大部分国家的能源净产出进行了研究。此外还有美国能源部、阿贡国家实验室等从全生命周期的角度，对交通能源消费进行了全面净能源分析。可以说净能源分析方法越来越成熟，应用场景越来越丰富，研究对象多种多样，分析边界不断扩展，已经具备了引入能源规划的理论基础和方法指标体系的条件。净能源的表达式为：

$$净能源 = 能源产出 - 能源投入 \tag{1}$$

式（1）中，"能源产出"指一次能源总产出，"能源投入"包括直接能源投入和间接能源投入。在本研究中，能源产出为历年一次能源消费量，能源投入为能源工业的直接能源投入和间接能源投入，即"隐含能"投入。中国能源生产部门的隐含能消耗通过投入产出表的隐含能模型来计算，这部分能源部门所消耗的隐含能就是整个能源系统的能源投入。本研究中使用的所有投入产出表均来自国家统计局。

如果将净能源作为与资本和劳动力相同的经济增长的投入要素之一，则多要素净能源型生产函数可表示为：

$$Y = f(K, L, E_{net}) = A_0(t) K^k L^l E_{net}^{\gamma} \tag{2}$$

式（2）中，Y是经济产出，一般用GDP来表示；$A_0(t)$表示整个经济系统的生产力水平，也可表示技术水平；K表示资本投入；L表示劳动力；E_{net}表示净能源；γ、k和l分别为各项投入要素的弹性系数。

对1965~2020年中国石油生产和消费的数据及世界经济数据进行整理和分析，利用系统动力学建立存量流量模型（见图10）。其中，GDP不

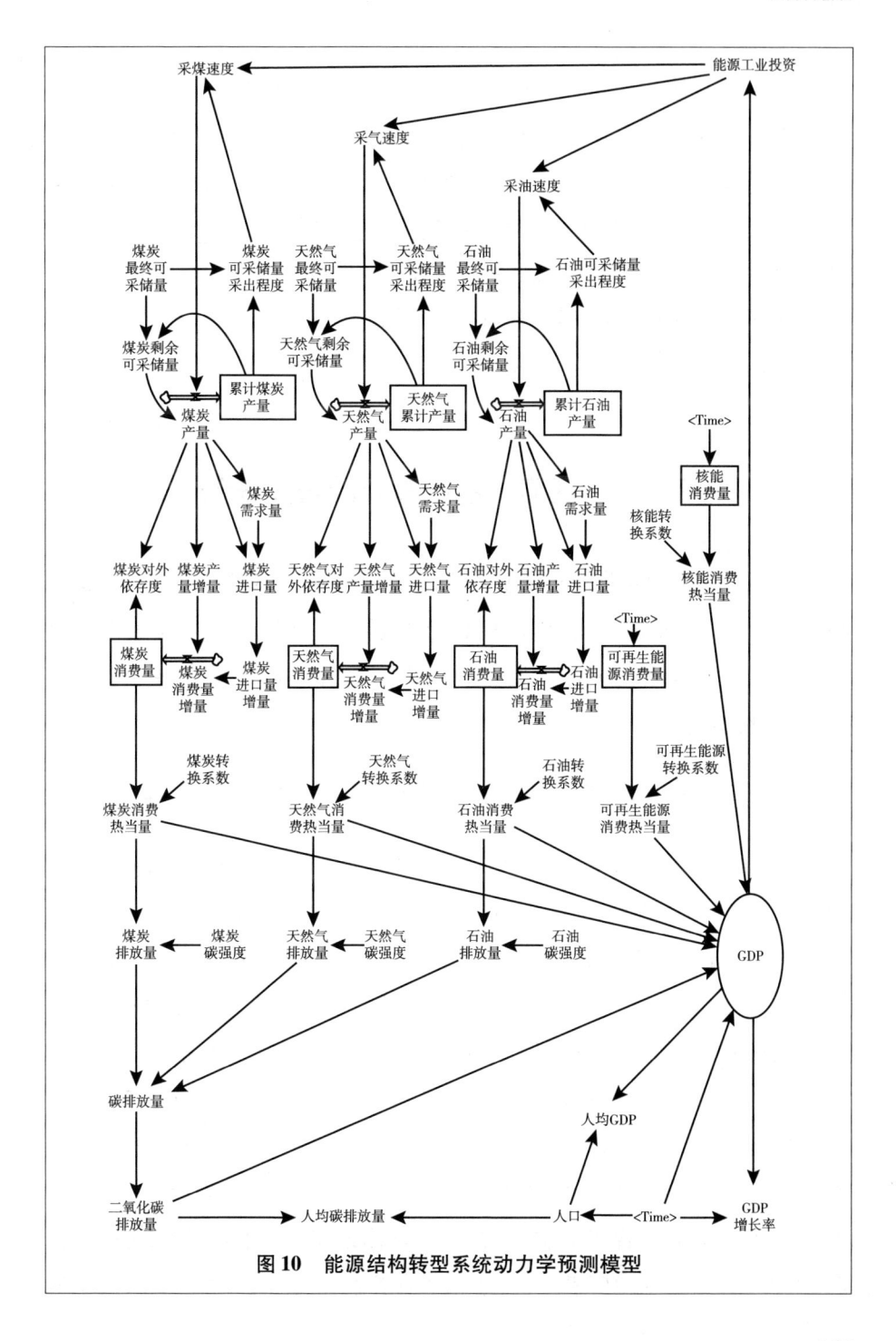

图 10 能源结构转型系统动力学预测模型

> 变价数据和GDP平减指数数据来自世界银行数据库和国际货币基金组织数据库，能源工业投资数据来自《中国统计年鉴》，剩余可采储量、石油产量、石油消费、不可再生和可再生能源消费等数据均来自《BP世界能源统计年鉴》，人口预测数据来自联合国经济和社会事务部发布的2021年《世界经济形势与展望》中期报告。根据1965～2020年历史数据，利用线性规划将式（2）中的未知参数求出。

四 "十四五"能源发展的重要任务

"十四五"时期是我国实现碳达峰、碳中和目标的关键期。由于能源行业的特殊性，能源行业要率先实现绿色低碳转型，领先一步实现碳达峰。因此，"十四五"必须开创能源发展新格局，在能源高质量发展上有新的突破，取得新的进展。

（一）加快能源转型，做好助力碳达峰、碳中和的排头兵

化石能源生产与使用是二氧化碳主要排放源。要实现2030年前碳达峰、2060年前碳中和的发展目标，最根本的是能源结构的调整与优化。"十四五"时期我国能否实现能源转型，对碳达峰和碳中和目标能否实现具有关键性的影响。"十四五"时期，化石能源尤其是煤炭消费要率先达峰，稳定在40亿吨左右，新增能源需求主要依靠清洁低碳能源生产来满足。

一是稳定煤炭生产与消费，控制增长速度。在总量控制的前提下，坚持高质量发展，实施产能置换，加快淘汰落后产能。实施煤炭产业基础再造工程，进一步加大生产过程中的环境保护力度，提高资源利用效率，加快提升煤炭生产的绿色化、智能化水平，增强供给体系韧性，做好煤炭保底供应。推动煤炭上下游产业协同发展，做好煤炭生产总量与新增煤炭发电项目的同

步控制。优化煤电布局，做好煤电、水电、风电、光电的协同运行，进行煤电机组节能减排改造和灵活性改造，持续加大力度淘汰落后煤电机组。逐步降低煤炭消费需求。从终端消费来看，电力、钢铁、水泥等行业是煤炭消费的重点行业。在"十四五"时期，要重点抓好高耗煤行业的能源替代工作，大力推进节煤降耗工作，同时用清洁能源稳妥替代居民散烧煤。

二是推进清洁低碳能源发展，大力提高新能源装机容量。"十四五"时期，继续大力推进清洁低碳能源项目建设，加快在东中部地区发展分布式能源；有序发展海上风电，加快西南水电基地建设，安全稳妥推动沿海核电建设；结合储能、氢能等新技术，建设以风光水、风光火等多能互补一体化项目为主的大型清洁能源基地。在继续大力发展清洁低碳能源的同时，要有效地提升风电和光伏发电的利用率，增加清洁低碳能源在能源消费中的占比。要适应可再生能源发电的特点，改变传统的电力生产供应方式，坚持集中式和分布式并举，清洁电力外送与就地消纳相结合，从供给与需求两端进一步优化清洁能源发展布局和利用方式。大力推进分布式可再生电力、热力、燃气等在用户侧直接就近利用，因地制宜推广生物质能、地热能、太阳能等非电利用方式，逐步降低终端煤炭和煤电比重。

三是推动源网荷储一体化建设，提高电力系统灵活性，提高可再生能源规模化消纳能力。在电源侧通过市场机制引入灵活性电源，全面提升电力系统调峰能力。在电网侧通过完善主网架，优化调度机制，提升电网输送能力。在用户侧重点提高电力需求侧响应。鼓励综合能源服务等用能新模式、新业态，充分挖掘系统可再生能源消纳潜力，鼓励智慧能源、多能互补等以智能化为特征的清洁能源新兴业态加速成长。

（二）提高化石能源清洁利用水平，保证转型过程中的能源安全

在转型过渡期，清洁低碳能源的供给能力不足，在相当程度上仍需依靠化石能源来保证，为了率先实现能源行业的碳达峰，提高化石能源的清洁利用水平就显得十分重要。

一是推进煤炭安全智能绿色开发利用，建设集约、安全、高效、清洁的

煤炭工业体系。继续推进煤炭供给侧结构性改革，加快淘汰落后产能，有序释放优质产能。推进大型煤炭基地绿色化开采和改造，建成一批绿色矿山。大力发展矿区循环经济。

二是优化火电存量，淘汰落后燃煤发电机组，坚持清洁高效原则发展火电。按照环保、能耗、安全、技术等法律法规标准和产业政策，加快淘汰落后产能，全部关停不符合环保排放标准和产业政策要求的煤电机组。积极开展碳捕集、利用与封存技术（CCUS）创新与应用，最大限度地降低火电的二氧化碳排放。

三是统筹发展煤电油气多种能源输运方式，构建互联互通输配网络，打造稳定可靠的储运调峰体系，提升应急保障能力。稳步推进跨省跨区输电通道建设，完善区域电网主网架，加强省内电网能力建设。完善能源调峰体系，加快抽水蓄能电站建设，合理布局天然气调峰电站，对燃煤发电机组进行灵活性改造，提高电力系统灵活性，不断扩大清洁能源消纳规模。健全能源储备应急体系，建立国家储备与企业储备相结合、战略储备与商业储备并举的能源储备体系，提高油气资源等储备能力。

（三）以技术创新为驱动，推动现代能源电力体系建设

当前新科技革命正在推动能源革命与工业革命深入发展。如何抢占技术制高点，构建绿色低碳发展目标下新的产业优势和企业竞争力，是我国在当前国际竞争中需要解决的重要问题。我国在"十四五"时期，要抓住技术革命的机遇，推动能源体系转型，提升能源利用效率，缩小与世界先进水平的差距。

一是推动数字技术与能源系统的融合发展。"十四五"时期，能源行业要夯实智能化建设基础。重点推进工业互联网、物联网、网络安全等信息化新型基础设施改造、升级、建设。大力推进油气领域的数字化转型，重点加强智能油气田建设。电力行业加快推进智慧电厂建设。建设自动化、信息化和数字化电站，建立智慧安全管控系统。重点开展智能决策支持、智能优化控制、智能设备状态诊断、智能在线仿真、智能三维可视化安全培训、智能

巡检、智能安全视频识别等。提升电网系统多元主体灵活便捷接入的兼容性和开放度，打造具有互联互通、多能互补、高效互动、智能开放等特征的智慧能源系统。在大型综合能源基地，统筹推进风能、太阳能、水能、煤炭、天然气等资源组合利用，推进风光水火储多能互补系统建设。

二是着力建立新一代能源技术标准体系。重点布局和突破绿色能源核心技术标准研制，加快标准的试点示范。强化绿色能源核心技术标准化布局，聚焦能源互联网标准体系、新能源交通标准体系、柔性直流输配电标准化、LNG加注及LNG罐箱多式联运标准化、综合能源服务、氢能及储能标准化等方面。加强科技成果的标准化试点示范应用，在能源互联网装备、新能源交通、氢能、综合能源服务等领域建设标准化试点示范工程。推进技术领域标准体系的循环迭代、完善提升和优化发展，形成可复制、可推广的标准化成果和技术成果。

三是以建设清洁低碳、安全高效能源系统的需求为导向，针对目前我国新兴能源领域科技发展短板，组织开展以新能源为主、针对高碳能源低碳化利用的科技攻关。其中包括智能电网技术与装备、智能化开采技术与装备等关键技术装备创新，电力系统构建和安全稳定运行控制技术，煤炭清洁高效利用，可再生能源与氢能技术，碳捕集、利用与封存技术，页岩油、页岩气等非常规油气资源的高效开发技术，先进核能系统技术等方面研究。

（四）促进能源区域协调发展，支撑"双循环"战略部署

随着我国"双循环"发展战略的推进以及京津冀、长江流域、黄河流域、长三角、粤港澳大湾区等区域发展战略的实施，我国区域经济结构会发生较大的变化，从而改变能源消费的空间格局，优化能源生产布局是推动我国"双循环"战略及区域发展战略实施的客观要求。

一是能源总体布局要依托资源优势。总的来说，东部地区加快非化石能源发展速度，优先发展分布式能源，大力发展海上风电和建筑光伏一体化发电，加快去除散烧煤，实现清洁能源替代。大力开展火电机组的排污减碳改

造工作。条件允许的地方加快建设抽水蓄能电站。加强调峰电源建设和能源安全储备设施建设。中部地区要加强能源输送通道建设，积极调入其他地区富余能源，重点解决好中部地区一些省市能源供给不足的问题。充分利用好本地可再生能源和清洁能源，在一些缺电较为严重的地区适度建设高效火电。西北部地区建设大型综合能源基地，做好全国能源供应保障。大力建设西北部大型水电、风电、光伏发电源基地，协同发展调峰外送煤电，加快实施煤炭产能置换，加快淘汰煤炭落后产能。

二是构建新的能源输送大通道。以西北、西南等大型综合能源基地为起点，以京津冀、长三角、粤港澳大湾区等未来中国区域经济增长较快地区为市场，科学规划、合理布局，加快建设清洁能源外送大通道，保证我国区域经济增长极的安全和低碳清洁，为"双循环"战略的实施提供能源保障。

三是变革城市用能模式，提升乡村用能服务，促进城乡用能协调发展。城市能源供应要逐步由电"从远方来"转变为"从远方来"与"从身边来"并存，根据终端用电需求的变化，加强城市能源智慧体系建设。加强城市能源供应管网和热力网建设，在有条件的地方实施热电冷三联供。把乡村能源基础设施建设与美丽乡村建设结合起来，大力发展生物质能和农村小型水电站建设，对农网进行改造升级，加快边远地区配电网建设，着力提升乡村电力普遍服务水平和电气化水平。提升城乡能源用能管理与节能服务水平。

四是鼓励不同地区能源产业开展高层次的对外合作。各地区充分利用我国实施重大区域发展战略和区域对外开放战略的改革红利，推动本地区能源行业开展高层次对外合作。比如，东部地区在自由贸易试验区的政策框架下，实施油气全产业链开放；粤港澳大湾区依托金融发展新高地积极创建能源交易中心；西部地区借助与中亚油气资源国的地缘优势加快搭建油气国际运输通道和多元合作平台等。

（五）深化能源体制机制改革，加强低碳发展的制度保障

"十三五"期间，在能源回归商品属性的改革思路指导下，能源市场化改革全面推进。"十四五"时期，能源发展具有多重目标，需要以系统的思维深化能源体制改革。根据"十四五"能源发展的需要，在市场机制方面，进一步运用好价格、税收等经济手段，推进能源各行业的协调发展；推动绿色低碳能源加快发展和能源资源的节约利用，激发各类市场主体活力，引导各类资金向薄弱环节和领域投资。在竞争性环节，市场主体能够有效地进入与退出；在垄断环节，政府等有关部门能够进行有效的管制和监督。

一是把完善能源价格作为能源体制改革的重点。价格是市场信号，也是利益分配的重要手段。价格机制改革不彻底、不完善是掣肘我国能源各行业协调发展以及能源低碳转型的重要原因。完善能源价格机制的举措有：①要形成充分反映不同能源品种外部成本的能源价税制度，形成有利于清洁低碳能源发展的价税体系。定价水平要体现优质优价，以碳税等手段实现外部成本内部化。②要体现能源商品的基本属性，可竞争的能源产品和能源服务由供需关系决定，加快构建全国统一市场体系，形成产销储运多环节的价格调节机制，正确引导能源资源的有效配置。③形成"谁消费、谁付费"的成本补偿机制，逐步取消电力、天然气等生产用能部门对生活消费的价格补贴，尽量少用能源价格作为宏观调控的工具。以长期稳定的价格信号引导能源转型和能源资源的节约利用。④适应能源行业改革需要，完善新增产品和服务的定价机制。随着能源结构的优化，新能源品种和能源生产服务环节逐步增多，目前主要由地方政府根据本地区的情况进行定价，在一定程度上造成产业发展在区域上的差别和能源市场分割。

二是把完善能源市场与行业监督作为新发展阶段能源体制建设的重要内容。随着大数据、互联网等新技术的广泛应用，以及新兴能源产业发展，能源市场监管和行业管理面临许多新问题、新挑战。适应产业发展新趋势构建能源市场监管与行业管理的新制度是"十四五"时期促进能源加快转型与实现"双碳"目标的重要保证。其中包括新能源发电与火电公平竞争的监管办法，垄断环节成本监管制度，能源生产、消费价格信息的完全透明化等。

三是要以法律手段推动和捍卫改革的成果。"十四五"时期，加快推进能源领域法治建设，进一步提高能源立法质量和完善能源法律体系，完善绿色低碳生产标准评价体系，完善重点行业、重点产品的能耗与排放标准。统筹能源市场与碳交易市场的建设，根据各地区的具体情况完善能源市场监管准则，健全社会监督机制，搭建能源服务平台，"放管服"三位一体协同推进。

（六）坚持节能优先战略，提高能源利用效率

节能和提高能效一直被视为能源系统二氧化碳减排的主要途径。当前，我国单位GDP能耗水平仍是发达国家的2~3倍，是世界平均水平的1.5倍，还具有很大的节能潜力。在工业、建筑以及交通运输等重点领域也具有节能提效的巨大空间。"十四五"时期是我国实现碳达峰的关键期、窗口期，要把节约能源资源放在首位，实行全面节约提效措施。

一是开展重点用能领域能效赶超行动。工业领域，加快工业行业绿色低碳转型升级，推动工业节能领先发展。以全球领先水平为标杆，推动主要工业行业能效水平和技术竞争力不断提升。提升工业原材料质量性能，促进工业集约循环发展，实现钢铁、水泥等复合型工厂与城市融合发展。促进传统产业能效水平、产业链价值大幅提升，实现信息化、智能化与工业化深度融合。建筑领域，加强建筑全生命周期用能管理，加快建筑用能方式转型。全面推广超低能耗建筑，强化标准执行监管，尽早在新建建筑中全面普及。树立科学的城乡规划理念，强化城乡建设规划管理，引导新增建筑合理布局有序发展。打破区域、产业和企业边界，对建筑、园区、城市等进行"一体化"设计或改造，促进智慧城市、智能电网等与低碳多元能源体系融合发展。交通运输领域，加快构建节能交通运输体系，推动节能与新能源汽车普及。构建以铁路为主的节能型综合交通运输体系，以公共交通、慢行交通为主体的城市布局基础。推动电动汽车与电网、大数据等协同发展，构建智能低碳交通出行体系。合理引导交通新业态发展，以互联网等信息技术为依托构建服务平台，鼓励网络预约、汽车分时租赁、行程和车辆座位共享等交通新业态。

二是开展工业园区系统节能行动。继续推动工业园区产业和能源协同发

展，工业园区实施能量梯级利用和能源系统整体优化改造，挖掘系统节能潜力，提高能源综合利用效率。按照物质流和关联度统筹产业布局，推进园区循环化改造，建设循环经济园区，促进企业间、产业间耦合共生。树立工业园区循环经济结合综合能源服务等理念，发展综合能源供应中枢、园区用电负荷管理等模式，实现园区用煤集约化、高效化。

三是大幅提高终端用能效率。在终端用能领域，通过推广新能源汽车、热泵、电窑炉等新型用能方式，实现电能替代，提高电气化率。在城市生活、工业燃料、发电、交通等领域逐步推进天然气等清洁能源利用。大力推进燃气冷热电三联供的供能方式，推进分布式能源发展，推行终端用能领域多能协同和能源综合梯级利用，高度重视能效技术的研究与推广应用。

四是开展5G和数据中心等新基建能效提升行动。加强新一代数字基础设施能耗管理，推动已有和新建项目节能技改升级。对已有5G基站、数据中心等新基建进行节能改造，推广高效低碳用能技术。推动人工智能参与基础设施运营，实现功耗降低。针对5G基站、数据中心等高耗能新基建的节能降碳予以政策支持。

（七）推动能源市场高水平对外开放，加强国际合作

"十四五"时期是能源安全保障体系转型的关键时期，必须将新能源大规模发展纳入能源安全保障体系，构建以新能源为主，以稳定性电源为能源供给"压舱石"的能源安全保障体系。一方面，继续深化国内市场化改革，提高资源利用效率；另一方面，在共同应对全球气候变化背景下，充分利用国际能源市场，在更高水平开放条件下，通过在新能源、替代能源等领域开展深度合作，以最低成本实现能源安全。

一是加强全方位能源国际合作，积极参与全球能源治理。新冠肺炎疫情在全球范围蔓延，世界经济恢复缓慢，但在未来经济发展理念和方向上，世界主要国家已经达成了绿色发展的共识。党的十八大以来，我国在绿色转型发展方面已经取得了瞩目成就，并已形成强大的技术基础和极具竞争力的产业体系。充分利用我国在风电、光伏发电领域已经形成的先进技术和强大的

产业装备制造能力，以"一带一路"能源合作为契机，提供国际能源发展和低碳转型的中国方案和系统技术支撑，在低碳能源领域建立互利共赢的国际合作机制，推动形成新的公平的国际能源治理体系。

二是全面推动能源领域对外开放。继续完善能源上游环节对外开放下的制度建设，逐步放开运输、加工、销售等环节的准入限制，扩大外资参与能源行业的范围，建立符合市场规则的准入制度、配套政策，以及争端处理机制。充分学习借鉴外资在某些环节的技术优势和营销理念，同时，提升政府相关部门的涉外监管能力。

三是加强重点能源领域的国际合作。在应对气候变化国际合作背景下，能源领域的国际合作将从传统油气等化石领域拓展到低碳能源领域，重点转向风电、光伏发电、核电以及氢储能等新兴能源领域。"十四五"时期，新能源和新兴能源领域在装备、技术、标准、服务方面实现全方位的国际合作。在传统的油气领域，与共建"一带一路"国家共同应对传统地缘政治冲击下的世界油气市场的动荡与面临的挑战，有序推进重大标志性合作项目建设，继续加强在高附加值先进炼化领域、深海油气勘探开发和非常规油气领域的国际合作。

参考文献

国务院发展研究中心资源与环境政策研究所：《中国能源革命十年展望（2021—2030）》，2020。

陈彬：《当前能源行业推进高质量发展面临的困难及建议》，《中国能源》2019年第8期。

冯敬轩：《环境约束下化石能源需求峰值与经济增长关系的研究》，硕士学位论文，中国石油大学（北京），2016。

史丹等：《中国一次能源安全影响因素、评价与展望》，《经济纵横》2021年第1期。

史丹：《加快能源体制改革 提升参与全球治理能力》，《中国国情国力》2019年第7期。

史丹：《以能源合作和结构优化促进能源安全》，《经济日报》2019年5月23日。

冯永晟、史丹：《增量配电改革与电力体制改革》，《中国能源》2018年第12期。

张玉清：《三举措确保天然气发展》，《国企管理》2021年第8期。

《第十三届全国人民代表大会第四次会议关于国民经济和社会发展第十四个五年规划和2035年远景目标纲要的决议》，中华人民共和国中央人民政府网站，2021年3月11日，http：//www.gov.cn/xinwen/2021-03/11/content_5592407.htm。

中华人民共和国国务院新闻办公室：《新时代的中国能源发展》，《人民日报》2020年12月22日。

朱彤：《"十四五"时期可再生能源发展的关键是体制改革与机制重构》，《中国发展观察》2020年第22期。

工业和信息化部：《工业节能与绿色标准化行动计划（2017—2019年）》，2017。

行业发展

Industry Development

B.2
中国电力行业"十四五"发展展望

中国电力企业联合会课题组[*]

摘　要： "十三五"期间中国电力工业持续快速发展，2020年人均年用电量提高到5331千瓦时，电力供需基本平衡，主要污染物排放总量和单位千瓦时排放强度持续下降，非化石能源发电量比重由2015年的27.2%上升至2020年的33.9%，电网技术及发电效率保持世界先进水平。为实现碳达峰、碳中和目标，"十四五"时期电力行业面临新的机遇和挑战。主要任务是，加快电气化推动低碳化步伐，积极推进工业、交通、建筑以及民用领域的"以电代煤""以电代油"；大力推进太阳能发电、风力发电等新能源建设；在推进清洁低碳安全高效能源体系建设中，加快构建以能源为主体的新型电力系统。要加大煤电机组的灵活性改造，加大抽水蓄能以及其他物理储能、电化学储能设施建

---

[*] 执笔人：王志轩，中国电力企业联合会原专职副理事长，正高级工程师，主要研究方向为电力与环境保护、低碳协调发展研究。

设，加快推进电力系统智能化建设，着力解决新能源发电的随机性波动性问题，保障电力安全供应。要深化电力体制改革，建立新型电力系统安全稳定运行新机制，探索电网在新能源系统中的作用，加快构建储能、分布式能源系统、电动汽车与电力系统融合等新商业模式，建立低碳电力经济评价新方法和新的电价形成机制，加快支撑转型的技术标准替代衔接。预计到2025年，全社会用电量达到9.5万亿千瓦时；非化石能源发电量比重约为38%；常规水电3.9亿千瓦，抽水蓄能8000万千瓦，核电8000万千瓦，太阳能发电5.0亿千瓦，风电4.0亿千瓦；从严控制煤电新增规模，并发挥好为电力安全供应托底作用。

关键词： "十四五"　电力发展　新型电力系统　电力体制改革

一　"十三五"电力行业率先跨入低碳转型新征程

"十三五"时期中国电力发展的主要特点是，在已经建成世界上规模最大、最先进的电力系统的基础上，在解决了长期性以电力短缺为主要特征的供需矛盾的基础上，以及在解决了以煤烟型大气污染为特征的环境问题的基础上，率先迈进低碳转型的新征程。

（一）电力生产能力继续提高

"十三五"期间，中国电力发展继续保持较高的增长速度。全国全口径发电装机容量年均增长7.6%。到2020年底，全国发电装机容量达220204万千瓦，[①]其中：水电37028万千瓦（含抽水蓄能3149万千瓦）、并网风电

---

① 本报告未加说明的电力统计数据均来自国家统计局《统计公报》以及中国电力企业联合会《中国电力行业年度发展报告》。

28165万千瓦、并网太阳能发电25356万千瓦、核电4989万千瓦、火电124624万千瓦（其中：煤电107912万千瓦、燃气发电9972万千瓦）、其他42万千瓦。

全国全口径发电量年均增长5.8%。2020年，全国全口径发电量为76264亿千瓦时，其中：水电发电量13553亿千瓦时、并网风电发电量4665亿千瓦时、并网太阳能发电量2611亿千瓦时、核电发电量3662亿千瓦时、火电发电量51770亿千瓦时（其中：煤电发电量46296亿千瓦时）。

截至2020年底，全国220千伏及以上线路回路长度达到79万千米，其中直流部分45983千米；220千伏及以上公用变电设备容量45亿千伏安，其中直流部分42501万千伏安。

（二）非化石能源发电比重持续提高

非化石能源发电包括太阳能发电、风电、水电、核电、生物质发电以及余压、余热等综合利用其他能源发电。"十三五"期间，非化石能源发电装机容量年均增长13.1%，装机容量比重从由2015年底的34.8%提高到2020年底的44.8%，提升了10个百分点。非化石能源发电量年均增长10.6%，发电量比重由2015年的27.2%上升至2020年的33.9%，提升了6.7个百分点。非化石能源发电装机容量和发电量增长率分别显著高于总装机容量7.6%的增长率和总发电量5.8%的增长率。

并网太阳能、风电装机容量增加了3.62亿千瓦，比重由2015年的11.34%增长到2020年的24.31%，增长了12.97个百分点。太阳能装机规模已经接近风电装机规模，但发电量之和总体占比约为9.5%，太阳能发电量约为风电的56%。2006~2020年中国并网风电、太阳能发电量及其比重变化见图1。从图1可明显看出，中国风电快速发展始于2006年，而太阳能发电快速发展始于2010年。

水电装机容量增加了5074万千瓦，比重由2015年的20.9%下降到2020年的16.8%，下降了4.1个百分点。水电发电量比重由2015年的19.4%下降到2020年的17.8%，下降了1.6个百分点。水电装机容量比重的下降主要受水资源约束，随着可开发的水电量越来越少，水电新增装机潜

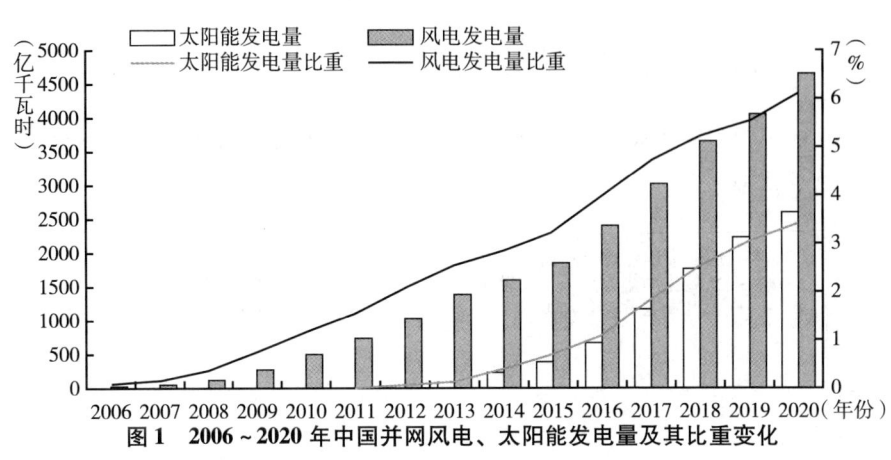

图 1 2006~2020 年中国并网风电、太阳能发电量及其比重变化

资料来源：中国电力企业联合会历年《中国电力行业年度发展报告》。

力变小，水电装机容量比重还会进一步下降。

煤电装机容量总量增加了 1.8 亿千瓦，年均增速为 3.7%，煤电装机容量占总装机容量的比重由 2015 年底的 59.0% 下降至 2020 年底的 49.0%，下降了约 10 个百分点，首次下降到 50% 以内；煤电发电量年均增速为 3.5%，发电量比重由从 2015 年的 67.9% 下降至 2020 年的 60.7%，下降了 7.2 个百分点。2010~2020 年中国总装机容量及各发电类型装机容量比重变化见图 2。从图 2 可以看出："十三五"期间，火电装机容量比重显著下降，水电装机容量比重有所下降，而太阳能发电、风电比重显著上升。

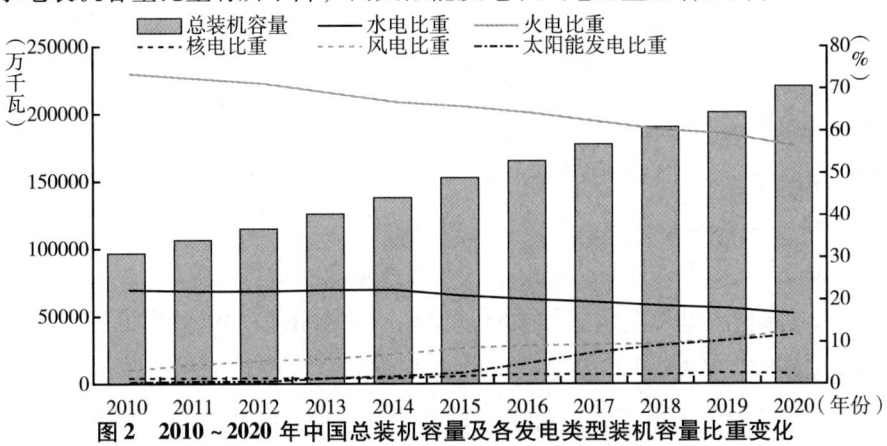

图 2 2010~2020 年中国总装机容量及各发电类型装机容量比重变化

资料来源：中国电力企业联合会历年《中国电力行业年度发展报告》。

（三）减污降碳成效显著

图3为1980~2020年中国火电发电量、大气污染物排放、碳排放强度、人均GDP情况。

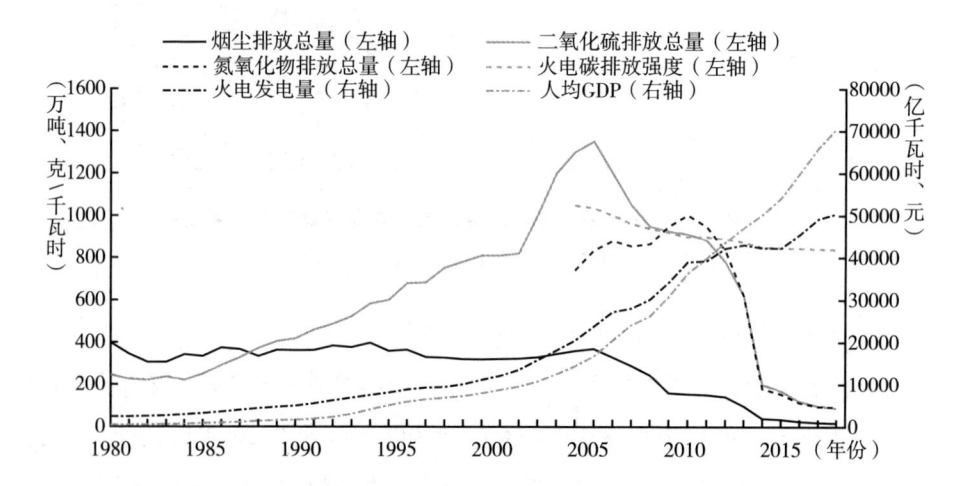

图3　1980~2020年中国火电发电量、大气污染物排放、碳排放强度、人均GDP情况

资料来源：根据中国电力企业联合会历年统计数据整理。

据图3以及结合相关资料综合分析可以得到以下几点结论。

一是火电发电量与人均GDP在"十二五"中期前（2011年左右）基本上同步增长，此后火电发电量的增速低于人均GDP的增速，这与非化石能源发电量在这一时期快速增长的趋势是一致的。

二是中国火电厂排放的烟尘、二氧化硫、氮氧化物分别在1980年左右、2006年、2011年达到了年排放峰值，"十二五"期间污染物年排放总量快速下降，"十三五"期间又进一步下降，火电大气污染物排放已不是影响环境质量的主要因素，而且火电发展与环境质量之间实现了脱钩。

三是单位火电发电量碳排放强度降低，主要依赖发电效率的提高（包括热电联产比重提高）。根据中国电力企业联合会统计分析，2020年中国6000千瓦及以上火电厂供电标准煤耗为304.9克/千瓦时，比2010年下降了28.4克/千瓦时，比2015年下降了10.5克/千瓦时。据国际能源署

（IEA）和国家统计局数据综合分析，中国煤电纯凝机组平均发电热效率在2007年超过美国，2008年超过OECD国家均值，2009年超过韩国，2010年超过德国，2017年与日本持平。2019年中国1000兆瓦级超超临界湿冷机组供电煤耗最优值为270.4克/千瓦时（华能山东莱芜6号机组，无供热），1000兆瓦级超超临界纯凝湿冷机组供电煤耗最优值为260.9克/千瓦时（国家能源集团泰州发电有限公司4号机组，有供热）。

四是电力碳排放强度持续降低。"十三五"期间，太阳能发电、风电、核电3项近零碳电力发电量累计4.1万亿千瓦时，与煤电相比，相当于减排二氧化碳34.0亿吨；水电发电量累计6.3万亿千瓦时，相当于减排二氧化碳53.0亿吨；通过提高煤电机组的净效率，与"十二五"时期末相比，减少标准煤消费约4200.0万吨，折合减少二氧化碳排放1.2亿吨。

（四）科技创新驱动电力科学发展

"十三五"期间是中国电力行业勇攀世界电力技术高峰，电力工业整体进入世界先进水平、部分领域达到世界领先水平的时期。形成了水电、核电、风电、太阳能发电等非化石能源装备制造产业链。大型水电机组成套、设计、制造能力世界领先，具有自主知识产权的全球单机容量最大的100万千瓦水电机组投入运行。风电、光伏发电全产业技术快速迭代，已经具备了最大单机容量达10兆瓦的全系列风电机组制造能力，不断刷新光伏电池转换效率的世界纪录，形成一批世界级的龙头企业。全面掌握了特高压输电技术，柔性直流、多端直流等先进的技术，针对中国国情的智能电网、大电网控制技术不断取得突破，已经建成世界上规模最大、全球整体技术领先的现代电网，电力系统供电可靠性位居世界前列。掌握了100万千瓦级压水堆核电站设计和建造技术，自主研发的三代核电技术装备达到世界先进水平；具有自主知识产权的首个"华龙一号"示范工程——福清核电站5号机组取得重要进展。单机100万千瓦级超超临界燃煤发电空冷、二次再热、长距离供热技术示范、大型循环流化床发电技术世界领先，不断刷新煤电效率新纪录。建成了10万吨级碳捕集、利用与封存（CCUS）示范装备。

（五）"管住中间、放开两头"的电力体制改革积极推进

2015年，中共中央、国务院颁发了《关于进一步深化电力体制改革的若干意见》（中发〔2015〕9号），为"十三五"期间电力体制改革确定了原则、基本任务。改革总体思路是"管住中间、放开两头"，即逐步放开发电侧、配电侧具有竞争性的领域和环节的价格，促进电力价格反映市场供求，从而引导资源配置，同时，对垄断性环节按照"准许成本+合理收益"原则科学定价和严格成本监审。"十三五"期间，积极推动了分步实现公益性以外的发售电价格由市场形成，电力用户或售电主体可与发电企业通过市场化方式确定交易价格。燃煤发电上网电价机制由标杆电价与煤电价格联动政策调整为"基准价+上下浮动"的市场化价格机制。完善了竞争性招标方式确定新建风电、光伏发电项目上网电价机制。按照"风险共担、利益共享"原则协商或通过市场化方式形成跨省跨区送电价格，开展两个监管周期输配电定价成本监审和电价核定。建立了股份制形式的北京、广州两家区域交易机构和33家省级电力交易机构。放开配售电业务，鼓励符合条件的企业从事售电业务。截至2020年底，推出483个增量配电改革试点项目，在电力交易机构注册售电公司4829家。在14个地区开展电力现货试点，在6个区域电网以及绝大部分省级电网大力推进电力辅助服务市场建设。2020年，全国各电力交易中心累计组织完成市场交易电量31663亿千瓦时，同比增长11.7%。其中，全国电力市场中长期电力直接交易电量合计为24760亿千瓦时，同比增长13.7%，占全社会用电量比重为32.9%，同比提高2.8个百分点。

二 构建以新能源为主体的新型电力系统

2021年3月15日，习近平主持召开中央财经委员会第九次会议，研究了实现碳达峰、碳中和的基本思路和主要举措。会议强调，要坚定不移贯彻新发展理念，坚持系统观念，处理好发展和减排、整体和局部、短期和中长

期的关系；提出坚持全国统筹，强化顶层设计，发挥制度优势，根据各地实际分类施策等要求。同时指出，"十四五"时期是碳达峰的关键期、窗口期，要构建清洁低碳安全高效的能源体系，控制化石能源总量，着力提高利用效能，实施可再生能源替代行动，深化电力体制改革，构建以新能源为主体的新型电力系统。[1] 从党的十九大以来的重要文件及国家"十四五"规划纲要等对能源电力发展的要求来看，中央财经委员会第九次会议精神是推动"十四五"时期电力行业发展与改革、制定规划和政策的基本遵循。

（一）新型电力系统功能和架构

1. 电力系统在经济社会中的功能不断拓展

电力系统是"由发电、输电、变电、配电、用电等环节组成的电能生产、传输、分配和消费的系统"[2]。其中，发电是能源转换为电能的环节，简称"源"；输电、变电、配电（称为供电），简称为"网"；用电是指终端用户的电能消费环节，可简称"荷"。新中国成立后，电力系统的功能随着经济社会发展、电能应用日益广泛、电力工业技术水平和供应能力提高而不断调整。新中国成立之初，电力工业被国家定为"先行官"之一，但因经济基础十分薄弱，电力技术水平、设备制造能力低，电力供应能力弱，电力长期处于严重短缺或短缺状态。2015年前，除在个别时段如1998年左右电力供需矛盾有短期缓和外，电力工业的首要任务是解决电力短缺问题。

中国能源资源禀赋以煤为主，发电能源以煤为主，至21世纪前10年，煤电发电量长期占总发电量的比重约为80%，电力工业在解决电力短缺问题的同时，煤烟型污染问题逐步加重。国家持续加强了电力污染排放控制工作。从改革开放初期到2005年左右，燃煤电厂主要采用安装高效电除尘器、控制到禁止粉煤灰直排江河湖海、利用高烟囱稀释扩散大气污染物等手段解

---

[1] 《习近平主持召开中央财经委员会第九次会议》，中国政府网，2021年3月15日，http://www.gov.cn/xinwen/2021-03/15/content_5593154.htm。

[2] 《中国电力百科全书》编辑委员会、《中国电力百科全书》编辑部编《中国电力百科全书·综合卷》（第三版），中国电力出版社，2014。

决电力环保问题。随着环境保护法规不断完善和强化,以及《可再生能源法》(2006年)、《节约能源法》(2007年修订)、《循环经济促进法》(2008年)颁布实施,电力工业积极推进大容量、高参数、环保型燃煤机组替代高污染、低效率小火电机组(简称"上大压小")工作,积极推进城市热电联产以替代大量城市燃煤供热锅炉,开始推进以风能、太阳能为代表的新能源建设。"十一五"期间对燃煤电厂排放的二氧化硫实施大规模烟气脱硫措施,"十二五"期间对燃煤电厂排放的氮氧化物实施烟气脱除措施,并且从2014年开始煤电机组分区域(东、中、西)推进超低排放改造,电力工业由保障电力供应向能源资源优化配置、促进综合性解决环境问题转变。著名能源经济学者史丹研究员在2008年撰文指出,"能源工业的职能已不仅是满足能源需求,而且还要为生态环境、经济安全及社会公平负责。能源工业正在从单纯性的生产行业转变成具有越来越多公共职能的产业"[1]。电力工业作为能源工业的重要组成部分,承担着由一次能源转型为二次能源的任务,且作为最重要的公用事业之一,随着电能的绿色化和全社会终端用能中电能比重日益提高,其公共职能越来越突出。

"十三五"时期以来,中国解决了全国无电人口的用电问题,以及长期以来由资金、技术、人才制约造成的电力短缺问题。电力工业功能进一步提升到促进经济社会的绿色发展上,如电力体制改革9号文中提出,要完善有序用电和节约用电制度,促进经济结构调整、节能减排和产业升级;再如,2018年国家发展改革委出台价格政策,提出完善差别化电价政策、完善峰谷电价形成机制、完善部分环保行业用电支持政策等。这些政策都是通过电力工业功能拓展来促进全社会节能减排的。这种做法具有鲜明的中国特色,是市场手段和政府作用协同发力的结果。

中国碳达峰、碳中和目标的提出,将促进电力工业功能进一步拓展。电力工业功能由保障用电、电力系统清洁高效发展、促进能源资源优化配置、促进全社会节能减排,进一步向能源系统低碳转型和全社会低碳转型拓展。

---

[1] 史丹:《能源工业改革开放30年回顾与评述》,《中国能源》2008年第6期。

电力工业功能拓展将加快中国以煤电为主体的高碳电力系统向以新能源为主体的低碳系统转变，这个转变是带有根本性质的转变。

电力工业在新时期促进能源、社会低碳转型功能的拓展，应对气候变化要求只是外部条件和推动力之一，从内在动力看，是受可持续发展客观规律支配的，表现在通过技术创新，不断突破新能源大规模利用的各种瓶颈，这正是中国高质量发展的基本要求。因此，从整体和长远看，构建以新能源为主体的新型电力系统是中国可持续发展的必然选择。

2. 新型电力系统构建基本问题分析

新能源之新是"近零碳"与"新技术"特性。成为新能源应具有"近零碳""新技术""经济性""规模"四个要素。其中"近零碳"是本质要素，"新技术"是条件或动力要素，"经济性"是商品属性要素，"规模"是大范围、可复制的可持续性要素。目前，基本满足这些要素的新能源主要指太阳能发电、风电、部分生物质发电工艺以及通过"电能—物质"转换（Power-to-X）形成的二次能源（简称"电基能源"，如由电能转化的氢及由氢与其他物质再合成的氨、甲醇等能源）。常规水电、核电、天然气发电虽称为清洁能源，但并不属于新能源。太阳能、风能源于自然，分布广泛，文献表明，中国国土范围内的太阳发电、风电资源总量在理论上可以满足经济社会发展对能源的总需求，但从技术经济的可实现上看还有很大差距。主要是太阳能发电、风电能量密度低，随机性、波动性强，如何弥补这些不足是构建新型电力系统需要解决的关键问题。绿氢之所以作为新能源，一是电力系统中所需要的氢能主要由新能源或低碳能源电力制取（简称"绿氢"）；二是绿氢发电或者用于储能可以起到平抑太阳能发电、风电波动性和电力系统安全备用作用。生物质发电、地热发电、海洋能发电……在不同时间段和不同地区可以是新能源的重要组成部分。随着技术的不断发展和条件变化，新能源外延会有所拓展。以上分析有助于理解习近平主席宣布中国国家自主贡献新举措中提出2030年太阳能发电和风电装机规模的原因。

新型电力系统构建是一个复杂而长期的过程。构建以新能源为主体的新型电力系统，是新时期电力工业的工作目标和基本任务，虽然有客观必然性，但并没有现成的蓝图可用，将始终是能源领域的核心前沿问题。传统的电力系统是先将化石能源、水能、核能等一次能源中的能量（化学能、热能、核能）转换为可以推动汽轮机、燃气轮机、水轮机做功的机械能，再由机械能带动同步发电机发电，然后将发出的交流电并入交流电网。而光伏、风电等新能源机组是将产生的电能通过静止式电力电子装置并网，依赖锁相环等控制机制实现同步运行。传统电力系统安全稳定运行机制是建立在"源随荷动"、网源协调、机组容量大、可靠性高、可连续调节可控、机电耦合（高转动惯量）基础之上的。新能源发电具有随机性、波动性、数量众多、布点分散、特性各异、电力电子设备采用基于快速切换的离散控制等特点。[1] 由此可见，传统电力系统要转换成以新能源为主体的电力系统，必定是一个渐进的各要素间相互斗争、相互适应的过程。至于达到碳中和时的新型电力系统到底是什么样子，现在并没有准确答案。因国情、能源电力发展基础条件、技术水平不同，以及碳达峰、碳中和采取的路径不同，新型电力系统对各国来讲不可能是一个统一模式，在中国的各个地区也不会是一个统一模式。由于新能源适应电力系统与电力系统适应新能源发展的矛盾斗争将贯穿整个能源转型过程，随着新技术甚至颠覆性新技术的出现，以及新能源逐步由次要能源转变为主体能源，电力系统的形态将会发生根本性变化。我们既需要有理论创新，也需要不断从新业态中，从企业丰富多彩的转型实践中发现问题、汲取经验、解决问题，要对新型电力系统蓝图不断进行修正和完善。

新能源成为主体能源不仅要体现在数量占比上，而且要体现在功能上。由于电能难以大量存储，从发电到用电的过程是瞬间完成的，支撑电能安全稳定供应的电力系统是高度复杂、精密的巨型人工物理系统。这个系统中的任何一个环节甚至一个关键元件运行状态变化，都可能对其他环节甚至整个系统造成重大影响。因此，新能源为主体，虽然是指在发电环节用于发电的

---

[1] 张友良：《电力系统全面转型升级的重大历史机遇——访国家电网有限公司总工程师陈国平》，《国家电网》2021年第5期。

能源以新能源为主,但是,新能源是否能成为主体能源,并不能仅由新能源装机容量及发电量在总发电能源中所占比重的大小来决定,而是要从整个电力系统的功能实现角度综合考虑。新能源与其他传统能源同处于一个电力系统中,新能源与其他能源存在耦合关系,但因不同能源在电力系统中的特点和功能不同,其耦合关系不是线性的(如1千瓦的火电与1千瓦的太阳能发电对电力系统的作用显著不同),从认识规律到掌握规律还需要深入研究,包括采用数字仿真、物理模拟等手段。当新能源渗透率(在总发电量中新能源发电量所占比重)较低(比如少于10%)时,传统电力安全稳定运行机制仍然可以应对新能源发电对系统的影响。但随着新能源渗透率的提高,影响机制更为复杂,影响范围进一步扩大,在现有技术水平下会存在一个渗透率的临界状态,达到或者超过这个临界状态时极易产生重大电力安全事故。实现能源电力安全供应、绿色低碳、经济性、公平(就业)等综合目标是能源低碳转型成功的标志。不论是发达国家还是发展中国家,以新能源为主体的新型电力系统,在实现绿色低碳目标的同时,电力安全供应、经济性、公平等目标必须同时实现。如果新能源仅在数量上一家独大,而电力系统安全稳定难以保障,终端用电电价过高(系统成本过高),说明新能源还难以成为主体能源。因此,评判新能源是否能够成为主体能源,不仅要考虑在发电端新能源发电与传统能源发电相比边际成本是否具有优越性,而且要从用户获得电能的便捷性、可靠性、经济性和社会公平性的角度来衡量是否具有优越性。当然,在进行比较时要把新能源与化石能源碳排放的外部性影响一并纳入考虑范畴。因此,即便新能源可以做到零边际成本发电,但在终端用户和社会层面达不到传统电力系统的功能时,也难以成为主体能源。

3. 新型电力系统要有新运行逻辑

为保障电力系统的安全稳定运行,1981年电力工业部颁布了我国首部《电力系统安全稳定导则》。随着电力工业的发展,500千伏省间联网全面发展,国民经济发展对电力系统的安全稳定提出了更高的要求,2001年该导则修订后由国家经贸委以DL755-2001强制性电力行业标准颁布。2019年,为了适应"特高压交直流电网逐步形成,系统容量持续扩大,新能源装机不断增加，电网格局和电源结构发生重大改变，电网特性发生深刻变化"[1]并给电力系统和能源系统都带来全新挑战的情况，导则又做了进一步修订，由国家能源局提出，国家市场监督管理总局和国家标准化管理委员会联合发布，新标准编号为 GB38755－2019，于 2020 年 7 月 1 日实施。从标准多次修订的过程以及标准内容中可以看出：一是 40 年来电力系统的安全稳定运行要求一直是国家强制性要求；二是电力系统的安全稳定的内涵主要是保障电力系统运行中电压、频率、功角等参数符合规定；三是电力系统的安全稳定与电源、电网的发展密切相关，需要与时俱进不断完善；四是 2020 年开始实施的导则虽然是为了适应新能源的大力发展而出台，但电力系统总体运行仍为"源随荷动"模式，如在备用上仍然是负荷备用、事故备用和检修备用。

十多年来，可再生能源大力发展对传统电力系统已经产生了较大影响。如，白天电网消纳大量光伏发电（或者以光伏为主的分布式电源顶替了原有负荷）后，不论是通过电网还是通过分布式能源系统，只要使电网原有的用电负荷被有太阳时的大量光伏电量取代，传统的日负荷曲线与扣除光伏电量后形成的新日负荷曲线围成的轮廓线就像单线条的鸭子轮廓一样，称为"鸭形"曲线。显然，传统负荷曲线的这种改变，必然会影响原有的电源运行方式和电网调度方式。再如，多数情况下风电在电力需求低谷时出力很大（夜间风力大），而在用电高峰（晚高峰）时出力却不足，呈现"反调峰"特性。为了适应新能源特性，电力系统从源网建设、调度运行、火电机组灵活性改造以及电力需求响应上都进行了相应调整。但总体来讲，由于新能源发电量占比刚达 10%，电力系统仍然是在现行技术导则原则的约束下运行，所进行的调整主要是解决初期大规模新能源接入电力系统后的新能源消纳问题，以及维护电力系统的安全稳定运行，也可以说是为新型电力系统构建开展了一些探索。

在以新能源为主体的新型电力系统中，"源网荷"系统将转变为"源网荷储备"系统，且源、网、荷、储、备内涵也发生了重大变化。其中，

---

[1] 《电力系统安全稳定导则》（GB38755－2011）。

"源"，由化石能源替换为新能源，其随机性、波动性加大，系统惯量减少，分布式电源增多；"网"，由交流电网主体向交直流混合电网发展（尤其是在配网端），电力系统的众多变化都会传导到电网方面，电网功能也将发生重大变化，电网更加复杂；"荷"，由原来的单性电力消费逐步转变为荷、源融合；"储"，由原来主要作为电网少量调节上升为支持新型电力系统运行的基础性和关键性支撑；"备"在当前负荷备用、事故备用、检修备用基础上，需要增加为防止发生重大新能源供应风险（如长期阴天、无风天造成新能源长期断供）的战略备用。当原有的"源网荷"转变为新条件下的"源网荷储备"，电力系统运行特点将发生根本性变化。

太阳能及风能是大自然无偿赐予的，但其波动性、随机性的特点适应不了"源随荷动"的基本要求。按可发电量折算，中国煤电、水电、核电的满负荷利用小时数分别可达 5500 小时、3500 小时、7000 小时左右，煤电、核电的利用小时数还可以更高。但是，风力发电利用小时数平均为 2200 小时左右，光伏发电利用小时数平均为 1200 小时左右。更重要的是即便是同样的利用小时数或者同样的可发电量，并不等于具有相同的电力支撑，根据已有数据，一些地区的光伏发电在该地区电力平衡中的贡献几乎为零。例如，2021 年 1 月上旬全国大范围寒潮期间，晚高峰时段新能源出力仅为装机的 13%，电力供应保障困难的问题已经显现。

新能源发电能量密度低、分布广泛、便于分散使用，千家万户均可自发自用，但却难以保证高质量用电，用户仍然需要与电网连接。发展分布式电源是新能源发展的重要途径，电力体制改革 9 号文件提出要积极发展分布式电源，并提出主要采用"自发自用、余量上网、电网调节"的运营模式。随着分布式发电更多地接入配电网，由分布式电源和相关储能、调控、保护设施构成的微电网和主动配电网增多，极大地改变了原有电力负荷特性，而且这种改变难以用传统的模型和经验预测，增加了电网调节难度，降低了系统效能。

传统电力系统储能主要配置在电网侧，在新型电力系统中，为了适应不同地区、不同电源、电力负荷特点，储能会以多种方式（化学、物理方式，储电、储热、转变为氢能、储机械能等）配置在网、源、荷侧，使传统的单向电能配

置模式改变成双向、多向、多能配置模式；电力系统原有各个环节由区分明显转变为相互融合的部分不断增大。传统的信息化、自动化调控手段已经远远不够，必须采用"云大物移智"（云计算、大数据、物联网、移动互联网、人工智能）现代技术手段解决新型电力系统运行中的问题。

传统电力系统也是经过多次大的升级而成为当今的电力系统的。电力工业发展初期，中国分散式、小容量、低电压、小系统的电力系统通过不断改造升级，成为当今的以特高压为骨干网架、不同等级电压协调、全国联网、以高效环保型机组为主体、大范围能源资源优化配置、高度自动化并向智能化过渡的现代电力系统。面对构建新型电力系统的要求，在电源侧要有充足、稳定、具有一定灵活性的电源或易于调节的储能设施（如抽水蓄能），在系统中要设置必要的事故备用、负荷备用、检修备用机组。由于受气候影响水库来水有丰枯期，要在布局上考虑用火电解决水电丰枯期问题。同时，必须采用现代科技创新成果继续对现代电力系统进行升级。要充分运用"云大物移智"技术，加大电力网与信息网、交通网、能源网的融合，形成以智能电网为主体的能源互联网。

4. 构建新型电力系统要深化电力体制改革

新型电力系统从物理形态上看是"发—输—变—配—用—储—备"系统的变化和功能调整，体现为电力流、信息流、价值流的重新分配，由此推动能源、经济社会的全面转型。从生产关系上看，起着引领性、关键性甚至决定性作用的是深化电力体制改革。新型电力系统的构建涉及法规、规划、政策、标准等各个方面，需要全面协调推进才能成功，要以新的发展理念为指导，在新型电力系统构建中，同步完善和推进电力体制改革。在总结电力体制改革经验的基础上，需要进一步深化改革的方面如下：一是要建立大规模新能源进入电力系统之后保持电力系统安全稳定运行的新机制；二是重新定位电网企业（或者主体）在新能源系统中的作用和地位；三是加快推进储能、分布式能源系统、电动汽车与电力系统融合之后新商业模式的构建；四是建立低碳电力经济评价新机制，尤其是电价新机制，使低碳发展的价值信号顺畅地传导到全社会层面；五是建立大量支撑转型技术标准，快速替代衔接；六是深入研究新的政府监管模式。

（二）构建新型电力系统要把防范重大风险放到突出位置

1. 防范以新能源为主体的能源安全风险

中央财经委员会第九次会议提出，在实现"双碳"目标中，要加强风险识别和管控，处理好减污降碳和能源安全、产业链供应链安全、粮食安全、群众正常生活的关系。电力安全是能源安全的基础，且与国民经济和社会发展息息相关。传统能源安全中，能源对外依存度的大小是影响能源安全的关键要素之一，在以新能源为主体的能源低碳转型中，大规模实施以电代油，可以有效降低我国石油的对外依存度。但是天然气的对外依存度在未来一二十年还会进一步增加（主要取决于国内天然气的开采规模），主要原因是，除满足工业、民用、燃机发电用气增量外，还要逐步替代部分煤炭消费。

以新能源为主体的电力系统带来的新的能源安全风险主要有三个方面：一是能源稳定供应风险；二是电力系统安全稳定运行风险；三是电力系统与能源系统、经济社会系统之间的协调性带来的整体性安全风险。而这些风险的根源主要为新能源发电出力具有随机性、波动性和难以预测的特点，除了极端气候条件外，正常的气象条件如连续三四天的阴天或静风天气，在传统能源电力体系不构成风险条件，但在以新能源为主体的情况下将会构成重大的能源安全风险。

第一，能源稳定供应风险。一年365天有8760小时，虽然用电并不是在8760小时内平均分配，但每天都会有电力需求，常规电源如火电可以保障在任意时间提供电力（"源随荷动"），折算为满负荷运行时间可以达到5500小时甚至更高。而我国风电平均满负荷运行小时数约为2200小时，光伏发电约为1200小时，且做不到"源随荷动"。我国风电电量主要集中在春、冬两季，约占60%；光伏电量主要集中在夏、秋两季，也约占60%。[①]风电省级出力15分钟波动变化率大于3%的比例超过10%，较欧美国家高7

[①] 汤广福：《电力系统支撑我国能源转型发展的思考与对策》，《中国电力企业管理》2021年第1期。

个百分点以上。2018年8月24日4时，新疆电网风电可用出力突增至890.5万千瓦（占风电装机容量的46%），持续时间5分钟，累积电量74万千瓦时，仅占全天风电发电量的3.3%。①我国电网最高负荷一般出现在18~20点，该时段光伏发电出力基本为零，风电出力大小取决于该时段风力大小，具有较大不确定性。仅从日间电力电量平衡角度看，要保障电力供应，就必须有数倍于传统火电装机容量的新能源装机并配套相应的储能装置。若遇到多日阴雨天或者无风天，无法平衡能源供应问题，若遇一个月的阴雨天或者重大自然灾害，电网大范围能源资源配置作用也难以保障能源供应安全，将会造成严重的能源供应风险。

第二，电力系统安全稳定运行风险。随着新能源大规模接入电网，常规电源（指转子发电机）利用率下降，电力系统转动惯量降低，频率变动加快，调频能力下降，系统频率稳定问题突出。新能源电源参与一次调频和虚拟系统惯量措施的采用，可以部分解决系统的频率稳定问题，但从技术上和系统协调上仍然处于初期阶段。且新能源单体容量小、数量多，系统中增加了大量各种类型的储能设备，以及用户侧发电与用电角色时常转换等，都对电力系统的安全运行带来新的挑战。在构建以新能源为主体的新型电力系统的过程中，在相当长的时间内电力系统仍将以交流同步技术为主导，但随着新能源渗透率不断提高，常规电源不断被替代，系统转运惯量不断降低，传统的基于电压、频率、功角等重要参数的稳定问题越来越突出。电网重要参数的不稳定问题反过来会影响新能源机组的运行，容易造成新能源脱网或使电力系统故障恶化，反过来又会加剧对电网的影响，甚至造成大面积停电事故。

第三，电力系统与能源系统、经济社会系统之间的协调性带来的整体性安全风险。随着电能占终端能源消费比重的持续提高，电力在经济社会系统中的重要性越来越大，一旦产生较大的电力安全问题，对经济社会的影响会

---

① 《郭剑波院士：高比例新能源电力系统面临的挑战及关键技术应对措施》，"Solarbe 索比光伏网"搜狐号，2020年11月7日，https://www.sohu.com/a/430119843_418320。

很大。如在电能利用初期,电能主要用于照明时,如果缺电也就是换成蜡烛或者油灯,并不会对人们的生活造成显著影响。而当驱动经济社会的能源主要是电能时,产生的影响将是全方位和根本性的。因此,在新能源为主体的时代,电力可靠性供应并不会因为新能源的特性而降低要求,而应进一步提高要求。对不同用电主体的可靠性应进行更加科学的分类管理,需要高可靠对象更加可靠,而一些可中断负荷的用电大户,需要改革生产流程或模式,为防范新能源安全风险做出贡献。

2. 防范电价加速上涨带来的风险

新能源为主体条件下的能源安全风险与电价加速上涨带来的风险实际上是一体两面的关系。如果不考虑能源低碳转型的经济性问题,在理论上则可以用巨大的经济代价,将能源安全风险控制在极低的发生概率之内。但在实践中这种推论是不存在的,因为发展必然会受经济性约束。在技术进步及规模效应驱动下,核电、新能源及储能的建设成本虽然会呈现不同程度的下降趋势,但目前经常提到的新能源发电"平价"上网的概念并不是新能源利用的最终成本或系统成本,对认识能源低碳转型的总成本有误导。在平衡低碳发展和维护电力系统安全及考虑社会转型成本方面还要进一步加快完善成本评估体系。新能源能量密度低,装机容量的有效性低,会导致大力发展新能源和大力推进储能设施建设中的年度投资水平大幅上升。2020年我国新增新能源1.2亿千瓦,是新能源发展最快的一年,全年电源投资约5244亿元,与以往电源年度投资3500亿~3800亿元相比,提高了38%~50%。另外,我国在役煤电机组以高参数、大容量、环保型机组为主,平均服役时间约为12年(显著低于欧美国家煤电机组平均服役40年的情况),运行状况良好,大部分机组还处于还贷期,如果提前退役,势必会形成大量沉没成本,带来金融风险,造成巨大浪费,这些成本也应当计入全社会能源低碳转型总成本之中,或者总体体现在电价之中。

3. 防范技术创新不确定性带来的风险

新能源大规模发展,对系统调节能力提出更高的要求。目前,电化学储能技术路线众多,但尚没有哪种技术能够完全满足循环寿命长、安全性高、经济性好等关键指标要求。锂离子电池是发展较快、率先带动商业化的储能技术，但其存在的安全问题仍十分突出。2017年3月和12月，山西发生两起火电厂储能装置起火事故；2018年8月，江苏某用户侧储能电站发生火灾，一个储能集装箱整体烧毁。2018～2019年，韩国发生了20多起储能电站爆炸事故，有一半以上是因为电池问题。氢能具备可实现零碳循环、规模化、可存储、可运输等特性，是未来重要的发展方向，但目前氢能产业处于初级阶段，技术创新存在不确定性风险。以新能源为主体的新型电力系统的构建还会带来诸多技术上不确定的风险，即便是单项技术已经成熟，但是在多种技术集成过程中仍然会产生新的问题。另外，技术、经济、政策、监管之间密切相关，技术风险往往也源于经济性、政策、监管等方面，如片面追求经济性、牺牲质量和安全性、政策不到位或技术标准缺失影响质量和安全、监管不力等都是造成技术风险的重要原因。

以上三大风险在转型过程中的不同阶段风险程度和控制重点是不同的。在"十四五"期间，尽管可再生能源仍然快速发展，但发电量占比仍然较低，电力系统安全稳定风险层面的问题主要出现在局部环节，主要是解决局部新能源发展与电网协调问题、部分地区供需紧张问题，保障煤炭的安全供应，防止由电煤的量、价大幅波动带来的系统风险问题，以及进一步提高煤电机组的灵活性调节功能。另外，近几年，为了应对各种国际形势和经济社会发展的种种风险，一般工商业电价由政府严格控制，加之煤炭价格总体增长较快，不论对电网企业还是对煤电企业都造成了很大的经济压力，需要适时疏导电价，将能源转型的成本传导到整个社会之中。

在"十五五""十六五"十年期间，随着可再生能源比重的持续提升，对电力系统稳定性起支撑作用的传统电源与新的电源和储能此消彼长，常规电力系统风险和新的电力系统风险（由天气造成的供需风险）都骤然加大。大量的理论创新和技术创新应用于针对性解决问题的实践。此阶段应当是风险多发期、风险复合期、风险突变期。能源新技术、储能技术单体成本是快速下降的，但系统转型成本在这一时期总体是上升的。

2040年左右至碳中和阶段，电力系统的风险逐步转变为受长周期气候变化（如连续大范围阴天）引发的能源、电力供需平衡风险。除了仍然期待有颠覆性能源技术发挥作用外，期望CCUS技术与可靠性高的火电技术相结合担当起抗御系统风险的主力，发挥基本能源安全保障作用。从系统成本来讲，这一时期应当是相对下降的，能源转型成本若一直高涨，能源低碳转型的目标是很难实现的。

当前来看，为了有效防范以上各种风险，新型电力系统必然是一个以新能源为主体，水电、核电、天然气燃机发电、储能以及燃煤发电等协调运行的多元电力体系；新型电力系统与多能互补的分布式能源系统、微电网共同构成能源互联网体系，且在能源互联网体系中，非化石能源将占绝对主导地位，新型电力系统处于核心地位。新型电力系统及能源互联网体系都是建立在"云大物移智"多平台融合基础上的，使能源、电力体系与经济社会系统紧密相连。在这个体系中，高（中）碳能源（如煤电）发电作为最可靠、全时间段备用能源，需要因地制宜逐步采取CCUS技术。新能源成为主体能源的过程，是一个持续十数年甚至二三十年不断替代传统化石能源的过程。中国碳中和目标年已经确定，能源替代过程既需要快速，又需要平稳。解决替代过程中新能源发展的种种问题与化石能源被替代过程中的问题同等重要，二者本质上是一个问题的两个方面，是需要同步规划和实施的。

三 "十四五"电力发展的基本思路及规模分析

（一）人均用电水平要进一步提高

传统观点认为，人均用电水平尤其是人均生活用电水平的高低体现了一个国家或地区的现代化水平的高低；从能源低碳转型的发展趋势看，人均用电水平的高低与能源低碳发展水平的高低也密切相关。这就是说，人均用电水平提升既是经济社会发展的客观需要，也是加快促进能源低碳转型的需要。中国碳达峰、碳中和目标实现过程与中国全面建成小康社会，到2035年基本实现现代化，再到2050年建成富强民主文明和谐美丽的社会主义现

代化强国进程处于相同的历史时期。在碳达峰、碳中和目标的引领下，低碳化与电气化互为促进，电气化水平会持续提高。

人均电力消费水平、人均生活用电量占总消费电量的比重、电能占终端能源消费比重，共同构成了经济社会发展水平的重要指标。2020年，我国人均用电量达到5331千瓦时，人均生活用电量达到776千瓦时。人均用电量稍高于世界平均水平，但人均生活用电量低于世界平均水平。表1展现了1990年、2000年、2020年美国、日本、法国、中国人均用电量和人均生活用电量情况。从表中可以看出，美国、日本、法国同为发达国家，但人均用电量在1990年、2000年、2019年都有较大差别，日本、法国几乎是美国的1/2。但从人均生活用电量比重来看，差距明显变小。反观中国，人均生活用电量比重尽管由1990的7.6%提高到2020年14.6%，但与美国（37.7%）、法国（35.9%）、日本（27.1%）相比仍有很大差距。

表1 1990年、2000年、2020年美国、日本、法国、中国人均用电量和人均生活用电量比较分析

单位：千瓦时，%

国家	1990年			2000年			2020年		
	人均用电量	人均生活用电量	比重	人均用电量	人均生活用电量	比重	人均用电量	人均生活用电量	比重
美国	11691	3696	31.6	13659	4222	30.9	12855	4850	37.7
日本	6842	1539	22.5	7970	2031	25.4	7959	2163	27.1
法国	5975	1607	26.8	7260	2124	29.3	7127	2561	35.9
中国	540	41	7.6	1067	132	12.4	5331	776	14.6

资料来源：中国电力企业联合会历年《中国电力行业年度发展报告》。

图4显示了中国与发达国家在不同阶段全社会用电结构。从图中可以看出，发达国家在完成工业化时，第二产业用电量比重约为60%，以后逐渐减少，已经形成了第二产业、第三产业、城乡居民生活用电各占约1/3的情况。而中国第二产业用电量2020年占比约为70%、第三产业与城乡居民生活用电量比重都不超过20%。从图4的用电结构也可以看出，中国离现代化还有一定差距。随着现代化发展的推进，中国用电结构逐步向轻型化发展

(即向第三产业和城乡居民用电量比重提高的方向发展)。但是，中国是一个大国，第二产业用电量比重不可能也不应当在短期内大幅度下降，更不会下降到30%左右。第二产业用电量过快下降表明实体经济空心化速度加快，这不利于现代化的建设和经济社会的稳定。

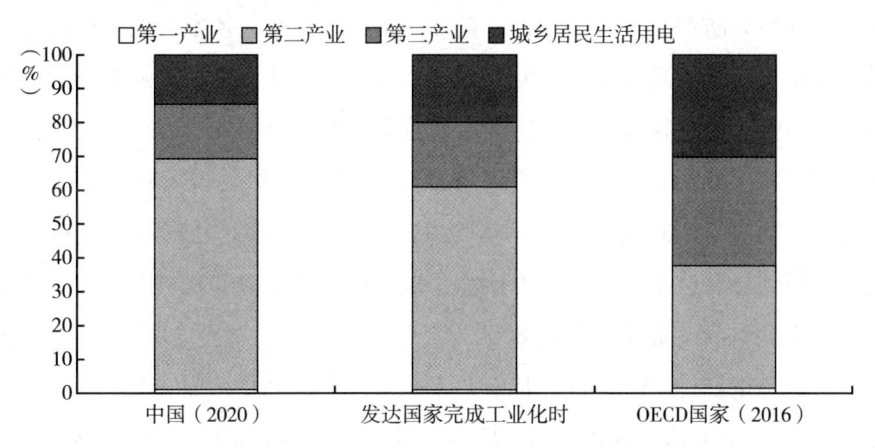

图4 中国与发达国家在不同阶段全社会用电结构

资料来源：中国数据来自中国电力企业联合会发布的《中国电力行业年度发展报告2021》，OECD国家的数据来自国际能源署发布的《电力信息年报》。

初步分析，到2025年，我国全社会用电量将达到9.5万亿千瓦时，人均用电量将达到6600千瓦时左右，人均生活用电量将达到1200千瓦时左右，人均生活用电量比重将提高到20%。

（二）进一步加强电能替代

2016年国家发展改革委会同国家能源局、财政部、环保部等八个部委发布了《关于推进电能替代的指导意见》，提出采取电采暖、热泵技术、电蓄热式锅炉、生产过程油改电、工业电锅炉、电窑炉、电动汽车、电驱动物料输送、靠港船舶使用岸电和电驱动货物装卸、机场桥载设备及运行车辆油改电、农业电排灌，以及采用电蓄能调峰等手段替代燃煤、燃油，降低污染排放和碳排放，促进用能结构、产业结构转变。为此，制定了规划和政策，确保电能替代减少散烧煤、燃油的效果。同时，支持电能替代用户参与电力市场竞争,与发电企业进行电力直接交易,降低用电成本;促进电、热生产企业和用户投资建设蓄热式电锅炉,提供调峰服务并获得合理收益;允许将电能替代引起的合理配电网建设改造投资纳入电网有效资产范围,并将合理运营成本计入输配电准许成本等。同时,采取了财政补贴方式,如地方政府利用大气污染防治专项资金等,对符合条件的电能替代技术研发、项目建设进行补贴。为了提高电能替代的长期性、稳定性、连续性,加强配电网的建设,各地方政府也积极支持相应配电网企业做好项目征地、拆迁和电力设施保护等工作。如在2016~2019年,农村电网改造升级总投资达8300亿元,使农村平均停电时间减少到15小时左右,在加大电能替代的同时,居民用电条件得到显著改善。经过大力推动,根据国家历年公布的数据计算,"十三五"期间共计完成电能替代8000亿千瓦时。再如,截至2020年底,我国充电桩保有量已达150万台,其中"十三五"期间新增数量占比约为50%。充电站有4.33万座,换电站有528座。建成了世界上充换电设施数量最多、辐射面积最大、服务车辆最全的充换电设施体系。

随着电能替代量的增加,电能占终端能源消费的比重不断提高。图5显示了1990~2018年中国及世界平均、OECD平均、欧盟平均以及日本、肯尼亚的电能在终端能源消费中的占比。

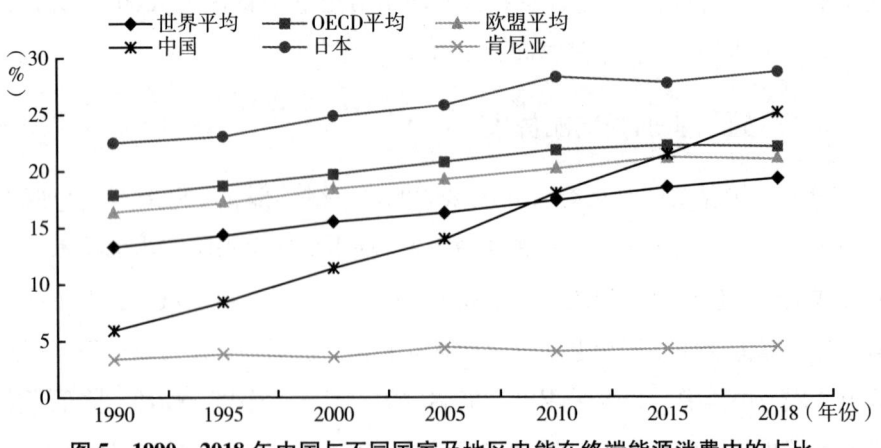

图5 1990~2018年中国与不同国家及地区电能在终端能源消费中的占比

资料来源:国际能源署《电力信息年报》。

由 5 图可以明显看出，1990 年以来，在终端用能中电能比重最高的是日本；中国是提高最快的国家，但 2010 年之前仍低于 OECD、欧盟及世界平均值。自 2010 年以来，先后超越世界、欧盟、OECD 平均水平，接近日本，2020 年比重约为 27%。中国之所以有如此超乎"常理"的提升，除了电力工业取得显著发展之外，还因为中国能源结构的特点。中国天然气消费占比很低，在终端能源消费中只占到 8% 左右，而发达国家约占到 25%，中国能源的清洁使用必须更多地增加电能的比重。中国电力消费结构中第二产业比重要显著高于发达国家，也直接体现到终端电能消费之中。预计到 2025 年，中国电能占终端能源消费的比重将达到 30%。

（三）积极推进支撑新能源发展的新业态发展

"十三五"期间，"互联网＋"智慧能源、储能、区块链、综合能源服务等一大批能源新技术、新模式、新业态蓬勃兴起。"互联网＋"智慧能源建设，光伏发电与农业、渔业、牧业、建筑等融合发展，新能源微电网建设，电力源网荷储一体化推进，区域清洁供能系统建设，针对综合能源服务新模式进行了广泛探索与实践。在试点示范项目的引领和带动下，新技术、新模式、新业态持续涌现，为能源电力加快转型提供了经验。河北省张家口可再生能源示范区就是一个体现国家导向的代表。

2015 年国务院批复同意设立的河北省张家口可再生能源示范区，是可再生能源发展的综合示范区，包括了技术创新、商业模式创新、体制机制创新。主要内容包括光伏发电、风电、光热发电、生物质发电、天然气热电联产、大容量（100 兆瓦级压缩空气）储能，基于多元化应用的可再生能源规模化应用项目、牧光互补光伏发电项目、智能化输电、智慧能源产业循环综合项目、"互联网＋"智慧能源（光伏扶贫）等。2019 年底，张家口市可再生能源消费占区域能源消费的比重达 27%。另据河北新闻网报道，截至 2020 年 10 月，张家口可再生能源装机规模达到 1764 万千瓦，其中，风电装机规模达到 1232 万千瓦。在可再生能源智能化输出方面，张北柔性直流电网工程创 12 项世界第一。

"十四五"时期,新业态将进一步得到快速发展。一方面,在"十三五"期间部署的试点示范项目将要验收、深化或推广;另一方面,以围绕加快发展新能源为目的的新业态还将层出不穷。主要体现在将会有更多适合不同大用户、群体用户(园区、大型公共设施、村镇等)的综合能源服务、分布式能源、微电网等继续推进,县域范围的光伏或新能源发展呈多种模式,电源侧、电网侧、用户侧各种新型储能模式以及电动汽车充换电网络与电网交互融合模式不断创新,新能源制氢或者生产其他能源二次利用模式持续探索,以火电厂尤其是燃煤电厂为核心的电能、热能及多种能源(包括制氢、储能、掺烧生物质等)互补,并与循环经济发展(综合利用、活性污染焚烧)综合集成,碳市场与电力市场以及与其他用能权、绿证交易等融合推进。

(四)持续推进技术创新

对电力技术创新的估计。在电源方面,对水电站进行系统性分析,对具备条件的中型水电站进行提高蓄能能力的改造,增加系统调节能力;加大储能技术的开发、工业试验、商业模式创新;加大煤电技术的灵活性改造;加大新一代核电技术应用,加快小型堆技术的商业化应用;充分利用发电侧和用户侧资源,提高电力系统转动惯量,保障电力系统稳定运行;积极开展碳移除CCUS技术储备。在电网方面,加强研究电力系统的重构,提高电网的智能化水平和柔性、韧性;加大通信网、电网、交通网的融合,提高电力供需耦合(在过渡期要提高需求响应能力);加大电网与分布式微电网的协调技术及运行技术研究;加大防范重大新的能源电力安全风险技术的研究。

低碳转型的成本主要取决于技术创新的程度。从当前看,全社会在低成本下实现低碳转型并不现实,核心还是通过技术的快速迭代使成本快速下降。要把握好低碳转型速度与经济性的关系。技术不成熟而快速推进会增加转型成本,尤其是新的能源安全问题还会给社会带来潜在成本增大问题,且易形成锁定效应;但减缓低碳转型速度,会增加碳排放量,给未来碳中和带来更大的成本压力。

（五）重新定位煤电的功能和作用，严控煤电增长

严控煤电项目，从政府到与电力相关的组织及经济主体要坚持底线思维和系统性、全局性、因地制宜原则。底线思维是指，如果最低限度地新建煤电或者不新建必要的煤电，电力安全供应会有难以承受之重。系统性是指，煤电装机增减要系统考虑电力供需平衡、热力供需平衡、电力系统安全稳定运行（如灵活性电源的比重）、煤电机组运行年龄等四个维度。全局性是指，煤电装机增减要系统考虑投资者利益、资金链、产业链、供应链（煤矿、运输）、地方经济、社会（就业）发展等的关系。因地制宜是指，一个煤电项目是否建设，要从优先发展新能源，以及该煤电项目在所在地或所在电网中的作用（是不是负荷中心的主力电源或重要的备用电源）等因素来考量。简单地将煤电装机容量大小或者占比与发达国家的情况进行比较，并以此说明中国需要加快煤电淘汰的速度是片面的。严控煤电项目是为了严控煤炭消费，本质是控制二氧化碳排放。中国由于天然气长期缺乏，终端能源消费中天然气比重很低，蒸汽及热水业在很大程度上依赖煤电的热电联产方式，电力系统灵活性电源也主要由煤电机组提供，这种情况与发达国家煤电主要是纯凝汽式用于发电的情况有很大不同。因此，中国煤电装机容量大小与煤电发电量大小及二氧化碳排放多少并无直接关系。另外，为了保障电力系统的战略安全，一些必要的煤电机组可能长期处于备用状态，但它并不一定排放大量二氧化碳。

中国煤电机组的平均运行年龄约为12年，到2030年，加权平均年龄约为20年。在2030年左右，要加快可再生能源发展速度，需要有更多的灵活性电源支撑，而煤电提供灵活性电源支撑既是责无旁贷也是无可选择。煤电机组灵活性调节功能发挥得越大，煤电机组的利用小时数就越低，降低了煤电自身效能，但这正是能源低碳转型需要支付的系统成本。通过提高煤电利用小时数来减少煤电装机，保障电量平衡的方法也是不可取的，因为提高煤电利用小时数反而会增加煤电的碳排放量，且由于灵活性资源不够，反而会影响可再生能源发电的发展。

（六）"十四五"电力发展规模及经济性分析

根据中国电力企业联合会初步预测，2025年全社会用电量将达9.5万亿千瓦时，年均增长4.8%，最大负荷为16.3亿千瓦，增长5.1%。

为保障电力供应安全，需要新增一定规模的煤电项目。水电、核电项目建设工期长，一般需要5年左右，"十四五"期间新投产规模比较确定，预计到2025年水电将达到4.7亿千瓦，抽水蓄能将达到8000万千瓦，核电将达到8000万千瓦。新能源按照年均新增7000万千瓦考虑，到2025年风电将达到4.0亿千瓦，太阳能发电将达到5.0亿千瓦。由于新能源发电具有间歇性、随机性、波动性特征，能够参与电力平衡的有效容量低。"十四五"期间考虑到电化学储能技术规模化应用，新能源可参与电力平衡的容量也仅为10%~15%，且仍不能解决长周期电力存储问题。因此，为保障电力供应安全，满足电力实时平衡要求，"十四五"期间，仍需新增部分煤电装机，到底需要多少，应当根据区域电力系统及地方能源平衡的需要因地制宜决定。初步预计，到2025年，全国非化石能源发电装机占比将达到52%，其中太阳能发电占17.2%，风电占13.8%；水电、核电、新能源清洁低碳电源发电量贡献率分别为39%、18%、43%。

四 "十四五"电力发展的政策建议

（一）多措并举提升系统综合调节能力

构建以新能源为主体的新型电力系统，迫切需要提升系统调节能力。要加快抽水蓄能建设，既要推进单机容量30万千瓦、电站容量100万千瓦抽水蓄能项目如期开工，又要因地制宜，建设中、小型抽水蓄能项目，还要对具备条件的水电站进行抽水蓄能改造。继续推进煤电灵活性改造。鼓励天然气调峰机组建设。推广多元化储能技术研发与应用，研究超长循环寿命的新型锂离子电池，实现电池的安全性、循环次数和能量密度明显提高。深度挖掘需求响应潜力，构建可中断、可调节多元负荷资源，随着电动汽车规模增长，要充分利用现代信息技术广泛参与电力系统调节。加快建设全国统一电力市场，打破省间壁垒和市场分割，调动和利用好全系统调节资源。

（二）有效控制能源电力转型的系统成本

在如此短的时间内我国要进行如此巨大的转型，在转型的初期，低碳能源的全社会成本会比传统能源高。单方面强调某一新能源技术在一定条件下的经济性而忽略系统支撑成本，对于决策和商业化模式创新是不利的，会造成新能源看起来很好，但大规模用起来艰难的窘境。一方面，要继续加强对传统能源成本的控制，如要严控煤炭价格，确保电煤价格运行在合理区间；另一方面，对新业态既要支持发展，也要提出成本下降的预期。如政府可以出台支持性文件，鼓励新业态在科技和安全上加强创新，在商业模式上创新，在商业价值实践上进行突破，增强自身适应市场的能力。但同时指出，新业态发展要有经济上的可持续性，通不过市场竞争检验或者过高的能源系统成本都是不可能支撑新业态发展的。

（三）形成科学的电价、碳价机制

电价改革是电力体制改革的核心，是能源电力低碳转型的原动力。要以还原电力商品属性为导向，充分发挥市场对资源配置的决定性作用。出台灵活的电价政策，适度拉大峰谷电价价差，科学划分丰枯分时电价时段，发挥市场发现价格、形成充分竞争的作用。完善辅助服务补偿机制，逐步推动补偿政策向市场机制过渡，形成合理的辅助服务费用传导路径。建立碳市场和电力市场联动机制，将电能交易和碳排放权交易相结合，实现碳排放奖惩办法与清洁能源消纳等政策的协调。同时，用电公平是社会公平的重要内容之一，且一部分电能具有显著的公共属性，要认真研究电价上升对低收入群体和具有公共属性的主体的影响，并要有专门措施保障其基本用电。

（四）积极支持关键技术创新

健全创新机制，加大研发投入，加强关键技术储备和产业化应用引导，为全面碳中和奠定坚实基础。重点开展持续提高现有化石能源发电效能的研究，即不仅要看化石能源发电自身能源转化效率和效益的提高，也要看化石能源在与新能源耦合发展过程中对能源电力系统整体效能的提升。要加快新型锂离子电池的研发，提升铅炭电池循环次数、高倍率充放电性能，改进液流电池关键部件材料，提升工艺水平及转化效率。要研究高效率、低成本、易输送、易储存的由电能生产的二次能源等关键设备技术，如制氨及催化合成甲醇、甲烷等绿色燃料技术。加强碳捕集技术的试验、示范及储备。

（五）下决心坚决解决煤炭散烧问题

我国还有5亿多吨的散煤，到底怎么办是必须正视的问题。解决散烧煤的问题真正体现了复合控制污染和减碳，是促进中国发展与环境相协调的"西瓜"而不是"芝麻"。现有的燃煤机组和联合供热等是有效解决过渡期中国供热问题和环境问题的最重要的设备和措施，要鼓励燃煤电厂综合性解决散烧煤问题。具备条件的地方可以加快用天然气、电能或者新型可再生能源加以替代。

（六）强化标准的引领和支撑作用

技术标准是连接不同领域、不同设备，共同推进低碳转型工作的重要节点和纽带，制定技术标准是促进具有行业、产业融合特点的新型电力系统发展的最好手段。标准体系构建和标准制定与实施，可以快速对复杂问题提出解决办法。标准与政策的配套，可以减少走弯路，提高效率。从近几年国家陆续出台的新能源产业政策相关文件和不断加强的国际标准合作实践也可以看出，转型要求下的标准体系构建、完善与有效运用是转型的强大推动力。标准体系构建需要从宏观到微观，体现不同层次的逻辑构架；标准制定既要加速推进，也要尊重标准的严谨性和严肃性。国家在鼓励标准制定的同时，需要加强监督和引导，促使各方在全局观下求同存异、协调推进。

（七）进一步深化电力体制改革

除了继续深化电价机制改革外，从系统和宏观上讲，深化电力体制改革有三个着力点。一是与构建以新能源为主体的新型电力系统要求相匹配。在新型电力系统下，发、供、用的主体不论是内涵还是相互关系都发生了变化，已经不是"两头"（发电、配电）和"中间"（输电）的关系，而是融合、嵌套、协调的关系，要发挥好政府的作用和市场的作用。二是要对新能源安全问题提出相应的防范措施。新能源安全问题主要包括以电能为主体的能源格局对经济社会的风险影响，以新能源为主体的能源格局受气候影响（正常及非正常条件）进而对能源供需保障的风险影响，"云大物移智链"平台风险对能源电力系统的风险影响。三是进一步调整好储能、氢能、电动汽车、分布式能源体系、微电网等大量新业态的关系。

B.3 中国可再生能源行业"十三五"发展回顾与"十四五"展望

东方证券课题组*

摘　要： "十三五"时期，光伏和陆上风电进入了平价时代。光伏行业由政策驱动转向市场驱动，补贴退坡加速平价；光伏发电成本快速下降，已经具有市场竞争力；产业高速发展，市场供给遍布全球。但是大规模消纳问题仍然不容忽视，亟待解决方案。风电行业供应链加速降本，海上风电快速起步，弃风率问题有所改善，但风能消纳仍有提升空间。"十四五"时期，低碳转型已经形成共识，"3060"目标明确，加速能源系统革命，光伏和风能市场空间广阔。电力市场化持续推进，绿证、碳交易等机制出台，更加有利于光伏和风能的发展。

关键词： 可再生能源　绿证　碳交易　大规模消纳

一　光伏与风电行业"十三五"发展回顾

（一）光伏篇：光伏平价时代来临，中国制造遍布全球

1. 政策驱动转向市场驱动，补贴退坡加速平价

"十三五"时期光伏行业迈入快速成长阶段，逐渐由政策驱动转向市场

---

* 执笔人：陈刚，博士，东方证券股份有限公司证券研究所所长，主要研究方向为科技与新能源；周迪，东方证券股份有限公司资深分析师，主要研究方向为电力与新能源。

驱动。2018年5月31日，三部委联合发布《关于2018年光伏发电有关事项的通知》，该通知使得光伏补贴退坡、实现市场驱动的进程大大提速。2019年，国家发改委再次调整光伏电价政策，将三类资源区集中式电站标杆上网电价改为指导价；同时规定，集中式光伏电站上网电价通过市场竞争方式确定，不得超过所在资源区指导价。除扶贫和户用外，所有分布式光伏电站均应参加竞争性配置，补贴标准不得超过每千瓦时0.1元。同年，国家发改委、国家能源局发布《关于积极推进风电、光伏发电无补贴平价上网有关工作的通知》，首次明确提出无补贴平价上网。

在持续的政策调整下，"十三五"时期光伏行业快速、高质量发展，企业逐步摆脱技术掣肘，光伏产业链降本成效显著，设备价格逐年降低。截至2020年底，国内光伏装机容量达到2.5亿kW，占全国总发电装机容量的11.5%。中国的光伏装机规模已连续8年位居世界第一，占比超过1/3。从全球来看，随着光伏技术的整体提升带动全产业链成本降低，在部分国家光伏已成为具有成本优势的发电类型，光伏发电逐渐进入平价上网时代。

"十三五"期间中国光伏装机逐步向"三华"地区转移，户用光伏成为分布式光伏发展主力。截至2020年底，64%的光伏装机集中于"三华"地区，较"十三五"初期提高26个百分点。光伏装机容量超过1000万kW的省区已经达到12个，规模由大到小分别为山东、河北、江苏、青海、浙江、安徽、山西、新疆、内蒙古、河南、陕西、贵州。分布式光伏总装机容量为7831万kW，在光伏总装机容量中的占比超过30%。其中，户用光伏发展较快，全国累计纳入2020年国家财政补贴范围的户用光伏项目装机容量超过1000万kW，在全部分布式光伏新增装机容量中占65%。

2. 光伏行业全球多元发展，市场需求高速增长

自德国出台《可再生能源法》以来，欧洲地区光伏装机容量占全球的比重一度维持在80%左右。随着全球新兴市场的快速增长，欧洲装机比重逐渐下滑。中东、拉美、亚太等地区快速发展，光伏市场逐渐辐射

全球；光伏市场已由当初的欧盟一家独大逐渐发展为全球多点开花。中国光伏标杆上网电价的调整过程见表1，2020年Ⅰ类资源区、Ⅱ类资源区、Ⅲ类资源区的标杆上网电价已分别降至0.35元/kWh、0.40元/kWh、0.49元/kWh。

表1 2011~2020年全国光伏发电标杆上网电价

单位：元/kWh（含税）

资源区	2011年	2015年	2016年	2017年	2018年	2019年	2020年	各资源区所包括地区
Ⅰ类资源区	1.00	0.90	0.80	0.65	0.55	0.40	0.35	宁夏，青海海西，甘肃嘉峪关、武威、张掖、酒泉、敦煌、金昌，新疆哈密、塔城、阿勒泰、克拉玛依，内蒙古除赤峰、通辽、兴安盟、呼伦贝尔以外地区
Ⅱ类资源区	1.00	0.95	0.88	0.75	0.65	0.45	0.40	北京，天津，黑龙江，吉林，辽宁，四川，云南，内蒙古赤峰、通辽、兴安盟、呼伦贝尔，河北承德、张家口、唐山、秦皇岛，山西大同、朔州、忻州、阳泉，陕西榆林、延安，青海，甘肃，新疆除Ⅰ类资源区以外的其他地区
Ⅲ类资源区	1.00	1.00	0.98	0.85	0.75	0.55	0.49	除Ⅰ、Ⅱ类资源区以外的其他地区

资料来源：国家能源局。

欧洲：中国光伏行业协会（CPIA）数据显示，2017年是全球光伏产业发展的"爆发"之年，全年新增装机容量达到97.6GW。其中欧洲新增并网装机容量达8.6GW，同比增长28%，达到2012年以来的最高水平。法国2017年并网光伏达到了875MW，同比增长50%。西班牙光伏产业成长迅速，据西班牙光伏产业协会数据，2019年西班牙光伏新增装机容量达到4GW，而2015~2018年4年合计新增装机容量不超500MW。截止到2019年，欧洲地区累计光伏装机容量达138.2GW，其中欧盟成员国装机容量达129.8GW。德国是欧洲地区最大的光伏市场，累计装机容量达49.9GW，其次是意大利（20.9GW）、英国（13.3GW）、法国（10.5GW）、西班牙（8.6GW）。

北美：2000年美国光伏新增装机容量仅为4MW，随着各种激励政策的发布以及欧盟市场的衰弱，美国光伏产业出现跳跃式发展。2010年美国新增装机容量852MW，2015年达到7.5GW，隔年又翻一番，达到15GW。据《美国可持续能源实录》数据，2020年美国光伏新增装机容量达16.5GW，比2019年增加24%，保持强劲增长。随着拜登上台宣布重返《巴黎协定》，美国光伏产业将继续保持稳定发展态势。

中东：中东地处地中海，毗邻波斯湾，常年光照充足，由于经济结构单一，其经济易受地缘政治、国际油价等因素影响。为减少对传统能源的依赖，土耳其、以色列、埃及、阿联酋等多国相继制定可再生能源发展目标，以求加快能源转型步伐。国际能源署（IEA）数据显示，2017年，土耳其光伏新增装机容量达到1.8GW，同比增长213%。自2014年起，土耳其政府大力推进可再生能源发展；2018年底，土耳其电力总装机容量达到88.6GW，其中光伏累计装机容量为5.1GW，相比2017年的3.4GW，增幅为50%。

大洋洲：澳大利亚是全球光伏产业最发达的地区之一，自2001年开始安装光伏系统，2009年推行补贴政策，到2018年光伏装机总容量为11.3GW，2019年澳大利亚全国新增可再生能源装机容量6.3GW，较2018年增长24%。2020年虽受新冠肺炎疫情影响，但屋顶太阳能光伏市场依旧表现亮眼，年内新增2.6GW装机容量，比2019年增长18%。

亚洲：亚洲是全球光伏装机容量最大的地区，根据国际可再生能源署（IRENA）发布的数据，截止到2019年，亚洲地区总装机容量达到330.1GW。其中，中国装机容量位列全球第一，其次是日本。日本80%以上的煤炭依赖进口，这也促使日本大力发展可再生能源；受FiT（上网电价补贴）政策刺激，日本大型地面项目迅速发展，截止到2019年底，日本大型地面项目新增4.9GW，较2012年增长超36倍，户用光伏同比增长2.4倍；截止到2020年，日本累计装机容量达61.8GW。印度装机容量位居亚洲第三，截止到2020年，印度累计装机容量为34.8GW，受新冠肺炎疫情影响，2020年印度新增装机容量仅为3.2GW，相较于2019年7.3GW的装机容量下滑56%。越南以及中国台湾的新增装机容量也已达到1GW以上。

过去几年中,光伏市场有所起伏,但总体发展趋势依旧向上。2017年全球光伏新增装机GW级以上市场为9个,2019年增长为13个(见表2)。随着"碳达峰,碳中和"成为全球共识,全球能源转型趋势将持续加速,光伏市场也将维持较高景气度。

表2 2019年全球光伏新增装机容量超1GW的国家或地区

单位:GW

国家或地区	新增装机容量
中国	30.11
美国	9.11
印度	7.70
日本	6.34
越南	5.59
澳大利亚	4.53
西班牙	4.00
乌克兰	3.90
德国	3.78
韩国	3.38
荷兰	2.20
阿联酋	1.29
中国台湾	1.40

资料来源:IRENA。

3. 光伏发电成本快速下降,已具有极强竞争力

IRENA数据显示,过去十年全球光伏装机容量从40GW增加到了580GW;同一时期,光伏成为成本下降速度最快的新能源发电项目之一。Lazard数据显示,2009年全球光伏平均度电成本为359美元/MWh,2019年,全球光伏平均度电成本仅为40美元/MWh,下降幅度达89%(见图1)。

根据Lazard数据,2010~2019年印度光伏发电度电成本降幅达到85%,下降幅度最大;中国、意大利和韩国等降幅均达到82%;西班牙、澳大利亚、法国、德国、美国、越南的降幅分别为81%、78%、77%、73%、66%、55%。

2017年,沙特阿拉伯某招标项目的电价已低至1.79美分/kWh,已经低于中国燃煤基准电价最低的新疆（3.70美分/kWh）。卡塔尔、阿联酋、葡萄牙2020年的最低中标价格分别为1.60美分/kWh、1.35美分/kWh、1.32美分/kWh（见图2），而在2013年，最低中标价格为8.30美分/kWh。随着度电成本的持续下降，全球进入平价上网时代，光伏在经济性上成为最具性价比的能源之一。

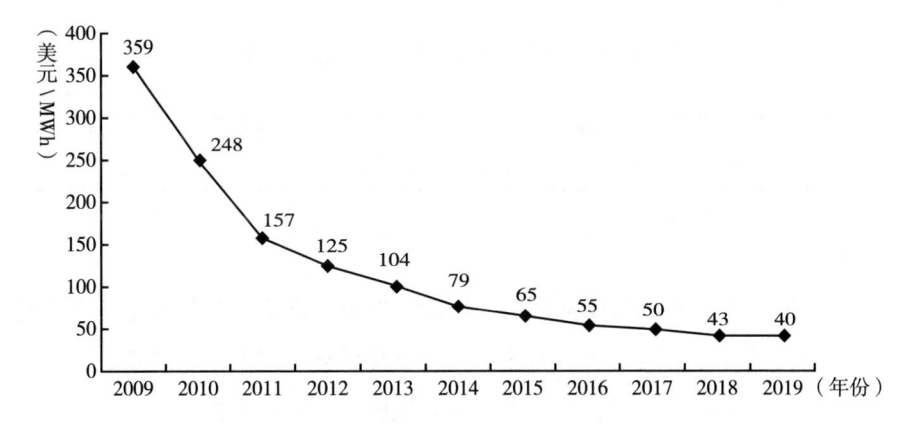

图1 2009~2019年全球光伏平均度电成本

资料来源：Lazard。

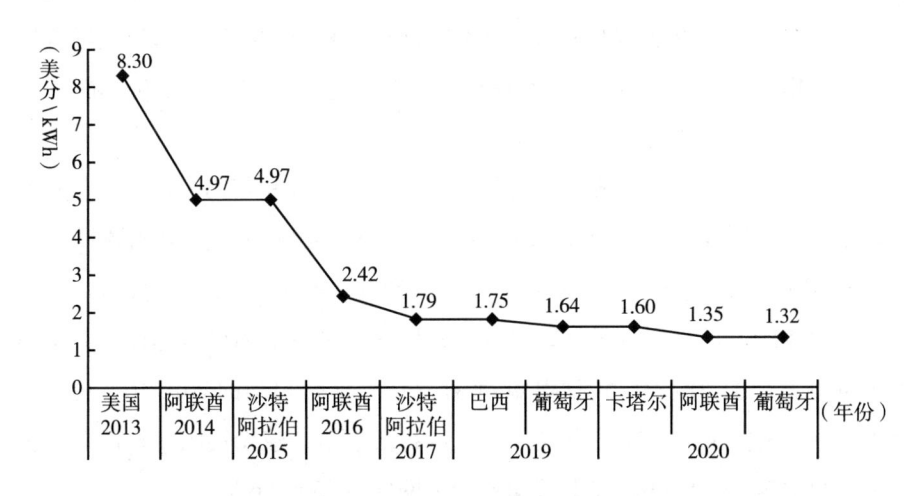

图2 2013~2020年全球光伏较低中标电价

资料来源：中国光伏行业协会报告。

在国内市场方面，2020年，全国至少有10个省（区）申报平价项目，总体规模达到37.31GW，同比增长124%，其中广东省达到10.89GW（见表3）。相较于2019年，湖南、青海等8个省份在2020年实现光伏平价项目"零的突破"；此外，除重庆外，全国各地区光伏平价项目平准化度电成本（LCOE）已低于当地火电基准价。

表3 2020年平价上网项目申报省（区）（部分）

单位：GW

省（区）	河北	湖北	青海	陕西	广东	广西	辽宁	湖南	河南	吉林	合计
规模	2.75	7.64	1.20	1.60	10.89	8.79	1.95	1.32	0.76	0.41	37.31

资料来源：国家能源局。

由于早期光伏发电的成本高于传统能源发电，国家对光伏发电企业进行补贴，以促进行业健康发展。随着光伏发电规模化发展及技术进步，在资源优良、开发成本低、投资和市场条件好的地区，已具备平价条件。

2019年1月，国家发改委、国家能源局联合印发《关于积极推进风电、光伏发电无补贴平价上网有关工作的通知》，从优化投资环境、保障优先发电和全额保障性收购、鼓励通过绿证交易获得合理收益补偿、降低就近直接交易输配电价及收费等12个方面提出了推进风电、光伏发电平价上网试点项目建设的有关要求和支持政策措施。

2019年5月，国家发改委、国家能源局公布了2019年第一批风电、光伏发电平价项目信息，总规模达2076万kW。2020年3月，国家能源局印发《关于2020年风电、光伏发电项目建设有关事项的通知》，明确各省（区、市）积极组织、优先推进无补贴风电、光伏发电平价上网项目建设。截止到2020年6月，国家能源局共收到21个省（区、市）报来的2020年风电、光伏发电平价上网项目。21个省（区、市）和新疆生产建设兵团共报风电平价上网项目2664.67万kW，光伏发电平价上网项目3305.06万kW。

4. 中国光伏产业高速发展，市场供给遍布全球

光伏已逐渐成为中国优秀产业之一，在全球范围内极具竞争力。在装机容量方面，中国光伏新增装机容量已经连续7年位居全球第一，累计装机容量连续5年位居全球第一；在技术水平与产业链方面，中国光伏组件产量一直占据全球约80%的份额，掌握着全球供给端的话语权。

在产业链方面，从上游的多晶硅、硅片，中游的电池片、组件，到下游的逆变器及组件，中国企业已牢牢占据大多数环节的龙头地位。根据CPIA统计，2019年，中国生产的硅料、硅片、电池片和组件占全球产量的比重分别达到67%、98%、83%和77%。2020年虽受新冠肺炎疫情影响，但中国多晶硅、硅片、电池片以及组件出货量仍然分别同比增长14.6%、21.3%、24.1%、26.4%（见表4）。

在出口方面，2020年中国光伏产品出口总额约为197.5亿美元，相比2019年下降5%，主要原因是受疫情及价格下降的影响。在规模方面，组件出口约78.8GW，同比增长18%。

表4 2019~2020年中国光伏产业链产品产量

单位：万吨

年份	多晶硅	硅片	电池片	组件
2019	34.2	134.6	108.6	98.6
2020	39.2	163.3	134.8	124.6

资料来源：CPIA。

在企业层面，中国拥有全球最大的单晶硅生产制造商及全球最大的电池片生产商。逆变器、EVA胶膜及电缆等产品的龙头生产企业中均有中国公司。上游产业链中，在单晶硅片方面，2020年隆基股份与中环股份出货量分别为80GW、50GW，约占中国单晶硅片65%的产能；在组件方面，2019年晶科能源、晶澳科技、天合光能出货量位居全球前三。

2020年多家组件龙头企业出货量大幅上涨。隆基股份组件出货量达24.5GW，同比增长192%，从全球第四位跃居首位；晶科能源、阿特斯均同比增长31.4%，天合光能同比增幅为59.1%，晶澳科技增幅为54.8%（见图3）。2020年全球光伏新增装机容量为127.0GW，若按1∶1.2容配比计算，对应组件需求量为152.4GW，以上5家企业的出货量占全球的份额超过50%。

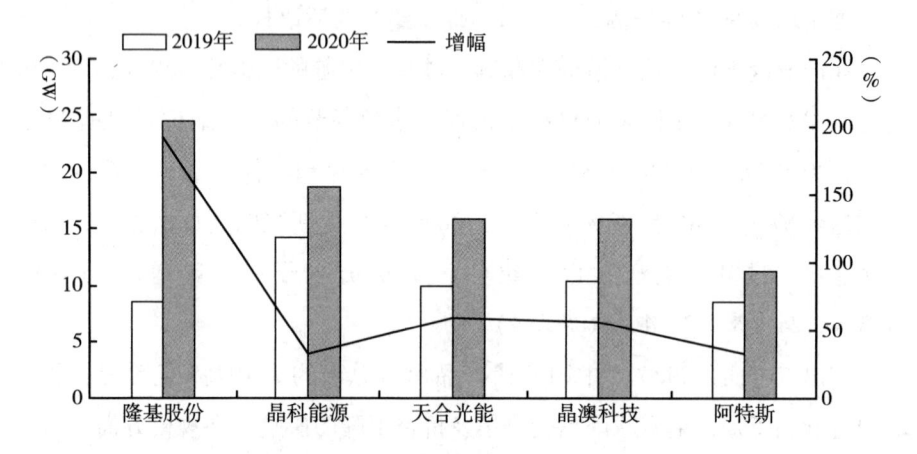

图3 2019~2020年各组件龙头企业出货量及增幅

资料来源：各企业年报。

2020年，中国光伏产业进入快速扩产期，各大组件企业扩产力度只增不减。隆基股份、晶科能源、天合光能、晶澳科技、阿特斯组件扩产总量分别达到21GW、15GW、29GW、47GW、26GW。各企业在2020年的基础上继续调高出货目标，晶科能源预计2021年出货量为25~30GW，较2020年增长33.2%~59.8%；天合光能预计出货量为30~35GW，较2020年增长88.5%~119.95%；晶澳科技预计出货量为25~30GW，较2020年增长57.4%~88.9%；阿特斯预计出货量为18~20GW，较2020年增长59.3%~77.0%。IHS预计2021年全球光伏新增装机容量将达到158GW，按照1∶1.2容配比计算，对应组件需求量为190GW；隆基股份等五大组件龙头企业的组件出货量占比预计将为72.6%~84.2%。

5. 光伏消纳状况显著改善，弃光率持续下降

"十三五"期间中国光伏发电量在总发电量中的占比由1.1%提高至3.4%。分地区来看，光伏发电量主要集中在西北、华北、华东地区，2020年光伏发电量较多的省（区）依次为河北、山东、内蒙古、江苏、青海。

光伏发电利用率水平在"十三五"期间持续走高,从 2016 年的 90.6% 提升至 2020 年的 98.0%。目前已有 29 个省(区)基本不弃光,新疆、甘肃的弃光率相较"十三五"初期已有显著下降。

中国光伏资源较为集中、规模较大、远离负荷中心等特点造成电力难以就地消纳,光伏发电较为集中的西北部地区电源结构较为单一,部分地区弃光率仍然偏高。2020 年,新疆、青海、西藏的弃光率分别为 4.6%、8.0%、25.4%。光伏发电的间歇性、随机性等特征可能会对电网稳定性造成影响,光伏电站弃光可能是一个需要持续面对的问题。

在解决消纳问题上,德国认为解决高比例、波动性可再生能源情景下电力平衡的主要出路在于扩建电网,电网系统覆盖范围越大,则越能够实现区域间的发电平衡,从而有效解决消纳问题。2015 年,德国遭到了日全食的考验,当时德国全国光伏总装机容量为 39GW,而用电负荷达到了 80GW,德国做了充分的准备,包括备用机组、负荷侧调节以及光伏发电功率调节等,最终依靠强大而健全的电网系统,仅减少了部分负荷和光伏出力,就保证了电力系统的稳定持续供应。

消纳问题的出现,促使全球各国开始重视发展储能业务,相继出台了推动储能行业发展的政策法案。德国自 2016 年开始陆续发布多项储能安装补贴计划;英国在 2017 年制定《英国智能灵活能源系统发展战略》,计划通过多项政策方案推动储能的商业化;美国于 2017 年将储能纳入投资税收抵免政策的覆盖范围。此外,其他各国近年来也开始针对储能出台安装补贴政策和储能采购目标政策等。

国内方面,2016 年 3 月,"发展储能与分布式能源"被列入国家"十三五"规划百大工程项目,储能首次进入国家发展规划。2017 年 9 月,国家发改委、财政部、科技部、工信部和国家能源局联合印发《关于促进储能技术与产业发展的指导意见》,这是针对中国储能行业的首个指导性政策。2019 年 6 月,国家发改委、科技部、工信部和国家能源局联合印发《贯彻落实〈关于促进储能技术与产业发展的指导意见〉2019—2020 年行动计划》,进一步提出加强先进储能技术研发与智能制造升级,完善落实促进储能技术与产业发展的政策，推进储能项目示范和应用，加快推进储能标准化等。

（二）风电篇：陆上风电走向平价，海上风电快速起步

1. 风电行业高速发展，补贴退坡引发抢装

"十三五"期间，风电行业发生多次抢装潮。回顾国内风电发展历史，2009~2020年出现了三次抢装潮（见图4）。第一次发生在2009~2010年，当时主要受到2009年标杆电价政策的影响，通过划分不同区域，实行标杆电价上网。受此政策影响，2010年新增装机容量同比增长49.7%。第二次抢装潮出现在2015年，主要是2015年国家正式下调标杆电价，受此政策影响，2015新增装机容量同比增长66.7%。第三次抢装潮出现在2019~2020年，主要受到陆上风电补贴退坡的影响。2019年5月，国家发改委发布风电平价上网政策：2018年底之前核准的陆上风电项目，2020年底前仍未完成并网的，国家不再补贴；2019~2020年核准的陆上风电项目，2021年底前仍未完成并网的，国家不再补贴；自2021年1月1日开始，新核准的陆上风电项目全面实施平价上网，国家不再补贴。

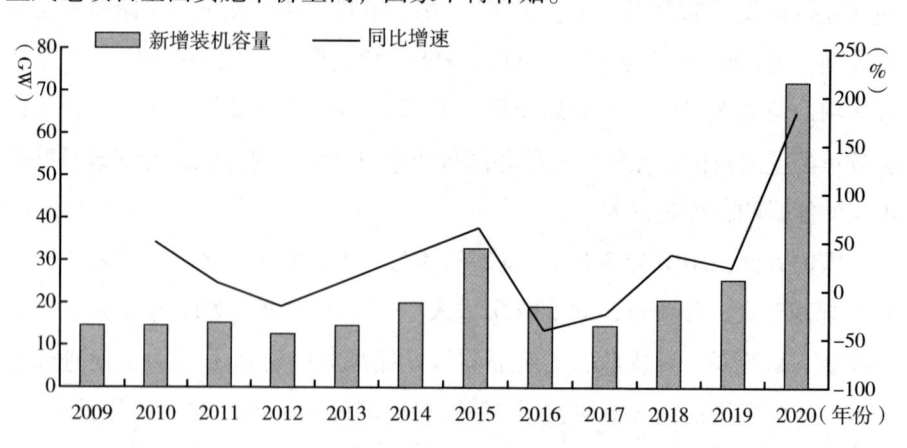

图4 2009~2020年中国新增装机容量变化趋势

资料来源：根据国家能源局相关资料整理绘制。

据国家能源局数据，2015年中国风电平均弃风量超过339亿kWh，平均弃风率达15%，甘肃、新疆、吉林等地弃风率超过30%。进入"十三五"时期，消纳能力被视为全国各地区风电开发项目建设的门槛，从2018年到2020年，弃风状况整体有所好转，2020年全国风电平均利用小时数达到2097小时，较2016年提升约20%，全国多省风电平均利用小时数超过2000小时，其中云南、四川及福建等省甚至超过2500小时。各地区弃风量、弃风率持续多年实现"双降"，全国风电平均弃风率从2016年的17.1%下降至2020年的3.4%（见图5）。

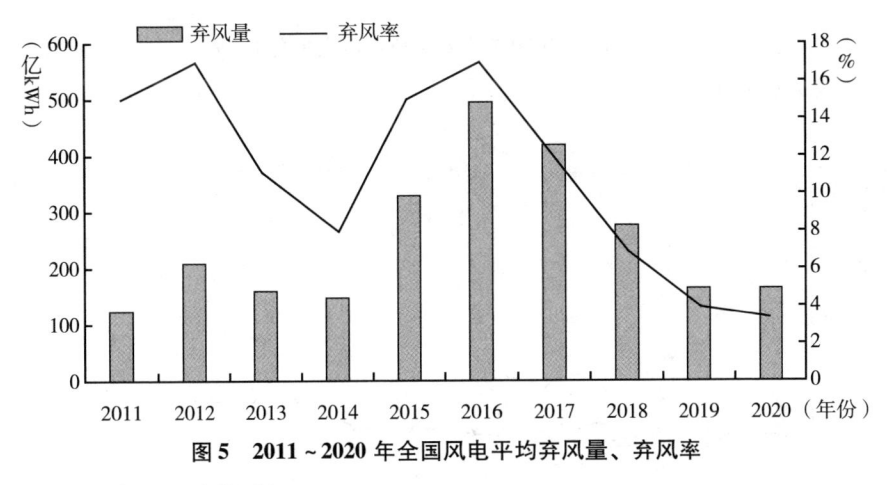

图5 2011~2020年全国风电平均弃风量、弃风率

资料来源：国家能源局。

2. 度电成本持续下降，逐步走向平价时代

风电成本持续下降。Lazard数据显示，全球风电综合度电成本从2009年的135美元/MWh下降到2020年的40美元/MWh（见图6），降幅超70%。其中陆上风电价格为26~54美元/MWh，海上风电价格为86美元/MWh。火电价格为65~159美元/MWh。风电当前与光伏发电共同成为各类电源中较具成本竞争力的能源（见图7）。

风电降本过程中，全球开启低碳共振。2020年9月，中国在联合国大会承诺将力争2030年前实现碳排放达峰，2060年前实现碳中和。2020年10月，欧盟将2030年温室气体排放量（相比1990年）从目前40%的减排

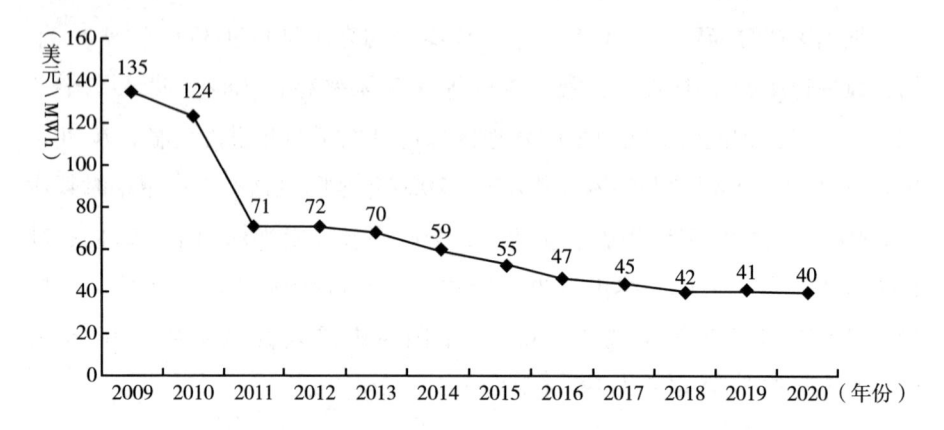

图6 2009~2020年全球风电度电成本变化情况

资料来源：Lazard。

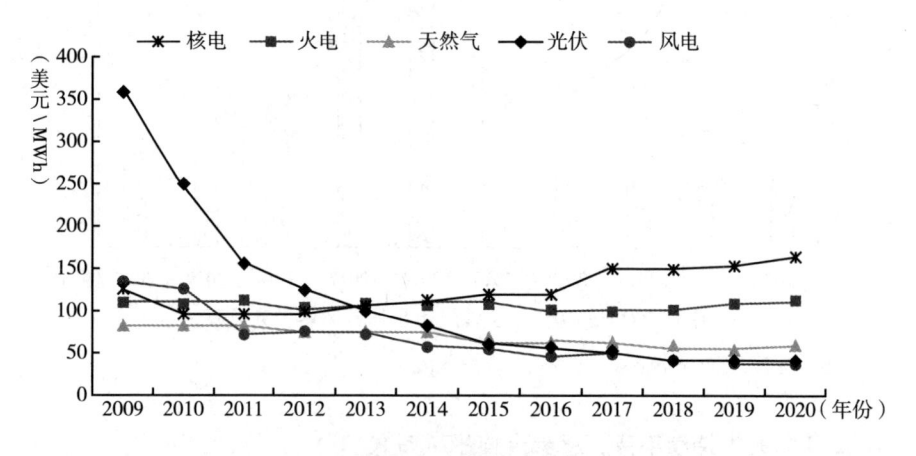

图7 2009~2020年全球各能源度电成本变化趋势

资料来源：Lazard。

目标提高到60%。在2050年前美国实现100%的清洁能源经济和净零排放，未来十年内对清洁能源投入4000亿美元，2035年电力网络实现零排放，到2030年将海上风能增加一倍。

国内方面，在低碳政策的指引下，有望通过两个阶段实现全面平价。"新能源发电侧+多能协同"互补平价：优化风光发电组合，提高耦合发电稳定性，加速电力系统升级，进一步明确火电调峰收益模式，发挥电网灵活性。"新能源发电侧+储能"全面平价：预计新能源成为主力能源，在增量和存量中全面替代。

3. 全球绿色能源兴起，风电开启全球化

截至2020年，全球温度上升幅度已经接近1.5摄氏度的警戒线，各国开始加快实施碳减排与开发可再生能源并举的进程，光伏发电、风电正在取代传统化石燃料发电成为最具有潜力的可再生能源发电类型。据GWEC数据，截至2020年，全球可再生能源发电累计装机容量达到2799GW，其中风电累计装机容量达到743GW，同比增长14%；风电新增装机容量达到93GW，同比增长53%（见图8），其中陆上风电、海上风电新增装机容量分别为87GW、6GW，陆上风电新增装机容量达到历年峰值。

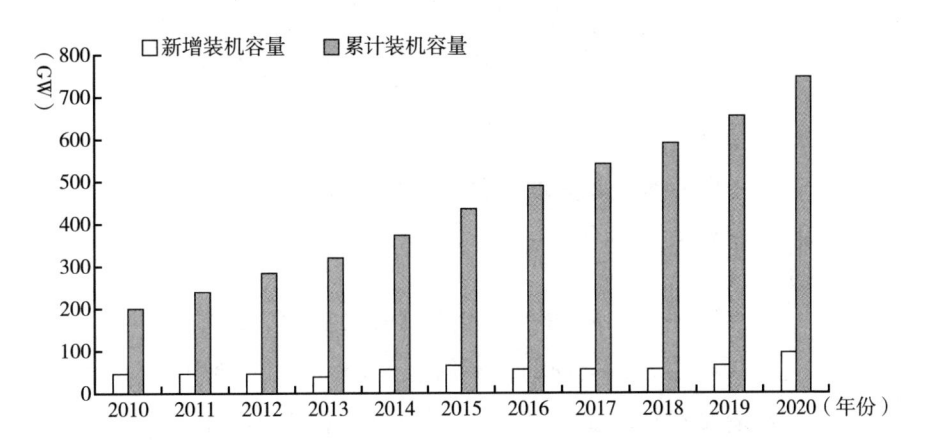

图8 2010~2020全球风电新增装机容量及累计装机容量变化情况

资料来源：GWEC。

陆上风电：亚洲地区2020年新增陆上风电装机容量基本由中国主导，仅中国占据全球陆上风电的份额就已约为56%，印度、土耳其等全球份额约为1%的国家构成其余亚洲陆上风电市场。北美地区2020年新增陆上风电装机容量主要由美国带动，美国陆上风电2020年新增装机容量近17GW，主要是美国计划取消风力能源生产税抵减法案（PTC），项目开发商加快装机节奏，美国陆上风电新增装机容量占全球的19%，美国陆上风电累计装机容量超120GW，北美正式取代欧洲成为全球陆上风电新增装机容量第二大市场。此外，欧洲地区2020年陆上风电新增装机容量份额超8%，其中德国、西班牙、挪威、法国等领跑欧洲陆上风电市场（见图9）。

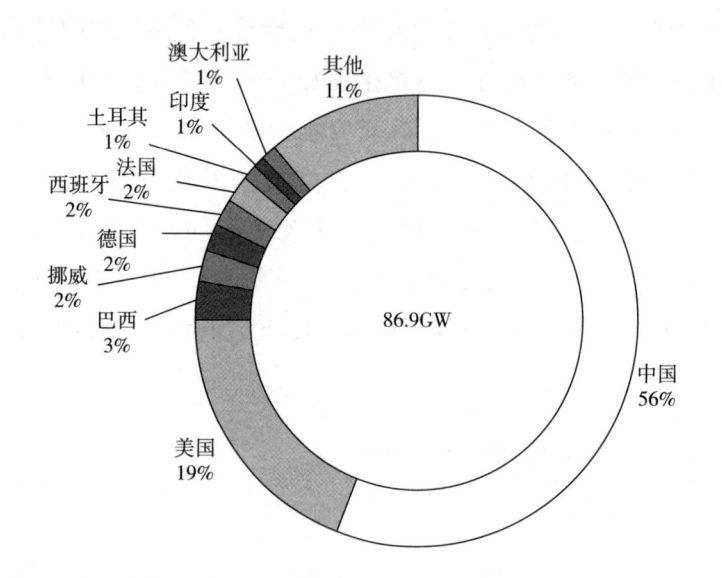

其他 11%
澳大利亚 1%
印度 1%
土耳其 1%
法国 2%
西班牙 2%
德国 2%
挪威 2%
巴西 3%
美国 19%
中国 56%
86.9GW

图9　2020年全球陆上风电新增装机容量各国份额

资料来源：GWEC。

海上风电：2020年全球海上风电新增装机容量达到6.1GW，其中中国海上风电发展迅猛，占全球的份额约为50.45%（见图10）。欧洲海上风电新增装机容量稳定增长，其中荷兰2020年海上风电新增装机容量近1.5GW，成为2020年第二大海上风电市场，比利时、英国、德国海上风电新增装机容量分别达706MW、483MW、237MW，成为2020年海上风电重要市场。除此之外，韩国在2020年的海上风电新增装机容量也创下了纪录，达60MW。

从2020年风电新增装机容量背后的市场支持机制来看，除中国FiT与美国的PTC外，竞价、招标和绿色证书等机制也在2020年成为主要驱动力（见图11）。后续随着风电度电成本持续下降，各国风电发展将逐步由政策驱动转向市场驱动。

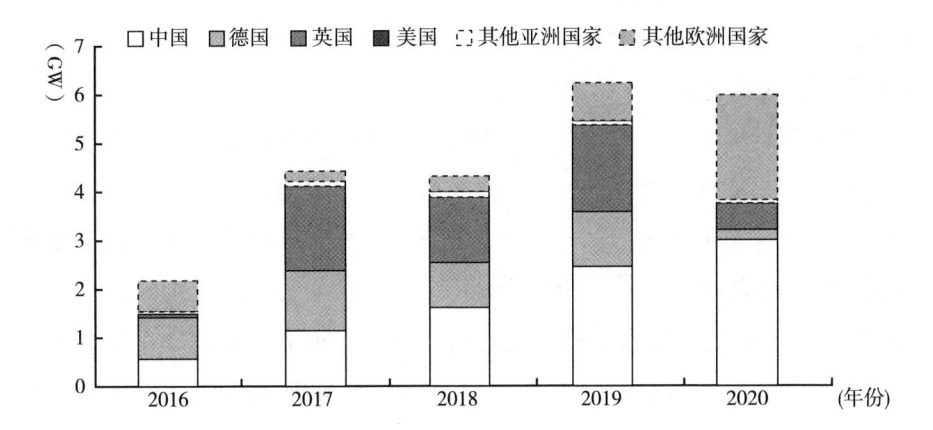

图 10　2016～2020 全球主要国家海上风电新增装机容量变化情况

资料来源：GWEC。

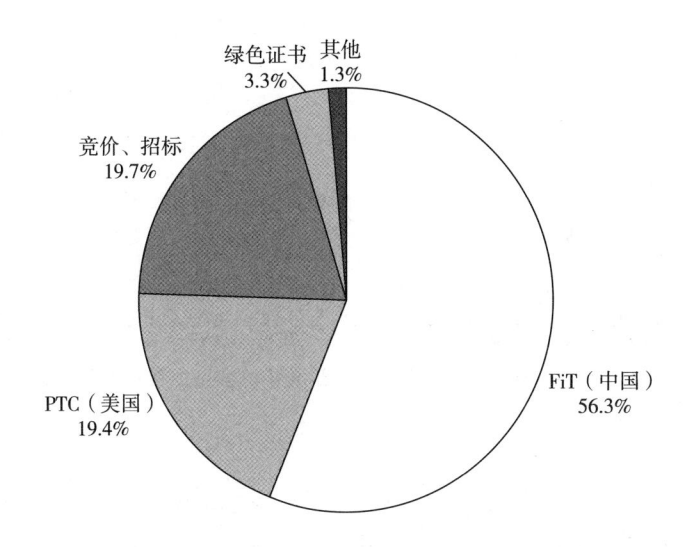

图 11　2020 年全球风电新增装机容量占比（按市场机制划分）

资料来源：GWEC。

4. 供应链加速降本，海上风电快速起步

全球海上风电经历了三个发展阶段：20 世纪 70 年代初，欧洲国家提出利用海上风能进行发电的规划；21 世纪初期，欧洲多个海上风电场建设落地，1.5～2MW 的风电机组并网；MW 级机组应用，德国、英国、丹麦等

MW级风力发电机组开始应用。当前，各国正在进入10~15MW机组的研发应用阶段，为海上风电平价时代做准备。

全球海上风电发展迅速，主要集中在英国、中国、德国。2010~2020年，全球海上风电呈高速增长态势，CAGR（年复合增长率）超过34%。2020年，全球海上风电累计装机容量达35GW，同比增长21%，占全球风电累计装机容量的4.71%；2020全球海上风电新增装机容量达6.1GW（见图12），占全球风电新增装机容量的6.56%。2020年，英国、中国、德国三国海上风电累计装机容量占全球的80%，全球海上风电装机容量高度集中。

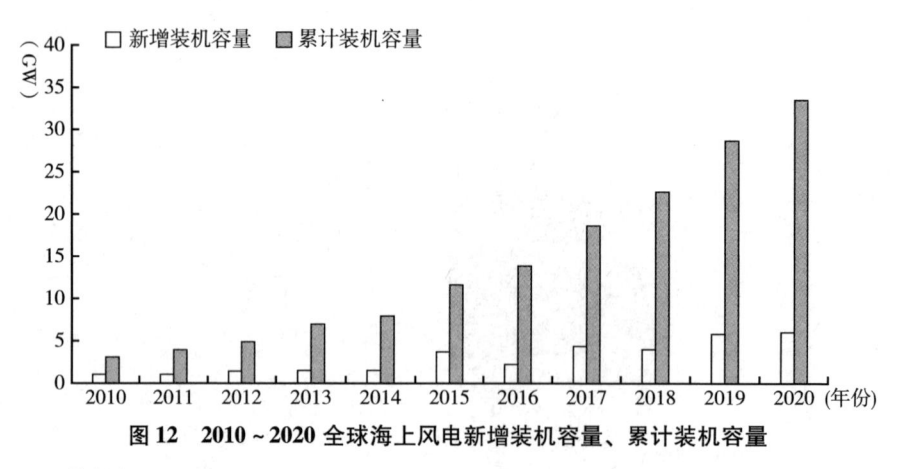

图12　2010~2020全球海上风电新增装机容量、累计装机容量

资料来源：GWEC。

2020年，欧洲海上风电累计装机容量超24GW，2010~2020年累计装机容量CARG达33%，2020年度新增装机容量为2.9GW（见图13）。2019年，欧洲风能协会明确提出规划：2050年欧洲海上风电累计装机容量为450GW，其中北海、大西洋和波罗的海海域合计为380GW，地中海区域为70GW。此外，英国2019年海上风电最低中标价格为39.65英镑/MWh（约0.35元/kWh），项目要求在2023~2024年并网，可以预见在成熟、高质量供应链和海风资源禀赋下，欧洲有望率先实现海上风电平价。

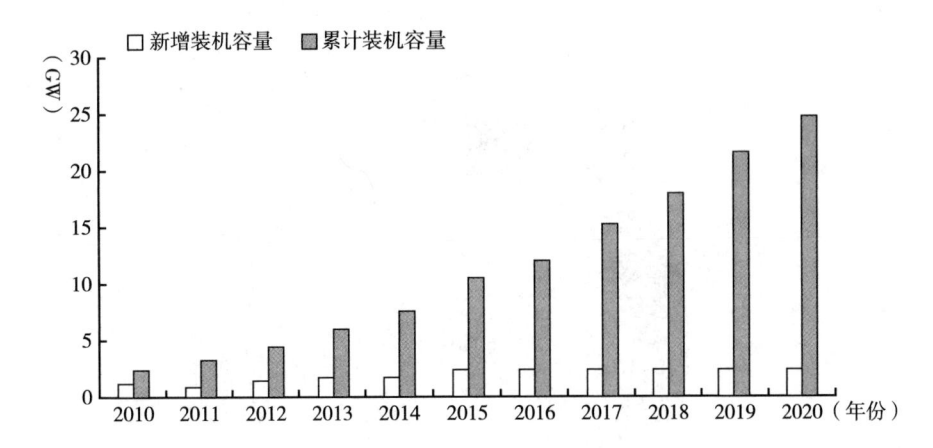

图13 2010~2020年欧洲海上风电新增装机容量、累计装机容量

资料来源：Wind Europe。

国内方面，优质的海风资源和沿海地区的经济基础为中国海上风电的发展创造了良好环境。2018年三峡兴化湾试验风电场项目建设完工，作为全球首个国际化大功率海上风电试验场，可容纳14台机组同时运行，被业内视为中国海上风电产业迈向成熟的重要标杆。

2019年，中国海上风电新增装机容量为1.98GW，累计装机容量为5.93GW，提前完成了"十三五"装机目标。2020年，中国海上风电新增装机容量超过3GW，连续3年居全球首位，新增装机容量占全球海上风电新增装机容量的50%（见图14）；累计装机容量达到10GW，仅次于英国，位居全球第二（见图15）。

国内海上风电开发和储备空间较大，关键是在平价压力下加速供应链和施工链降本，尤其是针对风电机组（成本占比约为41%）、基础和施工（成本占比约为24%）、运维成本（全生命周期核心成本要素）的改善，加速国产高端供应链（主轴承、叶片、主控系统、施工船、冲击锤、运维船等）迭代。

5. 弃风率明显降低，消纳提升仍有空间

随着能源转型速度加快，由于风力发电自身波动性特征，消纳成为当前影响行业发展的主要矛盾之一。全国新能源消纳监测预警中心数据显示，

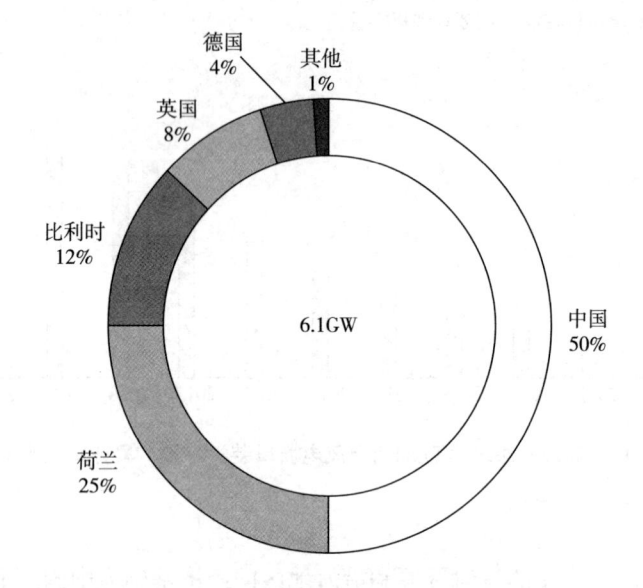

图 14　2020年全球海上风电新增装机容量占比

资料来源：GWEC。

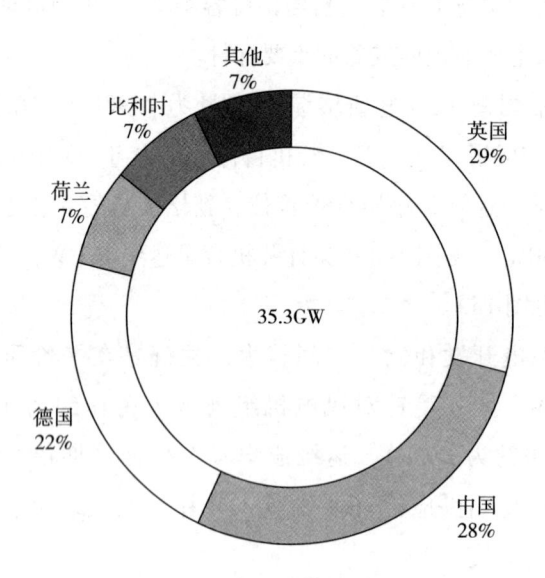

图 15　2020年全球海上风电累计装机容量占比

资料来源：GWEC。

2020年全国弃风电量为166.1亿kWh，较2016年整体减少了67.0%，风电利用率达到了96.5%，消纳整体形势呈现好转趋势。但分地区来看，"三北"地区消纳问题依旧突出。截止到2020年，华北、西北弃风率仍分别为5.6%、8.4%。其中在华北地区，河北、山东两省弃风率分别达到7.2%、7.1%；西北地区，陕西、青海、新疆、甘肃弃风率分别达到10.4%、8.6%、11.2%、6.7%；西南地区，湖南弃风率达到5.5%。以上地区弃风率均超过了2020年3.4%的平均水平。2018~2020年全国各月度弃风率变化情况见图16。

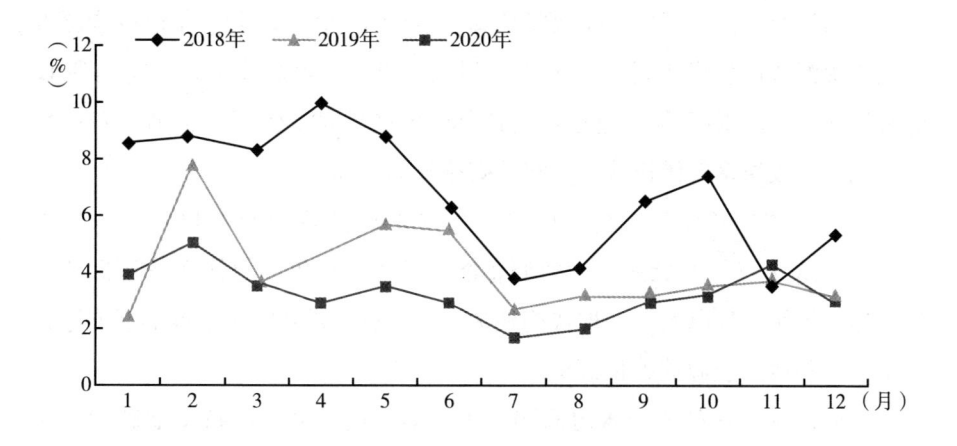

图16 2018~2020年全国各月弃风率变化情况

资料来源：全国新能源消纳监测预警中心。

消纳矛盾主要表现为风电无法及时利用、储存而导致资源浪费，如在西北甘肃、新疆、青海等地区，由于地广人稀、风力资源充足且装机集中，电力产能过剩；相对应的是中国沿海地区，经济发达、产业集中、用电需求大，而供给不足。跨区域输送电力有望成为解决消纳矛盾的方向之一。随着消纳矛盾的凸显，储能应用应运而生。近年来，全球各国对发展储能颇为重视，相继出台了推动储能行业发展的支持政策，包括支持储能技术发展、开展储能项目示范、制定相关规范标准和建立完善法律法规等，有力地促进了全球储能产业的商业化、规模化发展。

二　光伏与风电产业"十四五"发展展望

（一）"3060"目标明确，加速能源系统革命

2020年9月，习近平主席在第75届联合国大会上提出，中国二氧化碳排放力争于2030年前达到峰值，努力争取2060年前实现碳中和。碳达峰、碳中和目标为新能源发展奠定了坚实的基础。

2020年12月，习近平主席在气候雄心峰会上进一步表示，到2030年，中国国内生产总值二氧化碳排放将比2005年下降65%以上，非化石能源占一次能源消费比重将达到25%左右，风电、光伏发电总装机容量将达到12亿kW以上；到2060年，通过植树造林、节能减排等形式，抵消自身产生的二氧化碳或温室气体排放量，实现碳排放的中和。

2020年中央经济工作会议明确将"做好碳达峰、碳中和工作"列为2021年八大重点任务之一，大力调整能源结构。推进能源体系清洁低碳发展，加快光伏、风电发展，加快构建适应高比例可再生能源发展的新型电力系统，完善清洁能源消纳长效机制。

交通运输部发布《交通运输部关于推动交通运输领域新型基础设施建设的指导意见》，指出在新能源材料行业应用上，鼓励在服务区、边坡等公路沿线合理布置光伏发电设施，与市电等并网供电。

住建部发布《太阳能发电工程项目规范（征求意见稿）》，就太阳能发电工程规范方面向社会广泛公开征求意见。这预示着光伏在建筑方面开始进入规范化、标准化发展阶段。

工信部发布《水泥玻璃行业产能置换实施办法（修订稿）》，公开征求意见，该办法中对光伏玻璃的产能置换做了详细解释。在移去产能置换这个要求后，光伏玻璃的产能将会逐渐扩大。

财政部发布《关于开展可再生能源发电补贴项目清单审核有关工作的通知》，该通知明确了补贴拖欠问题的解决方案，在补贴问题有望得到解决的背景下，光伏企业势必将进入高速发展阶段。

科技部在回复《关于在"一带一路"国家开展光伏+生态修复合作的建议》中表示,将会鼓励生态环境保护部门和机构结合分布式风电/光伏以及农光、渔光、牧/风光等示范项目的实施,推动实现可再生能源开发利用与生态文明建设共赢(见表5)。

表5 多部委发布政策助力"碳达峰,碳中和"实现

部门	政策
国家发改委	大力调整能源结构。推进能源体系清洁低碳发展,加快光伏、风电发展,加快构建适应高比例可再生能源发展的新型电力系统,完善清洁能源消纳长效机制
交通运输部	《交通运输部关于推动交通运输领域新型基础设施建设的指导意见》
住建部	《太阳能发电工程项目规范(征求意见稿)》
工信部	《水泥玻璃行业产能置换实施办法(修订稿)》公开征求意见
财政部	《关于开展可再生能源发电补贴项目清单审核有关工作的通知》
科技部	回复《关于在"一带一路"国家开展光伏+生态修复合作的建议》

资料来源:根据公开资料整理。

(二)全球达成减碳共识,助推能源结构转型

全球气候持续恶化,对社会经济的可持续发展形成了重大挑战。2015年12月,巴黎气候大会通过了《巴黎协定》,为全球气候治理提出了思路。除中国提出"3060"目标外,日本、韩国以及加拿大相继公布本国实现碳中和目标的时间线;欧洲地区,英国、欧盟预计到21世纪中叶实现碳中和;美国拜登政府重返《巴黎协定》,并承诺2050年实现碳中和(见表6)。在各国积极推动下,未来全球能源结构将发生重大变革,无论是在消费侧还是在供应侧,都将会建立起新的体系。

表6 全球部分国家或地区实现碳中和的时间

国家或地区	承诺性质	目标及达成时间
乌拉圭	《巴黎协定》自主减排方案	2030年碳中和
芬兰	执政党联盟协议	2035年碳中和
奥地利	政策宣示	2030年全面实现清洁电力,2040年碳中和

续表

国家或地区	承诺性质	目标及达成时间
冰岛	政策宣示	2040年碳中和
美国加州	行政命令	2045年前实现100%电力可再生
瑞典	法律规定	2045年碳中和
加拿大	政策宣示	2050年碳中和
欧盟	提交联合国的自主减排承诺	2050年碳中和
丹麦	法律规定	2030年起禁止销售新的汽油和柴油汽车,2050年碳中和
英国	法律规定	苏格兰地区2045年碳中和,其他地区2050年碳中和
爱尔兰	执政党联盟协议	2050年碳中和,在未来10年每年减排7%
挪威	政策宣示	2030年通过国际抵消实现碳中和,2050年在国内实现碳中和
法国	法律规定	将减排速度提高3倍,2050年碳中和
斯洛伐克	提交联合国的自主减排承诺	2050年碳中和
德国	法律规定	2050年前碳中和
葡萄牙	政策宣示	2050年碳中和
瑞士	政策宣示	2050年碳中和
西班牙	法律草案	2050年碳中和
匈牙利	法律规定	2050年碳中和
南非	政策宣示	2050年碳中和
马绍尔群岛	提交联合国的自主减排承诺	2050年碳中和
韩国	政策宣示	2050年碳中和
不丹	《巴黎协定》自主减排方案	目前为止碳负,承诺在发展过程中实现碳中和
新西兰	法律规定	2050年碳中和
哥斯达黎加	提交联合国的自主减排承诺	2050年碳中和
智利	政策宣示	2040年前淘汰煤电,2050年碳中和
斐济	提交联合国的自主减排承诺	2050年碳中和
中国	政策宣示	2030年前碳达峰,2060年前碳中和
日本	政策宣示	在21世纪后半叶尽早实现
新加坡	提交联合国的自主减排承诺	在21世纪后半叶尽早实现

(三)新能源快速发展,电力系统面临潜在风险

"十四五"时期是"双碳"目标提出后的第一个五年阶段,电力系统在

技术和管理上可能会面临严峻的风险和挑战。随着新能源占比的不断攀升，高峰保供能力不足和低谷弃电突出的矛盾可能会持续凸显。

从装机规模和利用水平看，新能源装机意愿强烈，消纳形势可能会趋于严峻。2020年新能源集中抢装的影响已经逐步显现，2021年初部分新增装机较多的省（区）的风电利用率已再度降至95%以下，其中个别省（区）降至90%以下。"双碳"目标驱使下，各地、各发电集团超前、超额完成减排目标的意愿强烈，规划新增装机规模巨大，甚至引发优质项目资源的激烈竞争，过热的行业增长可能会成为隐忧。

从电网运行和市场运作看，保供压力剧增，市场运作机制亟须完善。新能源"极热无风、夜间无光"特征突出，对保障电力连续稳定供应、实时平衡提出了新要求、新挑战。2021年初寒潮期间，出现了冬季用电负荷高峰大于夏季的情况。在发电侧"火力全开"、电网侧手段用尽、负荷侧按需管理的情况下，整体上确保了电力电量平衡，紧平衡的大环境下未来供电保障压力还将不断增加。与此同时，新能源消纳机制设计成为市场建设的关键，同时新能源保障性消纳政策与市场化消纳机制尚存在一定的矛盾。

新能源利用率考核目标尚不十分明确，系统调节能力建设滞后，可能会增大新能源消纳压力。消纳责任权重的硬性考核及利用率考核如果有所缺失，将使新能源消纳压力增加。随着新能源占比提升，系统调节能力不足的矛盾可能会日益凸显，目前中国的调节电源以火电为主，但整体调峰深度不足50%，且改造进度一般。"十三五"期间"三北"地区规划火电灵活性改造2.1亿kW，提升调节能力4500万kW，实际仅分别完成目标的38%、33%，这也可能成为"十四五"甚至更远期新能源发展的隐忧。

（四）政策加码，新能源发电与储能行业有望互利共赢

政策加码，储能行业发展迎来重大利好。2021年7月，为更好地引导用户削峰填谷、改善电力供需状况、促进新能源消纳，为构建以新能源为主体

的新型电力系统、保障电力系统安全、稳定经济运行提供支撑,国家发改委发布《关于进一步完善分时电价机制的通知》,主要内容包括分时电价机制的优化、执行和实施保障等三个方面。该政策将促进用户侧储能的需求增长。

国家发改委、国家能源局于2021年7月联合印发了《关于加快推动新型储能发展的指导意见》,该指导意见明确指出,到2025年,实现新型储能从商业化初期向规模化发展转变,装机规模达3000万kW以上。到2030年,实现新型储能全面市场化发展。该指导意见是"十四五"时期的第一份储能产业综合性政策文件,新型储能将在推动新能源行业高速发展的过程中发挥显著作用。

2021年8月,国家发改委、国家能源局发布《关于鼓励可再生能源发电企业自建或购买调峰能力增加并网规模的通知》,为了促进可再生能源并网消纳,鼓励发电企业自建或外购调峰储能能力。该政策有助于推动可再生能源配置储能调峰资源以增加并网消纳,激发储能作为调峰资源消纳可再生能源波动性的潜力,预期未来各省(区、市)将有相适宜的储能项目投入建设,利好储能相关产业链。

(五)新能源经济性仍有提升空间,LCOE预计平稳下降

预计风电、光伏发电的投资成本和LCOE维持平稳下降趋势。2020年,中国陆上风电初始投资成本为6500~7800元/kW,整体呈现持续下降趋势;海上风电初始投资成本约为15700元/kW,十年间降幅超过30%。据BNEF测算,2020年中国陆上风电LCOE为0.21~0.34元/kWh,平均为0.28元/kWh;未来十年有望下降至0.15~0.23元/kWh,平均为0.19元/kWh。2020年中国海上风电LCOE为0.43~0.67元/kWh,平均为0.53元/kWh;未来十年有望下降至0.24~0.43元/kWh,平均为0.34元/kWh。2020年,光伏电站的初始投资成本为2.43~4.60元/W,加权平均价格为3.49元/W。中国集中式光伏电站的LCOE为0.17~0.30元/kWh,平均为0.21元/kWh;未来十年有望下降至0.12~0.21元/kWh,平均为0.15元/kWh。

（六）电力市场化持续推进，助力行业健康发展

随着电力体制改革的深入推进，市场对电价的影响越来越大，并正在成为决定上网电价的关键因素之一。当前，平价上网已成为趋势，国家将有序停止对新增发电企业的补贴，企业降本压力随之攀升。

2020年初，财政部、国家发改委、国家能源局联合印发了《关于促进非水可再生能源发电健康发展的若干意见》，指出从2021年1月1日起，实行配额制下的绿证交易，将燃煤发电企业优先发电权、优先保障企业煤炭进口等与绿证挂钩，逐步扩大绿证市场交易规模，并通过多种市场化方式推广绿证交易，同时指出可再生项目退补后，绿证及绿证交易成为收入来源之一。绿证与补贴的挂钩带来的影响是企业兜售价格居高不下，认购者稀少。为解决这一问题，2020年10月，三部委再次联合印发《关于〈关于促进非水可再生能源发电健康发展的若干意见〉有关事项的补充通知》，该通知指出绿证的价格与补贴不再挂钩。补贴和绿证的脱钩，为一次能源电力的市场化创造了条件，绿色电力的交易将继续得到提升，绿证交易将为企业带来额外的收入，减缓"去补贴"压力。

2020年11月，生态环境部印发《关于公开征求〈全国碳排放权交易管理办法（试行）〉（征求意见稿）和〈全国碳排放权登记交易结算管理办法（试行）〉（征求意见稿）意见的通知》，该通知指出，CCER抵消机制是碳排放权交易制度体系中的重要组成部分。参与光伏和风电等减排项目的企业可利用其产生的二氧化碳减排量，在全国碳市场交易获取经济收益。根据相关机构测算，1MW光伏电站每年可以减少1196.4吨的二氧化碳排放量，假设价格为20元/吨，每年可通过碳交易获得2.4万元的收益，25年可获得约60万元的收益。

中国作为现阶段全球最大的光伏和风电市场，机遇与挑战并存，在技术革新与产业规划方面，仅靠产能加码还无法突破行业发展瓶颈，需要不断加快产业链技术迭代和降本速度，为"风/光＋储能"的发展创造空间。预计"十四五"期间，随着政策机制的成熟以及关键技术的进步，中国的光伏/风电产业发展将达到新的高度。

（七）光伏：装机规模高速增长，技术持续迭代

2021年作为"十四五"的开局之年，国内光伏产业迎来平价元年，光伏产业补贴全面退坡。根据国家能源局统计，已下发的两批平价上网项目合计约48GW，叠加竞价转平价项目约8GW，合计平价储备项目超50GW，为2021年平价项目提供了有力支撑，预计2021年国内光伏装机容量为50~60GW。根据2030年非化石能源占比达到25%左右的目标，测算2030年的风光累计装机容量将超过1800GW，其中光伏每年约为90GW，远高于2020年约42GW和2019年30GW的水平。

随着投资成本持续下降以及发电效率逐年提升，全球光伏逐步迈入平价时代。光伏有望凭借其持续降低的度电成本、低碳环保的清洁能源属性，在全球继续保持市场热度，全球装机容量和光伏技术迭代创新有望呈现可持续的增长。CPIA预测，"十四五"期间全球光伏市场最高年均新增装机容量接近260GW，2025年最高可达330GW，复合年均增速近20%。伴随全球光伏市场的持续低碳共振，众多厂商布局产能扩张，产能规模有望得到扩大，光伏产业集中度将进一步提升。

在硅料产能方面，由于中国中西部地区能源价格较低，大部分硅料生产企业西迁，并逐渐形成成本优势。在硅片、电池片方面，大尺寸硅片以及电池技术正在快速发展。大尺寸电池可以综合提升组件发电功率，进一步降低光伏发电的系统成本。在组件方面，作为光伏产业链的最后一端，伴随国内外光伏市场的持续火热以及中上游产业链的快速扩产，组件及一体化环节的产能扩张有望进一步提速，将带动行业集中度上升。

工信部2020年公布了光伏制造行业规范，提高了行业新建产能转换效率的最低标准。该规范的发布，将使部分研发生产成本较高、严重依赖政府补贴的中小企业难以维持，行业将加速出清，同样将促使集中度进一步提升。

光伏当前展现出技术侧迭代较快的优势，该优势为光伏增效降本带来可持续的动力。目前在新兴技术方面，产业扩张速度加快，对高效电池的

需求进一步增强，相较当前市场上较为成熟的 PERC P 型单晶电池，TOPCon 与异质结（HJT）这两种 N 型单晶电池理论上拥有更高的效率（见表 7）。此外，TOPCon 与 HJT 当前设备投入水平仍明显高于 PERC P 型单晶电池，理想情况下未来随着相关技术迭代，设备投入差距有望缩小，进而带动电池环节未来进一步降本，所以当前 TOPCon 与 HJT 两条技术路线成为较为主流的探索方向。

表 7　2020～2030 年各类电池技术平均转换效率变化趋势

单位：%

	分类	2020 年	2021 年	2023 年	2025 年	2027 年	2030 年
P 型多晶	BSF P 型多晶黑硅电池	19.4	19.5	19.5	—	—	—
	PERC P 型多晶黑硅电池	20.8	21.1	21.4	21.7	22.0	22.5
	PERC P 型铸锭单晶电池	22.3	22.6	23.0	23.3	23.5	23.7
P 型单晶	PERC P 型单晶电池	22.8	23.1	23.4	23.7	23.9	24.1
N 型单晶	TOPCon 单晶电池	23.5	24.0	24.5	25.0	25.3	25.7
	异质结电池	23.8	24.2	24.8	25.2	25.5	25.9
	背接触电池	23.6	24.0	24.5	25.0	25.4	25.8

资料来源：中国光伏行业协会。

TOPCon 是一项兼容存量的技术，可以通过升级固有的 PERC 产线来实现生产。目前，国内已有 7 家公司进入 TOPCon 电池量产阶段的尝试。HJT 目前在全球有约 20 家企业已在尝试量产，规划产能超 30GW。

此外，钙钛矿太阳能电池技术是一个约 10 年前被发现的新技术，其本质是利用了有机化合物在钙钛矿结构下产生光电的转化效应。当时其转化效率仅约为 3%，但在过去 10 年中其转化效率有比较明显的提升，目前其实验室中的转化效率基本可以突破 20%（见表 8）。其成长性为该技术带来了比较高的关注度，但目前它仍然处于实验室阶段，主要原因如下：转化效率的提升时常会伴有分子稳定性受限的问题，目前无法达到很好的投入工业生产的效果，产业化的时间也会受限；由于其均匀性和统一性的要求，钙钛矿暂时并不适合以大面积呈现。所以未来钙钛矿可能会和晶硅做叠层以达到发电效率提高的效果。因此钙钛矿未必是颠覆光伏产业格局的技术，而可以视作加强晶硅电池的一种技术路线的选择。

表8　2020～2030年国内钙钛矿太阳能电池转换效率变化趋势

单位：%

钙钛矿太阳能电池转换效率	2020年	2021年	2023年	2025年	2027年	2030年
小电池片实验室最高转换效率（0.1cm²）	25.5	25.5	26.5	27.0	28.0	31.0
玻璃基小组件最高转换效率（30cm²）	18.6	18.6	19.0	21.0	23.0	25.0
玻璃基量产组件最高转换效率（30×30cm²）	16.1	16.5	17.5	18.5	19.0	21.0
柔性组件最高转换效率（10cm²）	17.8	18.5	19.0	19.5	21.0	22.0

资料来源：中国光伏行业协会。

（八）风电：风机技术引领未来，运维服务空间广阔

回顾历年行业价格竞争，风机降本速度亟须提升：2011年1.5MW风机招标开出低于3000元/kW的价格，主要由于需求下降叠加电价调整，部分低价订单接近负毛利率；2018年2.5MW风机招标开出低于3000元/kW的价格，主要由于2015年抢装后的需求下降叠加企业对市场份额的诉求。2021年上半年，风机设备招标价格为2500～2600元/kW，再次刷新低价纪录，风电主机设备厂通过载荷设计和主控优化降低物料用料、采取叶片一体化供应等策略，不断向低成本线迈进。

竞争格局深化，全生命周期度电成本为主要变量。从2016～2019年新增装机数据看，CR3市场份额稳步提升，说明龙头公司资本和技术研发优势明显，从技术层面看，机组大型化是技术革新的主要驱动因素。从后平价时代来看，成本为核心，产业链加速降本以满足"新能源+储能"全面平价，下游客户更为关注全生命周期度电成本和运维保障，市场化程度更高的龙头企业能够通过高效管理组织、高效研发策略以及供应链一体化管控加速成本控制能力的分化，预计行业竞争格局进一步深化。

海外风电主机厂服务运维利润贡献较大，丹麦维斯塔斯风力技术集团2019年全年营收为121.50亿欧元，其中服务板块实现营收18.71亿欧元，

占到15%。公司2019年息税&特殊项目前利润为10.04亿欧元，其中服务板块实现4.82亿欧元，占比达到48%。服务模块对整体收入、利润贡献稳中有升。2013年后，服务收入占比稳定在15%左右，而息税&特殊项目前利润占比由2014年的29%上升至2019年的48%。风电服务息税&特殊项目前利润率高于机组销售的息税&特殊项目前利润率，2016~2019年保持在20%以上。相较于机组销售，运维服务利润贡献大，主要因为或受益于维斯塔斯机组或解决方案的高可靠性，保持较低的运维成本；长期服务合约保障稳定收益。公司2019年签订合约服务时限平均为18年，叠加销售质保2年，覆盖全生命周期，公司在各大洲折算成人民币的服务单价为0.11~0.17元/W，平均服务单价为0.15元/W（高于国内服务价格），对比服务、销售单价，当年度单位服务单价/销售单价约为3.8%，在长期服务合约预期下，全生命周期服务收入贡献较大。

风电运维或成平价时代大蛋糕，预计2025年全球市场将超千亿元。"十四五"时期，随着运维市场增速变快，出保容量中的老机龄比例提升，预计国内培育运维商业模式的机会点来临，主机厂开展机组维修、技改增益、预测预防的技术条件好于业主或第三方，而服务价值链的突破关键在于数据应用，主机厂将通过更多的应用场景培育业主为运维长协付费的习惯。另外，根据埃森哲2017年的调研，陆风运维成本约占风电LCOE的20%，随着补贴退坡带来成本压力，运营商对资产全生命周期成本更为关注，预计高效运维服务带来的系统价值会逐渐凸显，也会带来运维商业模式的成熟。

国内质保期普遍长于海外，后期服务模式逐步完善。2011年前，国内陆上项目的前两年运维服务包含在项目初始建设保障内，后因为机组价格竞争激烈，2012年后国内主机厂基本将质保期延长为5年，而海上项目质保期一直为5年。从远期来看，根据GWEC报告，2020年"超过保修范围"的装机容量为2015年的两倍，考虑到保修期后，随疲劳和磨损增加，机组可用性下降，部件故障可能性增加，项目度电成本上升，风电场开发商将联合主机厂积极管理运维，运维市场有望保持长期稳定增长。从海外成熟的市场模式来看，运维服务模式是大势所趋，风机技术主要积累在主机厂，随着平价时代开启，业主对全生命周期度电成本更为重视，我们认为国内运维服务模式也会趋向完善，价值链重心将由设备端逐步转向服务端。

B.4 中国油气行业"十三五"发展回顾与"十四五"展望

中国海油集团能源经济研究院课题组*

摘　要： 中国已全面进入建设社会主义现代化国家新阶段,"双碳"目标对能源行业提出了新的要求,"十四五"油气行业将进入加速变革和全面推进高质量发展的新时期。中国将坚持原油"增储上产"目标不动摇,继续加大勘探开发力度,优化油品消费结构,推进炼厂转型升级,完善成品油价格机制。"十三五"期间中国能源供给侧改革持续推进,天然气产业发展加速,在一次能源消费结构中的地位持续上升,逐步形成具有中国特色的"产供储销"体系。"十四五"期间中国天然气消费仍将快速增长,产量稳步提升,LNG进口继续大幅增加,供应逐渐宽松。油气行业仍面临诸多挑战,需整个行业凝聚共识,提前开展减排工作;政策与市场共同发力,推动基础设施建设;统筹国内国外两种资源,保障国家能源安全。

---

* 执笔人:王震,博士,中国海油集团能源经济研究院党委书记、院长,中国石油大学(北京)教授、博士生导师,英国能源学会会士,主要研究方向为能源经济与金融、公司金融与跨国投资等;陈琛,中国海油集团能源经济研究院研究员,主要研究方向为油价预测、成品油市场研究、石油经济研究;孔盈皓,中国海油集团能源经济研究院研究员,主要研究方向为能源经济、天然气行业研究;周静,中国海油集团能源经济研究院资深研究员,主要研究方向为投资环境及策略等;马杰,中国海油集团能源经济研究院高级经济师,主要研究方向为能源经济、油气投资及经济评价等。

关键词： 油气全产业链　国际油气合作　高质量发展

一　石油行业

党的十八大以来，在习近平总书记提出的"四个革命、一个合作"能源安全新战略指引下，中国能源发展进入新时代，在多个方面均取得优异成果：原油"增储上产"逐步落实、新增探明储量触底回升、石油消费始终占据重要地位、炼油行业进入高质量发展阶段、市场竞争格局进一步多元化、储备能力建设不断完善。但同时面临原油对外依存度不断攀升、炼油能力过剩、高端化工品产能不足等问题。

中国已迈入全面建设社会主义现代化国家的新发展阶段，"双碳"目标对能源行业提出了新的要求，"十四五"油气行业将进入加速变革和全面推进高质量发展的新时期。中国将坚持原油"增储上产"目标不动摇，继续加大勘探开发力度，优化油品消费结构，推进炼厂转型升级，完善成品油价格机制。

（一）"十三五"期间中国石油行业发展与改革成效显著

1."增储上产"成果显著，对外依存不断加深

"十三五"期间，原油产量触底回升，增速回正。2016~2018年，原油产量连续3年下降，从近2.00亿吨下降到1.90亿吨。在国家"2019~2025七年行动方案"工作要求的推动下，2019年与2020年分别实现原油产量1.92亿吨与1.95亿吨，原油产量增速回正，上产成果显著（见图1）。一是依靠老油田稳产，大庆油田连续6年稳产3000万吨，渤海油田连续11年稳产3000万吨，胜利油田连续4年稳产2300万吨等。二是受益于技术突破，长庆油田破解三低油气藏开发难题，采用纳米驱油技术、立体式大平台水平井钻井技术等，2020年油气生产当量突破6000万吨，成为中国石油工业新的里程碑。

"十三五"期间,中国新增探明储量触底回升。截至2020年底,石油新增探明储量约为13.2亿吨,重回8年以来高位。"十三五"期间新增探明储量大于1亿吨的油田主要有鄂尔多斯盆地的合水油田和庆城油田,准噶尔盆地的玛湖油田,以及渤海莱州湾北部地区的垦利6-1油田。其中鄂尔多斯盆地的庆城油田采用黄土塬井-震混采的三维地震技术,[①] 实现了新增探明储量1亿吨;中国海油通过高密度采集处理解释技术及集束评价,推动落实渤海海域垦利6-1亿吨级大型油田的发现[②]。

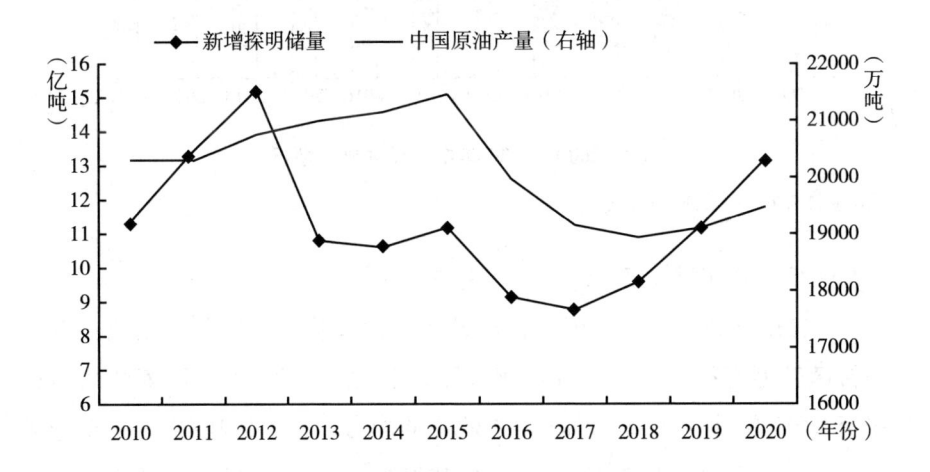

图1 2010～2020年中国原油产量与新增探明储量

资料来源:中石油、自然资源部、国家统计局。

"十三五"期间,中国原油对外依存度不断攀升。随着中国工业化进程持续推进,城镇化水平不断提升,中国原油消费量增长显著,5年间增长逾1.8亿吨;中国原油进口增加超2亿吨,对外依存度由2015年的60%攀升至2020年的73.5%;来自俄罗斯的进口原油量快速攀升,俄罗斯已在2015年超越安哥拉成为第二大进口来源国,并有赶超沙特阿拉伯的态势(见图2)。

---

① 付锁堂等:《庆城油田成藏条件及勘探开发关键技术》,《石油学报》2020年第7期。
② 姜平等:《南海西部海域油气田开发技术进展及发展方向》,《中国海上油气》2021年第1期。

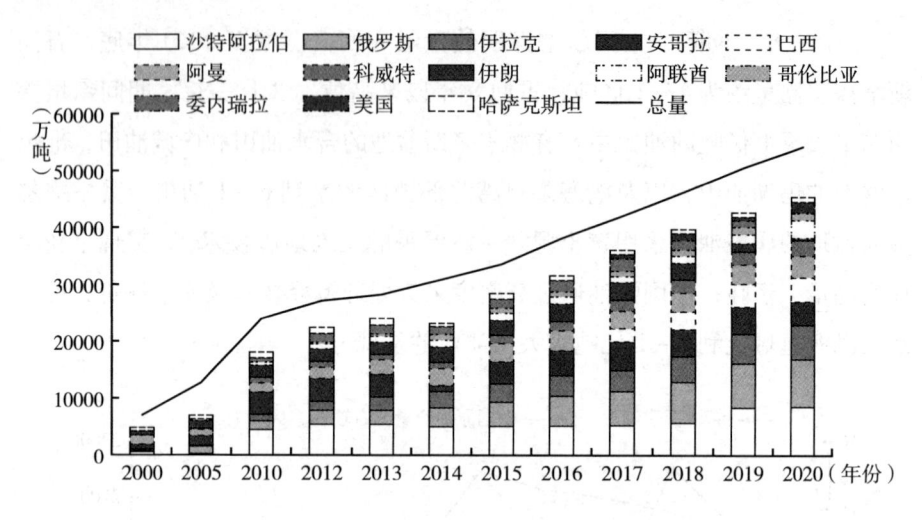

图2 2000~2020年中国原油进口情况

资料来源：中石油、海关总署。

2. 炼厂持续转型升级，经营主体更趋多元

"十三五"期间，中国炼厂在规模化、大型化、一体化、基地化四个方面持续转型升级。第一，炼厂规模不断扩张。2020年中国炼油能力已扩张至8.91亿吨/年，较2015年末的炼油能力增长1亿吨/年，是全球第二大炼油国。原油年加工量从5.22亿吨增长至6.74亿吨，乙烯产能则从2119万吨/年增长至3518万吨/年，PX产能从1385万吨/年增长至2619万吨/年。第二，炼厂向大型化升级。"十三五"期间，产能置换加快，在淘汰落后产能约1亿吨/年的同时，加速扩建/新增千万吨级以上炼厂，炼厂平均规模由323万吨/年扩大至近443万吨/年，[①] 但仍低于全球的平均规模（770万吨/年）。千万吨级炼厂从24家扩展到32家，[②] 包括2000万吨/年的恒力石化、2000万吨/年的浙江石化一期、1300万吨/年的中石油云南炼化、1000万吨/年的中海油惠州二期、1000万吨/年的中科炼化等。第

[①] 张少峰主编《2021年中国能源化工产业展望报告》，中国石化集团技术经济研究院有限公司，2020。

[②] 刘朝全等：《疫情促变局 转型谋发展——2020年国内外油气行业发展概述及2021年展望》，《国际石油经济》2021年第1期。

三，炼厂一体化转型加速。一体化可以提高化工品收率，保障炼厂利润。2020年中国炼化一体化企业达到22家，较2015年增加4家，占总能力之比由28%升至36%。第四，炼厂进一步向基地化、园区化方向靠拢。国家发改委《石化产业规划布局方案》提出的七大石化产业基地已在"十三五"时期初步形成规模；此外，中石化的茂湛炼化一体化基地、中石油的揭阳大南海工业区、荣盛的舟山绿色石化基地、南山的裕龙岛石化基地等也在加速推进中。

"十三五"期间，炼厂经营主体更趋多元。随着《关于进口原油使用管理有关问题的通知》《关于深化石油天然气体制改革的若干意见》《关于促进石化产业绿色发展的指导意见》《鼓励外商投资产业目录（2019年版）》等一系列政策的出台，炼厂经营主体日趋多元。以荣盛和恒力为代表的民营资本进入国内炼油行业，开启了新兴民营大炼化时代。目前炼化行业中，中国石化炼油能力约占31%，中国石油约占24%，地方炼厂约占28%，其他炼油企业约占17%，[①] 经营主体向多元化方向迈进。

3. 石油需求增长超预期，化工用油比例攀升

"十三五"期间，石油消费超预期。受第二产业表现超预期、石油储备及生产库存增加等因素影响，中国石油消费量由2015年的5.6亿吨增长至2020年的6.8亿吨（见图3），年均增长4%。

"十三五"期间，成品油消费增速明显放缓，化工用油量逐步攀升。"十三五"时期成品油消费年均增速为3.3%，较"十二五"时期下降2.6个百分点，主要原因是汽柴油消费增速放缓。

汽油需求已由高速增长换挡为中低速增长，柴油消费进入峰值平台期，是成品油需求消费增速下降的主要原因。汽油表观消费量由2015年的1.20亿吨增长至2019年的1.25亿吨，[②] 表观消费增量远低于"十二五"时期的0.38亿吨。一是汽车消费结构发生变化：受政策影响，小排量

---

① 金凯讯财经。
② 2020年情况比较特殊，暂不做讨论。

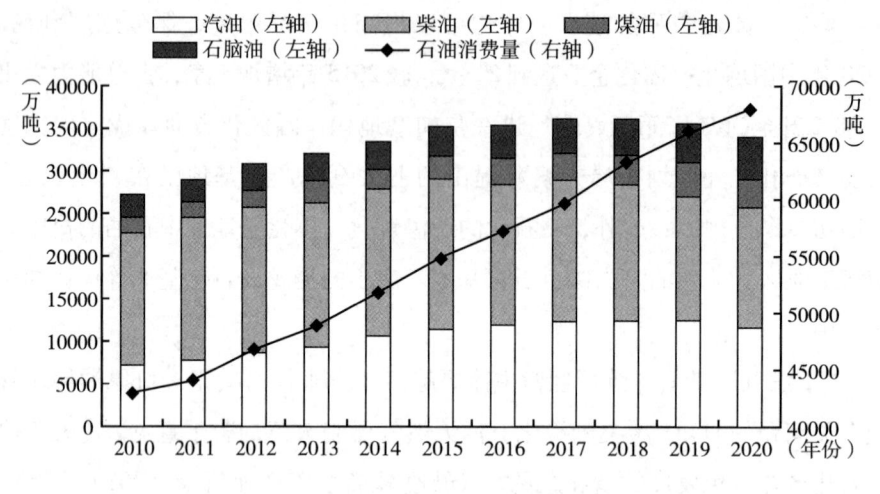

图 3 2010~2020 年中国石油消费情况

资料来源：国家统计局、中石油。

汽车销售加快；受中美贸易摩擦影响，汽车销售增速总体下滑。二是燃油效率提升，新车燃油经济性较"十二五"时期提高约20%。三是新能源车替代效应不断增大，"十三五"期间新能源车销售约403万辆，占汽车总销量从2015年的0.98%增长到2020年的5.51%，估计替代约683万吨汽油。四是城市公共交通分担率提高。"十三五"期间，高铁等公共交通发展迅猛，据中石油预测，2019年高铁预计替代汽油消费133万吨。柴油消费进入峰值平台期。柴油需求主要集中在制造业、采掘业、工业等方面，与基建景气指数、房地产建设进展等密切相关。随着中国第二产业逐渐成熟，官方口径柴油表观消费量进入峰值平台（1.73亿吨）后有所下降。另外，由于原油进口权的放开，隐形资源大幅增加，柴油实际消费或有所上升。

化工品需求总体保持较快增长，但呈分化趋势。"十三五"期间，化工用油消费量（石脑油与LPG）从7500万吨增长至11339万吨；乙烯表观消费量由1866万吨增长至2348万吨，自给率保持在88%~92%；聚乙烯、聚丙烯等合成材料应用场景广，需求旺盛，高性能合成树脂纤维和可降解塑料需求快速增长，而化肥、氯碱等传统高耗能、高污染产品发展空间受限。

4. 储备能力不断提升，管道布局逐步完善

"十三五"期间，中国原油储备能力不断提高。截至2020年底，中国已建成9个国家石油储备基地，国家石油战略储备能力总计达8500万吨，相当于45天的原油加工量。中国的石油储备基地主要集中在沿海及新疆地区，包括舟山（含岙山岛）、惠州、镇海、大连、黄岛、独山子等。

"十三五"期间，原油与成品油管道布局进一步完善，基本形成"西油东送、北油南下、沿海内送"格局。① 截至2020年，中国累计建成石油主干管道5.5万千米，累计建成原油管道3.0万千米。"十三五"期间，中俄二线和中缅两条跨境原油管线投产，解决了东北和西南地区原油供应紧张问题。此外，山东境内输油管道建设加快，"十三五"期间投产了烟淄管线和董潍一、二、三期管线，总输油能力提高至1.2亿吨。②

5. 能源变革已经来临，石油公司转型正在加速

2016年11月，《巴黎协定》正式生效，全球低碳转型进程正式拉开帷幕；2018年10月，联合国政府间气候变化专门委员会（IPCC）发布了《IPCC全球升温1.5℃特别报告》。2030年，全球二氧化碳排放量需要比2010年的水平下降约45%，到2050年左右达到"净零排放"，即碳中和。在环境、社会、政府的压力下，石油公司碳减排压力巨大。如5月26日，荷兰海牙法院以"助长了全球气候变化"为由，正式命令欧洲能源巨头荷兰皇家壳牌公司在2030年底前将其二氧化碳排放量在2019年的基础上减少45%，并裁定认为其目前的减排计划不够具体。除此以外，诸多事例暗示着，国际石油公司不得不主动加快转型步伐以应对能源转型变局。

在碳中和愿景下，石油公司主要从三方面进行低碳业务布局。一是逐步退出化石能源相关的产业投资。如BP以50亿美元的总价格将其全球化工业务出售给英力士公司；壳牌陆续出售美国、欧洲、日本等国家及地区的炼

---

① 国务院发展研究中心资源与环境政策研究所编《中国能源革命进展报告（2020）》，石油工业出版社，2020。

② 刘朝全等：《疫情促变局 转型谋发展——2020年国内外油气行业发展概述及2021年展望》，《国际石油经济》2021年第1期。

油厂、削减新加坡炼厂产能等。二是选择发展替代能源，如氢能、生物燃料、可再生能源发电等。道达尔将其传统炼油厂改造为生物燃料和生物塑料的零原油平台；埃尼先后购买了意大利、美国、哈萨克斯坦等国家的光伏与风电资产，项目装机容量超过300MW。三是发展环境产品，如CCUS技术、碳汇等。埃克森美孚采用自主研发与机构合作的方式深入推进CCS技术开发与应用，目前已成为全球温室气体减排技术的领导者，每年捕获二氧化碳约700×10^4吨。

专栏1　上海原油期货交易

2018年3月16日，上海能源期货交易所完成香港自动化交易服务（ATS）注册，3月26日，原油期货作为中国首个国际化商品期货上市。上期所主要原油交割品种是伊拉克的巴士拉轻质油，约占全部交割原油的71%。

原油期货市场规模和流动性稳步增长。三年来，原油期货累计成交11319.66万手（单边），累计成交金额为44.10万亿元。2020年全年累计成交4158.58万手，累计成交金额为11.96万亿元。日均成交17.11万手，日均持仓11.89万手，较2019年分别增长20.04%和312.93%。在美国期货业协会（FIA）公布的全球能源类商品期货期权交易量排名中，上海原油期货居第16位，在原油期货中市场规模仅次于WTI和Brent原油期货，成为全球第三大原油期货。[①]

上海原油期货价格已能反映东北亚区域的原油基本面。首先，交割库容逐步充裕是期货交易的基础保障。2020年4月以来，上期所通过丰富交割仓库布点、增加现有仓库库容等方式，全力扩大原油期货市场的可交割区域，交割库点由2019年底的9个增加到15个，交割库容由年初的355万方扩大至年底的1190万方（约6788万桶），保证了原油交割

[①] 上海期货交易所、上海国际能源交易中心：《2021年上海原油期货市场发展报告》，2021。

顺利进行。其次，上海原油期货价格逐步由境内到岸价向亚太地区贸易集散地价格转变。2020年，累计交割8515.9万桶，是2019年的4.8倍。①储备库的扩建可以有效缩窄内外盘价差，平抑内外盘升水的效果。2020年前实际可用库容仅有2200万桶，月2.2万手合约，现阶段实际可交割库容已达到6600万桶，规模扩张了2倍。扩大SC原油期货的交割库容是为了抑制和预防内盘价格的异常升水，同时为交割操作提供多样化选择。

上海原油期货正逐步成为境内外参与者广泛认可的套期保值工具与金融避险工具。上海原油期货助力实体企业锁定期货价格，为企业提供有力的避险屏障，对冲价格风险。2020年10月12日，原油期货TAS指令及日中交易参考价正式上线，吸引境内外大型石油公司、贸易商、炼厂逐步参与。截至2021年3月25日，TAS指令总成交量为5298手，成交金额为14.06亿元。②业内人士认为，TAS指令的推出，有效提升了基于上海原油期货结算价计价交易的套期保值效率。未来，TAS指令逐渐为更多产业企业所了解和运用，将对现货贸易中采用上海原油期货结算价计价起到一定的推动作用。

（二）"十四五"石油行业低碳转型与高质量发展进入关键期

1. 勘探生产持续加速，非常规与海洋石油成发力点

"十四五"期间，中国原油产量将力争达到2亿吨并维持这一水平。各油气生产企业将按照"2019~2025七年行动方案"继续加大国内油气勘探开发力度，全力推进一批有潜力的产能项目建设，着力突破油气勘探开发"卡脖子"技术，石油产量稳定增长，预计2021年与2022年均能达到

---

① 上海期货交易所、上海国际能源交易中心：《2021年上海原油期货市场发展报告》，2021。
② 上海期货交易所、上海国际能源交易中心：《2021年上海原油期货市场发展报告》，2021。

200万～300万吨的增产目标。

非常规油气的勘探开发将大力推进。[1] 随着渤海、鄂尔多斯等页岩油被勘探发现，各油气生产企业逐步向非常规油气资源的勘探开发倾斜。中国石油认为非常规资源具备巨大潜力，"十四五"期间将进一步加大非常规油气的勘探开发力度。非常规石油产量在未来15年或将增长至5000万吨。海洋石油是国内原油增产的主力军。中国海上石油探明率远低于陆地油田，海上石油探明率约为14.3%，低于陆上的34%；海上油田动用率也略低于陆地油田动用率。"十四五"期间，中国海油将进一步实现从浅水与深水向超深水、从中深层向深层/超深层、从常规向非常规的技术突破和跨越。[2] 在安全高效钻井、人工智能地震解释[3]、智能勘探建设等技术的推动下，形成满足未来油气勘探需求的中国海洋勘探技术体系。

2. 炼油能力仍过剩，转型升级将持续

"十四五"期间，炼油过剩局面将进一步加剧。随着多元资本接连涌入，国内炼油产业将开启新一轮扩张，恒力二期、盛虹等众多民营炼化项目蓄势待发。假设既定炼油项目全部实现投产，国内炼油产能或增加1.1亿吨左右，至10亿吨，推动中国成为世界第一大炼油国，过剩炼能进一步扩大。

"十四五"期间，炼油产业转型升级持续推进，"减油增化"为大势所趋。目前中国炼厂炼能大量富余，而中国化工品对外依存度偏高，如聚乙烯、聚苯乙烯、乙二醇、EVA等乙烯衍生产品2019年的进口量均达到几百万吨甚至上千万吨，对外依存度分别达到48.1%、30.5%、54.9%、56.6%。在科技创新引领下，炼化产业结构调整将加快，产能置换、"减油增化"、新技术、新能源、智能炼厂成为主要发展趋势，同时有望形成炼油、乙烯、芳烃全流程全产业链自有技术。[4] "十四五"乙烯产能将出现重

---

[1] 李国欣、朱如凯：《中国石油非常规油气发展现状、挑战与关注问题》，《中国石油勘探》2020年第2期。

[2] 谢玉洪：《低油价背景下中国海油油气勘探进展与发展思考》，《中国海上油气》2021年第1期。

[3] 杨金华：《未来10年极具发展潜力的20项油气勘探开发新技术》，《石油科技论坛》2019年第1期。

[4] 李雪静：《疫情影响下世界炼油工业加速调整转型》，《中国石化》2021年第2期。

大突破。随着埃克森美孚、巴斯夫等外资项目和国内拟在建项目的陆续建成投产，2025年中国乙烯总产能或将一举突破6000万吨/年。

3. 成油品消费峰值提前到来，化工用油仍有较大增长空间

"十四五"期间，成品油消费将进入峰值平台期，"汽缓、柴降"是主要原因。"双碳"目标的提出加速汽车行业变革，将使汽油消费增速放缓；柴油需求则随着中国工业化进入后期，城市化稳步推进，产业不断升级而逐渐下降。预计2025年中国成品油消费量将进入峰值平台期，消费量达到3.76亿吨，较2020年增长0.6亿吨。

汽油消费增速衰减的主要原因是新能源车替代。《新能源汽车产业发展规划（2021—2035年）》中提出，2025年新能源车销量占当年汽车总销量的20%；双积分规则将弥补补贴退坡，继续推动新能源车的替代进程；预计2025年新能源车销售量可达到510万辆，[①] 将替代成品油需求1100万吨左右。

化工用油仍有较大的增长空间。中国人均烯烃消费量为0.031吨，远不及欧美人均消费量，北美与欧洲人均烯烃消费量为0.050~0.053吨；中国人均芳烃消费量为0.041吨，欧美人均芳烃消费量为0.155~0.185吨；中国人均化工品消费仅达到日本、韩国20世纪80年代的水平，化工品消费仍有很大的增长空间。预计2025年，乙烯消费量可达到7800万吨，PX消费量可达到3750万吨。

（三）"十四五"中国石油行业面临的问题与挑战

1. 原油稳产难度加大，对外依存度居高不下

"十四五"期间，原油稳产难度加大。从国内油田生产情况看，主力油田多数已步入开发后期，产量递减，控制难度日益加大。如胜利油田进入开发后期，找油、采油的目标以"薄、小、碎、深"油藏为主，效益稳产难度越来越大；辽河油田已投入开发50年，产量递减快、吨油成本高、稳产难度大。

"十四五"期间，预计原油对外依存度仍将处于上升期。因中国经济将进一步发展，且短期不会实现原油的大量替代，原油消费在"十四五"期间仍

---

① 李雪静：《疫情影响下世界炼油工业加速调整转型》，《中国石化》2021年第2期。

将保持增长态势，初步预计2025年中国原油消费量将达到7.3亿~7.5亿吨，按照原油生产2亿吨来计算，预计中国原油对外依存度将达到73%~74%。

2. 原油进口风险仍存，油品出口或将受限

"十四五"期间，中国原油进口风险仍存。中国原油进口来源与全球石油资源禀赋分布大体一致，60%以上来自中东、非洲等地缘政治复杂地区。同时，原油进口运输路线较为集中，约3.6亿吨的原油进口通过马六甲海峡（占进口量的71%），约1.9亿吨的原油进口通过霍尔木兹海峡（占37.4%）。近几年国际地缘政治局势的不稳定性以及两个海峡的安全性将在一定程度上影响中国原油进口的安全，原油进口的潜在风险仍不容忽视。

"十四五"期间，成品油出口将进一步减少。成品油出口的受限是多方面因素共振的结果。从国家安全角度来说，在原油进口量攀升的同时，成品油出口量同步上涨，不利于进口风险的把控。"十三五"期间成品油年均出口量达到5760万吨。"大进口、大出口"不利于国内能源安全。从生态环境保护角度来说，出口国具有一定的"代加工"角色，中国已明确"双碳"目标，对能源清洁化、低碳环保已形成共识，目前的成品油"大出口"不符合当前低碳环保的主题。

3. 炼能过剩加剧，炼厂竞争更激烈

"十四五"期间，中国炼油行业供大于求的局势更加严峻，炼厂竞争或更激烈。造成供大于求的原因主要有三方面，一是中国大型炼化一体化装置出现集中建设、集中投产的现象，炼油产能将进一步增长。目前中国炼油能力位居世界第二，"十四五"期间中国有望赶超美国，成为第一大炼油国。二是成品油需求将有所下降。清洁能源车替代加快，成品油需求空间将受到挤压。预计2025年，国内电动车保有量或超2000万辆，替代汽油消费超2059万吨，替代占比或超10%；2025年，国内LNG重卡保有量有望超83万辆，替代柴油消费3226万吨，替代占比超20.55%。三是成品油出口转内销会增大国内成品油的供应量。中国为实现"双碳"目标，现已开始限制成品油出口，国内成品油市场结构性失衡将更严重，炼厂加工负荷将下降，炼厂盈利空间将受限，炼厂竞争将更加激烈。

4. 石化行业大而不强，高端化工品产能不足

目前中国通用料供给结构性过剩，高端产品产能不足。目前中国化工产值虽然位居世界第一，但是受困于技术水平、企业规模等，国内高端化工品产能面临严重不足、精细化率不高、高端产品对外依存度高等较为严峻的问题。如高性能聚烯烃自给率仅为38%；高VA含量（28%~33%）的EVA光伏料产能仅约为30%；在130多种关键基础化工材料中，32%的品种仍为空白，52%的品种仍依赖进口。[①]

5. "双碳"目标逐步落实，石油企业压力渐增

随着"双碳"目标逐步落实，石油石化企业碳减排难度与压力将日益增大。从上游来说，各油气生产企业的勘探、开发与生产等成本将随碳交易的进行而上涨，上游运营压力增大。从下游炼化产业来说，炼油与石化产业的高耗能、难减排特性将为其带来极大的挑战。例如，2019年中国石化行业耗能约为2.4亿吨标准煤，石化产业产值约为12.27万亿元，[②]万元能耗远高于全国GDP万元能耗。此外，可生物降解的化学制品对传统石化产品的替代，将给炼化行业带来需求下滑的压力，石化企业将面临经营难度增大与沉没成本加大的双重压力。[③]

（四）相关建议

1. 加大勘探投资力度，增强储备能力建设

中国维持2亿吨产量稳定压力不小，在原油进口对外依存度不断攀升的背景下，中国应统筹提升应对原油供应中断风险的能力。一是需要加大勘探开发投资力度，集中精力"增储上产"。全力突破油气勘探开发系列关键技术，竭力提高单井产量和采收率，加强海洋油气勘探开发，加快盘活未动用储量等。二是完善石油储备设施，健全储备运营制度。根据《中华人民共和国国民经济和社会发展第十四个五年规划和2035年远景目标纲要》提到

[①] 工业与信息化部2018年统计。
[②] 清华大学循环经济研究院：《2060碳中和与能源化工产业》，2021。
[③] Deloitte, "The 2030 Decarbonization Challenge the Path to the Future of Energy Contents," 2020.

的"扩大油气储备规模,健全政府储备和企业社会责任储备有机结合、互为补充的油气储备体系",中国可进一步加强石油储备设施建设,进一步合理规划基地规模和布局,拓展第三方储备机制,完善资金筹措、金融交易等体制机制。三是加强安全防范建设。除了防范传统的物理攻击之外,也要强化信息攻击和智能化攻击等新型攻击的防范并及早布局,协同建立预警防范体系,保障石油生产、储备、运营的平稳安全。

2. 发挥科技创新引领作用,加速炼化产业转型

"十四五"期间,需要发挥科技创新第一动力作用,推进炼化产业高端化发展。一是需要加大研发投入力度。努力开发新产品、新技术、新工艺,缩小产业链关键环节与世界领先水平的差距,提升行业在国内外市场的整体竞争力和产业链的安全性。二是推动产品贴近终端市场。研判市场需求,鼓励初级原料生产商转型升级成为终端市场成品供应商,加速终端产品研发、生产,向下游延伸炼化产品产业链,形成与市场需求结构相匹配的产能,相应倒逼调整成品油收率,淘汰落后产能。三是提高终端产品定位。提升高技术含量、高附加值石化产品、化工新材料、专用化学品的比例,占领高端市场。

3. 破危机迎新局,石油企业亟待转型

石油企业需要加快转型步伐。在中国低碳转型的关键历史性节点上,中国石油企业面临战略发展选择问题。2020年生态环境部、国家发改委、中国人民银行等频繁出台低碳转型扶持引导政策,中国绿色循环低碳产业体系形成步伐加快。石油企业需深刻认识这一历史性变革,从投资组合、技术突破等多方面推进转型。一是石油企业需要多元化投资。短期内石油企业仍需保障传统石油业务,加快天然气产业发展,布局具有比较优势和能够融合发展的新能源项目,如布局氢能产业,将氢能产业与炼化产业融合,以绿氢替代灰氢,降低炼化产业碳排放。二是培育二氧化碳循环利用,推动技术创新,助力油气企业主动转型。加快二氧化碳制乙醇、制碳氢化合物(人造树叶)、制造油脂、制作碳酸盐等[①]技术应用;推动二氧化碳驱油、驱气技术研究,以提高原油、煤层气、

---

① 清华大学循环经济研究院:《2060碳中和与能源化工产业》,2021。

天然气采收率（二氧化碳驱油技术采收率较水驱提高6.0~7.3个百分点）；探索通过微藻进行光合作用，将二氧化碳转为植物需要的化学物质的技术[①]。三是优化全流程。通过采用燃料效率较高、含硫低、含氮低的原料，尽可能应用清洁或排放量较小的工艺，从源头端及流程侧降低碳排放。

专栏2　浙江自贸区的油气全产业链

2017年3月15日，国务院正式批复设立中国（浙江）自由贸易试验区（以下简称"浙江自贸区"）。浙江自贸区涵盖三个片区：舟山离岛片区78.98平方千米（含舟山港综合保税区区块二3.02平方千米），舟山岛北部片区15.62平方千米（含舟山港综合保税区区块一2.83平方千米），舟山岛南部片区25.35平方千米，由陆域和相关海洋锚地组成。面积共计119.95平方千米。

浙江自贸区市场主体活力继续显现。自挂牌以来至2020年，浙江自贸区累计新增注册企业25864家，占全市新增注册企业的70%以上；累计吸引479家外商投资企业落户，较2017年底增长6.1倍。

油气产业建设成效显著。一方面，挂牌3年来浙江自贸区累计新增油品企业挂牌数快速增长，从不足千家迅速增加至7607家；另一方面，已建油品储罐库容达2790万吨，2019年石油及天然气吞吐量突破8800万吨，LNG年接卸能力达到300万吨，占全省的50%以上。

对外合作日趋深化，人民币国际化进程得到推进。浙江自贸区通过举办世界油商大会，进一步提升国际知名度，吸引了沙特阿美、BP、托克、霍尼韦尔、道达尔、嘉能可等在内的国际知名企业。在政策支持下，跨境人民币结算便利化试点落地效果良好。3年累计实现油品外贸进出口总额1430.2亿元，3年累计实现跨境人民币结算量2031.0亿元，其中人民币资金池业务结算量6.8亿元。业务范围由原来的香港、澳门

[①] 蒋庆哲等主编《中国低碳经济发展报告蓝皮书（2020—2021）》（第1版），石油工业出版社，2021。

逐渐发展至日本、美国、德国等40多个国家和地区。

低硫化契机为扩展国际海事服务提供了机会窗口。在稳定国内船燃基本需求（2000万吨左右）的基础上，不断扩大出口保税油发展空间，市场话语权渐增，2019年7月1日普氏能源正式发布符合IMO标准的舟山船用燃料油估价。以保税船用燃料油供应业务为突破口，实现外轮供应"一船多能"常态化；2019年外轮供应货值突破22.0亿美元，外轮修理总产值44.2亿元，船舶交易额实现47.0亿元，在外轮供应、船舶管理、航运科技、油品检测、海事仲裁等海事服务产业链的企业增长160余家。舟山港国际航行船舶综合海事服务水平不断提升，成为中国第一大、全球第八大加油港。①

二 天然气行业

"十三五"期间，中国能源供给侧改革持续推进，天然气产业发展加速，在一次能源消费结构中的地位持续上升，逐步形成具有中国特色的"产供储销"体系，其产业链分为上、中、下游三部分。上游市场主体以中国石油、中国石化、中国海油和延长石油四家国有公司为主。进口天然气补充了供应缺口，同时日趋多元的进口成为保障能源安全的重要因素。中游包括骨干管道、省级管道、LNG接收站、LNG液化工厂及地下储气库等。随着油气体制改革的深入推进和国家石油天然气管网集团有限公司（以下简称"国家管网"）的成立，天然气产业中游管道业务基本实现独立运营。下游主要包括分销和使用，已基本形成工业燃料、城市燃气、发电用气三足鼎立的格局（见图4）。在城市燃气方面，已形成五大跨区域燃气企业（华润燃气、港华燃气、新奥能源、中国燃气和昆仑能源）加其他中小国有和民营燃气企业的市场格局。

---

① 舟山市统计局。

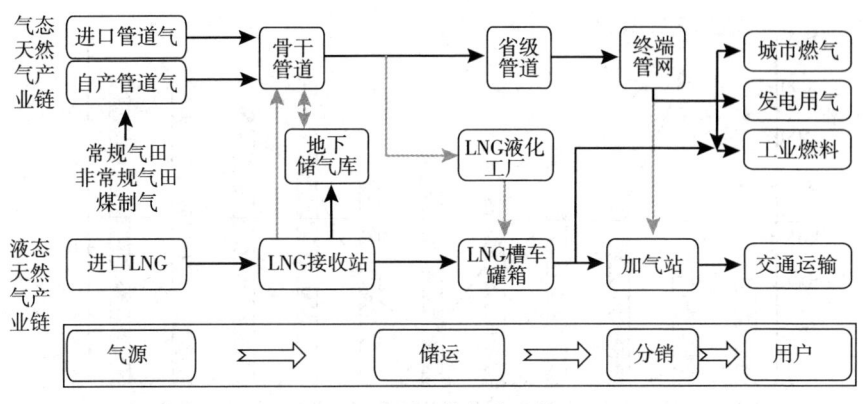

图 4 中国天然气产业链

展望"十四五",政策利好推动天然气需求快速攀升,市场化改革助力供应体系不断完善,勘探开发关键技术持续突破,中国天然气行业仍处于快速发展期。

(一)天然气"产供储销"体系建设取得积极进展

1. 天然气消费快速增长,工业燃料、城市燃气贡献最大

"十三五"期间,中国天然气消费量年均增长超过 250 亿立方米。2019年中国天然气消费量突破 3000 亿立方米,2020 年达 3280 亿立方米,与 2015 年相比增加约 1350 亿立方米,增长 69.9%(见图 5)。天然气在中国能源消费结构中的比例不断攀升,2020 年占一次能源消费总量的比例约为 8.4%,与 2015 年相比增加 2.5 个百分点。

工业燃料和城市燃气是天然气消费的两大主要领域。2020 年,工业燃料、城市燃气用气基本持平,均约为 1230 亿立方米,占比均约为 37.5%;燃气发电约 525 亿立方米,占比为 16.0%;化工用气约为 295 亿立方米,占比约为 9.0%。"十三五"期间,工业燃料和城市燃气是增长贡献率最高的两大领域,增长贡献率分别为 41.5% 和 28.3%。燃气发电是增长最快的领域,复合增长率约为 15.0%。

"十三五"期间,城市燃气领域已基本形成多元主体竞争格局。民营、港资和外资企业不断拓展城市燃气市场空间,目前占全国城市燃气市场份额

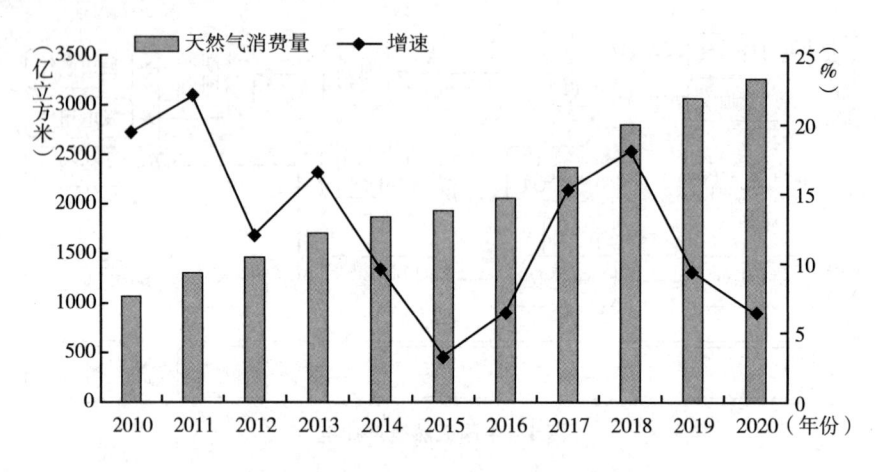

图 5　2010～2020 年中国天然气消费情况

资料来源：国家统计局、国家发改委、海关总署。

超过 50%。上游企业加速布局城市燃气市场，中国石化 2017 年成立长城燃气公司，中国石油昆仑能源公司燃气市场占比从 2015 年的 4% 提升到 2020 年的 9% 左右。①

2. 天然气产量明显提升，进口气作用日益凸显

"十三五"期间，中国天然气勘探取得重大进展，是天然气产量持续增长的重要基础。初步估算，2016～2020 年，中国新增天然气探明地质储量约为 5.6×10^{12} 立方米，其中常规天然气新增探明地质储量 3.97 万亿立方米，超额完成"十三五"规划目标，页岩气新增探明地质储量 1.46 万亿立方米，煤层气新增探明地质储量 0.16 万亿立方米。分公司看，中国石油新增天然气探明地质储量 3.6×10^{12} 立方米，中国石化新增天然气探明地质储量 1.0×10^{12} 立方米，中国海油新增天然气探明地质储量 0.4×10^{12} 立方米。②

---

① 陈蕊、孙文宇、吴珉颉：《国家管网公司成立对中国天然气市场竞争格局的影响》，《天然气工业》2020 年第 3 期。
② 何海清等：《中国石油"十三五"油气勘探重大成果与"十四五"发展战略》，《中国石油勘探》2021 年第 1 期；蔡勋育等：《中国石化"十三五"油气勘探进展与"十四五"前景展望》，《中国石油勘探》2021 年第 1 期；谢玉洪：《中国海油"十三五"油气勘探重大成果与"十四五"前景展望》，《中国石油勘探》2021 年第 1 期。

"十三五"期间，中国天然气产量保持年均100亿立方米以上的增长，2020年达到1925亿立方米（含煤制气产量）。从天然气产量结构看，随着天然气勘探领域、开发技术取得新突破，中国页岩气地位越发重要，产量占比逐年增加。2020年，页岩气产量超过200亿立方米，产量占比由2015年的3.5%上涨至2020年的10.4%。

目前，中国天然气上游生产仍以中国石油、中国石化以及中国海油（以下简称"三大石油"）为主。天然气上游勘探开发领域属于高投资、高技术、高风险行业，其他企业短期内难以大量进入。2020年"三大石油"国内天然气产量之和超过1700亿立方米，约占国内天然气生产总量的90%。其中，陆上天然气的开发以中国石油为主，而海上天然气的开发以中国海油为主。

为了满足日益增长的天然气消费需求，"十三五"期间，中国进口气量呈现快速增长态势。2020年，中国天然气进口量约为1408亿立方米，与2015年相比增加约790亿立方米。同时，天然气对外依存度也由2015年的不足32%上升到2020年的43%。分渠道看，LNG进口量于2017年超过管道气进口量，2020年管道气进口476亿立方米，与2015年相比增加约140亿立方米；LNG进口932亿立方米，与2015年相比增加约650亿立方米（见图6）。2020年中国天然气进口来源国共有28个，其中澳大利亚自2019

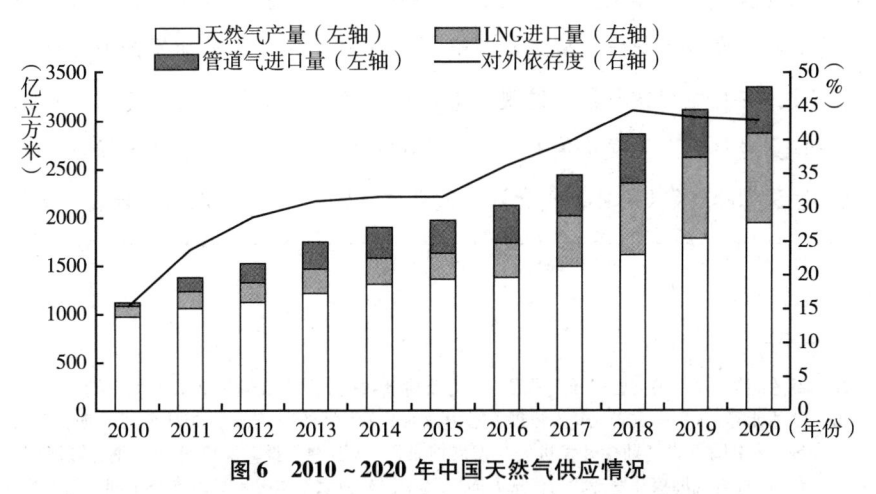

图6 2010~2020年中国天然气供应情况

资料来源：国家统计局、国家发改委、海关总署。

年超过土库曼斯坦成为中国第一大进口来源国以来,连续两年成为中国最大的天然气进口来源国,土库曼斯坦是第二大进口来源国,卡塔尔位居第三。

专栏3 页岩气已成为增长的重要力量,未来依然可期

中国页岩气起步较晚,2006年才开始页岩气资源的调查研究工作。经过10多年的勘探开发攻关,基本完全突破了埋深3500米以浅海相页岩气开发技术,建设了以四川盆地及其邻区为重点的页岩气生产基地。2019年页岩气新增探明地质储量7644.2亿立方米,其中新增探明技术可采储量1838.4亿立方米,截至2019年底累计探明地质储量约1.8万亿立方米。2020年中国页岩气产量约为200亿立方米,其中中国石油的长宁、威远和昭通等区块生产页岩气116亿立方米,中国石化的涪陵、威荣页岩气田生产页岩气84亿立方米。[①]

回顾过去10多年的发展历程,中国页岩气开发经历了合作借鉴(2007~2009年)、自主探索(2010~2013年)以及工业化开发(2014年至今)三个阶段[②]:在合作借鉴阶段,引入美国页岩气概念,明确了四川盆地上奥陶统五峰组—下志留统龙马溪组和下寒武统筇竹寺组两套页岩是中国页岩气的工作重点区,钻探了中国第一口页岩气地质评价浅井——长芯1井,发现了长宁、威远和昭通页岩气有利区,并启动了产业化示范区建设;在自主探索阶段,发现了蜀南和涪陵两大页岩气区,完成了中国第一口页岩气商业开发价值井——宁201-H1井;在工业化开发阶段,实现了埋深3500米以浅页岩气资源有效开发,埋深3500米以深页岩气开发取

[①] 邹才能等:《中国页岩气开发进展、潜力及前景》,《天然气工业》2021年第1期。
[②] 邹才能等:《中国页岩气开发进展、潜力及前景》,《天然气工业》2021年第1期;董大忠等:《中国页岩气勘探开发进展与发展前景》,《石油学报》2012年第1期;聂海宽等:《中国页岩气勘探开发现状与优选方向》,《中国矿业大学学报》2020年第1期;赵文智等:《中国页岩气勘探开发进展及发展展望》,《中国石油勘探》2020年第1期。

得了突破进展。2015~2020年，中国页岩气增长约150亿立方米，贡献了中国天然气产量增长的26.7%，已经成为中国天然气产量增长的重要组成部分。

页岩气资源潜力较大，是天然气快速发展的生力军。在目前的技术条件下，"十四五"末中国页岩气产量将有望达到300亿立方米。[①]

中浅层海相页岩气是产业发展的"压舱石"，深层海相页岩气是未来产量增长的主体。[②]目前中浅层海相页岩气产量接近200亿立方米，深层海相页岩气产能具有突破100亿立方米的条件。在储量方面，埋深于2500~3500米的五峰组—龙马溪组页岩气开发有利区面积为1.3万平方千米，页岩气地质资源量约8万亿立方米，已探明页岩气地质储量超过2万亿立方米，可以再新增探明页岩气地质储量超过5000亿立方米；埋深于3500~4500米的五峰组—龙马溪组页岩气开发有利区面积为1.6万平方千米，页岩气地质资源量为9.6万亿立方米。在技术方面，3500米以浅页岩气开发技术配套成熟，单井综合投资不断降低，具备快速上产的基础和条件；3500~4000米开发技术逐渐成熟，预计"十四五"期间将基本过关；4000~4500米关键技术不断攻关。

3. 输送能力显著提高，储备体系不断健全

截至2020年底，中国天然气长输管道里程近8.3万千米，与2015年相比增加1.9万千米，实现了"西气东输、北气南下、海气登陆、就近外供"的供气格局。2019年12月，中俄东线天然气管道（北段）通气，中国四大

[①] 邹才能等：《中国页岩气开发进展、潜力及前景》，《天然气工业》2021年第1期。
[②] 邹才能等：《中国页岩气开发进展、潜力及前景》，《天然气工业》2021年第1期；董大忠等：《中国页岩气勘探开发进展与发展前景》，《石油学报》2012年第1期；聂海宽等：《中国页岩气勘探开发现状与优选方向》，《中国矿业大学学报》2020年第1期；赵文智等：《中国页岩气勘探开发进展及发展展望》，《中国石油勘探》2020年第1期。

进口天然气通道（东北、西北、西南和海上）全部贯通，一个"横跨东西、纵贯南北、覆盖全国、连通海外、资源多元、调度灵活、安全可靠"的天然气管网输送体系初具规模。

"十三五"期间，中国LNG接收能力翻番，接收站运营多元化格局逐渐形成。截至2020年底，中国已投产LNG接收站22座，总接卸规模达8700万吨/年，与2015年相比接收能力接近翻一番。"三大石油"在2020年将10座接收站的股权划拨至国家管网公司后，国家管网公司一跃成为最大的LNG接收站运营企业，接收能力为2760万吨/年，占32%；中国海油将迭福、洋浦、粤东等5座在运行以及2座在建设的接收站划转给国家管网公司后，接收能力减至2400万吨/年，占比为28%；其次是中石油，接收能力为1300万吨/年，占比为15%；中国石化接收能力为1200万吨/年，占比为14%；第二梯队（申能、新奥、广汇、九丰、深燃等）接收能力达到1000万吨/年，占比为11%（见图7）。

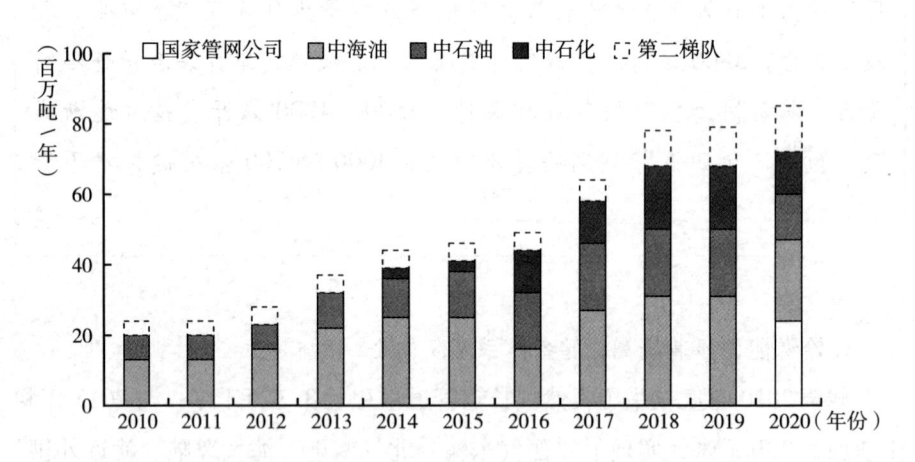

图7　2010~2020年中国LNG接收站接收能力及各公司占比

资料来源：SIA。

国家高度重视储气能力建设，《天然气发展"十三五"规划》中，明确指出逐步建成中国石油文23、中国石化文23、中原油田卫11、江汉盐穴、朱家墩等储气库。"十三五"期间，金坛储气库、文23储气库、雷61储气库相继投产运营。截至2020年，中国已建成地下储气库27座，工作气量约为147亿立方米，与2015年相比增长92亿立方米。

（二）天然气行业仍处于快速发展期

1. 消费仍将快速增长，过渡能源作用凸显

展望"十四五"，未来影响天然气需求规模的主要有经济、政策、市场等因素。中国经济产业结构持续深入调整，工业经济增长韧性增强，城镇化不断推进，预计"十四五"期间将为中国天然气在工业和城市燃气领域的发展提供增长动力。2020年中国提出"双碳"目标，中国能源行业低碳转型的步伐将进一步加快。《新时代的中国能源发展》更是明确提出优化能源结构，坚持清洁低碳导向，预计中国大气治理的力度不会放松。此外，随着可再生能源发电装机占我国电力总装机的比重不断增加，燃气发电调峰的需求也有望随之提升。[①] 综合来看，预计"十四五"期间天然气消费年均增幅约为6%，2025年约达4450亿立方米。

分领域看，目前中国城市化水平与发达国家相比仍有较大差距，未来城市化进程还有很大的发展空间，随着城镇化进程的不断推进，居民用气和非居民用气需求增加。在碳达峰和碳中和目标引领下，天然气是现阶段积极践行碳减排的重要过渡能源，各地政府将持续出台工业清洁化专项治理方案，带动工业用气稳步增长。天然气发电与光伏、风电多能互补或有较大发展前景，预计天然气发电空间较大。由于中国天然气价格较高，天然气化工价格优势较小，且化工用气政策支持力度不大，预计化工领域增量有限。

2. 国内上产力度不减，供应能力稳步提升

"十四五"期间，国内天然气产量将保持较快增长。在投资上，在国家"2019~2025七年行动方案"的指引下，国内石油公司将持续加大勘探开发力度，推动天然气产量快速增长。在储量上，"十三五"期间天然气储量实现历史性长期高位增长，为天然气产量快速增长奠定了资源基础。在技术

---

① 周庆凡：《近期中国天然气发展回顾与未来趋势展望》，《中外能源》2020年第11期。

上，"十三五"期间中国实现了埋深3500米以浅页岩气、海上高温高压资源的有效开发，为天然气产量快速增长奠定了技术基础。综合来看，预计2021~2025年国内产量年均增速约为4.6%，年均增量约为100亿立方米，到2025年产量约达2450亿立方米。常规气预计年均增速为3.3%，2025年约达1900亿立方米，其中，海上常规气年均增速约达3.5%，2025年约达210亿立方米；非常规气年均增速预计为8.0%，2025年约达550亿立方米。

预计2025年国内管道气、LNG进口量分别为750亿立方米、1250亿立方米，"十四五"期间年均增速分别为9.5%、6.0%。其中管道气进口量的增长主要由于中俄天然气东线的运营投产。综合天然气需求和供应预测，中国天然气市场供应偏紧的状况将在"十四五"期间有所改善，供应逐渐转向宽松。

3. 加强输配网络建设，健全储备应急体系

"十四五"期间，天然气长输管道、沿海LNG接收站建设以及互联互通工程将持续推进。根据《中长期油气管网规划》，中国将统筹考虑天然气和LNG两个市场、国内和国际两种资源、管道和海运两种方式，加快天然气管网建设。在天然气长输管道建设方面，未来主要的天然气长输管线项目包括中俄天然气东线、西气东输四线、西气东输五线、川气东送二线等。随着中俄、中亚等多条天然气管线相继建成投产，国内进口管道气输送能力将在"十四五"期间达到1400亿立方米/年以上。在LNG接收站建设方面，"十四五"期间，国内将有一大批LNG接收站项目陆续扩建、投产。根据中石油经研院测算，若已规划LNG接收站项目全部按时投产，预计2025年国内LNG接收站设计接收能力将达到1.9亿吨/年。"十四五"期间，中国还将加强全国天然气管网、接收站、储气库等基础设施互联互通工作，提升管网输送能力，扩大管网覆盖范围，消除管输瓶颈。以京津冀及周边地区、长三角、珠三角、东北、海南等地为重点，推进区域管网和支线管网建设。

在地下储气库建设方面，《中华人民共和国国民经济和社会发展第十四个五年规划和2035年远景目标纲要》在"构建现代能源体系"中提到加快

建设中原文23、辽河储气库群等地下储气库建设。中国石油规划建设东北、华北、西南、西北、中西部和中东部六大储气中心，计划2023年实现工作气量205亿立方米，2025年实现工作气量280亿立方米。

4. 聚焦非常规、深层、海洋，加强关键技术攻关

未来中国油气勘探开发的重点方向主要包括非常规油气、深层油气、海洋油气等，因此相关技术将是"十四五"期间中国油气企业技术攻关的重点。[1] 中国石油方面，重点发展海相成藏、前陆盆地成藏、陆相页岩油、深层富集四大地质理论认识；重点发展完善剩余资源空间分布预测、复杂山地高精度三维地震、深井和长水平段水平井钻完井、压裂改造、复杂油气藏测试、工厂化钻井作业六大核心技术，加快数字化转型和智能化发展。[2] 中国石化方面，聚焦油气富集规律与分布、页岩油气低成本勘探开发。[3] 中国海油方面，攻关复杂结构井高效钻完井技术、低成本储层改造技术等；探索"地震+地质"一体化智能预测技术，优化复杂岩性和多孔介质储层测井、录井定量评价技术、高效环保的作业技术。[4]

（三）中国天然气高质量发展面临的问题与挑战

1. 基础设施建设滞后，应急调峰能力不足

尽管"十四五"期间中国储气能力持续快速增长，2020年工作气量约为147亿立方米，占消费比重为4.5%，与2015年的2.8%相比有了长足的进步，但仍远低于12%~15%的全球平均水平。此外，天然气长输管道建设落后于《天然气发展"十三五"规划》的目标。该规划提出2020年中国天然气长输

---

[1] 刘嘉等：《全球油气勘探开发形势及技术发展趋势》，《世界石油工业》2019年第6期；李阳等：《中国深层油气勘探开发进展与发展方向》，《中国石油勘探》2020年第1期；杨金华等：《非常规、深层、海洋油气勘探开发技术展望》，《世界石油工业》2020第6期。

[2] 何海清等：《中国石油"十三五"油气勘探重大成果与"十四五"发展战略》，《中国石油勘探》2021年第1期。

[3] 蔡勋育：《中国石化"十三五"油气勘探进展与"十四五"前景展望》，《中国石油勘探》2021年第1期。

[4] 谢玉洪：《中国海油"十三五"油气勘探重大成果与"十四五"前景展望》，《中国石油勘探》2021年第1期。

管道达到10.4万千米的目标，但实际仅为8.3万千米。

气源单一的中部地区天然气供应紧张的局面将长期存在。中部地区的山西、湖南、湖北、安徽、江西等省份天然气资源供应单一，在采暖季天然气用气高峰时段只能依托长输管道进行调节，调峰能力有限，预计"十四五"期间上述省份冬季天然气供应紧张的局面将持续存在。

现有输气能力达到满负荷，近期内输气能力不能大幅提升的地区将会出现天然气供应紧张的局面。目前部分省份的供气管道、接收站在冬季高负荷时期已经达到满负荷或超负荷运行状态。以江苏省为例，现有供应江苏省的西气东输、冀宁线、川气东送、如东LNG等气源能力在冬季时基本达到满负荷运行。

2. 低碳发展已成共识，环保监管或将趋严

尽管与煤炭和石油相比，天然气要更加清洁低碳，但它仍然是化石能源。天然气从开采、运输、储存到终端应用环节，都会产生碳排放。"双碳"目标的提出对天然气行业来说，机遇与挑战并存。尽管从短期看，"双碳"或推动国内煤改气步伐，利好天然气消费，但是天然气生产、运输环节同样会面临减碳的压力。

目前应对气候变化，控制温室气体排放已成为全球共识。部分发达国家已提出限制甲烷排放的倡议，且在逐渐推动该倡议的国际化和法规化。中国甲烷排放面临的外部压力将不断增大，未来中国或将对国际社会做出控制甲烷排放的承诺。甲烷是天然气的主要成分，天然气发展或将因此面临甲烷泄漏控制趋严的政策约束。天然气生产、加工、运输以及利用等环节的甲烷泄漏标准将会进一步提高，或将增加天然气全产业链的成本。

3. 对外依存度不断升高，供应成本居高不下

中国已经形成国内国外并举的天然气供应格局，但由于天然气消费快速增长，"十三五"期间中国天然气对外依存度快速攀升。2020年中国天然气对外依存约为43%，与2015年相比增加了11个百分点。

国内天然气供应成本面临逐年增加的压力，主要是中国待探明天然气资源量80%以上为低品质类资源，主力气田稳产形势严峻，部分老气田开发进入中后期，为保持稳产或减缓递减速度，需采用相应的增压措施，将推高供应成本。进口LNG成本居高不下，中国进口LNG长约大多数是在卖方市场时签订的，多与油价挂钩，且斜率相对较陡，因此中国进口LNG长协价格与国际原油价格密切相关。随着国际原油价格走出低谷，逐渐恢复到50～70美元/桶，预计"十四五"期间进口LNG长协价格将处于较高水平。同时，由于东亚地区资源缺乏且远离资源地，即使国际气价较低，输送到国内的天然气成本也并不低。

（四）相关建议

1. 政策与市场共同发力，推动基础设施建设

在储气库建设上，天然气价格尚未完全由市场决定，储气库的调峰价值难以完全显现，在一定程度上降低了企业投资储气库的积极性。建议加快建设符合市场经济规律的储气服务市场机制，疏导储气库建设、运营成本，破解投资回报率低的瓶颈。在天然气管网建设上，以国有资本为主体，积极引入社会资本，加快天然气管网建设。

2. 凝聚共识，提前开展减排工作

天然气生产、运输环节的二氧化碳排放主要由供热与供能需求产生，如使用天然气作为燃料供热及产生蒸汽、自备电厂发电等带来的尾气排放等。天然气生产企业可通过提高能效、降低化石燃料占比、使用绿电等措施，减少生产环节的二氧化碳排放。

天然气生产、运输环节的甲烷排放是天然气行业减排的重点。甲烷治理需要国家、行业以及公司层面的共同推动。国家层面，出台指导政策，加快相关制度建设，推动甲烷减排方面的工程、技术创新。行业层面，建立可靠的检测机制，建立甲烷排放基础数据库。天然气全产业链相关公司，提前布局甲烷减排、检测技术；提前开展设施老化的监测和维护工作，减少甲烷泄漏；主动承担社会责任，公开甲烷排放数据，增强公众对天然气作为清洁能源的认可。

3. 统筹国内国外两种资源，保障天然气供应安全

继续推进国内天然气"增储上产"。在技术上，天然气"增储上产"高度依赖旋转导向钻井、随钻测井、大位移水平井钻探、大规模"井工厂"开采及大型海上油气综合钻探平台、深海油气开采等关键装备。在国家层面，加大对基础、共性技术的支持；在企业层面，同行业企业建立研发联盟，加大在关键技术方面的合作力度，共担风险。在体制上，天然气"增储上产"需要民营企业等多元投资主体进入，激发上游活力。建议制定可落地的配套实施细则，推动矿权资源流转，引入竞争，激活存量资源。

在国外资源的购买上，建议加快推进进口国、运输方式、进口通道、合同模式以及参与主体的多元化；积极扮演战略买家角色，加强国际天然气资源池探索、建设和巩固。

三 国际油气合作

"十三五"时期，中国企业海外油气业务展现出较强韧性，经受住了低油价和疫情的严峻考验，国际油气合作持续深化，开放条件下能源安全保障能力稳步提升。展望"十四五"时期，中国将继续推动"一带一路"高质量油气合作，防范化解重大风险，多元拓展油气进口来源，推进与周边国家油气基础设施互联互通，加强油气领域交流与合作，积极参与全球能源行业治理，在加快能源清洁低碳转型的要求下，以国际油气合作助力构建以国内大循环为主体、国内国际双循环相互促进的新发展格局，持续强化能源安全保障能力。

（一）"十三五"时期国际油气合作持续深化

1. 稳步推进"一带一路"共建，全球资产布局优化

"一带一路"倡议为中国企业海外油气存量和增量资产布局优化指明了方向。"十三五"期间，中国企业积极应对低油价市场环境，科学设定"增储上产"目标，坚持审慎的投资策略，及时调整资本支出计划，稳步推进勘探开发和新增合作项目建设工作，持续通过并购、剥离优化资产布局。截至"十三五"期末，中国企业参与投资的海外油气项目达200多个，分布于全球50多个国家，已建成中亚—俄罗斯、亚太、中东、非洲和美洲五大海外油气合作区。

（1）滚动勘探持续推进，风险勘探亮点突出

在海外油气勘探方面，中国企业就存量勘探区块开展勘探目标优选工作，以发现优质可快速动用储量为目标开展滚动勘探，以聚焦大规模油气发现为指导开展风险勘探。面对严峻的市场环境，中国企业强化风险识别，突出经营勘探，聚焦重点项目精准部署勘探工作量和节奏，努力提升勘探成功率和作业效率，有效控制勘探成本。"十三五"期间，中国企业海外油气勘探工作扎实推进且亮点突出，在"一带一路"重点合作区内的哈萨克斯坦、土库曼斯坦、乍得、厄瓜多尔和尼日尔等国持续收获滚动勘探成果；在"一带一路"共建国家圭亚那获得17个石油发现，区块总可采资源量已增加至约90亿桶油当量；在巴西里贝拉项目实现深水勘探突破（见表1）。此外，中国公司还新增哈萨克斯坦、厄瓜多尔、塞内加尔、毛里塔尼亚和加蓬等国的勘探区块，进一步拓展"一带一路"油气勘探空间。总体来看，"十三五"期间"一带一路"勘探资产战略布局稳步优化，有效夯实了未来的产量增长基础。

表1 "十三五"期间海外油气勘探重要进展

项目/区块名称	国家	勘探进展情况
里贝拉项目	巴西	快速发现探明地质储量16亿吨的深水整装巨型油田
布兹奥斯项目	巴西	落实探明石油地质储量超过5亿吨
斯塔布鲁克区块	圭亚那	获得Payara、Snoek、Liza Deep、Turbot、Ranger、Pacora、Longtail、Hammerhead、Pluma、Tilapia、Haimara、Yellowtail、Tripletail、Mako、Uaru、Yellowtail-2和Redtail共17个石油发现，区块总可采资源量已增加至约90亿桶油当量
乍得项目	乍得	邦戈尔盆地基岩潜山发现多个新油藏，探井获高产油流，勘探成果不断扩大，为亿吨级规模油气区带*
OML139/OPL223区块	尼日利亚	获得Owowo West重大发现，证实为大型整装油气藏；Preowei-3评价井获得成功，储量规模明显扩大

续表

项目/区块名称	国家	勘探进展情况
Leopard 项目	加蓬	落实西非最大气田,天然气探明地质储量为3000亿立方米
滨里海盆地东缘中区块	哈萨克斯坦	希望油田西斜坡岩性勘探获高产油气流,塔吉尔构造发现新苗头,西斜坡、让那若尔盐下扩边取得重要进展,东部成藏带有望成为重要资源接替区,为亿吨级规模油气区带*
阿姆河右岸项目	土库曼斯坦	发现西召拉麦尔根和莫拉珠玛气藏,为亿吨级规模油气区带,明确规模接替区,东部和中部多个构造带获得新突破*
亚马尔 LNG 项目	俄罗斯	侏罗系探井压裂后获得高产气流,证实规模接替潜力
P2215 区块	英国	获得 Glengorm 凝析气发现,中值可采储量为1.6亿桶,是区域内10年来最大油气发现**

资料来源:中国石油、中国石化、中国海油年报;*引自刘合年等:《中国石油海外"十三五"油气勘探重大成果与前景展望》,《中国石油勘探》2020年第4期;**引自谢玉洪:《中国海油"十三五"油气勘探重大成果与"十四五"前景展望》,《中国石油勘探》2021年第1期。

(2)产能建设稳步开展,权益产量获得突破

在开发生产方面,受低油价环境下的资本支出限制约束,"十三五"时期中国企业海外油气产能建设持续向"一带一路"重点项目倾斜,坚持低成本发展战略,强调技术创新应用。对于新建产能,强化前期研究工作,多个项目提前投产,从首次发现到投产的时间少于3年,产能建设周期显著缩短;对于在产项目,中国企业积极调整主力油田开发方案,突出效益产量,优化钻井工作量,提升新井投产效果,开发水平进一步提高。与此同时,中国企业还就哈萨克斯坦、阿曼、厄瓜多尔和南苏丹等"一带一路"共建国家的多个海外区块成功签署勘探开发延期协议。产能建设周期缩短、勘探开发合同延期均是"十三五"期间高质量发展海外业务、打造国际油气合作利益共同体的工作成果。"十三五"期间海外油气项目投产情况见表2。

表2 "十三五"期间海外油气项目投产情况

地区	国家	项目名称	投产时间	生产能力
中东	伊朗	北阿扎德甘项目	2016 年	年产原油400万吨 日产天然气70万立方米
中亚	土库曼斯坦	阿姆河 B 区东部气田项目一期	2019 年	日产天然气460万立方米

续表

地区	国家	项目名称	投产时间	生产能力
中东	阿联酋	阿布扎比陆海项目	2020年	日产原油1.2万桶
美洲	巴西	里贝拉油田	2017年	延长测试生产,日产原油5万桶 日产天然气400万立方米
美洲	圭亚那	Liza油田一期	2019年	日产原油12万桶
美洲	加拿大	麦肯河油砂一期项目	2016年	日产油砂3.5万桶
美洲	加拿大	Hangingstone项目	2017年	日产油砂2万桶
美洲	美国	Stampede项目	2018年	日产油气8万桶油当量
美洲	美国	Appomattox项目	2019年	日产原油17.5万桶
非洲	尼日利亚	Egina油田	2019年	日产原油20万桶
非洲	乍得	乍得项目2.2期	2019年	日产原油10万桶
中亚—俄罗斯	乌兹别克斯坦	卡拉库利气田项目一期	2017年	年产天然气10亿立方米
中亚—俄罗斯	俄罗斯	亚马尔项目一期	2017年	550万吨/年
中亚—俄罗斯	俄罗斯	亚马尔项目二期	2018年	550万吨/年
中亚—俄罗斯	俄罗斯	亚马尔项目三期	2018年	550万吨/年
亚太	印度尼西亚	BD气田	2017年	日产油气2.55万桶油当量

资料来源：中国石油、中国石化、中国海油年报。

"十三五"期间，中国企业海外油气权益产量水平总体呈上升趋势，三家国有石油公司海外油气权益产量合计规模由2015年的不到1.4亿吨油当量提高至2019年的超过1.7亿吨油当量（见图8），其中石油和天然气产量同步增长，天然气产量占比稳定在22%左右。加上其他投资主体的产量，2019年中国企业海外油气权益产量突破2.0亿吨油当量，供应水平迈上新台阶。但受低油价、"欧佩克+"限产和疫情等因素影响，2020年中国企业海外权益油气产量约为1.8亿吨油当量。[①]

（3）并购投标目标集中，资产剥离规模有限

相比于2009～2013年的并购活跃期，"十三五"期间中国企业海外油气并购的频率和规模均明显下降。石油公司主要以大型油气项目为载体寻求突破，并购目标锁定俄罗斯LNG资源和中东地区常规资源，并积极参与巴

---

① 刘朝全、姜学峰主编《2020年国内外油气行业发展报告》，石油工业出版社，2021。

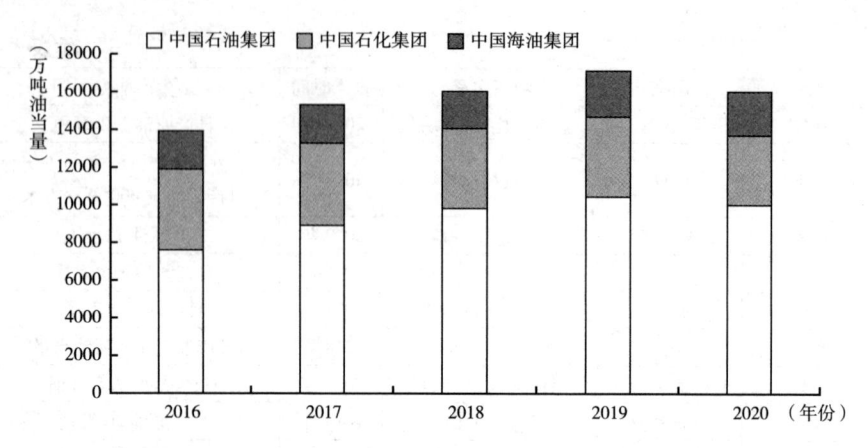

图8 "十三五"期间三家国有石油公司海外油气权益产量情况

资料来源：刘朝全、姜学峰主编《2020年国内外油气行业发展报告》，石油工业出版社，2021；中国石油、中国石化、中国海油年报。

西盐下区块出让活动，聚焦深水资源，与此同时控制新增工作权益比例，增强相互间的合作，实现优势互补。

2019年，中国石油和中国海油分别收购了俄罗斯北极LNG 2项目10%的权益，协同参与海外LNG产能建设；同年，两家公司还参股中标巴西超深水盐下区块，并于2020年顺利签署产品分成合同。2020年，中国海油通过购买中国石油2018年获得的阿布扎比浅海下扎库姆和乌姆沙依夫—纳斯尔两个油田项目公司4%的股权，间接持有两个油田4%的工作权益。在"一带一路"倡议下，民营企业和地方国企也积极参与"一带一路"国际油气合作，通过并购方式开展海外油气上游业务，联合能源、北京燃气等均有亮点（见表3）。

表3 "十三五"期间中国企业新增主要海外油气项目情况

年度	项目	权益	资产所在国家	买方	交易信息
2017	阿布扎比ADCO陆上油田开发项目	8%	阿联酋	中国石油	资产收购
2017	佩罗巴区块	20%	巴西	中国石油	政府招标
2017	俄罗斯上乔纳斯科石油天然气公司	20%	俄罗斯	北京燃气	股权收购，交易对价11亿美元
2018	阿布扎比浅海下扎库姆油田	10%	阿联酋	中国石油	签署油田开发项目合作协议

续表

年度	项目	权益	资产所在国家	买方	交易信息
2018	阿布扎比浅海乌姆沙依夫—纳斯尔油田	10%	阿联酋	中国石油	签署油田开发项目合作协议
2019	北极 LNG 2 项目	10%	俄罗斯	中国石油	股权收购
2019	北极 LNG 2 项目	10%	俄罗斯	中国海油	股权收购
2019	科威特能源公司	100%	伊拉克、埃及、也门、阿曼	联合能源	股权收购,交易对价 8.145 亿美元
2020	布兹奥斯油田	5%	巴西	中国海油	政府招标
2020	布兹奥斯油田	5%	巴西	中国石油	政府招标
2020	阿拉姆区块	20%	巴西	中国石油	政府招标
2020	阿布扎比浅海下扎库姆油田	4%	阿联酋	中国海油	股权收购
2020	阿布扎比浅海乌姆沙依夫—纳斯尔油田	4%	阿联酋	中国海油	股权收购

资料来源：中国石油、中国石化、中国海油年报。

对于中国企业海外油气存量项目,"十三五"时期的工作重点是降本增效,资产剥离也是这一时期中国企业努力尝试的优化方式,但受限于标的资产质量、低迷的全球油气并购市场以及内部决策程序,直到"十三五"末期,中国企业才相继作为卖方参与出售交易,合计交易对价为 2.3 亿美元,[①] 尚有部分交易未完成交割,买方多为项目合作伙伴,交易规模较小,资产剥离成果有限（见表4）。

表4 "十三五"期间中国企业海外油气资产剥离交易情况

单位：亿美元

卖方	买方	资产	交易对价	交易状态
中国石油	苏丹国家石油	苏丹 2A 和 4 区块 40% 权益	0.53	已完成
中国海油	Energi Mega Persada	印度尼西亚 Malacca Strait 区块	0.56	已完成
中化	PT SelaRaya	印度尼西亚 Belida 区块 40% 权益	0.09	已完成
中国石化	安哥拉国家石油	安哥拉 18 区块 16.28% 权益	1.08	交易中
中国海油	壳牌	墨西哥深水 4 区块 30% 权益	0.03	交易中
中国石油	Zenith Energy	突尼斯 Sidi ElKilani 许可 22.5% 权益	—	交易中

资料来源：刘朝全、姜学峰主编《2020 年国内外油气行业发展报告》，石油工业出版社，2021。

---

① 刘朝全、姜学峰主编《2020 年国内外油气行业发展报告》，石油工业出版社，2021。

（4）炼化项目平稳生产，新增合作有序推进

"十三五"期间，中国企业运营的海外炼厂安全平稳生产，新增合作项目有序推进，民营资本积极响应"一带一路"倡议，参与海外炼化项目布局，完成纵向产业链一体化。

2017年，哈萨克斯坦奇姆肯特炼厂现代化升级改造一期工程投产，含硫原油加工能力显著提高；2018年，二期工程顺利完成，大幅提升了原油加工深度及轻质油收率，原油加工能力达到600万吨/年；2019年，该炼厂顺利完成所有装置改造操作的移交工作，已全部由哈方员工实现自主操作。中国石油完成的炼厂现代化升级改造帮助哈萨克斯坦在满足绿色环保的要求下实现了高品质燃料油的自给自足。

2019年，中国石化与西布尔控股公司签署俄罗斯阿穆尔天然气化工项目框架协议，获得该项目40%的权益，2020年俄罗斯政府批准该交易，项目正式开工建设。该项目可年产聚乙烯230万吨、聚丙烯40万吨，总投资额超过100亿美元，预计将于2024年投产，该项目标志着"十三五"期间中俄能源合作向下游石化领域的延伸。

民营企业恒逸石化在"一带一路"共建国家文莱投资建设的大摩拉岛综合炼化项目一期工程于2019年顺利投产，一期工程原油加工能力为800万吨/年，可年产150万吨对二甲苯、50万吨苯及500多万吨汽柴煤油品；2020年，该公司审议通过投资建设二期工程，原油加工能力为1400万吨/年，可年产200万吨对二甲苯、165万吨乙烯等。该项目是中国在文莱最大的投资项目，已对该国油气行业发展和经济增长做出重要贡献，是"十三五"时期民营资本国际化经营助力"一带一路"高质量油气合作的典范。

2. 积极参与全球资源配置，国际运营能力增强

"十三五"期间，中国企业海外油气资源市场配置能力进一步提升，持续巩固和扩展海外销售网络，不断推进集贸易、加工、运输、仓储于一体的海外油气运营中心建设，中国石油已建成亚洲、欧洲和美洲三大油气运营中心，区域上覆盖全球主要油气资源产地和消费市场，品种上覆盖原油、柴油、成品油、天然气、LNG和石化产品，跨区域、跨市场、跨产品运作交易能力不断增强。"十三五"期间，中国企业还积极参与上海国际能源交易中心原油期货运作，实现从"海外油气运营中心"向"全球油气运营中心"的升级。

针对国际贸易业务，中国企业着力开拓海外市场，拓宽采购渠道和油种，努力加大海外份额油销售能力，加强产品价格等风险管控，积极参与套期保值业务，配合市场操作，实现资源保值增值，保持国际基准油市场参与力度，基准油运作能力稳步提升。

此外，中国企业还积极参与国际贸易规则的制定和定价中心的建设，作为穆尔班原油的主要交易者，中国石油参股阿布扎比原油期货交易所，该交易所推出的穆尔班原油期货合约将有利于完善国际原油定价体系，中国企业的参与将有助于完善贸易网络，提升中国在国际油气市场的话语权和影响力。

3. 持续完善油气进口通道，多元供给格局形成

"十三五"以来，中国持续完善西北、东北、西南和海上四大油气进口通道。2017年4月，中缅原油管道建成投运，与绕行马六甲海峡相比，缩短运送距离1820海里，降低了运输风险，拓宽了进口来源。2018年1月，中俄原油管道二线正式投入商业运营，东北通道原油进口能力由1500万吨增至3000万吨。2019年12月，中俄东线天然气管道北段项目投产通气，与已经投运的中俄原油管道共同构成中国东北方向油气进口战略通道，标志着中国四大进口通道布局基本形成，落实了跨国、跨区域能源基础设施联通，实现陆海内外联动、东西双向开放格局（见表5）。

表5 "十三五"期末中国油气进口管道情况

油气进口通道	"十二五"期末已投产通气的油气管道	"十三五"期间建成投运的重大油气管道
西北通道（中国—中亚）	中哈原油管道 年输油能力:2000万吨 中亚天然气管道(A/B/C线) 年输气能力:550亿立方米	

续表

油气进口通道	"十二五"期末 已投产通气的油气管道	"十三五"期间 建成投运的重大油气管道
东北通道 （中—俄）	中俄原油管道 年输油能力：1500万吨	中俄原油管道二线 年输油能力：1500万吨
		中俄东线天然气管道 年输气能力：380亿立方米
西南通道 （中—缅）		中缅原油管道 年输油能力：1200万吨
	中缅天然气管道 年输气能力：53亿立方米	
海上通道	海上原油进口	海上原油进口
	海上LNG进口	海上LNG进口

资料来源：中国石油年报。

4. 有效带动专业服务出口，国际竞争能力提升

面对国际油价低迷和市场量价齐跌的现实困难，中国企业积极发挥一体化优势，在油气全产业链上实践国际合作，推动工程技术、工程建设、装备制造等服务出口（见表6），服务业务结构不断优化，在注重与海外油气上游业务协同发展的同时，不断突破海外高端市场，强化技术攻关，加快国内先进技术在国外的推广应用，专业服务的国际竞争能力和影响力提升，技术和质量得到充分认可，从低端市场走向中高端市场，在国际油气行业中彰显"中国服务/制造"专业品牌价值，比较优势明显。

"十三五"期间，中国企业海外工程技术服务市场新签合同额大幅增长，重点项目数量不断增加，高附加值技术服务合同和总包合同占比提升，已在全球形成10多个收入超亿美元的规模市场。凭借海外油气上游投资项目提供的优质市场，工程技术服务效益得到有力保障，盈利能力不断提升。而在依托上游投资项目的同时，中国企业始终积极开拓外部市场，努力将外部市场打造成海外服务业务的主力市场。

2018年，中国石油东方物探与阿布扎比国家石油公司签署海上和陆上三维采集合同，合同金额高达16亿美元，是全球物探行业有史以来三维采集作业涉及金额最大的一笔合同，是"十三五"期间中国油气专业服务出口的重大突破（见表6）。

表6 "十三五"期间中国企业海外专业服务情况

类别	重点服务项目情况
工程技术服务	中标科威特陆上三维数字单检超大道数一体化项目； 中标 BP 公司深海三维勘探项目和撒哈拉沙漠勘探项目； 与阿布扎比国家石油公司在阿布扎比签署海上和陆上三维采集合同,合同金额高达16亿美元,是全球物探行业有史以来三维采集作业涉及金额最大的一笔合同； 成功实施首个海外井筒弃置一体化项目
工程建设服务	亚马尔 LNG 项目单月完成11个模块的结构封顶工作； 成功承揽沙特阿美 Marjan 项目 P1 包项目、加拿大 LNG 项目； 首次完成水下设施拆除项目——泰国 Tantawan 海上浮式生产储卸油装置（FPSO）解脱、拆除及拖航项目； 自主集成的世界最大吨位级 FPSO P70 成功交付巴西,18个月的建造期刷新国际超大型 FPSO 交付的新速度； 清罐和管线供应业务首次实现海外突破
装备制造服务	与沙特阿美石油公司在沙特阿拉伯宰赫兰市共同签署哈拉德及哈维亚地区北部压气站管道项目合同,合同金额为37.86亿元； 参与投资建设的哈萨克斯坦第一家大口径钢管制造企业——亚洲钢管公司在阿拉木图开工建设,设计产能10万吨/年

专栏4 亚马尔 LNG 项目开启"冰上丝绸之路"

亚马尔 LNG 项目位于俄罗斯北极地区，是集天然气勘探开发、液化、运输、销售于一体的上下游一体化合作项目，也是"一带一路"倡议提出后中国企业在俄罗斯实施的首个特大型合作项目。

"十三五"之前，中国石油已持有亚马尔 LNG 公司20%的股权，与作业者诺瓦泰克公司以及道达尔公司共同开展项目的开发和建设工作，该项目每年将向中国供应300万吨 LNG。"十三五"期初，在丝路基金完成与诺瓦泰克公司关于亚马尔 LNG 项目公司9.9%的股权转让交易后，中国企业持有该项目的股权比例提高至29.9%，丝路基金还向项目股东诺瓦泰克公司提供了专项贷款。2016年，亚马尔LNG项目工程建设全面展开，多家中国企业先后参与了项目的建设和运营工作，服务内容涉及地质研究、钻机制造、模块建造、海运物流、物资供应、造船等各个环节。中国企业承担了整个项目147个模块中120个模块的建造工作，并供应和建造了多艘冰级运输船和1台极地钻机，实现了中国首次对外输出LNG核心工艺模块，标志着"中国制造"打入国际高端油气装备市场，有效带动了中国油气产业的技术创新和转型升级。

2017年7月，中国和俄罗斯就打造"冰上丝绸之路"达成共识。2017年12月和2018年7月、12月，亚马尔LNG项目三条生产线顺利投产，合计LNG生产能力达到1650万吨/年。中国企业的投资、融资支持以及工程建造服务等保障了"十三五"期间亚马尔LNG项目的顺利建设和投产。

亚马尔LNG项目开启了"冰上丝绸之路"，由中国企业承担建造的项目模块通过北极东北航道运输，较传统通过苏伊士运河的航道缩短了1/3的航程，大幅减少了运输成本，也保障了项目的高质量按期建设。2018年7月，供应中国的首船LNG货物也通过北极东北航道完成了交付。该项目第4条生产线的建设工作正在按计划推进。

亚马尔LNG项目成功推动了中俄经贸合作，实现互利共赢，创造了良好的社会效益，不仅带动了俄罗斯能源产业和边疆地区的经济发展和民生改善，也拓展了中国清洁能源供应的多元化渠道。亚马尔LNG项目是落实政策沟通、贸易畅通、资金融通和民心相通的项目典范。

（二）正视国际油气合作竞争力不足的问题

企业是参与国际油气合作的主体，在全球市场中我国石油企业的国际竞争能力是"一带一路"油气合作高质量发展的关键。回顾我国国际油气合作历程，尽管合作持续深化、稳中有进，但在业务开展过程中存在诸多问题，面对较大考验，对标国际一流能源公司的国际竞争能力差距主要体现在风险管控能力、并购决策机制、国际化经营水平和科技创新投入等方面。

1. 风险管控能力有待提升

"十三五"时期，世界经济复苏艰难，国际政治形势复杂性加剧，全球油气产业格局发生深刻调整，2020年疫情又加速了国际油气投资环境的恶化。在中美贸易摩擦、地缘政治事件频发和全球低碳能源转型影响下，我国企业在北美、中东和非洲地区的油气合作项目受到不同程度的影响。在当今世界政治经济形势发生深刻变化的背景下，国际油气投资的风险，特别是中国企业海外油气投资面对的风险、内涵更加多元，除技术风险之外，传统和非传统安全风险呈上升趋势，重新定义风险、识别风险、加强风险管控能力并有效化解重大风险是开展国际油气合作的首要任务。未来长期严峻的形势对中国企业国际油气合作提出了更高的要求，应提高风险防范能力，完善风险防范机制，筑牢境外法律风险防范底线。

2. 并购决策机制有待完善

并购是中国企业开展国际油气合作的重要方式，"十二五"时期，中国企业积极参与国际油气并购活动，为后续全球资产布局奠定了基础，但该时期的并购交易在后期普遍面临资产购买成本较高的困境，如何把握并购时机和提高决策机制的效率是中国企业海外油气并购必须解决的难题。"十三五"时期，受低油价影响，中国企业并购活动明显减少，并购目标相对集中。整体而言，近几年中国企业直接参与国际油气资源并购的经验有限，与此同时世界并购交易市场正发生深刻变化，并购决策较少经历市场检验，后续可能显现脆弱性，需要提前做好准备，完善并购决策机制，为海外油气并购提供科学的决策依据。

3. 国际化经营水平有待提高

国际油气合作实践是对公司国际化经营能力的考验，与大型跨国石油公司相比，中国石油企业的国际化经营水平在整体规划、投资决策、日常运营管理、商务运作、技术支持、数字化、人才队伍建设等方面仍存在较大差距，在一定程度上制约了海外油气业务的高质量发展。国际油气合作项目通常面对更加波动的油气市场环境和更为复杂的资源国油气投资政策，中国企业部分海外油气投资项目效益较差且较难改善的现状，反映了国际化经营能力的不足，特别是投资前的商务能力和评价水平、投资过程中的运营管理和执行能力等均有较大提升空间。

4. 科技创新投入有待增加

在国内"增储上产""2019～2025七年行动方案"的工作要求下，作为国际油气合作主力军的中国国有石油公司均面对低油价下平衡国内、国外资本支出的难题，这将进一步导致海外项目研发投入不足，特别是深水以及油砂、页岩油等非常规资源的勘探开发技术难以突破，项目团队不得不面对存量非常规油气项目效益较差的事实。随着在产油田逐渐成熟且勘探区块逐步到期，"十四五"期间海外项目勘探开发难度将明显加大，为保证海外油气权益产量稳定，科技创新投入不足问题须得到重视。

（三）"十四五"国际油气合作仍处于重要战略机遇期

百年变局和世纪疫情交织叠加，国际政治经济环境将日趋复杂，世界进入动荡变革期。与此同时，当今世界正在经历一场更大范围、更深层次的科技革命和产业变革，能源发展呈现低碳化、电力化、智能化趋势。随着疫苗在全球范围接种，新冠肺炎疫情有望逐步得到缓解或遏制，全球步入疫情防控常态化阶段。在"十四五"时期，中国企业必须认清国际油气合作发展面临的国际政治经济形势，全球供需格局深刻变化、世界能源清洁低碳发展大势，把握疫情防控常态化阶段国际油气合作的重要战略机遇期。

1. "一带一路"油气资源获取力度加大

尽管受碳达峰、碳中和目标的约束，"十四五"时期，中国的石油对外依存度仍会保持较高水平，天然气对外依存度仍将持续快速上升，中国将持续与"一带一路"共建国家中的油气资源国开展高质量合作，坚持以企业为主体，创新境外资源获取方式，优化境外投资结构和布局，多元拓展油气进口来源,"一带一路"油气资源获取力度将不断加大,海外油气权益产量实现稳步增加。疫情防控常态化阶段,全球油气并购市场将趋于活跃,① 在全球能源转型背景下,中国企业可积极把握国际大石油公司资产优化决策下的机遇,聚焦"一带一路"优质投资机会,择机通过并购方式完善油气上游资产布局。此外,部分资源国政府或将难以承受长期低油价下的财政压力,油气区块对外出让将成为海外油气资源获取的重要方式。

2. 全球油气贸易市场参与程度加深

面对油气供需基本面总体宽松的形势,中国企业参与全球贸易应妥善利用好买方市场和低油气价格机遇期,积极争取油气贸易话语权,多元化拓展油气进口渠道,完善进口来源结构,形成灵活调节机制,优化油气进口成本。针对原油贸易,中国可利用好上海原油期货上市三年成功运营的良好基础,打造亚洲原油价格基准;针对天然气贸易,可充分运用庞大的需求市场,推进亚洲天然气定价中心的建立,有效反映亚洲天然气供需情况,消除"亚洲溢价"。"十四五"时期,中国企业将深化全球油气贸易市场参与程度,持续提升国际贸易能力,争取油气进口话语权和影响力。

3. 专业服务业务与油气投资协同发展

"十四五"期间,中国企业海外油气上游投资仍将不断增长,对于服务业务的国际化是重要的战略机遇,积极发挥一体化优势仍然是油气专业服务业务高质量发展的必然选择。但全球油气投资环境日趋复杂,服务市场竞争压力不断增加,必须客观认清其与油气上游投资业务的协同性,加强顶层设计和统筹管理,共同应对技术挑战并提升现场作业能力,在成本和效率方面挖掘潜力,提高服务获利能力,实现新形势下的国际油气合作长期一体化协同发展。

---

① 侯明扬:《2020年全球油气资源并购市场特点及前景展望》,《国际石油经济》2021年第3期。

（四）相关建议

1. 聚焦"一带一路"，高度重视风险

在2013年"一带一路"倡议提出之前，中国企业就已经开始在相关国家开展油气资源勘探开发和基础设施建设合作。随着"十三五"高质量共建的稳步推进，油气合作已成为"一带一路"建设的重要领域，"一带一路"共建国家和地区是中国海外油气产量和效益的重要来源，为中国油气跨境供应通道提供了重要资源保障，也是中国优势服务出口的重要市场。与此同时，随着合作的深入，开放条件下的安全问题凸显，必须深刻认识中国石油企业参与"一带一路"油气项目投资、建设、运营、贸易、服务面对的各类风险，建议在国家层面统筹推进海外油气项目的风险防范工作，强化对风险的研判，适时部署长期应对方案，动态跟踪相关国家、地区的形势变化，畅通信息及时沟通机制，强化法律服务保障，防范并化解重大风险。此外，在疫情全球蔓延和经济低迷的背景下，非传统安全风险问题愈演愈烈，可能随时会对项目具体运营产生直接且快速的影响，建议在坚持用发展解决安全问题的基础之上，识别安全隐患，做好防范预案，完善"一带一路"风险防控和安全保障体系，持续提升突发事件应急管理能力。

2. 锚定海外"增气"，拓宽天然气供应链

在中国能源结构向绿色低碳转型的过程中，天然气将发挥关键支撑作用，保障天然气供应安全是"十四五"时期海外资产布局的重点。基于中国资源现实，在坚持天然气国内主体能源定位的指导下，应积极落实国际天然气合作项目，建议通过并购等方式获取上游天然气资源，广泛参与全球天然气贸易，以天然气田、LNG、天然气基础设施等多种合作标的拓宽天然气供应链，并力争把握国际天然气市场发展动态，充分利用全球资源供应、中国市场需求和灵活的贸易方式，推进全球天然气资源利用和天然气产业可持续发展，助力亚洲天然气价格体系的形成，降低中国天然气进口成本，优化天然气供应结构，保障碳达峰、碳排放目标实现。

3. 立足全球资源，加强周边互联互通

国际油气合作已在"一带一路"共建国家稳步推进，但在国际政治经济形势和全球供需格局发生深刻变化时，区域合作的重要性凸显。中国周边国家是"六廊六路多国多港"互联互通基础设施构架的重要起点或部分沿线支点，也是中国天然气主要气源供应和通道地区。"十四五"期间，应立足对未来全球和区域政治经济格局的把握，强化对周边区域政治经济环境的研判，在已形成的互联互通格局基础之上，统筹设计国际油气合作顶层方案，制定战略规划并明确方向，出台配套政策鼓励引导企业投资，更加注重区域合作取得新成效。建议依托现有周边油气进口通道，推进与周边国家油气基础设施的互联互通，聚焦周边重点国家和重点项目，聚焦周边关键通道和关键城市，在多元拓展油气进口来源的同时，维护战略通道和关键节点安全，进一步加强油气领域的深度合作，以基础设施互联互通与周边国家共同应对国际油气市场变化，实现共赢发展。

4. 创新合作模式，加快资产优化

进入"十四五"时期，国际油气合作必须顺应国际政治经济发展大势，在重要战略机遇期内牢牢把握资产优化窗口期，创新国际油气合作模式，将国际油气合作融入世界油气资源并购市场变化，通过资产优化参与全球资源配置。针对海外存量项目的具体情况，积极寻找新形势下的优化机会，提前做好资产优化预案设计，择机剥离部分资产，例如考虑中美关系及资源国低碳政策的影响，目前中国企业持有的北美油砂资产或将成为"十四五"时期海外资产优化工作重点。建议统筹制定资产剥离决策机制，鼓励企业强化研判并及时把握资产优化窗口期，加快资产优化。

5. 升级专业服务，推进技术革命

进入"十四五"，中国企业海外油气领域的工程技术、工程建造、装备制造服务应继续发挥成本、技术等比较优势，履行职责，提升服务水平，打造高端服务，以专业服务升级完善"一带一路"油气合作产业链、巩固"一带一路"油气合作成果、拓展"一带一路"油气合作机会。在"十三五"时期积累的丰富的技术成果基础上，发挥科技创新第一动力作用，突

破技术瓶颈、培育核心竞争力，增强在技术细分领域的国际市场竞争力，提升中国油气产业链、供应链现代化水平。

6. 参与国际治理，发挥更大影响

国际油气合作应深度参与全球能源治理和气候治理。"十四五"时期，全球能源治理将更加多元，中国仍将按照互利互惠原则开展双多边油气合作，积极加入国际能源组织，加强技术交流，搭建国际合作平台，拓展国际合作的空间，提出更多中国倡议、中国方案，争取更多话语权，发挥更大影响力，推动互利共赢的能源务实合作，积极参与全球能源治理，共同维护全球能源市场稳定，以国际油气合作助力全球能源行业低碳转型，应对气候变化，推动构建人类命运共同体。

参考文献

刘满平：《国家管网公司将重塑我国天然气市场体系》，《中国石化》2019年第4期。

刘羊旸、王希、安娜：《深化油气体制改革的关键一步——解读国家管网公司四大看点》，《金融世界》2020年第1期。

周庆凡：《近期中国天然气发展回顾与未来趋势展望》，《中外能源》2020年第11期。

刘嘉等：《全球油气勘探开发形势及技术发展趋势》，《世界石油工业》2019年第6期。

李阳等：《中国深层油气勘探开发进展与发展方向》，《中国石油勘探》2020年第1期。

杨金华、张焕芝：《非常规、深层、海洋油气勘探开发技术展望》，《世界石油工业》2020年第6期。

Wang zhen, "The 'Belt and Road' Initiative and the Construction of China's Modern Energy Economy System," *China Oil & Gas* 2（2019）.

B.5 中国煤炭产业"十三五"发展回顾与"十四五"展望

国家能源集团技术经济研究院课题组*

摘　要： 我国是煤炭大国和强国，"十三五"时期，煤炭继续肩负能源兜底保供重任，煤炭产业以供给侧结构性改革为发展主线，各方面取得显著成效。"十四五"时期，我国煤炭产业迈入高质量发展新阶段，面对"双碳"目标深远影响和安全、生态、智能化等方面更高的发展要求，预计"十四五"我国控制煤炭消费增长压力较大，供需总体平衡，布局进一步向资源富集地区集中，生产结构、组织结构更加优化，安全发展和绿色发展水平也将有大的提升，科技创新将持续助推产业升级，煤炭企业转型步伐加快。同时，煤矿开采难度加大、成本增加等也是下一阶段产业发展必然会面临的问题。未来一个阶段是能源低碳转型关键期，仍需提高煤炭兜底保障能力，继续发挥好煤炭的能源安全"压舱石"作用；切实提高煤矿职工薪酬水平，保障人力资源可持续发展；也要着眼长远，科学制定矿区（煤矿）转型长远规划；高度重

---

* 执笔人：李瑞峰，工学博士，教授级高级工程师，国家能源集团技术经济研究院二级业务总监、原副总经理，主要研究方向为煤炭战略规划、市场分析、政策研究等；朱吉茂，教授级高级工程师，国家能源集团技术经济研究院能源市场分析研究部主任，主要研究方向为煤炭发展战略、规划、市场、政策等；王雷，高级工程师，国家能源集团技术经济研究院企业战略研究部副主任，主要研究方向为煤炭及相关政策、经济、战略规划等；吴璘，管理学博士，高级工程师，国家能源集团技术经济研究院能源市场分析研究部高级主管，主要研究方向为煤炭经济、产业政策及战略；叶旭东，教授级高级工程师，应急管理部研究中心战略规划处处长，主要研究方向为煤炭工业发展战略规划、煤炭市场及区域供需平衡等。

视煤层气（煤矿瓦斯）抽采利用，增强适应碳达峰、碳中和进程的能力。

关键词： 煤炭产业　供给侧结构性改革　高质量发展

一　煤炭产业发展概况和"十三五"回顾

我国是煤炭生产、消费和进口大国，同时也是煤炭生产强国。"十三五"时期，煤炭作为我国主要能源和重要原料，继续肩负兜底保供重任，尤其是在2020年抗击新冠肺炎疫情中发挥了保供应、稳价格、保民生的重要作用。"十三五"时期，我国煤炭产业以供给侧结构性改革为发展主线，在生产结构、组织结构和产业布局，以及安全生产、绿色发展、科技创新、运输保障、交易体系等领域取得突出成效，但在推进产业高质量发展进程中仍存在一些问题与不足。

（一）煤炭产业发展概况

1. 煤炭是我国的主要能源

煤炭是主要能源和重要原料。2020年我国煤炭产量为39亿吨，消费量为40.4亿吨（折标准煤28.3亿吨），在一次能源生产和消费中占比分别是68.3%和56.8%。以煤为主的能源结构，是由我国富煤贫油少气的资源禀赋和经济发展阶段决定的。煤炭还是生产化肥、煤制油气和化工产品的重要原料。随着资源环境约束的增强，把利用清洁能源摆在优先地位，特别是在碳约束下，加快发展非化石能源、控煤减煤方向明确，但煤炭仍肩负兜底保障重任。

2. 我国煤炭资源开采条件较差

我国煤炭资源总量丰富，优质炼焦煤不足。据国土资源部统计，2018年全国保有查明煤炭资源储量1.7万亿吨。按照国际可比量——探明可采储量,我国排在美国、俄罗斯之后,居世界第三位。资源北多南少,分布不均。在保有查明资源储量中,晋陕蒙宁新五省区占81%,经济发达的东部地区不足5%,开采条件较差。印度、美国、印度尼西亚、澳大利亚、俄罗斯等国煤层普遍埋藏较浅,以露天开采为主,而我国煤炭资源埋藏较深且构造较复杂,矿井灾害较重,露天开采产量仅占18%。除陕蒙宁新甘地区开采条件相对简单外,大部分地区开采条件复杂,适合井工开采。

3. 我国是煤炭生产大国和强国

我国是煤炭生产大国。2020年,我国生产煤矿有4700处,煤炭产量为39亿吨,占世界煤炭产量的47%,远高于其他主要产煤国家。煤炭产业从业人员超过200万人,其中原煤生产人员约150万人。我国是煤炭生产强国。井工煤矿综采成套设备制造能力处于世界前列,煤矿智能化建设水平达到世界先进水平,煤矿勘查技术、建井技术、采煤技术、灾害防治技术等都处于国际领先水平,露天煤矿技术装备也进入世界先进行列。可比条件下主要指标进入先进行列。煤炭生产效率和百万吨死亡率两个主要综合性指标,深受资源开采条件影响。我国内蒙古资源开采条件与表1中主要产煤国家相近,有可比性。从表1中的数据可以看出,内蒙古这两个指标和美国、澳大利亚、德国在同一数量级,处于国际先进水平。但与世界领先的采煤国家相比,我国煤矿发展不平衡问题突出,还存在一些落后产能,衰老矿区转型困难,部分煤矿在安全管理、环境保护方面还有较大差距。

表1 2019年主要产煤国家技术经济指标

国家	煤炭产量 (亿吨)	生产煤矿 数量(处)	煤炭生产效率 [吨/(人·年)]	露天矿产量 占比(%)	百万吨 死亡率
中国 其中:内蒙古	38.5 10.9	5300 383	2500 7500	18 45	0.083 0.009
印度	7.3	454	2100	94	0.050
美国	6.4	669	8000	62	0.017
印度尼西亚	6.1	200	4200	99	0.015
澳大利亚	5.9	100	10000	84	0.005

续表

国家	煤炭产量（亿吨）	生产煤矿数量（处）	煤炭生产效率[吨/(人·年)]	露天矿产量占比(%)	百万吨死亡率
俄罗斯	4.4	187	3700	77	0.034
南非	2.5	185	2700	52	0.028
德国	1.4	10	8000	100	0.000

注：澳大利亚、印度为2018/2019财年数据；煤炭生产效率按从业人员数推算；澳大利亚产量包括褐煤，印度百万吨死亡率是2018年数据。
资料来源：中国煤炭工业协会、《世界煤炭工业发展研究（2020）》。

4. 我国是煤炭消费大国和进口大国

我国是煤炭消费大国，消费主要集中在四个行业。2020年，我国煤炭消费40.4亿吨（其中炼焦精煤消费约6亿吨），在世界煤炭消费中的占比超过50%。电力、钢铁、建材、化工四个行业用煤量合计约占90%。我国是煤炭进口大国。2020年，我国煤炭进口3.0亿吨（其中炼焦精煤7256万吨），进口主要来源分别是印度尼西亚（1.4亿吨）、澳大利亚（7898万吨）、俄罗斯（3956万吨）、蒙古国（2855万吨）；出口319万吨。形成西煤东运、晋陕蒙煤炭辐射全国的市场格局。2020年，晋陕蒙净调出煤炭18.1亿吨，通过大秦铁路、朔黄铁路等西煤东运通道向中部和东部输煤，形成了辐射全国的大市场。

（二）煤炭产业"十三五"回顾

1. 煤炭生产结构持续优化

2020年，全国煤矿数量由2015年的约1万处下降到4700处，减少53%；平均单井（矿）产量为110万吨/年，比2015年增加71万吨。其中，年产120万吨以上大型煤矿达到1200处以上，比2015年增加230处，产量占全国的80%左右，比2015年增加13个百分点。

得益于去产能政策的推动和市场倒逼，生产结构持续优化。为化解过剩产能，推动煤炭行业实现脱困发展，2016年2月国务院出台了《关于煤炭行业化解过剩产能实现脱困发展的意见》以及一系列配套政策措施，为推进煤炭行业供给侧结构性改革指明了方向。一是落后产能加快退出。截至2020年底,全国累计退出煤矿5000多处,淘汰落后产能10亿吨/年以上,安置职工100万人左右,超额完成化解过剩产能目标。二是优质产能有序释放。通过对新建煤矿项目、核增产能煤矿项目、已核准在建煤矿项目按照不同比例实施产能置换,截至2020年底,全国释放先进产能7亿吨/年以上。三是违法违规生产建设得到有效遏制。通过严格治理不安全生产、严格控制超能力生产、严格治理违法违规建设等手段,长期存在的违法违规生产建设行为得到有效遏制,形成了依法办矿、合规生产的良好氛围。

2. 煤炭开发布局持续向西部集中

2020年全国煤炭产量为39.0亿吨,比2015年增加1.5亿吨,"十三五"期间累计增长4%,增量不大,显示煤炭生产进入高位平台期。按东部、中部、西部划分,2020年产量分别是2.8亿吨、13.0亿吨、23.2亿吨,比2015年分别下降1.2亿吨、下降400万吨、增加2.7亿吨,分别下降30.0%、下降0.3%、增长13.4%。西部煤炭产量占全国的比重从2015年的54.6%上升到59.5%,东部煤炭产量占比大幅度下降,中部煤炭产量占比基本稳定,煤炭生产向西部转移态势明显(见图1)。

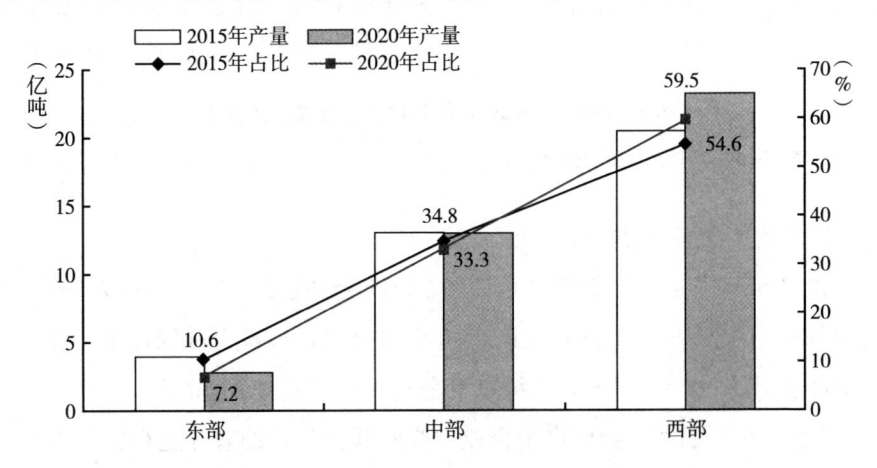

图1 2015年和2020年东、中、西部煤炭产量及占比变化

资料来源:中国煤炭工业协会。

分省区市看（见图2），25个产煤炭的省区市中"十三五"产量增加的省区有7个，其中，陕西、内蒙古、新疆、山西资源条件、开发建设俱佳，都投产了一批在建煤矿，产量增量较大；其他18个省区市产量下降，降幅较大的省份有9个，分别是贵州、四川、山东、重庆、安徽、湖南、辽宁、江西、吉林，究其原因，贵州虽剩余不少资源，但开采条件差，其他省市所剩资源不多，去产能加速了产量下降。晋陕蒙2020年煤炭产量为27.7亿吨，比2015年增加3.7亿吨，占全国的比重提高7个百分点，晋陕蒙在全国煤炭供给中地位凸显。

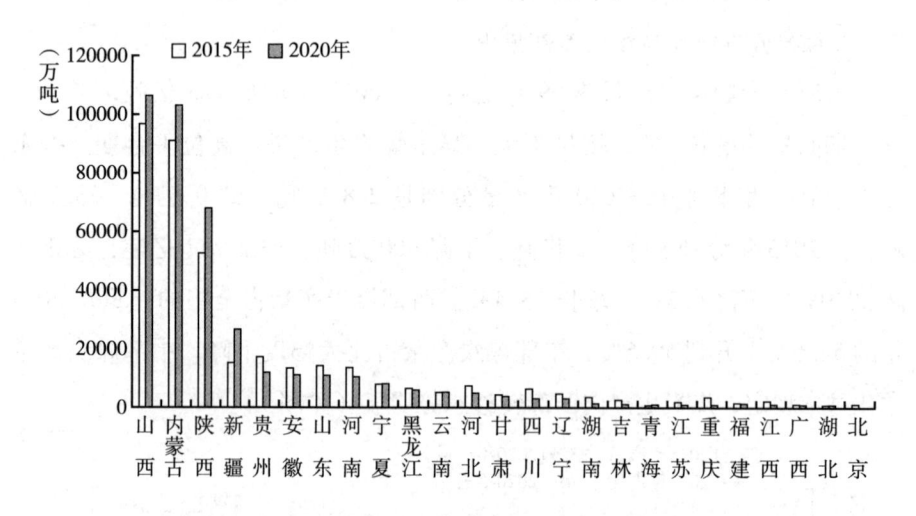

图2 2015年和2020年分省区市煤炭产量变化

资料来源：中国煤炭工业协会。

3. 煤炭产业集中度大幅提升

2020年我国煤炭产业集中度CR4、CR8分别达到34.1%和47.6%，分别较2015年提高9.4个百分点和11.6个百分点；5000万吨级以上企业煤炭产量占全国的58.0%，千万吨级以上企业煤炭产量占全国的77.0%。

"十三五"期间，我国煤炭企业"强强联合"式的兼并重组特征愈加明显，产业集中度迈上新台阶。国家发改委等12部委联合印发的《关于进一步推进煤炭企业兼并重组转型升级的意见》（发改运行〔2017〕2118号）

提出，力争到2020年底，在全国形成若干个具有较强国际竞争力的亿吨级特大型煤炭企业集团。2017年12月，神华集团和中国国电集团两家世界500强企业联合组建国家能源投资集团，诞生了我国首家5亿吨级煤炭企业集团。地方开启"一省一企"整合模式，2017~2018年，甘肃、贵州、辽宁分别重组成立甘肃能源化工投资集团、盘江煤电集团、辽宁能源投资集团。2020年4月，山西焦煤集团与山煤集团重组为新山西焦煤集团；7月，山东能源集团与兖矿集团整合重组为新山东能源集团；10月，山西同煤、晋煤、晋能、潞安、阳煤五大省属重点煤企以及太原煤炭交易中心重组成立晋能控股集团。由此，我国形成"1122+10"的大型煤炭企业群，即1家5亿吨级、1家3亿吨级、2家2亿吨级、2家1亿吨级和10家5000万吨级的煤炭企业集团。

4. 煤矿安全生产水平显著提高

"十三五"期间，煤炭产业坚持"发展决不能以牺牲安全为代价"的红线意识，深入贯彻"安全第一、预防为主、综合治理"的安全生产方针，以防范遏制重特大生产安全事故为重点，以技术和管理为主要抓手，努力提高煤矿安全科技水平，不断健全完善安全生产主体责任、查补监督管理漏洞，持续完善综合治理系统，煤矿安全生产形势持续稳定好转，实现事故起数、死亡人数、百万吨死亡率"三个下降"。2020年，全国发生煤矿事故122起、死亡225人，分别比2015年减少230起、363人，分别下降65.3%、61.7%。其中，较大事故和重特大事故均保持下降趋势，2020年较大事故10起、死亡49人，分别比2015年减少25起、108人，分别下降71.4%、68.8%；重特大事故3起、死亡52人，分别比2015年减少2起、33人，分别下降40.0%、38.3%。煤矿百万吨死亡率从2015年的0.159降至2020年的0.059（见图3）。

5. 矿区生态建设取得实效

"十三五"期间，煤炭行业牢固树立"绿水青山就是金山银山"的绿色发展理念，矿区生态建设取得实效。一是煤炭清洁生产取得显著成效。绿色矿山评价体系初步建立，煤炭清洁生产机制不断完善，建成了以大柳塔、红

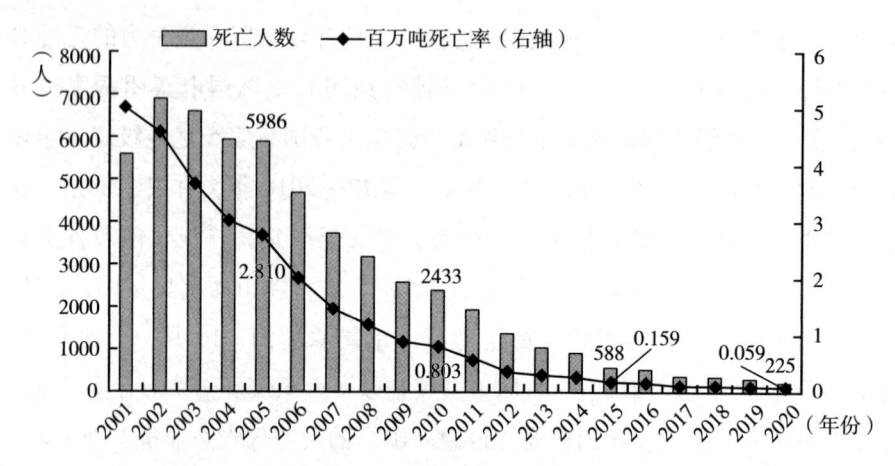

图3 2001~2020年全国煤矿事故死亡人数与百万吨死亡率变化情况

资料来源：中国煤炭工业协会。

柳林煤矿为代表的一批绿色和谐示范矿山。原煤入选率持续提高，2020年达到74.1%，比2015年提高8.2个百分点。二是资源综合利用水平不断提高。2020年，矿井水综合利用率、煤矸石综合利用处置率、井下瓦斯抽采利用率分别达到78.7%、72.2%、44.8%，分别比2015年提高11.2个、8个、9.5个百分点；煤矸石及低热值煤综合利用发电装机容量达到4200万kW，比2015年增加900万kW，年利用煤矸石1.5亿吨。探索以煤为主、多元发展的循环经济模式，建成了贵州煤电锰一体化、阳煤集团昔阳煤电化等一批循环经济园区。三是生态文明矿区建设稳步推进。加快推进采煤沉陷区综合治理、三废处置、废弃矿山等综合开发利用，矿区大气、水、土壤、绿化等生态环境质量稳定向好，建成了以唐山南湖中央生态公园、徐州潘安湖湿地公园、神东国家级水土保持生态基地等为代表的一批国家矿山公园、近代工业博览园和国家生态旅游示范区。

6. 煤炭行业科技创新成效显著

"十三五"期间，煤炭行业坚持创新发展理念，完善以企业为主体的产学研用协同创新体系，瞄准科技前沿，深化基础理论研究，加大关键共性技术攻关和升级示范，加快先进适用技术推广应用和产业化，加速现代科技与煤炭传统产业融合,加强煤炭深加工技术储备,科技创新驱动发展能力显著增强。一是基础理论研究取得新进展。初步形成了以快速精准钻探与三维地震为主导的立体式综合勘查理论和技术体系,初步建立了含水层下特厚煤层上向分层长壁逐巷胶结充填采煤技术理论,"三下"采煤与充填开采中近水平煤层开采地表移动规律预计、观测与条带开采理论基本成熟,矿山智能化开采理论、煤矿重大灾害防治基础理论、隐蔽灾害探查理论取得积极进展。二是技术装备水平和生产效率持续提高。首座TBM施工长距离煤矿斜井在神东补连塔煤矿建成启用,首台智能化矿山竖井掘进机、首台矿用全断面硬岩掘进机、首套高效拆装式无基础可伸缩带式输送机、首套煤矿大型护盾式快速掘锚装备研制成功,8.8米超大采高采煤机与液压支架、8.2米超大采高智能输送系统、千万吨级智能化无人综采成套装备实现国产化,特厚煤层大采高综放工作面成套装备、重介质旋流器、复合式干法分选机等装备达到国际领先水平。2020年,大型煤炭企业采煤机械化程度达99%,掘进机械化程度达75%,较2015年有所提高;煤矿全员劳动工效达2500吨/(人·年),比2015年增长1660吨/(人·年)。三是智能化水平迅速提高。出台《关于加快煤矿智能化发展的指导意见》,截至2020年底,建成400多个智能化采掘工作面,采煤、钻锚、巡检等19种煤矿机器人在井下实施应用,71处煤矿列入国家首批智能化示范建设煤矿。四是煤炭深加工技术取得较大突破。煤炭深加工产业在园区化发展格局的推动下已形成一定规模,以煤制油、煤制烯烃、煤制气为主的深加工项目均已打通工艺流程,关键技术创新实现整体突破,装备国产化水平不断提升,具有自主知识产权的煤直接液化、煤间接液化、煤气化、甲醇制烯烃、煤制乙二醇等工艺技术整体处于世界领先水平。

7. 煤炭运输保障能力增强

"十三五"期间,全国煤炭转运能力进一步提升,供应保障能力持续增强。一是多条煤炭运输铁路陆续建成,煤炭铁路运输网络不断完善。2019年底投运的浩吉铁路,纵贯南北,给全国煤炭运输格局带来显著变化;新建蒙冀线、瓦日线等亿吨级重载铁路并组织开行万吨重载列车,完善了"三西"地区煤炭到北方港口下水和到华中、华东地区直达运输通道。二是

"公转铁"政策实施，推动铁路运输"前后一公里"衔接更加顺畅。自2018年以来，"公转铁"政策实施后，各铁路公司加快建设专用线，京津冀、汾渭平原等重点区域铁路专用线不断建成，铁路运输"前后一公里"衔接更加顺畅，煤炭市场交易环节和物流中间环节进一步减少。三是晋陕蒙等主要煤炭调出区域外运能力显著提升，南方地区用煤保障能力进一步增强。截至2020年底，晋陕蒙煤炭核心区总运输能力超过14亿吨，已形成蒙冀、大秦、朔黄和瓦日四条东西向煤炭外运，包西和浩吉两条南北向煤炭外运主通道的格局。浩吉铁路的通车，减轻了南方地区对"西煤东运""海进江"集疏运系统的依赖。

8. 煤炭交易体系不断完善

"十三五"期间，全国煤炭交易市场体系不断完善，煤炭价格指数体系逐步健全，煤炭期货市场进一步培育发展，市场在配置资源中的决定性作用进一步增强。一是煤炭交易机制进一步完善。逐步建立了符合煤炭产业改革发展方向的"煤炭中长期合同制度"和"基准价+浮动价"定价机制、政府行业企业共同抑制煤炭价格异常波动、行业诚信体系建设等一系列基础性制度，市场运行机制、交易规则、监管体制不断建立和完善。二是中长期合同量稳步增加。全国煤炭交易会中长期合同签约量稳步增加，2021年签约量为21亿吨，占全国煤炭产量的50%以上，成为维护煤炭经济平稳运行的"压舱石"；煤炭期货市场日趋活跃，市场对煤炭价格发现功能不断增强。三是行业诚信体系建设稳步推进。合同执行与履约信用数据采集全面开展，行业诚信体系建设进一步增强，守信激励、失信惩罚机制作用得到充分发挥，市场交易和主体信用行为得到规范，目前大型煤炭企业中长期合同履约率整体保持在90%以上。

（三）煤炭产业存在的主要问题

1. 多数老矿区经营困难，企业转型发展难度大

经过多年探索实践，我国资源枯竭矿区转型取得了阶段性成就，但大多数老矿区转型发展面临诸多问题与挑战。一是老矿区煤炭资源枯竭，产量萎

缩，成本上升，经营困难。二是老矿区人员数量庞大，产业工人知识结构单一，文化素质普遍偏低，且煤矿关闭退出面临资产处置、人员安置、债务处理、环境治理等巨大压力。三是老矿区所在地长期以来形成了"一煤独大"的单一经济结构，接替产业培育困难。四是老矿区职工收入普遍偏低，人才流失严重，转型发展能力不足。老矿区转型是一项系统性社会工程，仅仅依靠企业自身去转型难度极大。

2. 煤矿职工待遇较低，人力资源结构性短缺突出

目前，很多企业采煤、掘进、地质、测量、机电、通风等岗位已经出现青黄不接现象，成为影响煤炭企业持续健康发展的重要问题。一是薪酬待遇偏低。煤矿生产一线的技术人员工作条件差，但工资水平明显偏低，部分专业技术人员离职或改行。二是工作生活环境较差。矿工作业时间长，工作环境阴暗、潮湿，易患职业病，且时刻受水、火、瓦斯、煤尘、顶板等五大自然灾害威胁。三是招生规模缩小。原煤炭院校地矿类专业招生人数呈现下降趋势，愿意到煤炭企业就业的人员大为减少。

3. 安全发展基础不够牢固，绿色发展任务繁重

经长期不懈努力，我国煤炭产业在安全生产、绿色开采领域取得长足进步，但仍难以适应高质量发展的要求。一是在安全生产方面，一些煤矿不同程度地存在安全管理体系不健全、管理能力不强、安全投入不足、外委队伍管理薄弱等问题。二是在绿色发展方面，目前煤炭开发的外部成本在煤炭完全成本中还未得到全面体现，采煤沉陷治理、生态环境修复等外部成本尚未足额纳入，煤矿井下瓦斯抽采利用率不高，2020年仅为45%，55%的瓦斯外排，绿色发展的机制和模式需要完善。

4. 部分企业大而不强，抗风险能力弱

在政府推动和市场机制作用下，近十几年来我国煤炭企业兼并重组持续推进，产业集中度大幅提高，但企业大而不强的问题仍然存在。一是经营管理能力不足。部分大型煤炭企业技术、管理、运营创新的内生性动力不足，整合能力及内部资源配置能力亟须提高。二是多元化非煤产业盈利能力差。大多数煤炭企业非煤产业庞杂，发展潜力不大，盈利能力不强，长期依靠煤

炭产业反哺，导致企业整体负债率高企，经营成本快速提高，抵御市场风险能力弱。

5. 煤炭兜底保障水平有待加强

煤炭供需统计预测基础工作还需要加强，特别是煤炭产能统计数据还不能反映煤炭有效产能，产能分析研判基础不牢，尚未建立全国统一、上下贯通的煤炭产供需预测预警系统；煤炭供应全国"一盘棋"的观念需要强化，表现在一些地方政府出于安全、环保等压力，各自为政，出台关煤矿、不建新矿或不新增产能等措施，而国家层面全国"一盘棋"的统筹协调能力需要加强。

二 煤炭产业发展形势分析

（一）"双碳"目标影响深远

我国已向世界庄严承诺，二氧化碳排放力争于2030年前达到峰值，努力争取2060年前实现碳中和，这将对煤炭产业发展产生深远影响。一是煤炭需求减少是大势所趋。有关数据显示，2020年我国碳排放总量为102.5亿吨，其中煤炭、石油、天然气三大传统化石能源分别占碳排放来源的71.1%、14.9%和5.8%。在碳达峰、碳中和背景下，加快发展非化石能源，逐步降低化石能源特别是煤炭消费总量和比重，推动煤炭在各能源品种中率先达峰，是我国能源发展的必然趋势。预计"十四五"期间，我国煤炭消费量将呈先升后降态势，2025年全国消费量仍处于40亿~42亿吨平台期，"十五五"以后将持续下降。二是煤炭行业投融资意愿下降。一方面，由于煤炭资源获取成本高、煤矿建设投资大、生产服务年限长，在煤炭需求逐步减少的大趋势下，煤矿企业新建煤矿的动力显著下降，把资金更多投向其他领域；另一方面，金融机构已开始更加认真地对待"双碳"目标对煤炭行业的影响，对支持煤矿项目带来的金融风险越来越警惕，围绕新建煤矿前景的尽职调查力度进一步加大，压贷、限贷现象或将成为常态，煤矿企业面临的融资环境日趋严峻。三是煤炭行业人力资源支撑不容乐观。面对社会舆论和煤炭需求持续下降的现实，高等院校招收煤炭相关专业学生的规模将会逐步萎缩，煤矿企业招工更加困难，现有优秀人才基于职业前途考量，也将加快转向具有发展前景的行业，煤炭行业人力资源支撑不容乐观。四是煤炭企业转型发展势在必行。我国是世界上最大的煤炭生产国，产量约占全球的一半，随着"双碳"目标任务逐步落实，部分煤炭企业必将陆续退出生产领域，必须尽早谋划转型发展，以维持可持续发展。同时，煤炭企业作为能源消费大户，必须加强资源综合利用和能耗管理，降低单位产品能耗，促进煤炭开发节能减碳，推动自身绿色低碳转型。

（二）安全发展要求提高

近些年来，我国煤矿安全生产水平持续提升、安全发展成效显著，但仍面临较为严峻的形势，煤矿安全仍存在复杂性和反复性，尤其是新时代煤炭产业高质量发展对安全生产"第一要务"的要求只会更高。一是煤矿安全监管工作进一步加强。2020年以来，国家煤矿安全监察部门针对煤矿安全生产问题密集发文，要求进一步落实煤矿企业安全生产主体责任，推行煤矿安全生产标准化管理体系考核定级，推进煤矿安全生产治理体系和治理能力现代化；要求加强煤矿安全监管工作，并对地方政府在该方面的监督检查提出了明确意见；要求加强和规范煤矿安全事中事后监管监察，从根本上消除事故隐患。二是对瓦斯、冲击地压等灾害防范要求进一步趋严。要求降低开采条件复杂矿区煤炭开发强度，全面清理冲击地压矿井、煤与瓦斯突出矿井产能并分类处置，严控新建冲击地压矿井，不再核准第一水平采深超过1000米的新建矿井，具有冲击危险性的新建矿井产能不得超过800万吨/年，等等。三是对煤矿托管管理的要求更为严格。要求煤矿托管必须采取整体托管方式，不得违规将采掘工作面或者井巷维修作业作为独立工程对外承包，井下不得使用劳务派遣工，否则会面临煤矿降级风险。四是对煤矿安全装备水平的要求不断提高。要求推进生产煤矿采掘机械化、系统智能化、管理信息化，提升安全生产危险工艺设备的机械化自动化水平，推动灾害严重

煤矿智能化。五是更加注重煤矿职业健康工作。职业健康工作事关煤矿职工生命健康权益，党中央、国务院多次强调要加强职业健康工作，有关部门积极推动煤矿作业场所职业病危害防治，组织开展尘肺病防治攻坚等。

（三）生态环境约束强化

国家发改委等10个部门以联合令的形式发布了《煤矸石综合利用管理办法（2014年修订版）》，禁止新建煤矿及选煤厂建设永久性煤矸石堆场。《环保法修订案》于2015年1月1日施行，被称为"史上最严厉"的新法，环境违法行为纳入按日计罚，犯罪嫌疑人可以实施行政拘留。2018年5月18日，习近平在全国生态环境保护大会上的讲话提出，从源头上使污染物排放大幅降下来；国务院发布的《打赢蓝天保卫战三年行动计划》提出重点区域继续实施煤炭消费总量控制。2020年最高人民法院发布《关于为黄河流域生态保护和高质量发展提供司法服务与保障的意见》，为黄河流域生态保护和高质量发展提供了司法服务与保障；《中共中央关于制定国民经济和社会发展第十四个五年规划和二〇三五年远景目标的建议》提出坚持尊重自然、保护自然，守住自然生态安全边界，生态环境根本好转，美丽中国建设目标基本实现；自然资源部印发《绿色矿山评价指标》，设置105个指标对绿色矿山建设水平进行评分；围绕碳排放，国家出台了《生态文明体制改革总体方案》《全国碳排放权交易市场建设方案（发电行业）》《全国碳排放权登记交易结算管理办法（试行）》等文件，通过碳价提高了煤炭使用代价，中长期看将对煤炭生产和使用带来巨大影响。无论是国家发文数量，还是政策力度，都能反映出国家对生态环境的日益重视，煤矿面临越来越严峻的生态环境压力。

具体到地方，具有代表性的是内蒙古发布的《关于促进全区煤炭工业高质量发展的意见》，提出落实最严格的草原生态环境保护制度，蒙东地区草原上不再新建煤矿项目，已经批准在建运营的煤矿不扩井（矿）田范围、不扩能技改、不核增产能、不由井工开采变更露天开采，到期退出，草原保护力度之大前所未有。《陕西省煤炭石油天然气开发生态环境保护条例》对煤炭开采矿井水外排进行了规定，要求"未经处理的矿井水不得外排，确需外排的，应当依法设置排污口，主要水污染物应当达到水功能区划要求的地表水环境质量标准"。

（四）"两化"融合推动进步

党中央、国务院高度重视"两化"融合在我国现代化建设中的战略地位。习近平总书记指出，要推动工业化与信息化在更广范围、更深程度、更高水平上实现融合发展，① 为新时代"两化"深度融合指明了新方向、提出了新要求。信息化与自动化在煤炭产业的融合发展，不仅直接关系煤炭转型升级的进程，也成为推动煤炭产业高质量发展的新动能。一是煤矿智能化建设正由点到面快速推进。2020年2月，国家能源局等八部委联合印发《关于加快煤矿智能化发展的指导意见》，对全面推动我国煤矿智能化技术发展提出了明确目标和具体工作要求；主要产煤省份和大型煤炭企业积极响应，我国煤矿由智能化开采工作面示范起步，开始走上了煤矿"采掘开机运通"以及安全、生产、调度、运销全系统、全过程智能化发展道路，开启了煤炭工业现代化水平提升的新时期；随着智能化矿井建设步伐的不断加快，先进产能占比在煤炭产业中不断提升，煤炭企业生产效率和效益得到了大幅提升。二是"互联网+煤炭"应用空间得到极大拓展。一方面是煤炭及相关产品电商平台的迅速发展，改变了传统煤炭及相关物资交易流通方式，提高了煤炭产业链供应链体系的现代化水平；另一方面是在经营管理层面，通过大数据、云计算、人工智能等技术的应用，加快数字化转型，促进了管理水平、效率、效益和科学化决策以及抗风险能力的提升。另外，在政府监管层面，通过积极推动监管信息平台建设，把煤炭企业安全生产、经济运行、综合业务等相关信息纳入数字化动态管理，向信息化要战斗力、监管力，进一步提升政府监管的精细化、数字化、信息化水平，实现监管工作全天候、全方位、无死角。

---

① 《习近平向2019工业互联网全球峰会致贺信》，新华网，2019年10月18日，http://www.xinhuanet.com/politics/leaders/2019-10/18/c_1125121292.htm。

三 煤炭产业"十四五"展望

高质量发展是"十四五"和今后一个时期煤炭产业发展的主基调。"十四五"期间，煤炭作为我国主要能源的地位和作用不会改变，预计煤炭生产和消费还要增加，供需总体平衡，控制煤炭消费增长的压力较大，生产结构、组织结构将继续优化，安全发展和绿色发展水平也将有大的提升，科技创新持续促进产业升级，企业转型步伐加快，将促进构建清洁低碳、安全高效的煤炭供应体系，但煤矿开采难度加大、煤炭生产成本增加的趋势也较为明显。

（一）控制煤炭消费增长压力大

为实现2030年前二氧化碳达峰目标，煤炭消费尽快达峰是关键。国家明确提出"十四五"控煤，"十五五"减煤的要求，从我国经济和能源发展趋势看，完成这一目标的压力较大。预测"十四五"期间，煤电、化工耗煤增量较大，钢铁、建材耗煤基本稳定，其他行业耗煤下降。其中，"十四五"前期，煤炭消费可能出现新的峰值，超过2013年42.4亿吨的峰值水平；"十四五"中后期，随着疫情缓解，国外生产能力恢复，我国高耗能产业可能有所限制，煤炭消费可能下降。预测2025年全国煤炭消费量为40亿~42亿吨，占一次能源消费的50%左右。其中，煤电，相关机构预测2025年全社会用电量为9.1万亿~9.5万亿kWh，新增电量大部分由非化石能源提供的同时，仍需新增一定的煤电发电量作为补充，此外供热用煤还有增长空间，对应消费增量为1亿~2亿吨；新型煤化工，我国规划布局了若干煤制油气战略基地，推进煤基化工新材料、专用化学品等项目，预计将新增煤炭需求1亿吨左右；钢铁、建材及其他行业，"十四五"提升城镇化发展质量、推进基础设施建设，钢铁和建材行业用煤仍存在刚需，煤炭需求基本稳定，其他行业用煤呈下降趋势，但减速放缓。为此，仍需加强节能降耗，继续压减散煤、控制两高项目和实施区域能源双控。

分大区看煤炭消费量，7个区域中2个增长、3个基本稳定、2个快速下降（见图4）。坑口电厂、煤化工等在建项目，加上还要建设一批风光水火储氢综合能源基地，晋陕蒙、新甘宁青煤炭消费量要有较大幅度增长。中东部内陆、西南和东北所处经济发展阶段和能源价格承受能力，决定了其发展还需要煤炭支撑，煤炭消费量基本稳定。东南沿海经济发达，能源价格承受能力强，理应是煤炭消费率先达峰区域，煤炭消费下降较快；京津冀面临较大的大气污染防治压力，需要压减煤炭需求。

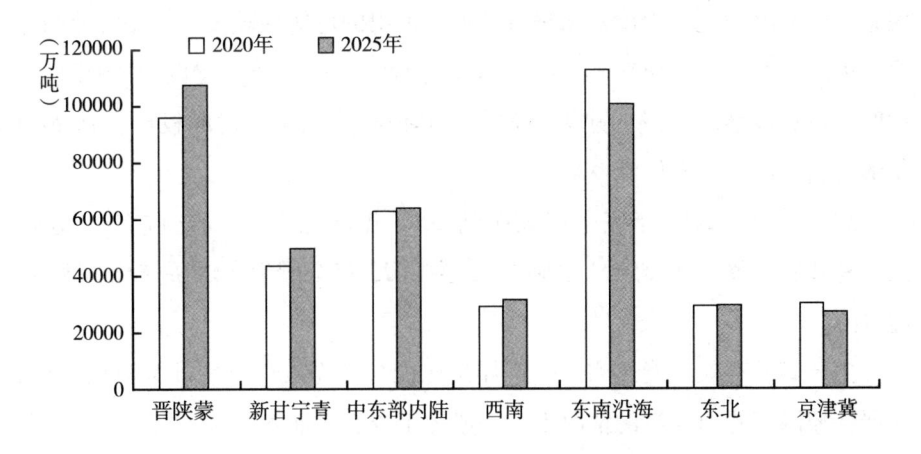

图4 2020年和2025年全国分区域煤炭消费量

资料来源：中国煤炭工业协会。

（二）煤炭供应总体可满足需求

根据国家能源技术经济研究院有关煤炭供需的研究成果，预测2025年全国生产煤矿产能（证载产能）为44亿吨/年，有效产能为41亿吨/年，考虑到煤炭进口，预测"十四五"期间，煤炭供应总体可以满足煤炭需求。

全国生产煤矿产能预测。截至2019年底，全国生产煤矿产能为41.4亿吨/年。由于部分主要产煤地区煤炭资源开采历史长、开发强度大，一些矿区已陆续进入资源枯竭期，未来煤矿衰老报废规模将越来越大，其中主要集中在河北、山西、山东、河南等地。2020~2025年，除部分煤矿因资源枯竭衰老报废外，还将继续淘汰一批落后产能，预测全国将报废退出和淘汰关闭煤矿产能3.8亿吨/年，到2025年末生产煤矿产能将下降到37.6亿吨/年。

全国建设煤矿产能预测。截至2019年底，全国合规建设煤矿规模为10.4亿吨/年，按照目前煤矿建设技术水平，"十四五"期间均能建成投产，但由于以下两方面的原因，部分煤矿难以继续建设。一是由历史原因形成的部分资源整合煤矿和技术改造煤矿，因资源储量不多、有关手续办理困难等因素，已无继续建设价值，未来分类处置退出的可能性较大。二是部分新建煤矿因环境敏感、区位市场、投资成本等因素，难以继续建设。"十四五"期间，除难以继续建设的建设煤矿外，其他建设煤矿均建成投产，到2025年形成新增产能6.3亿吨/年。

综上分析，2019年底生产煤矿到2025年产能为37.6亿吨/年，建设煤矿建成投产新增产能6.3亿吨/年，到2025年全国生产煤矿产能为44亿吨/年。

生产煤矿有效产能预测。生产煤矿产能扣除无效产能后即为有效产能，在严格控制超能力生产的情况下，一般等于或小于证载产能。无效产能主要源于以下两方面：一是由于部分煤矿因资源逐步枯竭、开采条件日趋复杂等因素，煤炭产量下降，实际产能低于证载产能；二是东北、华东、中南、西南等煤炭资源禀赋条件差、小型煤矿集中的地区，为应对产业规模门槛不断提升，通过技术改造或资源整合提高证载产能，导致部分煤矿证载产能与实际能够发挥的最高产能相比存在虚高现象。通过对各省区市煤矿产能的分析，2025年全国生产煤矿产能有效系数为0.92，因此预测2025年全国生产煤矿有效产能为41亿吨/年。

煤炭产量预测。按照以需定产的原则，预测2025年全国煤炭产量与2020年基本持平，晋陕蒙中，山西产量下降，在建煤矿多决定了陕西、内蒙古产量有一定增长潜力；新甘宁青、西南产量有微弱增长，主要是新疆、贵州增产，甘肃、宁夏、青海以稳定为主；资源枯竭影响下其他区下降趋势明显（见图5）。

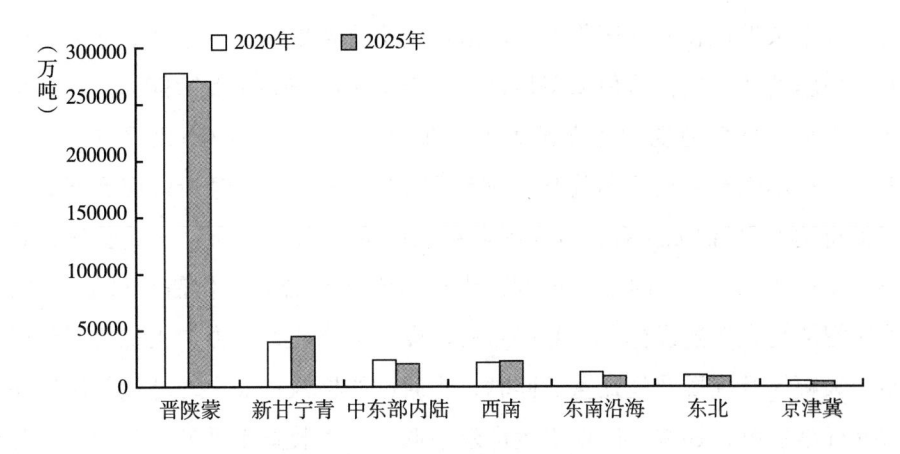

图5 2020年和2025年全国分区域煤炭产量

资料来源：中国煤炭工业协会。

从国际煤炭供需形势看，澳大利亚、印度尼西亚等主要煤炭出口国产量增长潜力有限，印度、越南等南亚、东南亚国家煤炭需求快速增长，未来亚太市场煤炭进口竞争加剧。从我国煤炭供需格局看，产需逆向布局特征显著，东部沿海地区利用良好的区位优势，进口部分煤炭有利于减少国内煤炭长距离大规模运输，但随着东部沿海地区煤炭消费总量严格控制，煤炭调入量将呈逐步下降趋势。综合国际煤炭供需形势和国内煤炭产需格局，预测2025年我国动力煤进口量在3亿吨左右。

国内供给加进口，"十四五"总体上看煤炭供给可以满足需求，但新形势下制约煤炭生产的外部因素在加重，包括安全监察、生态督查、土地审批等，如果煤炭生产与需求出现较大错配，局部时段、局部区域煤炭供应偏紧情况仍可能发生。

（三）煤炭生产结构和组织结构继续优化

"十四五"期间，通过优化煤炭生产开发布局、实施增优汰劣，深入推进煤炭供给侧结构性改革、优化煤炭生产结构和组织结构、提升煤炭供给质量，仍是煤炭产业发展的重要任务。一是资源富集地区煤炭产量比重持续上升。"十四五"期间我国煤炭生产将进一步向晋陕蒙新等资源丰富、开采条件优良的地区集中,国家提出优化发展山西、蒙西、蒙东、陕北、新疆五大煤炭供应保障基地,增强煤炭跨区域调运保障能力,这些地区以大型、特大型现代化煤矿为主,在全国煤炭生产中的比重进一步上升,将推动生产结构不断优化。预计到2025年,五大煤炭供应保障基地产量将达到29亿吨左右,占全国煤炭总产量的73%以上。二是持续推进煤矿增优汰劣。"十四五"期间,煤矿建设将结合煤炭供需和区域布局,按照智能化煤矿建设标准,有序布局建设先进产能,着力扩大优质增量供给,大幅提升优质产能比重。同时,将通过严格执行安全、环保等法律法规和标准规范,加快关闭退出生产效率低、技术装备水平低、安全保障程度低、资源枯竭的煤矿,持续清退低效无效产能。预计到2025年,大型现代化煤矿产量比重将达到85%左右。三是大型煤炭企业在煤炭供应保障中的骨干作用进一步增强。随着部分资源逐步枯竭、产能规模小、生产成本高的煤炭企业陆续退出生产领域,以及部分地区煤炭企业兼并重组持续推进,大型国有煤炭企业在煤炭供应保障中的作用进一步凸显,预计到2025年年产5000万吨级以上企业产量占比将达到65%以上。四是煤电重组的意义进一步凸显。从国外经验、市场机制、上下游产业协同要求看,我国煤炭产业形成"寡占型"市场结构是极为必要的,"十四五"期间通过兼并重组,煤炭产业集中度仍将进一步提升。同时,鉴于我国煤炭和下游煤电产业长期博弈且难以打破效益"跷跷板"循环的格局,以及近些年来煤电联营、煤电重组形成的良好效应,有必要加强关联度高的煤炭、电力企业重组,充分发挥双方资源互补优势,平抑市场波动风险,助力产业结构优化。

(四)安全发展和绿色发展水平将有大的提升

党的十九大报告强调,要树立安全发展理念,弘扬生命至上、安全第一的思想,健全公共安全体系,完善安全生产责任制,坚决遏制重特大安全事故,提升防灾减灾救灾能力;必须坚持节约资源和保护环境的基本国策,推进绿色发展,推进能源生产和消费革命,构建清洁低碳、安全高效的现代能源体系。"十四五"期间,煤炭产业在安全发展方面,将继续推进煤矿安全法律和标准建设,进一步织密煤矿安全生产责任体系,强化"国家监察、地方监管、企业负责"安全防范与治理格局,严格煤矿安全准入门槛,持续推进灾害严重煤矿淘汰退出;煤炭企业将加大安全投入,着力提高煤矿安全管理水平,健全完善煤矿安全生产标准化管理体系,进一步提升煤矿安全装备科技水平,推进煤矿自动化智能化建设,以更高标准推进煤矿职业健康工作。生态环保方面,将扎实推进矿区生态文明建设,加大采煤沉陷区综合治理力度,积极推动矿山地质环境恢复,积极发展绿色循环产业,提升矿区生态功能;煤炭企业将加大生态环保投入,提高科技创新水平,加大绿色开发技术推广应用力度,加强矿井水、煤矸石综合利用和瓦斯抽采利用,探索"投入+产出"型矿区生态治理修复模式,更大范围、更大程度地推进绿色矿山建设。预计"十四五"期间我国煤炭产业安全发展和绿色发展水平将实现较大提升,煤矿安全基础保障能力明显增强,科技装备支撑更加有力,安全治理体系和治理能力现代化取得实效,煤矿事故总量、百万吨死亡率持续稳定下降,重特大煤矿事故得到有效遏制,煤矿安全生产形势实现根本好转,煤矿"零死亡"理念更加深入,煤矿职业病防治水平显著提高;煤矿绿色开采程度加大,矿区生态功能明显增强,原煤入选(洗)率、矿井水综合利用率、煤矸石综合利用处置率、井下瓦斯抽采利用率、土地复垦率进一步提高,绿色矿山建设取得重大成效,矿区资源开发与生态环境更加协调发展。

(五)科技创新促进产业升级

党的十九届五中全会明确提出坚持创新在我国现代化建设全局的核心地位。"十四五"期间,深化煤炭供给侧结构性改革进入新的发展阶段,在煤炭领域大力实施创新驱动,加快实现"两化"融合,通过技术进步解决生态环境保护、应对气候变化等重大问题和挑战,是煤炭产业生存和发展的必由之路。一是智能煤矿建设加速。智能化作为煤炭行业"两化"融合的发展核心,在国家及各级地方政府支持下,主要煤炭企业积极顺应发展趋势、响应政策要求,加大智能煤矿建设力度,"十四五"期间通过加强煤矿智能

化基础理论研究、突破煤矿智能化"卡脖子"共性关键技术和重大装备、制定和完善智能化相关技术标准体系、强化平台支撑作用、解决高端人才匮乏问题，我国煤矿智能化建设将呈现点面突破、系统延伸、量质齐升的发展态势，预计到2025年，全国将建成智能化煤矿1000处以上，促进生产效率提高、用人数量减少、伤亡事故下降，有力推动我国煤炭工业高质量发展。二是清洁低碳化技术加快攻关与试点推进。着眼碳中和目标要求，煤基能源产业清洁低碳化发展迫在眉睫，"十四五"期间将加强科技攻关，有力促进低碳转型发展。在煤炭生产方面，在加强露天矿用卡车"油改电"、智能变频永磁驱动、乏风瓦斯发电等节能减排技术推广应用的同时，将大力发展煤炭开采碳排放控制的技术创新，加快推进开发全过程甲烷控制与利用等技术的攻关；在煤电方面，在主动加强与可再生能源耦合发展、融入以新能源为主体的新型电力系统的同时，将重点开展大规模低成本CCUS技术研发与示范，增强可持续发展能力和市场竞争力；在煤制油煤化工方面，将探索新能源"绿电、绿氢、绿氧"与煤化工耦合的煤基能源近零碳排放产业新模式，着力推动煤炭从燃料向原料转变。

（六）煤矿开采难度加大，成本增加趋势明显

受开采条件、开发环境等变化影响，以及由煤矿开发规律所决定，我国煤矿开采难度加大、成本增加的趋势较为明显。一是东部、中部地区多数煤矿进入中后期开采阶段，随着采深不断增加，水、火、煤尘、瓦斯、顶板等自然灾害威胁越发严重，煤矿面临更大的安全生产压力和更高的生产成本；由于工业广场附近煤炭开采完毕，工作面向井田周围推进，开采范围扩大，运输、通风、排水等环节增多，煤炭生产成本明显提高。二是西部地区一些煤矿开采条件逐渐变差，鄂尔多斯、榆林等地已有一批主力煤矿面临采深加大、煤层变薄、地质条件趋向复杂等问题；新投产或新建煤矿多数开采条件大不如前，吨煤投资和开发成本大幅增加。三是矿业权出让制度改革后，矿业权出让收益（矿业权价款）大幅攀升，煤炭企业资源获取成本大为提高。国内某煤企在鄂尔多斯拟获取的一处资源，矿业权制度改革后，资源价款由

原来的 190 多亿元增加到 360 多亿元。四是高质量发展和生态优先、绿色发展理念下，煤矿安全生产和生态环保投入不断加大，土地使用成本不断上升，尤其是露天煤矿征地难度和征地成本将明显增加。总之，先易后难、采深加大、成本增加是煤矿开发的普遍规律，外部形势变化和更高的产业发展要求则更加强化了煤矿开采成本增加的趋势。

（七）煤炭企业转型步伐加快，困难也很大

长期以来国家重视老矿区转型，《中华人民共和国国民经济和社会发展第十四个五年规划和 2035 年远景目标纲要》强调，要推动资源型地区可持续发展示范区和转型创新试验区建设，实施采煤沉陷区综合治理和独立工矿区改造提升工程。"十四五"期间煤炭企业转型的有利条件是，各级政府更加重视煤炭企业转型，"双碳"目标使企业转型的意识增强、紧迫性提高，投资建设煤矿的资金减少，有利于投向转型项目。同时转型困难也很大，主要是大部分企业人力资源知识结构单一，人才缺乏，相关机制还不适应加快转型发展的要求。从企业转型发展实践、企业发展规划以及相关产业发展市场看，煤炭企业转型方向主要有以下几点。一是战略性新兴产业。抢抓新能源、大数据、新材料等产业机遇。如国家能源集团规划"十四五"期间新建 7000 万～8000 万 kW 风电和光伏；安徽两淮老矿区利用采煤沉陷区水面建设水面漂浮光伏电站；晋能控股集团利用采煤沉陷区建设 100MW 光伏电站；华阳新材料科技集团在功能性纤维、新能源蓄能和石墨烯新材料方面，平煤神马集团在"硅烷—单晶硅、多晶硅—太阳能电池切片—光伏电站"方面取得成效。二是现代服务业。山东能源集团依托自有医疗资源，注资 30 亿元成立山东颐养健康产业发展集团，形成医疗服务、医养结合、医疗器械、医地协同、医药产销、医保融合"六医"全产业链发展格局；徐矿集团与徐州市贾汪区合作，盘活徐州地区 120 公里铁路专用线资源，发展现代物流产业。三是利用矿区资源发展文旅产业。徐矿集团在采煤塌陷地建成国家生态湿地公园，成为全国领先的绿色生态高地、国内知名的健康养生福地、区域最佳旅游目的地；神东煤炭集团创建了采前防治、采中控

制、采后营造和外围防护圈、周边常绿圈、中心美化圈的"三期三圈"生态环境防治技术模式，将矿区周边沙漠变成绿洲。四是现代农业和健康服务产业。淮河能源控股集团利用收回土地建成运营5个市区农品保供点、具备年接待6000人左右的疗休养中心以及年职业健康体检4万人次的职业病防治中心。五是发展节能产业。在能源消费总量和强度双控约束下，煤炭企业将加强用能管理，采用先进节能工艺技术，降低煤炭生产各环节能耗，同时积极开展瓦斯（煤层气）抽采利用，开展余热、余压、节水、节材等综合利用节能项目，加大对生产厂区、工业园区、办公用房等的绿色改造力度，实现煤炭企业自身节能减碳。

企业转型应把握以下几点：要和区域经济发展对接，要因地制宜依托自身优势和基础，要和地方政府以及相关企业合作共赢，要在巩固提升现有产业发展质量的前提下逐步转型。

四 煤炭产业发展的有关建议

（一）提高煤炭兜底保障能力

能源安全事关经济社会健康稳定发展大局，煤炭作为我国能源安全的"压舱石"，责任使命重大，在未来能源低碳转型的关键期，尤需提高煤炭的兜底保障能力。一是要树立底线思维，增强风险意识。当今世界处于百年未有之大变局，国际形势错综复杂，能源供应不确定性增强。目前我国石油、天然气对外依存度已分别高于70%、40%，煤炭兜底功能更为凸显；煤炭进口量虽然仅占国内煤炭消费的7.5%，但由于是区域性和结构性需求，进口煤占东南沿海7省区煤炭消费的20%以上，优质炼焦煤进口在国内更是难以替代。因此，在稳定国内煤炭供应的同时，要把握好煤炭国际贸易新格局，探索和开展多渠道、多元化煤炭进口。二是要切实摸清家底，做好预测预警。加强煤矿产能管理，做好煤矿生产状况和产量统计，夯实煤炭生产基础数据。广泛运用大数据、云计算等信息技术，建立全国统一、上下贯通、产运需全覆盖的煤炭供需预测预警平台，及时发布预警信息和开展宏观调控，促进全国煤炭供需动态平衡。三是要强化全国"一盘棋"的煤炭供应体制机制。煤炭作为一种特殊商品，其供需平衡是一项复杂的系统工程，一个区域的供需变化往往会影响多个区域乃至全国的煤炭供需和调运格局。因此要避免地方的各自为政，强化国家能源主管部门的统筹协调作用，统筹安排（核准）煤矿建设、煤矿关闭、煤矿核增产能等方面的重大事项，增强全国及区域煤炭供需的协调性。

（二）提高职工待遇和改善工作环境

国有煤炭企业是煤炭供应保障的中坚力量，建议国资管理部门研究提高煤矿企业工资总额水平，以提高煤矿职工薪酬水平，达到吸引人、留住人的目的。煤矿企业应优化人才薪酬激励机制和收入分配机制，薪酬分配要进一步向井下人员、一线人员倾斜，形成行之有效的激励措施，激发人才动力、释放人才活力。改善煤矿工作和生活环境，是产业高质量发展的内容，也是可持续发展的要求，煤炭企业应下大力气改善井下（坑下）工作环境，为职工体面工作提供条件。有关部门应进一步加强对民营煤矿企业技术人员配备、职工培训的监督检查。

（三）制定矿区（煤矿）转型长远规划

资源型城市转型是一项系统性社会工程，我国作为世界最大的煤炭生产国，随着能源清洁低碳发展步伐加快，煤炭矿区转型发展任务艰巨复杂。国家和煤炭资源型城市要结合"双碳"目标的时限要求和实现路径，统筹资源环境、产业结构、政策支持、技术创新、科教人才、地理区位等，制定煤炭资源型城市转型发展长远规划，分类、分级推进矿区（煤矿）转型发展。由于各个资源枯竭城市的发展水平、资源禀赋不尽相同，在推动转型发展时要遵循因地制宜、分类指导的原则，力求精准施策；要强化市场作用，充分发挥政策性、开发性等融资渠道的作用，探索通过金融合作助推转型发展的新模式；同时，要通过建立健全开发秩序约束机制、资源性产品价格形成机制、资源开发补偿机制、接续替代产业扶持机制等，构建起资源枯竭城市转型发展的长效机制。

（四）要高度重视煤层气（煤矿瓦斯）抽采利用

加大煤矿瓦斯抽采利用，对于提高煤矿安全生产水平、增加清洁能源供应、减少温室气体排放都有重要贡献。国家已把煤矿瓦斯排放列入温室气体范畴，因此，煤炭企业要高度重视煤矿瓦斯抽采利用，特别是高瓦斯煤矿，要积极推进煤矿瓦斯抽采利用，提高瓦斯抽采利用率，因地制宜发展乏风瓦斯利用技术，赢得主动。

参考文献

应急管理部信息研究院、煤炭信息研究院编《世界煤炭工业发展研究（2020）》，应急管理出版社，2021。

中国煤炭工业协会：《2020年煤炭行业发展年度报告》，2021。

中国煤炭经济研究会：《2020年煤炭经济形势分析报告》，2021。

国家矿山安监局综合司：《"十四五"矿山安全生产规划（征求意见稿）》，2021。

国家发展和改革委员会：《关于加强煤矿冲击地压源头治理的通知》（发改能源〔2019〕764号），2020。

国家煤矿安全监察局：《关于进一步加强对地方政府煤矿安全监管工作监督检查的意见》（煤安监监察〔2020〕47号），2020。

国家煤矿安全监察局：《关于落实煤矿企业安全生产主体责任的指导意见》（煤安监行管〔2020〕30号），2020。

国家煤矿安全监察局：《加强和规范煤矿安全事中事后监管监察的实施意见》（煤安监监察〔2020〕29号），2020。

国家煤矿安全监察局：《煤矿整体托管安全管理办法（试行）》，2019。

国家卫生健康委等：《关于印发尘肺病防治攻坚行动方案的通知》（国卫职健发〔2019〕46号），2019。

中国煤炭工业协会：《煤炭工业"十四五"高质量发展指导意见》，2021。

国家能源集团技术经济研究院：《大型煤基能源企业战略产业方向研究》，2020。

中共中央办公厅、国务院办公厅：《矿业权出让制度改革方案》，2017。

B.6 中国核电行业"十三五"发展回顾与"十四五"展望

中核战略规划研究总院课题组*

摘　要： "十三五"时期我国核能生产运行安全稳定，工程建设稳步推进，科技创新成果丰硕，全产业链稳步发展，发展环境不断完善。当前，我国核能发展步入积极有序阶段，在清洁低碳能源体系中作用与地位凸显，正成为构建"双循环"新发展格局的重要载体与抓手，核技术应用潜力大、前景广阔。"十四五"时期，我国核能与可再生能源将共同组成"绿色零碳"能源体系，科技创新的持续性与强度进一步加大，核工业产业链、供应链将更加均衡发展、自主可控，核能发展的政策环境趋于完善。

关键词： 核技术　核工业产业链　核能利用

---

* 执笔人：白云生，中核战略规划研究总院党委副书记、副院长、研究员，主要研究方向为核能战略规划、核工业体制、科技创新等；张明，中核战略规划研究总院战略所所长、研究员，主要研究方向为核能战略规划、核工业体制、核能发展、企业改革等；陆浩然，博士，中核战略规划研究总院研究员，主要研究方向为核能战略规划、政策法规、出口管制、碳中和、核能多用途等；李林蔚，博士，中核战略规划研究总院副研究员，主要研究方向为核能战略规划、碳达峰碳中和、核能三步走等。

一 "十三五"时期我国核能发展取得的成绩

（一）我国核能在改革开放中起步

我国核工业从20世纪50年代起步。改革开放以前，主要为国防建设服务，成功研制出原子弹、氢弹和核潜艇，为我国核大国的地位奠定了基础。改革开放以后，我国核能发展工作重点逐步转移到为国民经济建设服务上来，经过30多年的发展，我国目前已成为世界核大国。截至2020年底，中国大陆在运49台核电机组，总装机容量为5102万千瓦，占全国电力总装机容量的2.27%（见图1），核电装机容量达到全球第三。2020年发电量为3662.43亿千瓦时，占全国总发电量的4.94%（见图2），核发电量首次超过法国，位居世界第二。在建核电机组16台，总装机容量为1737.5万千瓦，持续多年全球领先。

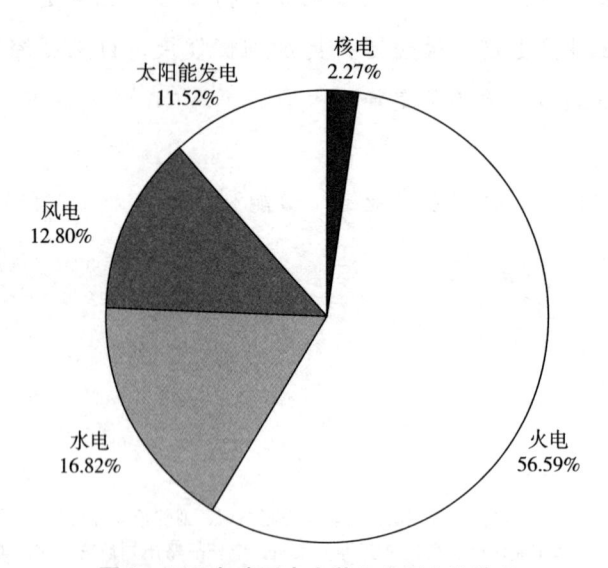

图1 2020年我国电力装机容量占比情况

资料来源：中国核能行业协会。

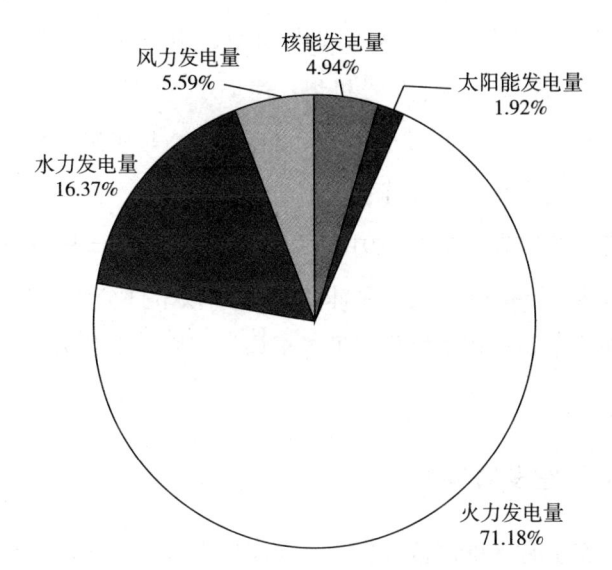

图2 2020年我国各类电源发电量占比情况

资料来源：中国核能行业协会。

（二）生产运行安全稳定

"十三五"期间，我国核电装机规模持续增长（见图3），核电机组运行安全稳定，新投入商运核电机组21台，装机容量新增2459.7万千瓦，分

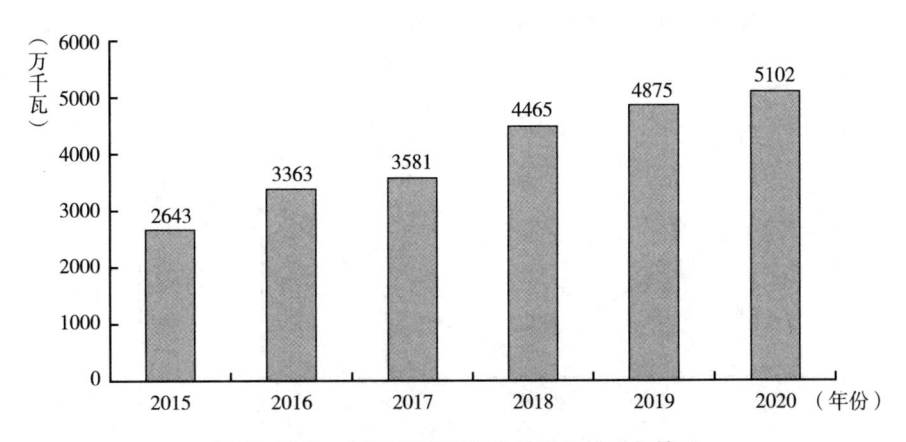

图3 2015~2020年我国核电装机规模增长情况

资料来源：中国核能行业协会。

别是阳江3、4、5、6号机组，昌江2号机组，田湾3、4、5号机组，防城港1、2号机组，福清3、4、5号机组，海阳1、2号机组，红沿河4号机组，宁德4号机组，三门1、2号机组，台山1、2号机组。我国核电机组主要分布在浙江省、广东省、江苏省、福建省、辽宁省、海南省、广西壮族自治区、山东省等8个省（区）。2016~2020年，我国在运核电机组年设备平均利用小时数为7284.49小时，从未发生国际核事件分级（INES）二级及以上运行事件，主要运行指标优于世界平均值，核安全总体水平已位居国际先进行列。

（三）工程建设稳步推进

我国积极安全有序推进核电建设，在建机组规模多年保持全球第一。从技术上讲，我国新建核电项目采用了三代核电技术，满足国际上各安全监管机构对新建反应堆的安全要求，所采取的安全措施，能保证安全壳的完整性，实现了从设计上实际消除大规模放射性释放的安全目标。"十三五"期间，我国新开工核电机组11台（见图4），装机容量为1260.4万千瓦，分别是防城港4号机组，田湾6号机组，漳州1、2号机组，太平岭1、2号机组，霞浦1、2号机组，三澳1号机组，国核示范工程1、2号机组。EPC总

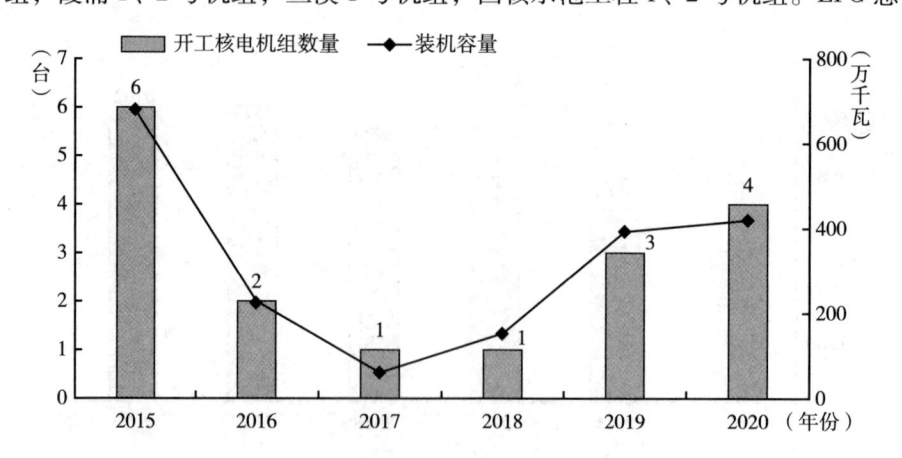

图4　2015~2020年我国开工核电机组数量及装机容量情况

资料来源：中国核能行业协会。

承包模式是我国核电项目建设普遍采用的方式，各核电工程公司利用先进的信息化手段打造的多项目管理体系专业化、标准化水平较高，核电工程管理自主化能力和总承包能力持续提升。经过30多年的发展，核电工程建造队伍已经全面掌握了30万、60万、100万千瓦装机容量，涵盖压水堆、重水堆、高温气冷堆、快堆等各种堆型的核心建造技术，形成了核电站建造的专有技术体系。核电工程建设管理能力不断提升，为我国核电后续规模化、跨越式发展奠定了良好基础。

（四）科技创新成果丰硕

"十三五"以来，我国核电技术水平实现了跨越式发展，核电技术实现了由二代向三代的历史性跨越。我国相继建成AP1000、EPR三代核电技术全球首堆，投产并完成首炉燃料循环运行，自主核电品牌"华龙一号"成功并网标志着我国在三代核电技术领域跻身世界前列。由中核集团和中广核集团联合研发设计的三代压水堆"华龙一号"采用"能动"与"非能动"相结合的安全系统、双层安全壳等技术，安全性满足国际最高安全标准要求。"国和一号"是我国经过引进、消化、吸收、创新后开发的具有独立自主知识产权、更大功率、"非能动"的大型先进压水堆核电型号，也是我国核电跨越式发展和国家重大专项自主创新的标志性成果。我国相继攻克了高温气冷堆设计研发、设备制造、建安施工等系列难题和瓶颈，实现了系列重要工程里程碑，全部完成工程设计和技术研发。小型模块化反应堆、第四代核能系统、聚变堆等新一代核能系统研发，与国际水平基本同步。建设了一批国际领先的大型台架和试验设施，培养储备了一批专业技术人才，产学研用深度融合的核能科技创新体系和成果转化平台初步建立，为行业可持续发展奠定了坚实的基础。

（五）全产业链稳步发展

天然铀和核燃料保障体系不断完善，自主关键技术得到进一步提升，我国已建立较为完整、自主的核燃料循环产业链，能够支撑核能中长期发展。铀矿勘查加快新方法、新技术的应用,进一步提升勘查效率,天然铀开采能力不断提升。铀纯化转化生产能力进一步释放,加大新一代铀转化技术研发,铀纯化转化科研能力迈上新台阶。铀浓缩生产运行稳定,燃料元件已步入系列化、型谱化快速发展的新阶段,环形燃料元件、耐事故燃料元件研发取得新进展。核电站乏燃料及放射性废物管理进一步加强。推进乏燃料贮存运输体系完善,铁路运输车辆、专用船已经完成交付。后处理示范工程建设进展顺利,中低放废物处置场建设取得重要突破,开工建设高放废物地质处置地下实验室项目。不断提升核电装备制造国产化和自主化能力,不断提高研究、制造和应用整体水平,三代自主核电综合国产化率达到88%以上,具备每年8~10台(套)核电主设备供货能力。

(六)发展环境不断完善

"十三五"期间,我国统筹核能行业管理、核安全监管工作,持续推进核能行业治理体系和管理能力现代化,核能国际合作持续深化,核能发展环境不断完善。政策法规体系建设取得了新进展。我国相继颁布实施《核安全法》《放射性污染防治法》,稳步推进《原子能法》立法工作,发布我国首部《中国的核安全》白皮书。人才队伍建设不断加强。我国大力实施人才兴业战略,通过推行高端人才市场化引进工程,优化各类人才培养机制,形成了一支实力雄厚的核能人才队伍,为我国核电、核燃料循环、核技术应用等领域科技创新与产业发展提供了保障。涉核宣传与公众沟通不断深入,"中国核科学日"设立已进入立法程序,加强核科技知识普及与公众沟通,组织开展"走进北山""中国人造太阳""一堆一器""公众开放日"等活动,主动发声、正面引导,防范与化解涉核邻避效应。

"十三五"期间,我国核能行业认真贯彻习近平总书记的重要批示与党中央、国务院安全高效发展核电的决策部署,落实《核电中长期发展规划(2011—2020年)》《"十三五"核工业发展规划》《核安全与放射性污染防治"十三五"规划及2025年远景目标》。但是由于受福岛核事故和AP1000

自主化依托项目拖期的影响，我国"十三五"核电规划目标没有如期实现，与规划目标相差较大。

二 全球核能发展形势

（一）国际方面

1. 全球核能平稳发展

截至2020年底，全球在运机组442台，总装机容量为392454MWe（见表1）。其中，在运反应堆规模居世界前6位的国家从大到小依次为美国、法国、中国、俄罗斯、日本、韩国，反应堆数量占全球总量的66.74%，装机容量占全球总量的73.61%。2019年，全球电力结构中核电发电量占比为10.35%。在各国电力结构中，核电占比超过10%的国家有19个，超过25%的国家有12个，超过50%的国家有3个。全球在建核电机组53台，分布在19个国家或地区，总装机容量超过56393 MWe。在建反应堆大部分为压水堆，数量占到80.77%。世界核燃料循环产业所有环节供应保障能力充分，总体来看，天然铀市场供过于求、价格低迷。2020年新冠肺炎疫情导致产能下降，天然铀现货、期货价格均上涨至2016年水平。

表1 2019~2020年世界在运核电机组情况

	反应堆数量（台）	净装机容量（MWe）	2019年核发电量（TWh）	核电占比（%）
阿联酋	1	1345	—	—
白俄罗斯	1	1110	—	—
亚美尼亚	1	375	2	27.8
伊朗	1	915	5.9	1.8
荷兰	1	482	3.7	3.2
斯洛文尼亚	1	688	5.5	37
巴西	2	1884	15.2	2.7

续表

	反应堆数量（台）	净装机容量（MWe）	2019年核发电量（TWh）	核电占比（%）
保加利亚	2	2006	15.9	37.5
墨西哥	2	1552	10.9	4.5
罗马尼亚	2	1300	10.4	18.5
南非	2	1860	13.6	6.7
阿根廷	3	1641	7.9	5.9
芬兰	4	2794	22.9	34.7
匈牙利	4	1902	15.4	49.2
斯洛伐克	4	1814	14.3	53.9
瑞士	4	2960	25.4	23.9
巴基斯坦	5	1318	9.1	6.6
捷克	6	3932	28.6	35.2
德国	6	8113	—	—
西班牙	7	7121	55.9	21.4
比利时	7	5930	41.4	47.6
瑞典	6	6859	64.4	34
乌克兰	15	13107	78.1	53.9
英国	15	8923	51	15.6
加拿大	19	13554	94.9	14.9
印度	22	6255	40.7	3.2
韩国	24	23172	138.8	26.2
日本	33	31679	65.7	7.5
俄罗斯	38	28578	195.5	19.7
中国	50[①]	47518	330.1	4.9
法国	56	61370	382.4	70.6
美国	94	96553	809.4	19.7
总计	442	392454	2586.2	

注：中国数据指我国大陆情况，由于衡定标准不同，与国内统计数字略有差别，反应堆数量比国内数据统计多2台机组，包括了福清5号和实验快堆机组；全球总量中包含了我国台湾数据（4台机组，装机容量总计3844MWe，2019年核发电量为31.1 TWh）。反应堆数量和净装机容量统计截至2020年底，核发电量为2019年数据。

资料来源：IAEA。

2. 世界主要核大国重视核能技术创新

世界各核大国都在进行技术研发。美、俄、法、日、韩等核能先进国家积极研发第三代核电技术、第四代核能系统、小堆等先进核电技术，抢占核能技术发展制高点，并积极向商业化应用方向进行拓展。根据 IAEA 数据统计，截至 2020 年底，全球有 78 种先进堆型的概念设计，其中，压水堆和快堆是核能技术发展的主流方向。2020 年 4 月，美国能源部发布《重塑美国核能竞争优势：确保美国国家安全战略》报告，强调要利用技术创新和充足的研发投资来巩固核技术进步并加强美国在下一代核能技术中的全球领导地位。此外，美国还通过密集出台一系列法案、报告、研究计划等方式，强化保障先进核反应堆设计以及小堆、微型模块化反应堆等方面的研发，尤其重视核能在离网、偏远、孤岛等特殊领域的应用。俄罗斯始终强化核电技术应用创新并处于世界前列。2020 年 11 月，俄政府拨款近 650 亿卢布（近 8.9 亿美元）用于建设基于第四代多用途快中子反应堆的核研究装置。到 2022 年，俄将实现 BN-800 快堆完全使用铀钚混合氧化物燃料，向闭式核燃料循环迈出重要一步。2020 年 9 月，法国政府公布"法国恢复计划"，未来将在核能领域投资 4.7 亿欧元，其中 2 亿欧元将投入核能技术研发领域，1.7 亿欧元将用于 170MWe Nuward 小堆建设，确保法国在全球核能行业的领先地位。另外，欧盟、英国、日本、韩国等国家和地区也都在先进核能系统、热核聚变等领域布局发力，竞相追逐核能科技创新战略制高点。

3. 各国将核能部署与减排目标匹配

核能在实现碳达峰、碳中和目标的进程中，具有不可替代的地位与作用。过量温室气体排放导致的气候变化已成为全人类面临的重大生态挑战，碳中和正成为世界主要国家低碳发展策略的长期愿景和国际气候行动的重要目标。截至 2020 年底，美国、俄罗斯、德国、法国、英国、日本、韩国等 100 多个国家和地区正式提出碳中和（或气候中和、净零排放）承诺。美国提出的"零碳排放行动计划"，明确核能是稳定或可调度的低碳能源，具有高容量特征，还可为电网提供各种服务，如电网可靠性和储备能力，肯定了

核能等稳定或可调度的低碳电力对于维持电网稳定和降低电网系统性成本的重要作用，将扩大核能容量从而满足脱碳目标。欧盟将核能作为减少碳排放方案的一部分，希望各成员国利用核能赶在2050年之前实现碳中和。英国政府将核能发电确定为实现零碳排放目标的一种方式。英国能源白皮书《为零碳未来提供动力》明确核能清洁能源的地位，强调核能是英国实现净零目标的重要潜在力量。虽然法国计划在2035年前将核能在电力生产中的份额由目前的75%降低至50%，但是核能依然占据战略主导地位，同时，法国总统马克龙也强调法国能源和生态的未来取决于核能。日本经济产业省发布《绿色增长战略》，将核能作为其中的重要一部分，并提出核能发展目标。

4. 未来全球核电的装机容量有较大增长空间

虽然不同机构对核能发展的预测数据有较大的差别，但总体上是积极的，未来全球核电具有较大的发展空间，全球核电装机容量到2050年将增加一倍以上。核电未来发展主要集中在亚洲和东欧地区，在北美和西欧等传统核电大国所在地区，核电发展未来将处于停滞状态，甚至会出现倒退。国际原子能机构于2020年9月在2020年版年度报告《直至2050年能源、电力和核电预测》中指出，全球终端能源消费量到2050年将增长约30%，发电量将增长一倍。化石燃料仍然是全球电力生产的主要能源，其份额自1980年以来变化不大，约占电力生产的63%。2019年，核电在全球电力中的占比约为10%。2020年，全球核电装机容量为392GWe，2050年全球核电装机容量预计在低值情景中将达到363 GWe，在高值情景中将达到715 GWe。与2020年相比，在高值情景中，2030年核电装机容量将增加约20%，2050年将增加约80%；在低值情景中，2040年核电装机容量预计降幅有10%，随后小幅上涨，到2050年下降约7%。

（二）国内方面

1. 我国核能发展步入积极有序阶段

在碳达峰、碳中和的背景下，核能作为近零排放的清洁能源，预计将保持较快的发展态势，具有更加广阔的发展空间。我国自主三代核电将按照

6~8台/年的核准节奏，实现规模化批量化发展。我国核电在运装机容量预计到2025年达到7000万千瓦左右，2030年达到1.2亿千瓦，届时核电发电量约占全国发电量的8%。核能是安全、稳定、高效、可调度的清洁能源，作为目前唯一可大规模替代化石能源的基荷并具备一定负荷跟踪能力的电源，核电可以为电网运行提供稳定的电源支撑以及必要的转动惯量、负荷调节等保障，推动核能与风能、太阳能等可再生能源协同发展、互补发展，是构建以新能源为主体的新型电力系统的迫切要求。积极有序发展核能的战略定位更加明确，核能将在支撑我国碳达峰、碳中和目标实现的过程中发挥更加不可或缺的作用。

2. 核能在清洁低碳能源体系中的作用与地位凸显

2020年12月，国家主席习近平在联合国气候雄心峰会上宣布我国将提高国家自主贡献力度，到2030年，中国单位国内生产总值二氧化碳排放将比2005年下降65%以上，非化石能源占一次能源消费比重将达到25%左右。未来十年，我国能源结构清洁化、低碳化转型的力度将进一步加大。当前，可再生能源开发成本快速走低，规模发展迅速，但是在生产、上网、输送、储能等环节仍存在诸多技术瓶颈，例如由静稳天气和昼夜变换等原因造成的可再生能源发电存在间歇性和发电效率低等问题仍无法解决，迫切需要稳定的基荷电源支撑大比例可再生能源接入电网。同时，稳定的基荷电源也是电网安全稳定运行的重要支撑。核电运行稳定、可靠、换料周期长，与电网互动友好，技术上具备调峰能力，适于承担电网基本负荷及必要的负荷跟踪，可大规模替代化石能源作为基荷电源，将在清洁低碳的能源体系中占有不可忽视的地位。另外，核电在我国电力结构中的占比远低于世界平均水平，核能在我国国民社会经济发展中仍具有较大的发展潜力。

3. 核能正成为构建"双循环"新发展格局的重要载体与抓手

当今世界正经历百年未有之大变局，同时受新冠肺炎疫情全球蔓延的影响，我国面临的国际环境日趋复杂，不稳定性不确定性明显增加。党的十九届五中全会提出，要加快构建以国内大循环为主、国内国际双循环相互促进的新发展格局。核能是高科技战略产业，涉及70多个专业学科，

一次性投资金额大，产业链条长，核电投资建设对相当多的产业形成直接和间接的拉动作用，有助于畅通国内大循环，在疫情防控常态化时期有望成为培育新经济增长点的重要产业。"华龙一号"全球首堆工程带动上下游5300多家企业实现了411台核心设备的国产化，促进了国家高端重大装备制造业、相关服务行业的发展，对材料、冶金、化工、机械、电子、仪器制造等几十个行业的加工技术和工艺水平具有显著拉动作用，全寿命周期对产业链贡献高达上千亿元。1台"华龙一号"机组1年清洁发电近100亿千瓦时，能够满足我国100万人口城市的生产生活年度用电需求；同时，相当于减少标准煤消耗312万吨，减少二氧化碳排放816万吨，相当于植树7000万棵。核能的科技创新辐射带动作用有助于打造自主可控、安全可靠的核产业链，解决"卡脖子"问题，助推我国经济高质量发展。核电项目是打通国内国际双循环的重要载体，以核电项目为纽带，成就国家之间的"百年联姻"，将更有力地扩大对外开放，增强国际合作，促进合作共赢，加快构建新发展格局。

4. 核技术应用潜力大、前景广阔

疫情防控常态化时期，核技术应用在医疗卫生领域将具有更大的发展空间，核特色医疗、核技术装备、辐照应用的前景更为可观，核应急医学体系将更加健全。核技术辐照灭菌技术在时间效率上的优势凸显，有望进一步替代传统的环氧乙烷灭菌方法，更加广泛地应用于医疗防护服等的消杀工作。辐照技术有望用于冷链食品新冠病毒消杀，为保障冷链食品安全提供一种便携、无害的技术手段。核技术应用还将在医疗废水、危险废弃物处理、特殊聚集性场所移动式消毒、医疗器械灭菌等方面发挥更大的抗疫战斗力。医用同位素和放射性药物产品国内市场份额将进一步提升，质子和重离子加速器核心技术将更加自主可控，辐照技术在农作物育种等方面的应用将更加广泛，工业无损检测装置技术水平有望国际领先，安检设备将继续保持国际先进水平。在核技术应用产值方面，我国具有较大的市场潜力，未来将继续推动核技术与生物学、材料学、医学等技术的融合发展，更大地释放其在公共卫生、农业、医学、工业等领域的巨大潜能。

三 我国核能高质量发展展望

(一) 核能与可再生能源共同组成零碳能源体系

综合考虑可再生能源技术发展现状、电力系统成本等问题，根据中国核电发展中心的预测，基准方案下，到2030年，我国核电机组规模将达到1.3亿千瓦，占全国电力总装机的4.5%，发电量将达到0.9万亿千瓦时，占全国总发电量的10%。随着能源系统清洁化、低碳化转型进程的加快以及煤电的逐步退出，核能作为零碳基荷电源以及保障能源供应安全的作用将越发凸显。当前我国核能与主要的非水可再生能源生产区域错位，前者集中在东南沿海地区，而后者则主要在内陆地区。为了充分保障非水可再生能源上网以推动碳达峰、碳中和目标的实现，将进一步优化核电厂址的空间布局。预期在电力负荷较重的华中地区以及风电光伏规模大的地区，核电将成为保障区域能源安全供应的关键。以核电的稳定供应能力为基础支撑、多种可再生能源协同发展的零碳能源体系正加速形成。

(二) 核能科技创新的持续性与强度进一步加大

核能科技创新对维护国家能源安全、建设科技强国、促进国民经济高质量发展的作用突出。"十四五"及中长期，核能科技创新的投入力度将进一步加大，核能领域重大的研发成果将不断涌现，先进核能技术有望进一步发展，"华龙一号"批量化建设项目、重大专项高温气冷堆、"国和一号"与快堆示范工程、后处理200吨示范工程等将在"十四五"期间投入运行，小堆示范工程有望尽早尽快开工建设。依托先进前沿技术的快速发展，核能数字化智能化发展速度将大幅加快。

(三) 核工业产业链供应链将更加均衡发展、自主可控

"十四五"期间，我国核能事业进入新发展阶段，积极贯彻新发展理

念，加快构建新发展格局，将进一步强化核能产业链供应链自主可控，推动核能产业链供应链均衡发展。国内铀资源的勘查开发力度将进一步加大，进一步巩固"四位一体"铀资源保障体系建设。核燃料加工产业布局将进一步优化，"一站式"核燃料产业园建设有望落地。自主品牌 CF3 燃料组件将得到批量化应用，CF4、STEP、SAF 系列燃料组件关键技术有望取得重要突破，ATF、环形元件等革新性核燃料元件技术也将取得重要进展。进一步增强产业配套能力，有望在关键设备、核心元器件、基础软件等"卡脖子"问题方面取得重要突破，进一步提升核电装备的自主化和国产化水平。后处理科研专项将取得一批重要科研成果，逐步掌握大型乏燃料后处理工程的标准设计技术，闭式循环的产业能力有望初步建立。将建成若干低放废物处置场，并将开展建设高放废物处置实验室，满足核电站放射性废物集中处置需求。

（四）核能发展的政策环境趋于完善

"十四五"期间，包括《原子能法》《放射性废物管理法》《核损害赔偿法》《核电管理条例》等在内的一批核电领域法律法规有望出台，还将在我国核电产业厂址布局与落地、全产业链能力建设、参与电力市场交易、参与碳市场建设、公众沟通与科普宣传等方面制定一揽子政策。核能项目的开发将更加注重融入地方经济社会发展，不断探索创新与地方融合发展、利益共享的发展模式，增强核能企业与地方利益的关联度。各级政府与社会公众将更加认可、更加支持核能产业的发展。全行业核科普意识将进一步强化，核科普活动将呈现常态化，不仅注重面向公众传播核科学知识，还将致力于推动核科普进各级政府，营造出与新阶段、新理念、新格局相适应的政策和舆论环境，有效助推核能高质量发展、可持续发展。

（五）核能多用途利用示范工程有望陆续启动

碳达峰、碳中和目标提出后，核能在未来低碳经济、低碳社会中的作用不容忽视。除发电外，核能综合利用的深度、广度、维度有望加速拓展。与化石燃料通过燃烧将化学能转变为热能的利用形式不同，核能通过核反应过程（包括裂变、聚变或衰变）获得高品位热能，可以满足稠油热采等工业生产过程的需求，还可以推进新型工业园区、新型城镇等清洁供暖，实现化石能源的替代。核能与石油化工等高碳排放行业耦合发展，将进一步凸显核能零碳价值，核能制氢可以替代焦炭用作炼钢过程的还原剂，优化生产工艺的原料投入，大幅度降低生产的过程排放。此外，核能还能够在工业供汽、海水淡化、同位素生产、空间电源、水下能源网、陆上电源、应急电源等多场景下应用。一批核能多用途示范工程有望在"十四五"期间逐渐落地，围绕太空开发、极地破冰、偏远海岛的离网供电与供能等方面的核能工程化应用将进一步加速。

热点分析
Focus Issues

B.7
碳达峰、碳中和目标与能源转型发展研究

国家发展和改革委员会能源研究所课题组[*]

摘　要： 中国提出碳达峰、碳中和目标意义重大，能源低碳转型是实现这一目标的关键。从能源转型总体目标看，中国有望以较低的人均能源消费支撑现代化强国目标实现，非化石能源及发电将在一次能源及电源结构中占据主导地位，终端用能结构中电气化比重将大幅提升。但天然气、供热供暖热源以及氢能等能源转型发展方面的重点问题，仍需要在实践中逐步明晰路线。能源低碳转型发展是一项长期艰巨的任务，必须统筹好转型时期能源发展和安全的关系，妥善解决化石能源有序退出所产生的一系列问题，推动可再生能源低成本大规模开发利用，构建适应能源供需格局变化的能源输配体系。为此，建议建立能源低碳转型的目标引导机制和协同推进机

---

[*] 执笔人：苏铭，博士，中国宏观经济研究院能源研究所副研究员、处长，主要研究方向为能源战略和能源经济。

制，建立全社会分工协作的低碳能源科技创新体系，深化能源价格形成机制和市场体系改革。

关键词： 碳达峰　碳中和　能源转型

一　中国提出碳达峰、碳中和目标的重大意义

2020年9月22日，习近平总书记在第七十五届联合国大会一般性辩论上的讲话提出，"中国将提高国家自主贡献力度，采取更加有力的政策和措施，二氧化碳排放力争于2030年前达到峰值，努力争取2060年前实现碳中和"[①]。作为世界上最大的发展中国家和二氧化碳排放国，我国明确提出碳达峰、碳中和的目标，彰显了我国积极作为的决心与担当，对全球有效应对气候变化和践行绿色低碳发展意义重大。

（一）全球低碳转型发展大势不可逆转

1. 世界诸多国家已宣布碳中和目标愿景

2016年，全球178个缔约方共同签署了《巴黎协定》，意味着积极应对全球气候变化正从共识走向实际行动。尽管2020年11月特朗普政府让美国退出了《巴黎协定》，但拜登上台后，2021年1月美国又重新加入了该协定。

《巴黎协定》对2020年后全球应对气候变化的行动做出了统一安排，明确了全球应对气候变化的长期目标，即到21世纪末将全球平均气温较前工业化时期上升幅度控制在2摄氏度以内，并努力将温度上升幅度控制在1.5摄氏度以内；21世纪后半叶全球要实现碳中和。

[①] 《习近平在第七十五届联合国大会一般性辩论上的讲话（全文）》，"新华网客户端"百家号，2020年9月22日，https://baijiahao.baidu.com/s?id=1678546728556033497&wfr=spider&for=pc。

近期，世界各国纷纷以更积极的态度应对全球气候变化。截至2021年，已有超过120个国家以各种形式宣布碳中和目标愿景，且普遍承诺在2050年前实现碳中和。其中，欧盟议会批准《欧洲气候法》草案，决定以立法的形式明确到2050年实现碳中和，而且到2030年将温室气体排放比1990年水平降低55%；德国则宣布提前到2045年实现碳中和，到2030年将温室气体排放比1990年水平降低65%。英国新修订的《气候变化法案》，确立到2050年实现碳中和。美国宣布到2050年实现碳中和，而且更新了国家自主贡献，到2030年将温室气体排放比2005年水平降低50%~52%。日本宣布到2050年实现碳中和，提出了新的国家自主贡献，即到2030年将温室气体排放比2013年水平降低46%~50%。

2. 低碳发展领域将成为国际竞争制高点

气候变化已成为各国经济社会发展的重大约束，但危中有机，世界正处于低碳产业和低碳能源变革的重要关口，低碳发展成为国际竞争的制高点。欧美等发达国家均把促进本国绿色低碳发展作为战略，推进以低碳零碳产业和可再生能源技术为核心的战略布局，欧盟甚至试图通过碳边境调节机制等手段获得新的国际竞争优势。欧盟于2019年11月发布了"2050欧盟绿色新政"，其根本战略目标是重塑发展方式，建设公平繁荣的社会和富有竞争力的现代经济，引领全球绿色转型。该政策以"2050年实现碳中和"作为推动全局性转变的抓手，制定了时间表和路线图，明确了能源、产业、建筑、交通、农业等重点领域行动计划，制订了能效、可再生能源、循环经济等领域的立法计划，以及建立每年新增2600亿欧元绿色投资的资金保障机制。拜登政府重返《巴黎协定》后，也计划推动美国绿色复苏，大力发展清洁能源，承诺4年内为气候友好型基础设施投入2万亿美元，涉及高铁扩建，电动汽车生产，风能、太阳能和其他可再生能源技术的推广；10年内投资4000亿美元用于清洁能源技术创新，加快清洁能源技术在美国经济中的应用。2020年末日本发布《绿色增长战略》，将通过监管、补贴和税收优惠等激励措施促进私营领域绿色投资，重点包括海上风电、核能、氢能等14个产业，以此来促进日本经济的持续复苏和"零碳社会"

建设。韩国于2021年7月发布"数字和绿色新政",计划投入超千亿美元,着力推动各经济领域的数字化转型,大力发展绿色经济,提升韩国产业的环境标准合规竞争力,覆盖5G网络、人工智能、节能型建筑、电动汽车、智能城市、可持续能源以及低碳工业园区等诸多领域,促进经济社会发展和转型升级。

(二)中国提出的减碳目标是融入世界低碳发展潮流的重大战略决策

1. 实现碳达峰、碳中和目标是中国生态文明建设的内在要求

习近平总书记多次强调,应对气候变化不是别人要我们做,而是我们自己要做。作为负责任的发展中大国,中国不仅将应对气候变化视为应尽的国际义务,更作为实现自身可持续发展的内在要求和推进生态文明建设的重要途径。2021年3月15日,习近平总书记在中央财经委员会第九次会议上进一步指出,实现碳达峰、碳中和是一场广泛而深刻的经济社会系统性变革,要把碳达峰、碳中和纳入生态文明建设整体布局。这是我国从生态文明建设的高度对碳达峰、碳中和目标的诠释。我国人口众多、气候条件复杂、生态环境脆弱,受到气候变化的不利影响和损害十分显著。实现碳达峰、碳中和目标,是保障我国经济安全、资源能源安全、生态安全、粮食安全、人民生命财产安全以及促进可持续发展的重要一环,是建成富强民主文明和谐美丽的社会主义现代化强国的必由之路。

2. 实现碳达峰、碳中和目标是推动构建人类命运共同体的重要内容

应对气候变化,《巴黎协定》代表了全球绿色低碳转型的大方向,是保护地球家园需要采取的最低限度行动,各国必须迈出决定性步伐。习近平总书记强调,中国提出的实现碳达峰、碳中和目标,不仅事关中华民族永续发展,而且事关构建人类命运共同体。一方面,中国要秉承人类命运共同体理念,加强应对气候变化的国际合作,推进国际规则标准制定,推动和引导建立公平合理、合作共赢的全球气候治理体系,与世界各国共同打造绿色"一带一路",积极推动全球低碳转型和可持续发展。另一方面,低碳发展已成为国际竞争制高点,中国要全面加强绿色低碳技术创新和国际合作,支

持绿色低碳技术创新成果转化和应用,推动产业生态化和生态产业化发展,成为世界低碳技术和低碳发展中的竞争者和引领者。

二 中国能源低碳转型发展的总体目标和路线

(一)能源转型发展的总体目标已较为明确

中国能源消费贡献了近90%的二氧化碳排放量,2030年、2060年减碳目标的实现离不开能源转型发展。中央财经委员会第九次会议强调,中国力争2030年前实现碳达峰,2060年前实现碳中和,必须以经济社会发展全面绿色转型为引领,以能源绿色低碳发展为关键,加快形成节约资源和保护环境的产业结构、生产方式、生活方式、空间格局,坚定不移走生态优先、绿色低碳的高质量发展道路。近一年来,国内能源相关智库及研究机构对2030年、2060年减碳目标下的能源转型前景进行了分析展望,在转型方向和总体目标上已达成较多共识。

第一,一次能源消费总量将在2030~2040年达到峰值,且峰值水平不超过70亿吨标准煤。2030年前,中国将坚持节约优先,强化能源消费总量和强度双控,进一步提升能源效率水平。到2030年一次能源消费总量有望控制在60亿吨标准煤以内,助力2030年前碳达峰目标实现。2030~2040年,随着中国逐步迈入中等发达国家行列,经济结构和发展方式也将迈入更高水平,一次能源消费总量将达到峰值;峰值水平下,人均一次能源消费总量不到5吨标准煤,不仅远低于美国、加拿大的人均10~12吨标准煤水平,而且低于欧盟国家普遍的人均6~7吨标准煤水平,甚至低于日本、英国的人均5~6吨标准煤水平(见图1)。这意味着中国将更多发挥后发优势,能够以相对更高的能源效率、更低的能耗水平实现现代化,迈入中等发达国家水平。之后,随着更为高效的电能替代化石能源,有望实现经济发展与能源消费增长脱钩。若能进一步提高产品能效,更多发挥电能替代的节能优势,中国人均能源消费峰值水平甚至有望低于4.5吨标准煤。

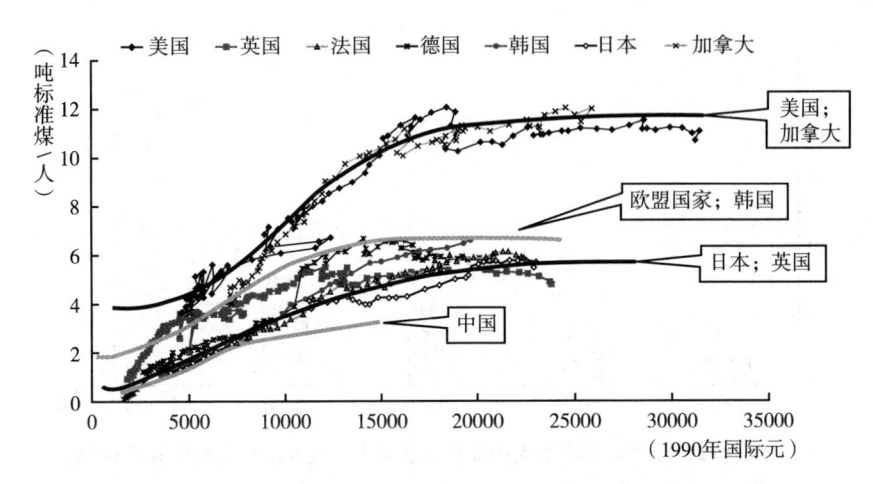

图1 世界主要国家人均能源消费与人均GDP变化关系

资料来源：Maddison《世界经济统计》、国际能源署（IEA）。

第二，一次能源及电源结构中，非化石能源及发电将占据主导地位。随着技术的不断进步和成本的持续下降，非化石能源发电已初步具备竞争优势，未来将对传统化石能源形成加速替代。2020年12月12日，习近平总书记在气候雄心峰会上宣布，"到2030年，中国单位国内生产总值二氧化碳排放将比2005年下降65%以上，非化石能源占一次能源消费的比重将达到25%左右"[①]。这一目标较之前提高了5个百分点。《中共中央 国务院关于完整准确全面贯彻新发展理念做好碳达峰碳中和工作的意见》明确提出，到2060年非化石能源消费比重达到80%以上。另外，2021年4月，国家能源局局长章建华在接受《中国电力报》采访时指出，根据有关研究机构初步测算，到2060年非化石能源发电量占比将由目前的34%左右提高到90%以上，建成以非化石能源为主体的、安全可持续的能源供应体系，实现能源领域深度脱碳和本质安全。

2030年、2060年碳达峰、碳中和目标下中国非化石能源占一次能源消费的比重变化趋势见图2。

---

① 《习近平在气候雄心峰会上的讲话》，"中国青年报"百家号，2020年12月13日，https://baijiahao.baidu.com/s?id=1685910182782090337&wfr=spider&for=pc。

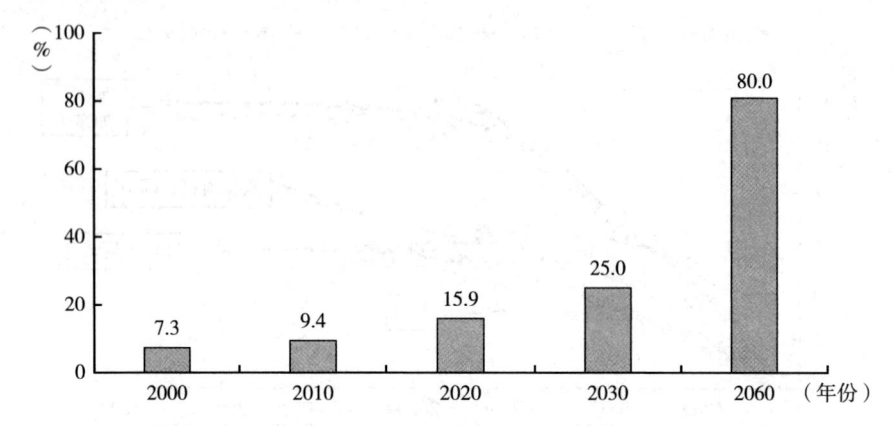

图2 碳达峰、碳中和目标下中国非化石能源占一次能源消费的比重变化趋势

注：2030年、2060年数据为预测值。
资料来源：根据《中国能源统计年鉴》整理。

第三，终端用能结构中，电气化比重将大幅提升。"再电气化"成为全球清洁低碳用能的大势所趋。目前，中国终端用能电气化比重已超过25%，与发达国家水平相当，甚至更高。随着新能源、智能家居、先进制造、电动汽车、智慧能源技术不断成熟和成本快速下降，其与大数据、云计算、物联网、共享经济等深度融合将持续推动终端用能电气化。综合各方研究，预测2050~2060年，中国终端用能电气化比重将超过50%，甚至达到70%以上（见图3）。

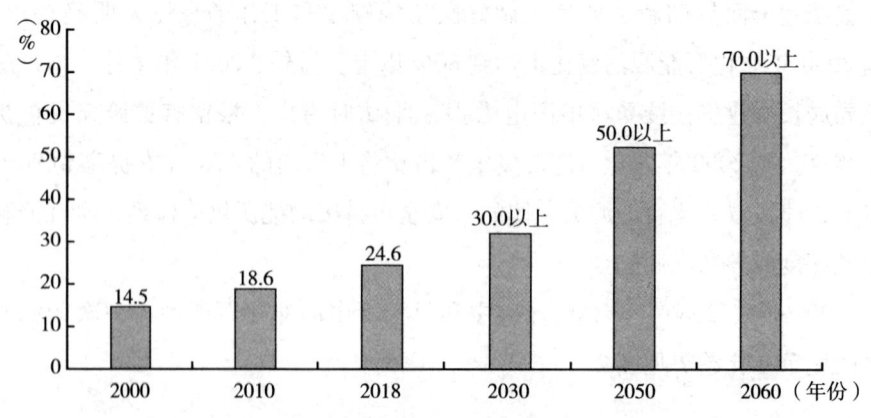

图3 碳达峰、碳中和目标下中国终端用能电气化比重变化趋势展望

资料来源：根据《中国能源统计年鉴》整理。

（二）能源转型发展的路线图仍有待明晰

尽管在碳达峰、碳中和目标下，中国能源转型发展的总体目标已明确，但在一些关键能源品种上仍存在较大争议，相应的能源转型发展路线仍需要在实践中不断加以明晰。

第一，关于一次能源中天然气发展路径问题。目前，中国煤炭消费已处于峰值平台期，未来将逐步削减；石油消费也将在未来5~10年达到峰值，并逐步减少。但是，天然气作为清洁低碳的化石能源，仍处于较快发展期，其在中国能源转型发展的地位和作用仍有较大争论。一种观点认为，天然气将与可再生能源形成互补，在诸多领域发挥作用，而且CCUS技术进步有利于维持在较高利用水平上，2030~2040年消费量峰值将超过6000亿立方米，而且在2040~2060年将长期处于峰值平台期。另一种观点认为，按照发展惯性，天然气消费将在2030~2040年达到6000亿立方米峰值水平，但按照碳中和目标倒逼，2050~2060年其消费应当回落到3000多亿立方米。此外，还有一种观点认为，既然2050~2060年天然气消费将锁定在3000亿立方米左右，不应再建设更大规模的基础设施推高其阶段性利用水平，应该从现在开始就维持这一规模。

第二，关于供热供暖热源问题。供热供暖需求是能源服务中极为广泛且重要的形式。无论是工业窑炉生产需要的高温热量，还是轻工业生产中所需的蒸汽，抑或是居民冬季生活取暖的热水，都消耗大量的能源，且基本上是化石能源。如何实现供热供暖热源的转型，答案仍不清晰。一种观点认为，应当继续以火电热电联产供热为主，以天然气供热为辅，其他可再生能源供热因地制宜发展，这同时需要CCUS技术进步，才能高效解决各类供热需求问题。另一种观点认为，应充分发掘余热集中供暖潜力，特别是核能余热供暖，辅之以电热泵技术进行分布式供暖；高温热量则由电力、氢能等满足。

第三，关于氢能发展问题。氢能作为一种二次能源，正成为新的热点，国际国内都对其发展进行了前瞻性研究。国际氢能委员会预计，到2050年，氢能可以满足全球能源总需求的18%或全球一次能源总需求的12%。中国各地也积极开展探索实践。但从目前看，氢能特别是绿氢的生产制备仍面临高成本约束，氢能的储运则面临技术性、安全性及成本的约束，在终端应用环节，氢能是否能对焦炭、石油以及天然气形成大规模替代，也面临多重约束。未来氢能是否成为仅次于电力的第二大终端能源品种，仍存在较大的不确定性。

三 促进能源低碳转型发展需要处理好的关键问题

（一）统筹好转型时期能源发展和安全的关系

能源安全是能源低碳转型发展的前提。随着中国能源低碳转型的逐步推进，能源安全的内涵将发生显著变化，需要未雨绸缪，做好应对，更好统筹转型时期能源发展和安全的关系。

从战略安全层面看，传统化石能源战略安全问题将逐步让位于新能源产业链供应链安全问题。中国石油和天然气高度依赖进口，对外依存度已分别超过70%和40%，油气进口安全一直是中国能源战略安全问题的核心。但随着能源低碳转型加速，石油和天然气消费将逐步达峰，对外依存度将在高位运行一段时期后逐步下降。同时，全球油气总体呈现供需宽松态势。从长期看，传统化石能源战略安全问题尽管仍然存在，但将随着能源低碳转型进程逐步缓解。尽管新能源电力开发利用多为本地化，但产业链供应链却是全球性的，其安全风险将逐步浮现。2021年5月，国际能源署（IEA）发布了《2050年净零排放：全球能源行业路线图》，指出在净零路径中，铜、钴、锰和各种稀土等关键矿物的总市场规模将在2020年至2030年期间增加近6倍，进而引起新的能源安全关切；能源安全的焦点将发生转变，需要建立新的国际机制，以确保关键矿物供应的及时性和生产的可持续性。围绕可再生能源、储能、电动汽车等能源清洁低碳发展方向的领域，正成为国际产业竞争以及大国博弈的热点。维护中国新能源产业链供应链安全，避免关键领域"卡脖子"问题，提升技术装备的国际竞争力，成为能源战略安全保障的关键。

从运行安全层面看，保障电力和天然气等清洁低碳能源系统持续稳定供应正面临越来越大的挑战。"十三五"期间，在大气污染防治约束下，"煤改气"力度加大，但出现了冬季供应短缺的局面，"以气定改"、在确保供应的基础上推动能源结构调整成为之后的政策基调。相比于天然气，以新能源为主的电力供应波动性强，间歇性、随机性特征突出，存储难度更大，调节空间更小。随着其装机规模快速增加，大面积出力受阻后将对电力系统安全运行构成严峻挑战。再者，居民生活用电、用气量占全社会用电、用气量的比重已分别增至15%、17%左右。而且，居民对电、气等能源供应的连续保障预期也不断提高，特别是取暖用能需求不可中断、刚性更强，若叠加极端天气影响，保障难度更大。因此，健全产供储销体系，补足储备调峰能力短板，对于维护能源低碳转型背景下的系统运行安全将变得越发重要。

（二）妥善解决化石能源有序退出的一系列问题

从碳达峰过渡到碳中和，发达国家需要 50~60 年的时间，而中国必须用 30 年的时间来做到这一点。要达到这个目标，中国要完成全球最高碳排放强度降幅，用全球历史上最短的时间实现从碳达峰到碳中和，需要付出巨大努力。化石能源基础设施运行周期长，一旦投入将在很长时间发挥作用，如不能合理规划退出路径，有序减少化石能源开发利用，将带来巨大的资产搁浅成本和区域经济代价。

其一，化石能源基础设施必须从全生命周期进行优化布局，以避免潜在的大规模资产搁浅成本。中国已建成世界上规模最大的化石能源基础设施体系，而且在 2030 年前进入碳达峰阶段，对化石能源的需求还将增加，相应基础设施也将继续扩大规模。但在 2060 年前碳中和目标约束下，大量能源基础设施应当在这一时期退出服役，资产搁浅成本不能忽视。李政、陈思源、董文娟等[1]以煤电机组为例,分析了其提前退役导致的资产搁浅风险,认为在2摄氏度(延后减排)情景下,中国煤电资产搁浅总成本高达1500亿元左右,1.5摄氏度情景下甚至超过6500亿元。这就要求必须从碳中和目标出发,尽可能明晰能源低碳转型的阶段性目标,从全生命周期角度,统筹谋划好化石能源基础设施投资建设、运行和退出的时间路径,让化石能源基础设施物尽其用。

其二,化石能源资源型地区转型之路更为漫长,经济、就业和城市转型压力较大。长期高强度的化石能源高强度开发已经塑造了大量的资源型城市和经济体。例如,山西省煤炭工业增加值长期占全省工业的比重达50%以上;近年来,陕西省能源工业发展迅速,能源工业增加值占全省规模以上工业增加值的比重达50%左右;宁夏回族自治区煤炭、电力、化工等行业增加值占全区规模以上工业增加值的约2/3。[2] 未来一段时期,中国化石能源需求仍将保持较大规模,而开发重心将进一步向晋陕蒙等西北地区聚集,西北地区化石能源资源型经济将有所强化。在此基础上,又需要使其在未来30多年间实现经济、就业和城市发展方面的转型,亟须加强能源产业政策和资源型城市转型政策统筹衔接,建立长效机制,更好促进产城人共同转型发展。

(三)推动可再生能源低成本大规模开发利用

2010~2020年,可再生能源装备成本持续快速下降,有力推动了中国可再生能源电力快速发展。2020年相比2010年,风电机组价格下降了约50%,光伏组件价格下降了约85%,装备价格的下降大大降低了新能源项目的开发成本。风电、光伏发电已具备与常规火电竞争的优势,从"十四五"起,中国新增风电、光伏发电项目将全面步入无补贴的"平价上网"

---

[1] 李政、陈思源、董文娟、刘培、杜尔顺、麻林巍、何建坤:《碳约束条件下电力行业低碳转型路径研究》,《中国电机工程学报》2021年第12期。

[2] 姜长云、盛朝迅、张义博:《黄河流域产业转型升级与绿色发展研究》,《学术界》2019年第11期。

时代。最新研究表明，未来可再生能源发电成本仍有巨大下降潜力。[①] 尽管装备成本持续下降，但未来推动可再生能源低成本大规模开发利用，仍面临两大重要挑战。

其一，用地问题可能显著推高大规模发展可再生能源的非技术性成本。未来中国风电、光伏发电装机规模均将由2020年的2亿多千瓦增至数十亿千瓦。一些测算表明，实现这些装机目标，将导致数万甚至数十万平方公里的土地需求。现有国土空间规划尚没有明确的新能源用地，用海专项规划也未为新能源大规模开发预留足够空间，这就使可再生能源项目用地、用海缺乏稳定性。在农地、草地、林地等建设可再生能源项目时，面临生态保护红线、耕地红线等多种约束，潜力难以有效发挥。土地成本，将成为越来越多影响可再生能源发电成本的重要因素。

其二，当可再生能源成为主力电源，电力电量平衡将面临系统成本上升的挑战。由于风电、光伏发电存在波动性、间歇性、随机性特征，随着可再生能源成为主体，电力系统对灵活性调节资源的需求将更加迫切。火电灵活性调节技术、需求侧响应技术以及大规模储能技术的应用，均将带来系统调节成本的增加。IEA与经济合作与发展组织核能署2020年设置了"价值调整后的标准化发电成本"（VALCOE）指标，并评估了可再生能源进入发电系统带来的系统调节成本变化，认为该成本会随着可再生能源电量渗透率的提高而成比例增加，而且该系统调节成本较大。国网能源研究院2021年初步测算表明，当新能源电量渗透率超过15%后，中国电力系统（调节）成本进入快速增长临界点，2025年预计是2020年的2.3倍。

（四）构建适应能源供需格局变化的能源输配体系

改革开放以来，随着国家生产力布局和投资重心向东倾斜，能源消费也向东集聚，21世纪以来能源消费总量占全国的比重始终在40%以上。但从

[①] Wiser, R., Rand, J., Seel, J., Beiter, P., Baker, E., Lantz, E., and Gilman, P., "Expert elicitation survey predicts 37% to 49% declines in wind energy costs by 2050," *Nature Energy* 2021.

资源分布看，中西部地区能源资源赋存较为丰富，加之东部地区能源资源开发潜力逐步缩小，中西部地区建设了一大批大型能源生产基地，能源生产总量占比不断提升，2020年已达85%左右。为了保障地区间能源供需平衡，建设了大规模长距离的能源输运基础设施，逐步形成了"西煤东调""北煤南运""西电东送""西气东输"的大范围能源调配格局。未来，随着能源开发利用主力从化石能源逐步向非化石能源转变，能源供需格局不可避免会发生深刻调整，将对能源输配体系带来深远影响。

一方面，西部地区大规模集中式可再生能源发电基地建设，有可能引致能源电力供需格局的重大调整，大规模长距离的能源输运体系需要做出相应调整。在碳减排、碳中和目标下，中国风电、光伏发电的大规模建设，离不开西部地区集中式可再生电力基地大发展。若要输送数亿千瓦乃至更多的电力，对长距离跨省跨区输电通道的需求将十分巨大。2021年4月，美国国务卿布林肯在马里兰州演讲时公开宣称，"如果我们不能领导可再生能源革命，美国恐怕不能在和中国的长期战略竞争中获胜"[①]。同时，西部地区也在利用清洁电力优势，吸引东部地区高耗电产业进行转移。如果这一生产力格局调整趋势继续发展，未来长距离能源输送体系就需要进行优化调整。这将是一个相互反馈、相互影响的过程，跨区域能源电力输运设施建设需与之更好匹配。

另一方面，分布式可再生电力大发展，带动了能源产消者（pro-consumer）等新形态出现，对电网层级体系乃至功能定位提出了新的要求，应成为新型电力系统建设需要重点关注的内容。中央财经委员会第九次会议明确指出，要构建以新能源为主体的新型电力系统。新型电力系统建设，既要在电源侧大力发展新能源及可再生能源，实现新能源发电对传统能源发电的替代，又要加强灵活调节能力建设，确保新能源及可再生能源平稳上网和有效利用，同时也对电网体系提出了新的要求。目前，分布式光伏发电装机容量已占全国光伏发电装机容量的约1/3。未来，分布式光伏发电、分散式风电将发挥

[①] 刘程辉：《布林肯呼吁在可再生能源领域追赶中国：我们已经落后》，观察者网，2021年4月20日，https：//www.guancha.cn/internation/2021_04_20_588098.shtml? s=zwyzxw。

更大的作用，特别是在广大中东部负荷地区，建筑屋顶光伏、园区厂房光伏和分散式风电发展需求及潜力巨大。由于分布式可再生能源更贴近用户，甚至与用户一体，无论是自发自用，还是隔墙售电，尽可能在低电压等级的配网侧实现区域电力电量平衡，成为降低供用电成本、更好推动其发展的重要途径。电网如何适应这一趋势的要求，更好发挥其电力安全保障的作用，将是未来电网体系建设、电网功能重塑以及深化电力体制改革的重点所在。

四 促进能源低碳转型发展的措施建议

（一）建立能源低碳转型的目标引导机制

《可再生能源法》明确提出全国及各省（区、市）"根据能源需求与可再生能源资源实际状况，制定全国可再生能源开发利用中长期总量目标"，由此建立了可再生能源开发的目标引导机制。之后，中国陆续制定了2020年、2030年非化石发展比重目标。这一目标引导机制的建立有力地促进了中国可再生能源的发展。目前，中国水电、风电、光伏发电累计装机容量均居世界首位。2020年12月12日，习近平总书记在气候雄心峰会上宣布了中国可再生能源发展的新目标，即"到2030年……非化石能源占一次能源消费的比重将达到25%左右……风电、太阳能发电总装机容量将达到12亿千瓦以上"[①]。

考虑到能源转型涉及能源系统的方方面面，而不仅仅是可再生能源发展，因此亟待建立相应的目标引导机制，以此引导社会各主体共同践行能源低碳转型发展。一方面，应加快研究确立能源低碳转型的主要指标体系，按照2060年前碳中和要求，明确各个时期的阶段性目标。考虑到目标的可达性，宜建立动态更新机制，在当前已确立2030年目标的基础上，随着时间推移，逐步

---

① 《习近平在气候雄心峰会上的讲话》，"中国青年报"百家号，2020年12月13日，https：//baijiahao.baidu.com/s? id = 1685910182782090337&wfr = spider&for = pc。

拓展到确立 2035 年、2040 年乃至 2060 年目标，并对之前年份的目标不断更新。另一方面，地方是发展非化石能源、减少化石能源消费、推动能源低碳发展的主体，应根据当地经济转型发展前景和资源禀赋条件，加快建立地区目标责任制，推动全国目标更好落地，推动各地区有序实现碳达峰、碳中和。

（二）建立全社会分工协作的低碳能源科技创新体系

非化石能源替代化石能源是一场根本性的能源变革，而能源科技将是最主要的推动力。2021 年 5 月 IEA 发布《2050 年净零排放：全球能源行业路线图》，尽管在全球构建净零排放能源系统的路线图方面存在巨大争议，但更加凸显了技术创新对于实现净零排放能源系统的重要性。根据 IEA 估计，到 2030 年前，全球大部分二氧化碳减排量均可基于现有可用的技术实现；但到 2050 年，近一半的减排量须来自目前仍处于演示或原型阶段的技术。这就要求各国政府加大清洁能源技术的研发、示范和应用方面的投入力度，特别是先进储能电池、氢能和 CCUS 等技术领域。同时也意味着，相关技术和产业的竞争有望成为未来国际竞争的焦点。

在碳达峰、碳中和目标下，能源低碳技术创新也将成为我国建设创新型国家的一个重要制高点。因此，必须组织全社会力量，共同推动能源低碳技术的全链条创新。一方面，加大能源低碳技术基础性创新支持力度。重中之重是加大政府投入力度，整合科研院所和高校力量，组建能源低碳技术国家实验室，聚集人才、培养人才，围绕能源低碳基础领域研究和共性关键技术加大研发，力争成为全球新型能源低碳技术的策源地。另一方面，建立以企业为主体、产学研相协同的能源低碳技术研发和应用体系。充分发挥企业在技术创新应用方面的主力军作用，围绕先进储能电池、氢能、CCUS、智能化数字化能源技术，依托工程试验示范项目，突破技术应用瓶颈，创造应用场景，打造切实满足市场需求、具有国际竞争力的产业链供应链。

（三）深化能源价格形成机制和市场体系改革

能源低碳转型需要供需两侧协同发力，而价格机制是协调能源短期供需平衡和促进长期低碳转型的最有效手段。必须深化能源价格形成机制改革，更好发挥价格机制的基础性作用。一方面，积极推进能源外部性成本内部化，将能源生产和消费的外部性成本通过价格信号加以反映。既有的煤炭、石油外部性成本研究表明，煤炭和石油利用带来的环境健康损失巨大，但这部分成本均未充分体现。亟待通过碳交易价格、碳税等手段，将化石能源外部性成本内部化，传导给消费者以及生产者。另一方面，随着电力逐步成为终端能源消费最主要的品种，建立更合理的电价形成机制就显得尤为重要。应贯彻《国家发展改革委关于"十四五"时期深化价格机制改革行动方案的通知》（发改价格〔2021〕689号）思路，持续深化电价改革，既要适应电力灵活性需求增加，加快完善各类储能价格形成机制，又要建立电力灵活传导机制，将供电成本的变化合理分担给用户。特别是深化绿色电价政策改革，完善差别电价、阶梯电价、惩罚性电价等政策，让高耗能、高排放行业以及奢侈性用户承担更多的成本上涨压力，也有利于抑制其耗电的持续增加。

贯彻"充分发挥市场在能源资源配置中的决定性作用，更好发挥政府作用"的思路，近年来我国已逐步深化能源重点领域和关键环节市场化改革，并取得了显著成效。下一步，在建立健全统一开放、竞争有序的现代能源市场体系过程中，应当把支撑和促进能源低碳转型作为其中的前置性要求。重中之重是深化全国统一能源市场建设，打破地区行政壁垒，让低碳能源开发和利用在全国范围内有效配置。同时，深化政府管理体制改革，强化监管职能，加强垄断环节价格成本监审，推动基础设施公平开放，从而让低碳能源更好为市场主体接受和利用。

（四）建立促进能源低碳转型的协同推进机制

实现碳达峰、碳中和目标是一场广泛而深刻的经济社会系统性变革。中央财经委员会第九次会议强调，要把碳达峰、碳中和纳入生态文明建设整体布局。能源低碳转型事关生态文明建设的方方面面，无论是资源节约、环境治理、生态保护，还是应对气候变化。因此，同样需要从生态文明建设高度统筹推动能源低碳转型。必须强化多规合一、协同推进，推进清洁低碳能源发展规划与国土空间、生态环境、城乡建设等规划相衔接，推进能源清洁低碳利用与产业转型升级、产业布局优化、区域协同发展等政策相协同。

应对气候变化是全球共同的事业，必须秉承人类命运共同体理念，共同推动实现碳达峰、碳中和目标。能源是全球性商品，能源国际合作是保障全球能源安全的重要内容；实现能源低碳转型，同样需要各国协同推进。一方面，在全球能源低碳技术研发中，坚持竞争中合作、合作中竞争，更好发挥知识和技术的外溢性价值。另一方面，在全球能源贸易和投资中，倡导统一清洁低碳能源技术标准，倡导消除清洁低碳能源投资壁垒，让清洁低碳能源技术得到广泛应用。此外，在全球能源治理体系中，推动能源低碳转型发展合作成为重要议题，更好地发挥全球能源互联网合作组织等新型多边机构作用，与各国一起协同推进能源低碳转型。

参考文献

《习近平主持召开中央财经委员会第九次会议强调推动平台经济规范健康持续发展把碳达峰碳中和纳入生态文明建设整体布局》，新华网，2021年3月15日，www.xinhuanet.com。

杨琨鹏、王怡：《统筹能源安全保障和绿色转型发展——访国家能源局党组书记、局长章建华》，《中国电力报》2021年4月16日。

朱怡、莫非：《国网能源研究院院长、党委书记张运洲：新型电力系统将带来革命性影响》，《中国电力报》2021年4月20日。

江亿、胡姗：《中国建筑部门实现碳中和的路径》，《暖通空调》2021年第5期。

廖虹云、康艳兵、朱松丽：《碳中和：国际社会在行动》，《中国发展观察》2021年第5期。

IEA, "Net Zero by 2050 – A Roadmap for the Global Energy Sector," 2021, www.iea.li/nzeroadmap.

IEA, OECD-NEA, "Projected Costs of Generating Electricity," 2020, www.iea.li.

Hydrogen Council, "Hydrogen Scaling Up-A Sustainable Pathway for the Global Energy Transition," 2017, https://hydrogencouncil.com/wp–content/uploads/2017/11/Hydrogen–scaling–up–Hydrogen–Council.

B.8
新冠肺炎疫情对全球能源治理及格局的影响研究

深圳大学课题组*

摘　要： 新冠肺炎疫情的蔓延对全球经济及贸易产生显著负向冲击，也将对能源经济运行及变革产生深远影响。本报告首先总结了新冠肺炎疫情对中国及全球经济的影响特征，结合疫情影响能源经济的运行情况，着重探讨了疫情下的全球能源治理变化趋势及其影响，为中国更好地应对新冠肺炎疫情、持续提高能源国际合作水平和助推绿色能源治理格局形成提供政策建议。

关键词： 可再生能源　绿色复苏　能源转型

一　新冠肺炎疫情对中国及全球经济的影响

（一）疫情或将加速世界经济变局，全球化面临严峻挑战

2020年，新冠肺炎疫情（COVID-19）突袭而至并迅速肆虐全球。面对疫情的剧烈冲击，各国政府采取了史无前例的防控举措，严格的社会隔离措

---

* 执笔人：马丽梅，管理学博士，深圳大学中国经济特区研究中心助理教授、硕士生导师，主要研究方向为能源经济学；王倩影，深圳大学经济学院硕士研究生，主要研究方向为能源经济学；刘相辰，深圳大学经济学院硕士研究生，主要研究方向为能源经济学。

施导致人类社会经济活动空前减少,贸易与投资需求急剧萎缩,世界经济遭逢人类现代史上罕见的大收缩。世界贸易组织(WTO)《全球贸易数据与展望》报告指出,2020年全球GDP同比下降3.8%后,预计2021年增长5.1%,2022年增长3.8%。同时,2020年全球商品贸易较2019年萎缩5.3%后,预计2021年增长8.0%,至2022年增速将放缓为4.0%。国际货币基金组织(IMF)《世界经济展望》指出,2020年全球GDP较2019年萎缩3.3%后,预计2021年增长6%,至2022年增速将放缓为4.4%。世界银行《全球经济展望》报告预测,2021年全球GDP有望增长4%,但实现这一数值是有前提的,即新冠疫苗在未来一年中得以广泛使用。既有的研究普遍将疫情视为一个高强度外生冲击①,不仅会使劳动力、资本等生产要素交流互通出现短暂停滞,造成短期经济衰退,而且会对世界经济造成长期结构性影响,譬如消费者行为、企业策略等发生转变。国际能源署(IEA)《世界能源展望2020》报告引入了延迟恢复场景,认为到2023年全球经济活动可恢复到2019年水平,并强调了疫情对全球经济的长期影响。与此同时,报告还指出,与未发生"危机"的基准情景相比,至2030年,全球GDP较既定增长目标缩水近10%,若情形相对乐观,即疫情全球大流行于2021年得以控制,那么到2025年,全球经济较"危机"前的发展轨迹仅缩水4%。

(二)疫情蔓延危及全球贸易,发展中国家经济受损大于发达国家

在词云图中,单词字体越大,代表该词出现频次越多且重要性越高。世界银行等10份分析报告中出现的高频词汇包括emerging market(新兴市场)、advanced economy(发达经济体)以及EMDE(新兴市场和发展中经济体)等经济概念,表明世界银行等国际权威机构普遍关注发达经济体与发展中国家经济复苏的差异性,研究视角包括经济增长率(growth)、资产购买(asset purchase)、财政政策(fiscal policy)等方面,研究重心涵盖

---

① 张晓晶、刘磊:《新冠肺炎疫情冲击下稳增长与稳杠杆的艰难平衡》,《国际经济评论》2020年第2期。

美国（US、United States 以及 Washington D. C. 等）、亚洲（Asia）、中东（Middle East）以及拉丁美洲（Latin American）等地区。

IMF 预测[①]，全球各国家或地区经济复苏进程将出现分化：2020~2024 年预计低收入国家、新兴市场和发达经济体年平均人均 GDP 将缩水 5.7%、4.7% 和 2.4%。这一结果表明，低收入国家和新兴市场经济体所受冲击更大，意味着其与发达经济体间在疫苗普及速度、经济政策支持力度等方面存在一定差异。首先，获得疫苗机会不均等，高收入国家人口占世界总人口的 16%，却预先采购 50% 的疫苗，加之其疫苗接种速度稳步上升，使更多发达国家人群陆续返回餐馆、酒吧、商店和机场，实现消费拉动经济增长；其次，许多依赖旅游业和大宗商品出口的低收入和发展中国家，医疗资源相对短缺，再加上财政状况于疫情发生前本就十分堪忧，债务高企，挤压了政策应对空间，导致其实施重大医疗卫生或财政救助应对政策能力较低。而许多发达经济体，在 2020 年推出更富有针对性的经济刺激政策，使经济逐步恢复原有轨道。因此，IMF 综合考虑多种因素后预测，2021 年美国 GDP 将增长 6.4%，2022 年将增长 3.5%；2021 年欧元区 19 个成员国 GDP 增速将达 4.4%，2022 年将达 3.8%；在新兴市场和发展中经济体中，除中国 GDP 已于 2020 年恢复至疫情发生前水平，其他国家预计需要至 2023 年才能返至疫情发生前水平。

（三）疫情催生全球治理体系新变革，次生危机隐患不断显现

实际上，在疫情发生前，全球治理赤字已较为严重，联合国（UN）、世界贸易组织和世界卫生组织（WHO）等多边治理机构似乎对其应承担的责任显得有些力不从心。以 WHO 为例，作为联合国下属负责公共卫生的专门机构，在主导疫情防控时发挥的作用有限，无法规范各国行为并改变各国对疫情的反应和防控措施，加速了世界各国对全球治理体系变革的需求。面对突如其来的疫情冲击，世界各国应摒弃旧的思维与偏见，树立"人类命运共同体"意识，增强国家间交流合作，强化现有国际组织的领导力，携

---

① IMF, "Managing Divergent Recoveries (World Economic Outlook)," 2021.

手构建新的协商共享机制，共筑抗击疫情的严密防线。因此，在一定程度上，新冠肺炎疫情为世界各国多边合作带来了新契机，成为推动全球治理体系改革和创新的"催化剂"。

疫情增加了金融危机概率。一方面，疫情"暂停"了2019年全球经济弱复苏进程，干扰了全球投资者对金融领域的预期，国际金融市场"黑天鹅"事件发生频繁。如2020年3月美股大幅下跌，4次触发熔断机制，4月20日国际原油期货的结算价格有史以来首次跌为负值，金融风险与实体经济低迷互相影响。另一方面，世界经济尚未完全摆脱2008年国际金融危机影响，疫情的发生与蔓延使各国纷纷重启宽松的货币政策与扩张的财政政策，IMF预测，在2020年全球平均赤字率将会提升至9.9%，发达国家平均赤字率由3%提升至10.7%，其中美国将提升至15.4%，新兴市场和中等收入水平国家平均赤字率也将达9%左右，政府停摆与次生金融危机爆发可能性有所提高。

（四）疫情创伤中国短期经济，长期发展仍稳中向好

在疫情的冲击下，中国经济经历了快速下滑、企稳回升和强劲复苏三个阶段。由图1可知，2020年第一季度，中国经济开始快速下滑，GDP在改革开放40多年来首次负增长，按不变价格计算，同比下降6.8%；其中，第一产业、第二产业和第三产业的增加值分别为10186亿元、73638亿元和122680亿元，分别下降3.2%、9.6%和5.2%。2020年第二季度随着各地复商复市进程稳步推进，中国经济逐渐企稳回升，主要指标重拾增长态势。2020年第二季度GDP实现同比增长3.2%，经济增速开始由负转正。其中，第一产业、第二产业和第三产业的增加值分别为15867亿元、99121亿元和135122亿元，分别增长3.3%、4.7%和1.9%，经济增长形成"漏斗形"反弹态势。2020年第三季度，中国经济在第二季度回升的基础上，进一步得到恢复。2020年第三季度GDP同比增长4.9%，增速比第二季度提高1.7个百分点。其中，第一产业、第二产业和第三产业的增加值分别为22070亿元、101508亿元和142595亿元，分别增长3.9%、

6.0%和4.3%。第四季度，中国在统筹疫情防控和经济社会发展中取得重大成果，经济运行持续恢复稳定，在世界主要经济体中率先实现正增长。2020年第四季度GDP同比增长6.5%，增速比第三季度提高1.6个百分点。其中，第一产业、第二产业和第三产业的增加值分别为29630亿元、113940亿元和152728亿元，分别增长4.1%、6.8%和6.7%。

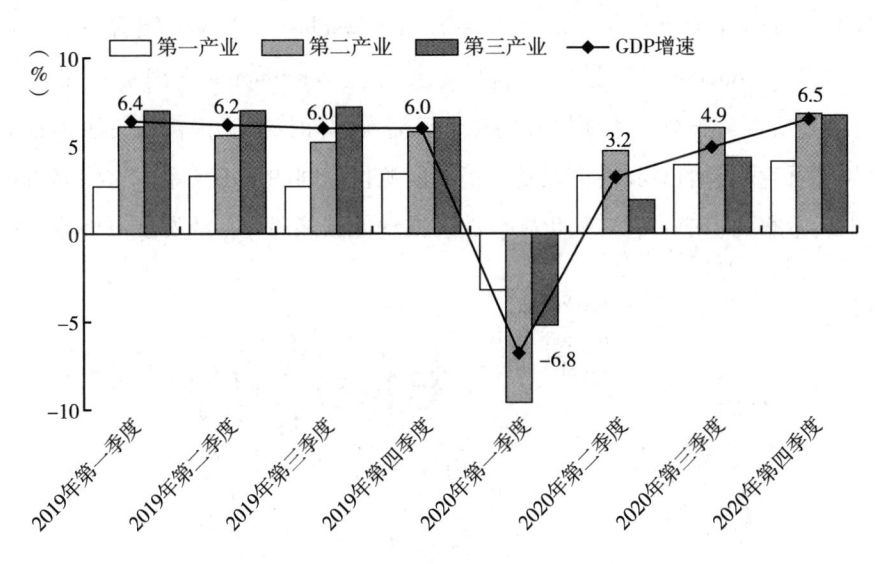

图1　2019~2020年季度GDP增速以及三大产业的同比变化

资料来源：中国国家统计局网站。

2020年，中国虽受疫情影响，但全年GDP达到1015986亿元，迈上百万亿元新台阶，比2019年增长2.3%，显现出持续恢复的势头，展现出中国经济发展强大的韧性。在国家统计局最新公布的数据中，2021年第一季度中国GDP为249130亿元，同比增长18.3%，比2019年第一季度增长10.3%，两年平均增长5.0%。中国经济显现出强劲的复苏势头。

二　新冠肺炎疫情对中国及全球能源发展的影响

2020年新冠肺炎疫情的发生和蔓延加速了全球低碳转型的进程，可持续发展和经济绿色复苏正在成为国际社会的普遍共识，降低碳排放和重视气候变化是能源格局发展的主旋律。具体表现：化石能源，特别是石油受疫情影响较大，供需格局正在经受深度调整；可再生能源正展示出独特的韧性和巨大的发展潜力。

由图2可知，国际权威机构的10份报告中出现的高频词汇包括coal（煤炭）、gas（天然气）、oil（石油）、renewables（可再生能源）、power（电力）、production（产量）、supply（供应）、consumption（消费）和price（价格）等能源概念，表明国际能源信息署等国际权威机构普遍关注化石能源与可再生能源的差异性，以及疫情下能源供需间的平衡关系。这些分析报告中还考虑到当前限制二氧化碳排放、推动低碳能源转型的发展主旋律，在

图2 国际权威机构对全球能源分析报告的词云

注：STEPS表示疫情逐渐在2021年得到控制，全球经济恢复到疫情前的水平的情景。SDS表示在STEPS的基础上，实现可持续能源目标，实施清洁能源政策和投资激增使能源体系步入正轨的情景。

资料来源：国际能源信息署、国际可再生能源署、壳牌、英国石油公司的分析报告共10份（时间跨度为2020年4月至2021年4月），以此10份报告为基础运用Python的NLTK库、wordcloud库等绘制得到。

是否考虑可持续发展目标的两种经济复苏情景下，度量疫情对于未来能源发展的影响。高频词汇有 emissions（排放）、STEPS（不考虑可持续发展目标的情景）、SDS（考虑可持续发展目标的情景）。关注的重点还在于能源企业相关的行为领域，如投资（investment）和技术（technology）；从区域来看，研究重心在中国（China）和美国（US），其他像印度（India）、欧盟（European）、非洲（Africa）地区也有提及。这些研究报告整体探讨了疫情对世界能源供需格局的影响以及未来如何从能源视角推动经济绿色复苏计划。

（一）疫情对化石能源的影响

1. 煤炭需求急剧下滑，消费格局加速东移

电力部门的使用量占全球煤炭需求的近65%。疫情下经济停滞和相关封锁措施使电力需求下降，煤炭在整个产业反应链上首当其冲。国际能源署于2020年10月发布的《世界能源展望2020》（*World Energy Outlook* 2020）中预测，2020年全球煤炭需求降幅在6.7%左右，同时煤炭需求不会恢复到疫情前的水平。而在2020年12月国际能源署发布的煤炭中期市场报告中，预测全球煤炭需求的降幅收缩至5%，即72.43亿吨。这主要是因为2020年下半年，占全球煤炭需求的50%以上的中国对疫情的迅速反应和经济复苏。

总体来看，煤炭消费量在2020年第一季度急剧下降，而后降幅有所收窄，具体幅度取决于各国控制疫情的力度和经济复苏的效果。根据中国煤炭经济研究会于2021年4月发布的《2020年世界煤炭市场运行回顾及2021年变化走势展望》，受亚洲经济快速反弹和12月寒冷气候的驱动，2020年第四季度世界煤炭需求同比增长3.5%，已恢复至疫情发生前水平。其中，疫情对中国煤炭的影响主要集中于2020年第一季度，煤炭消费量骤降11%，而后在严格的防疫措施下，煤炭消费迅速反转回升，后三季度一直保持正向增长，分别增长4.3%、2.8%、5.4%。因此，全年煤炭消费显示出微弱增长（0.6%）。而随着疫情大流行和防控力度的不足，美国和欧盟国家2020年四个季度煤炭消费都出现同比下降，尽管下半年的降幅大为收窄，

但全年煤炭消费量均同比下降20%左右。

当前，世界煤炭进出口贸易格局基本稳定，大体分为大西洋盆地和亚太地区两大国际煤炭市场圈。印度尼西亚（-11.4%）、澳大利亚（-6.4%）、俄罗斯（1.7%）、美国（-26.3%）、蒙古国（-21.7%）等为煤炭的主要输出国，除俄罗斯受到中国强劲的煤炭进口需求影响略有增长外，其他国家下降幅度均较大；中国（1.5%）、印度（-12.4%）、日本（-6.8%）、韩国（-12.7%）以及德国（-27.3%）为煤炭的主要输入国，只有中国、越南、泰国、巴基斯坦和土耳其2020年煤炭进口量实现增长，其他国家和地区煤炭进口量均为下降。亚洲需求的不断提升，造成煤炭消费中心逐渐向东部转移。疫情下可再生能源的迅速发展和天然气低价竞争更是加速了东移的进程，亚洲地区已成为全球煤炭消费和国际贸易的中心。如图3所示，到2020年，中国和印度煤炭消费量的全球占比已上升到56%和11%，两者合计占全球总消费量的2/3。而美国和欧盟国家的煤炭消费量萎缩到6%和4%。东盟国家煤炭消费量快速增长，超过欧盟并将很快超越美国。国际能源署预测，中国的煤炭需求趋于平稳，在2025年达到顶峰，随后出现下降；

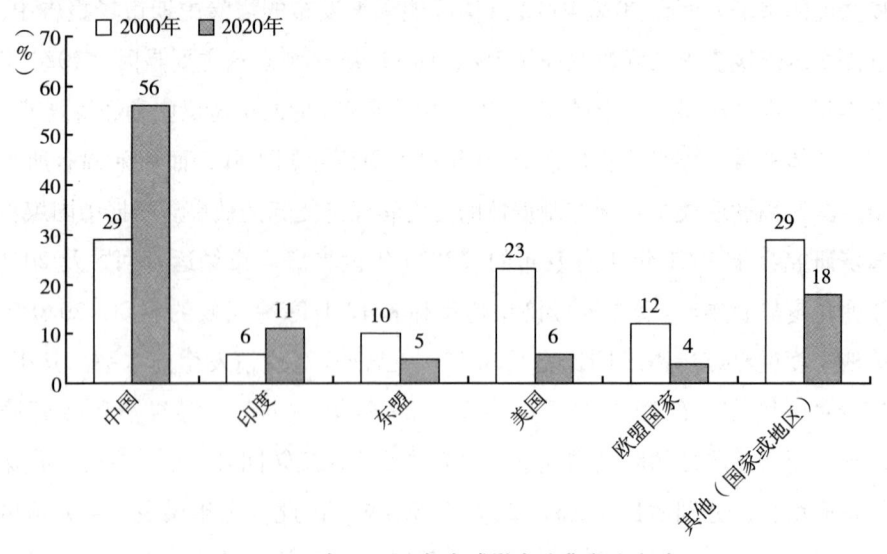

图3　2000年、2020年全球煤炭消费占比变动

资料来源：中国煤炭经济研究会《2020年世界煤炭市场运行回顾及2021年变化走势展望》。

新兴市场和发展中经济体的煤炭需求继续增长，印度的增长率最高，到2030年将占全球需求的14%以上，高于2019年的约11%。

2. 疫情加剧国际原油市场供求失衡，原油价格在低位不断震荡

2020年，国际原油表现跌宕起伏。从供给端看，2020年上半年，美国、沙特阿拉伯和俄罗斯三大主要原油生产国之间的博弈，成为左右国际原油供给的重要因素之一。2020年3月，沙特阿拉伯和俄罗斯的市场份额争夺战仍在继续，双方均发出增加产量的信号，加剧了原油供给过剩。2020年4月13日，"欧佩克+"（"OPEC+"）各国达成共识，重新实施减产计划，提出2020年5～7月将每日减产1000万桶，2020年8～12月预期减产800万桶/日，2021年1月至2022年4月计划收缩减产至600万桶/日。在此情况下，根据芝加哥商品交易所（芝商所，CME Group）的统计数据，2020年全球原油供应过剩有所缓解，供应量为94.45百万桶/日，同比下跌6.53%。

从需求端看，在疫情大流行的背景下，各国政府实施了非常严格的封锁和管控措施，人们纷纷减少出行而居家办公，公路和航空运输用油（占全球石油消费的60%以上）的大幅减少导致石油消费总量的下降。根据国际民航组织2021年4月8日发布的最新疫情影响经济分析，确认2020年航空公司提供的座位量下降了50%，而客运量下降了60%（2020年客运量为18亿人次，2019年为45亿人次；国际客运量下降74%，国内客运量下降50%），航空业倒退至2003年的水平。国际能源署预测，受疫情影响，2020年全球石油需求降幅在8.5%左右。根据芝商所的统计数据，2020年全球原油的需求量为92.91百万桶/日，同比下降7.68%。

全球石油供需降幅均创历史之最，总体上仍呈现供过于求的局面。受地缘政治和国家博弈影响，原油减产计划的各国执行力度仍未可知，2021年4月恶化的印度疫情又使复苏前景暗淡。印度是全球第三大石油进口国，新冠肺炎确诊病例持续增加以及其卫生系统超出负荷，再度引发市场对全球原油需求复苏的担忧。因此，疫情加剧了全球石油市场的供求失衡。

疫情导致世界各国经济停滞、工厂停产、国际航班停运、运输需求大幅下降，石油需求骤减使国际油价遭受重击，出现恐慌性下跌。截止到2020年

12月31日，WTI原油期货价格从年初的61.68美元/桶跌至48.52美元/桶，跌幅为21.34%（见图4）。2020年初疫情发生以来，油价迅速进入下行通道，受中国燃料需求及经济运行影响，WTI原油价格由1月20日的58.38美元/桶跌至1月31日的51.56美元/桶，跌幅为11.7%。随着疫情在全球范围内迅速蔓延，燃料需求锐减，美国页岩油增产，以及美国储油能力达到瓶颈，尤其是库欣地区接近满负荷，引发了2020年最受瞩目的事件之一——2020年4月20日WTI交割月合约跌至-37.63美元的"负油价"事件。2020年5月以后，"OPEC+"进入超规模减产期，叠加疫情好转，需求有所恢复，油价才缓慢上升。11月后，新冠疫苗出现重大突破，油价开启上行通道，但直到年末仍未超过50美元/桶。

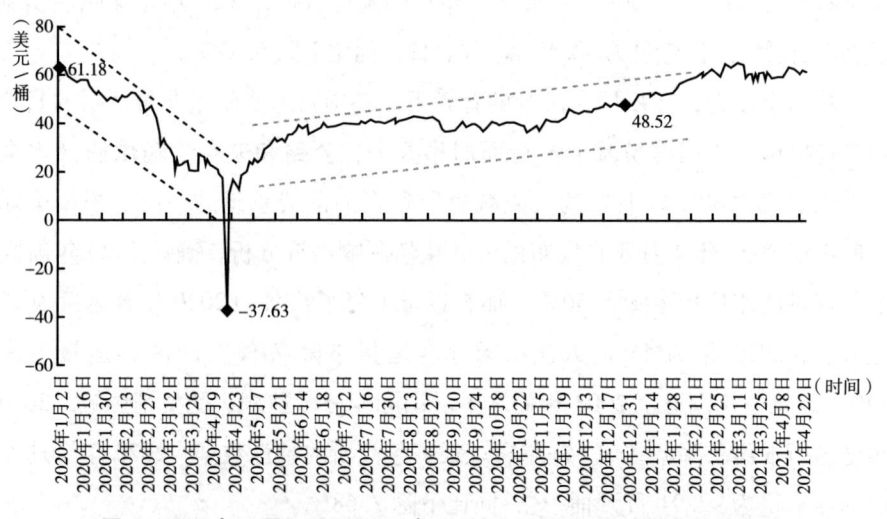

图4　2020年1月2日至2021年4月22日WTI原油期货价格变动

资料来源：美国能源信息署（EIA）。

3. 天然气和LNG市场已供过于求，全球LNG出口竞争将进一步加剧

天然气行业在疫情发生前就受到供应过剩的困扰。2017~2021年，全球液化天然气（LNG）行业经历了飞速发展阶段，埃克森美孚、壳牌、BP等国际石油巨头均在天然气全产业链实施积极扩张政策，建立起LNG业务运销用一体化发展模式，最终建成50条生产线，产能达1.56亿吨/

年。2019年至今，LNG项目密集投产，导致全球LNG产能过剩，即使是冬季取暖燃料的需求高峰期，美国天然气的交易价格仍低于2美元/百万英热。不仅如此，不断有新的生产线计划上线投产，预期全球LNG市场将继续处于供应宽松的状态。

在供应过剩和疫情的双重作用下，2020年LNG价格呈现跳跃式波动。2020年1月17日，美国纽约交易所天然气期货（contact1）价格为2.003美元/百万英热。受到疫情大范围蔓延和夏季天然气需求下降的影响，天然气期货价格随之下跌，6月25日跌至1.482美元/百万英热，为1995年以来的最低水平。市场价格跌至谷底挤压了天然气生产商的利润空间，国际能源署给出的预测并不乐观，2020年全球天然气需求降幅在3%左右。实际上，根据国际能源署2021年的最新估计数据，2020年的天然气需求仅下降了2.5%。其中，亚洲国家全年的需求仍然保持相对较高的水平，增长了4%，中国经济快速复苏，其他国家则利用低廉的天然气价格积累了库存并替换了煤炭。另据壳牌2021年2月25日发布的《液化天然气前景报告》，2020年全球LNG需求量出现了小幅增长，达3.6亿吨（2019年为3.58亿吨），体现了LNG在史无前例的特殊时期满足人们生活和生产的韧性和能力。

全球LNG出口竞争将进一步加剧。一方面，成本竞争将改变全球LNG贸易格局，进一步加剧LNG出口竞争。全球LNG主要出口国卡塔尔凭借天然气扩建项目的较低成本，在市场竞争力中占有绝对优势；美国庞大的天然气储备将有助于提升其在天然气出口领域的地位。因此，澳大利亚、卡塔尔、美国等国在天然气的出口贸易中的地位仍处于激烈的变化中。另一方面，亚洲市场成为LNG供应方争夺的焦点。壳牌认为，到2040年，全球LNG的年需求将增至7亿吨，亚洲是主要增长极（需求占比为75%）。

4. 疫情下化石能源需求仍面临不确定性，绿色复苏将影响长期方向

目前，大部分研究机构的能源展望分析都不同程度地考虑了疫情的控制情况、经济的复苏情况、可持续发展及能源转型的要求等。英国研究咨询公司Wood Mackenzie在报告中基于全面复苏、缓慢恢复、绿色复苏三种背景对煤炭、石油和天然气的需求进行了展望分析。如图5所示，在全面复苏背

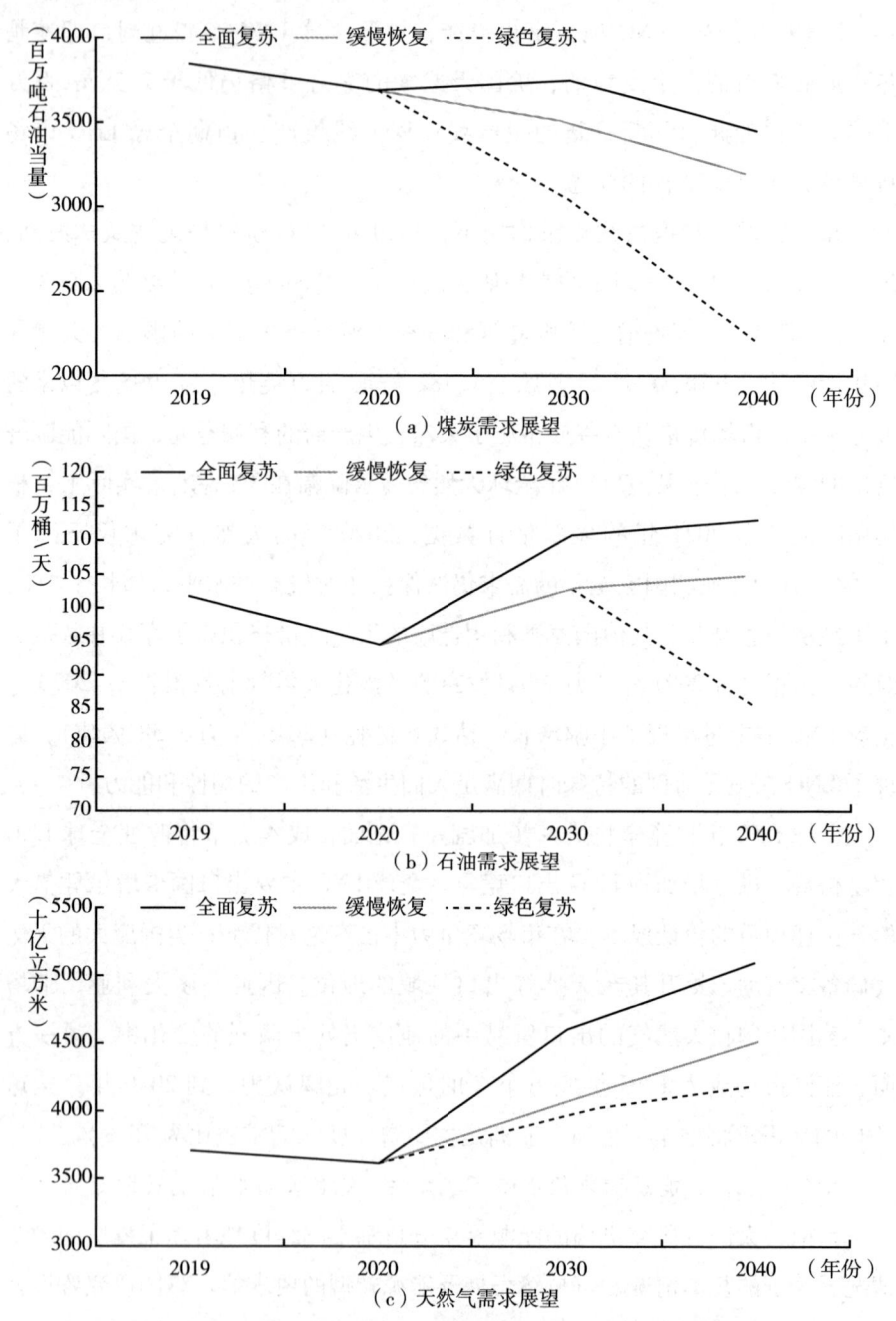

图5 全面复苏、缓慢恢复、绿色复苏背景下化石能源需求展望

资料来源：Wood Mackenzie,"The World after COVID-19," 2020。

景下，煤炭需求略有增长，将于2030年达到顶点，随后被天然气和越来越低成本的可再生能源所取代；石油需求持续增长，2030年左右达到峰值；天然气也是持续增长，2040年达到5万亿立方米，比2019年增长34%。在缓慢恢复背景下，由于经济受挫，能源需求处于较低的轨道，亚洲地区的煤炭消费持续增长，但不能弥补美国、欧洲等地煤炭消费量的下降，总体煤炭需求下降；石油需求持续增加，但由于疫情下交通限制和贸易额收缩，需求增长量较全面复苏背景下要小。在绿色复苏背景下，推进能源转型使煤炭快速退出历史舞台；石油需求持续增长，到2030年左右达到峰值，之后骤降；天然气持续增长并超过煤炭需求。化石能源在一次能源消费中的占比从2019年的84%降至2040年的68%。

总的来讲，煤炭需求将在"去煤化"的政策要求下逐步退出能源历史舞台，在重视能源转型的国家中，这种退出速度会更快。石油需求将以较快的速度持续增长，在2030年左右达到峰值，而后的趋势是上升还是下降将取决于国家各自的发展目标。值得注意的是，不考虑能源转型的背景，2030年之后的需求增长速度将逐渐放缓，而考虑能源转型的背景，石油需求将骤降，相应的能源需求将会被较低成本且对环境友好的天然气和可再生能源满足。天然气作为清洁的化石能源，是能源转型进程中重要的过渡能源，在可再生能源成本较高的当下仍然具有较高的成本优势，因此，在各种背景下，天然气需求都呈现明显的增长。

5. 疫情短期严重波及中国化石能源需求，现阶段正逐步恢复常态

总体来看，由于疫情期间交通封锁、企业延迟复工等因素的影响，短期内各类化石能源行业的需求端都受到较大冲击。但随着中国进入疫情防控常态化时期，经济社会秩序持续稳定恢复，能源需求正呈现逐步回升态势。2020年能源消费总量为49.8亿吨标准煤，增长2.2%。其中，煤炭消费、石油消费和天然气消费的增速分别为0.6%、3.3%和7.2%（2019年为1.0%、6.8%和8.6%）。

煤炭需求受疫情影响最大。作为能源消费占比最大（56.8%）的化石能源，煤炭消费需求与经济形势走向趋于一致。如图6所示，受疫情封锁政

策和工业停工停产的影响，2020年第一季度煤炭消费量同比迅速下降7.1%，降幅远大于石油和天然气。第二季度随着经济复苏和各行业逐渐复工复产，煤炭消费增速由负转正并回归至原有的发展轨道。第三、四季度由于工业需求和冬季取暖需求的增加，煤炭消费已恢复常态。2020年后三个季度的增量弥补了第一季度的需求骤降，因此，总体上2020年的煤炭消费保持微弱增长，增速为0.6%。

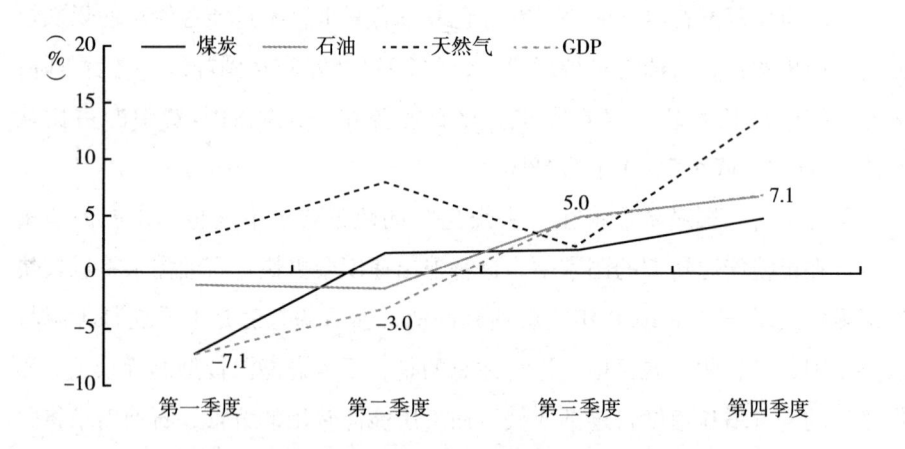

图6　2020年各类化石能源消费量和GDP季度同比增速

资料来源：国家统计局网站；Agora Energiewende, "COVID-19 China Energy Impact Tracker," 2021。

石油需求受疫情影响恢复速度最慢。疫情发生后，道路和航运中断导致石油需求严重萎缩，2020年第一、二季度石油消费量持续下降，第三季度石油消费增速才由负转正并回归至原有的发展轨道。随着中国2020年下半年全力恢复经济的政策推动，中国的石油消费量正逐步恢复常态。同时，国内石油市场主体抓住低油价时机优化采购，合理安排低价石油进口。2020年全年石油进口5.42亿吨，同比增长7.2%。因此，总体上2020年的石油消费保持正向增长，增速为3.3%。

天然气需求受疫情影响最小，且恢复速度最快。2020年第一季度天然气需求的增速仍保持为正（3.2%），展示了天然气作为清洁化石能源的独特韧性。随着经济恢复，第二季度增速高达8.1%，下半年继续呈现稳中向好的趋势。2020年中国天然气消费量突破3200亿立方米，在能源消费总量中的比重提高至8.5%左右。考虑到天然气消费占比较小和其在中国能源转型中的独特作用，天然气需求仍将可能持续增长。

（二）疫情对可再生能源的影响

1. 疫情下全球可再生能源装机容量不降反升，太阳能主力效应明显

由于暂时的项目延误和供应链中断，疫情在2020年一定程度上抑制了可再生能源的增长速度。尽管如此，国际可再生能源仍然显示出巨大的发展潜力。国际可再生能源署（IRENA）的年报[1]显示，2020年新增发电产能中，80%以上是可再生能源，2020年全球新增可再生能源装机容量超过260吉瓦（同比增长10.3%），累计达2799吉瓦。作为世界上最大的两个经济体，中国与美国在可再生能源发展方面表现较好。当前，中国已成为全球最大的可再生能源市场，2020年新增136吉瓦的可再生能源装机容量（其中风力占比为53%，太阳能占比为36%）。同时，美国新增29吉瓦（其中太阳能占比为52%，风能占比为48%）。2020年全球可再生能源产能的增加反映了疫情发生后可再生能源的韧性和良好的发展潜力。在《世界能源展望2020》[2]的情景预测中，STEPS情景[3]下，可再生能源到2025年将取代煤炭成为发电的主要途径，到2030年可满足全球电力需求增长的80%；在SDS情景[4]和NZE 2050[5]的情景中，可再生能源将发挥更大的作用。

尽管水力发电仍是占比最大的可再生能源，但太阳能是可再生能源发展的主要驱动。2020年，可再生能源装机容量的结构表现为：太阳能发电、风电、水电、生物质能和地热能分别新增127吉瓦（占比为48%）、111吉瓦、20吉瓦、2吉瓦和164兆瓦，除地热能忽略不计外，增速分别为22%、

---

[1] IRENA, "Renewable Capacity Statistics 2021," 2021.
[2] IEA, "World Energy Outlook 2020," 2020.
[3] STEPS情景表示疫情逐渐在2021年得到控制，全球经济恢复到疫情发生前的水平。
[4] SDS情景表示在STEPS的基础上，实现可持续能源目标，实施清洁能源政策和投资激增使能源体系步入正轨。
[5] NZE 2050情景表示在SDS的基础上，实现全球二氧化碳排放量在2050年净零排放的目标。

18%、2%、2%。① 太阳能发展态势向好的原因主要是，随着支持性政策的实施和不断下降的技术成本，太阳能光伏发电比大多数新建的燃煤或燃气发电厂便宜。10年来，可再生能源发电装机保持快速增长，全球太阳能光伏发电能力增长了近20倍。这样高速的规模扩张反过来又降低了融资成本，使可再生能源发电边际成本低，在电价下行环境中仍然能发挥成本优势。如图7所示，在情景预测中，化石能源在发电中的地位逐渐弱化，特别是煤炭逐渐退出发电市场，与此同时，可再生能源迅速发展，太阳能发电成为大势所趋；在引入可持续发展目标的SDS情景中，太阳能发挥的主力效应将更加明显。

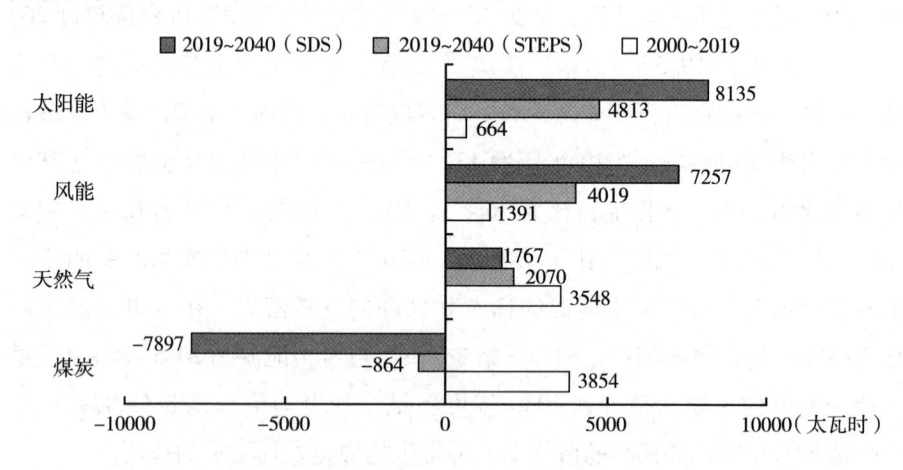

图7 2000~2040年全球各类能源发电量变化

注：SDS情景表示在STEPS的基础上，实现可持续能源目标，实施清洁能源政策和投资激增使能源体系步入正轨；STEPS情景表示疫情逐渐在2021年得到控制，全球经济恢复到疫情发生前的水平。
资料来源：国际能源署。

2. 绿色经济复苏助推可再生能源投资不断加大，价格下降催生全球更多新兴市场

新冠肺炎疫情使诸多国家，特别是欧盟成员国，纷纷启动绿色复苏计

---

① IRENA, "Renewable Capacity Statistics 2021," 2021.

划，这将增加对清洁能源技术的投资，以达到恢复经济活力和遏制二氧化碳排放的目的。因此，国际能源署制订了《可持续复苏计划》为正在考虑经济复苏计划的世界各地的政府提供了针对各国情况的详细选择和建议。在2021~2023年，全面实施《可持续复苏计划》将使清洁能源基础设施的年度投资比历史水平高出1万亿美元，其中1/3将支持低排放电力的增长以及电网的扩展和现代化。如果全面实施该计划，将大大减少排放量。考虑该计划的SDS情景显示，到2023年全球二氧化碳排放量将比不考虑该计划的STEPS降低近2.5亿吨。同时，还能产生其他有利影响，全球GDP将在2023年比未考虑可持续复苏高出3.5%，每年将创造约900万个工作岗位，远远超过估计的由于疫情大流行在整个能源部门失去的600万个工作岗位。IRENA发布的《可再生能源展望：能源转型2050》[1]报告也指出，虽然投资数额巨大，但投资回报十分可观，每1美元投资预计将带来3~8美元的回报，到2050年，全球GDP将增长98万亿美元，就业人数增长约0.2%。

疫情并没有延缓可再生能源成本进一步下降的趋势。据彭博新能源财经统计，中国未来五年大部分地区将迎来陆上风电和光伏的"第二个平价里程碑"，即固定式光伏发电系统的平准化度电成本（LCOE）将低于煤电边际成本；Wood Mackenzie发布的报告显示，至2030年，印度可再生能源发电预计将比新建煤炭项目发电便宜56%。成本的进一步下降为吸引更多的参与者涌入可再生能源市场创造了良好的条件。

3. 中国可再生能源仍保持蓬勃发展态势，能源转型有望实现跨越式发展

2020年疫情发生后的经济刺激将促进能源转型发展，进而促进全球变革型的脱碳，中国的可再生能源发展呈现增长趋势，开发利用规模现居世界首位，为中国甚至世界的能源绿色低碳转型提供强大支撑和案例参考。尽管2020年初可再生能源行业的供应链受到影响，但截至2020年底，可再生能源发电量为2.2万亿千瓦时，达全社会用电量的29.5%。2012~2020年中

---

[1] IRENA, "Global Renewables Outlook: Energy transformation 2050," 2020.

国可再生能源发电装机容量年增速保持在10%以上，占全部电力装机的比重也不断提高。

采用可再生能源发电代替化石能源发电作为中国"碳中和"目标的重要实现路径有望为可再生能源打开成长空间，太阳能和风电作为主要的可再生能源发电方式将迎来加速发展的契机。2020年中国国内太阳能发电、风电发展情况超过预期，发展前景较好，"十三五"期间可再生能源发展成果显著。发电量方面，2020年风力发电量和太阳能发电量的同比增速达两位数，分别为15.1%和16.6%。发电新增装机容量方面，如图8所示，2020年风力发电新增装机容量达到72吉瓦，甚至超过2017~2019年三年的新增装机容量总和，同比增速达到破纪录的178.7%；太阳能发电新增装机容量达到48吉瓦，同比增速达48.2%。中国目前风电装机容量超过欧洲、非洲、中东和拉丁美洲的总和，这意味着东亚地区风电装机容量约占全球的60%，高于2019年约占全球50%的比例，中国正在领跑全球风能产业。2020年中国市场也贡献了近38%的全球新增光伏装机量，继续引领全球光伏发展。中国的能源转型在疫情防控阶段的绿色复苏与"碳中和"背景下有望实现跨越式发展。

图8 2015~2020年中国风力发电、太阳能发电新增装机容量

资料来源：中国电力企业联合会。

三 疫情下的全球能源治理：变化趋势与地缘博弈

（一）全球能源治理机制滞后于力量对比的变化，新兴市场国家与传统能源主导国的矛盾或将不断加剧

目前，全球能源治理体系仍主要以发达国家为代表的经合组织成员国为核心。然而，随着发展中国家经济的迅速发展，新兴经济体在能源消费中发挥的主导地位日益显著。在能源需求方面，发达国家的能源需求已经出现结构性减少趋势，随着发展中国家的经济不断发展，新兴经济体在能源需求中占据的主导地位也越来越凸显。

现有的能源治理机制尚无法与变化的全球能源格局进行匹配。虽然经合组织成员国在能源治理中发挥的作用有限、非经合组织国家在全球能源消费中的份额迅速增长，但是作为世界主要能源进口国和消费国的中国和印度两国却尚不属于国际能源署成员国，仅为其合作国。这种情况严重束缚着国际能源署对能源市场危机的应对能力，最终影响世界能源安全。由于现有全球能源规则中的治理结构和权力分配不尽合理，新兴市场国家开始打破被动僵局，主动参与全球能源规则制定和全球能源治理，而作为现有全球能源体系的既得利益者和原有支配者，西方国家必然不会轻易放弃其主导地位，新兴市场国家与传统能源主导国的矛盾或将不断加剧。

疫情防控常态化时期，随着全球能源生产中心加速"西移"和能源消费中心继续"东扩"，以新兴经济体为主的能源消费国将在能源治理和能源合作中赢得更多主动权。"一带一路"倡议、区域全面经济伙伴关系协定（RCEP）等以新兴经济体为核心的新型合作机制将不断完善现有的能源合作体系，为全球能源治理提供新思路。因此，随着全球能源治理中心"东升西降"态势的不断发展，双方对能源治理体系主导权问题的竞争冲突或将不断升级。

（二）全球能源治理机构应对疫情明显缺位，可再生能源领域缺乏国家间政策协商

从能源治理体系的演进来看，包括国际能源署在内的很多国际能源组织或机构都是为应对重大突发事件而成立的。但在疫情发生后，无论是国际能源署还是"OPEC+"机制都仅仅体现出部分行为体的利益与立场，由此导致全球能源治理体系对突发事件的应对能力明显不足。比如国际能源署的固有应急措施是释放紧急石油储备或限制石油需求，这些举措适用于常见情形，却无法应对当前疫情对石油需求的冲击；而石油输出国组织与俄罗斯的减产谈判一度破裂，为抢夺市场曾纷纷大幅提高日产量，并开展恶性价格竞争。在天然气领域，国际天然气联盟（IGU）属于非政府组织，并不具备国家政策协商功能。故尽管北美、欧洲和亚洲三大区域性天然气市场之间的联动性增强，但目前尚未建立专门的全球天然气治理组织或机构。

《巴黎协定》的签署，虽然意味着气候变化已成为各国能源发展的重大约束，但它本身不具备较强的约束力，其意义更多在于推动各方以"自主贡献"的方式参与全球应对气候变化行动，因此签署国主要基于各自国情分阶段设置目标，政策协同程度较低。其他如IRENA、联合国气候变化框架公约（UNFCCC）等组织的治理措施仅限于搭建合作平台，缺乏强有力的机构链接监督。此外，尽管欧盟呼吁经济的"绿色复苏"并采取措施以期达到气候目标，但各国政府的财政状况已经"左支右绌"，同时化石能源价格低位运行又可能挤出部分成本较高的可再生能源市场份额。因此，在疫情防控常态化时期加强各国政府绿色政策的协同效应，或可起到事半功倍之效。

（三）能源金融市场治理面临诸多挑战，能源结算体系将更趋多元

当前，能源尤其是石油的金融属性突出，通过能源金融衍生品可很大程度地掌控石油等能源价格形成的主动权。随着石油金融化属性的不断发展，石油定价权逐渐从石油生产国转移到国际金融市场。由于西方发达国家的金

融市场优势明显，因此能源金融市场治理仍受以美国为首的西方国家主导。新冠肺炎疫情下石油价格的低位震荡以及关于石油价格的国家博弈持续演变，对美国的金融市场形成了明显的冲击。加之新能源金融（碳交易市场）市场的快速发展，进一步削弱了传统能源金融市场的主导地位，已有能源金融市场治理体系面临诸多挑战。

如何有效促进能源结算和支付体系的多元化发展，是全球能源市场金融治理的重要议题。目前，为了对冲美国对传统油气生产国（比如伊朗、俄罗斯）的经济制裁，一些国家开始自建独立于美元之外的结算交易体系。2014年，俄罗斯建立"金融信息传输系统"（SPFS），旨在应对俄方银行被切断与国际资金清算系统（SWIFT）支付系统相联系的风险。为帮助欧洲企业与伊朗进行贸易，2019年，德国、法国和英国宣布成立"贸易往来支持工具"（INSTEX）。此后，比利时、挪威、荷兰、丹麦、芬兰与瑞典等六国相继加入。值得一提的是，疫情发生后，欧洲国家以人道主义援助的名义通过INSTEX结算了第一笔对伊朗出口的款项。同时中国的人民币跨境支付系统（CIPS）功能不断完善，业务量稳步提升。疫情发生后，化石能源的低迷走势与可再生能源的蓬勃发展形成了鲜明的对比，石油在国际能源消费中的地位将不断下降，美元在能源结算中的核心地位将面临挑战。总之，疫情的冲击进一步暴露了石油美元结算体系的不稳定和该体系下对各国经济的深刻影响，预期受疫情影响的能源结算体系将更趋多元并得到进一步完善。

（四）能源转型将重塑全球产业核心竞争力，成为主导世界地缘政治格局的新力量

以石油和天然气为主导能源的时代形成了以石油地缘政治为特征的世界竞争格局，也称为"石油地缘政治时代"。然而，在新一轮产业革命的背景下，第三次能源转型已迈入关键性阶段，以可再生能源为代表的低碳能源正逐步实现对煤炭和石油的替代，世界主要国家竞相加大能源科技研发投入力度，国际竞争的焦点也将逐渐转移到低碳技术价值链的控制上，即新能源和低碳技术的研发、制造和消费价值链。从传统工业化视角（第三产业占比）

分析，中国及其他新兴经济体均处于较为落后的水平；但从低碳工业化水平（可再生能源占比）分析，发达国家和发展中国家间的差距远远小于两者在传统工业化下的差距。这为发展中国家提供了一个追赶发达国家的重要途径。随着新能源逐步替代化石能源，全球价值链与创新链必将发生深刻变化，能源转型将成为主导世界地缘政治格局的新力量。由"石油地缘政治时代"决定的分布特征将逐渐向以可再生能源为代表的低碳能源消费格局转变，成为主导世界地缘政治格局的新力量。

四 新冠肺炎疫情的启示与中国应对

新冠肺炎疫情一方面对全球经济产生了严重的负面影响，显著加剧了能源供需失衡并造成了能源市场的不稳定，特别是油气行业面临前所未有的压力，油价更是在经历过暴跌后在低位震荡。另一方面，是清洁能源转型进程的减缓，国际政治经济秩序失衡，这给应对全球气候变化带来不确定性。当前，全球能源治理格局面临重塑，国际社会处于纷繁复杂的状态，经济复苏之路亦难言乐观。在此背景下，着重探讨中国与世界如何应对纷繁复杂的世界政治经济局势和能源大变局显得至关重要。

（一）深度融入全球能源治理，积极探索多层次、多维度的国际合作

为有效应对全球能源治理的挑战，急需在全球层面创新能源治理机制。中国政府与OPEC、国际能源署、国际能源论坛等国际能源组织以及G20、亚太经合组织、上海合作组织等国际组织已建立沟通渠道，应通过定期协调机制，深化区域和次区域合作，加强联合研究，助推能源领域全球化进程。在坚持互利共赢的基础上，积极推动国际能源组织变革进程，维护全球能源市场稳定。

"一带一路"能源合作伙伴关系正逐渐成为"一带一路"框架下能源领域高质量合作的新平台，为全球治理提供了新的路径与动力。以"一带一

路"倡议为契机和平台,构建能源合作论坛,聚焦清洁能源投资和产能合作,管控投资风险,积极构建跨区域友好合作的创新典范,推动共建"一带一路"国家经济包容性复苏,促进全球能源治理体系的完善,助力国际区域能源体系绿色低碳发展。此外,虽然绿色创新在全球范围得到广泛关注,但仍然集中在少数国家(如德国、美国、中国和日本等),在"一带一路"框架下,中国应积极加深与世界各国的技术交流,以科技创新推动绿色能源发展,进一步推动能源绿色转型进程。

(二)倡导绿色经济复苏,助推全球绿色能源治理格局形成

绿色经济复苏注重强调以可再生能源为主的绿色技术的应用和推广,逐渐摆脱"碳锁定"和"碳依赖",引导企业进行更清洁的生产,将公共资金投入有利于环境和气候的可持续部门和项目中,进而实现经济发展方式由"棕色经济"向"绿色经济"的革命性转变。

当前,通过加速可再生能源发展以及将能源转型整合到更为宏观的经济层面,以期推动经济复苏的理念已形成了广泛的共识和讨论,绿色复苏将成为疫情防控常态化阶段经济发展的重要推动力。因此,从长期看,疫情或将加速推进全球能源转型,改变现有能源治理格局。

全球化时代,能源资源全球配置,参与才能分享,治理才能公平。"绿色经济复苏"理念能够在保障能源安全的同时加快绿色转型,面对能源产品的供需失衡、贸易争端、技术转移等全球能源治理问题,中国应进一步深化国内能源体制机制改革,同时强化全球能源交流与产能合作,加快形成以国内大循环为主体、国内国际双循环相互促进的新发展格局,通过技术创新、制度创新、数字化转型、绿色金融和新能源开发等方式减少污染,推进新旧动能转换,通过绿色复苏助推绿色技术创新与能源转型,为全球能源革命提供科技支持,实现绿色低碳的全球能源治理新格局。

(三)共同构建人与自然命运共同体,重塑气候、能源合作双格局

人类已进入互联互通的时代,生态环境事关人类生存和永续发展,应对

气候变化成为全人类的共同事业。随着中国迅速崛起成为世界第二大经济体，中国二氧化碳排放量占全球的28%，已成为全球最大的碳排放国。因此，中国做出了郑重的减排承诺，即2030年前达到碳峰值，努力争取2060年前实现碳中和。这是中国基于推动构建人类命运共同体的责任担当和实现可持续发展的内在要求做出的重大战略决策。

面对日趋严峻的全球气候变化形势，构建人与自然生命共同体。首先，必须坚持多边主义，携手共进。坚持多边主义应对气候变化，需要以国际法为基础，遵循《联合国气候变化框架公约》《巴黎协定》的目标和原则，在产能合作、低碳城市、绿色技术等领域开展广泛而持续的双多边合作，重信守诺，互利共赢。其次，坚持共同但有区别的责任原则，积极帮助经济欠发达国家提升应对气候变化能力。深化气候变化领域南南合作，开展多个应对气候变化合作项目，积极提供资金、技术以及能力等方面的支持。进一步推广应用先进绿色能源技术，形成绿色能源开发与消除能源贫困相融合的新模式。

应对全球气候变化任重道远。面对环境治理前所未有的困难，中国要以前所未有的雄心和行动，勇于担当，同世界各国一起应对环境挑战，继续深化气候领域的合作，积极推进全球气候变化治理进程，共商应对气候变化挑战之策，共谋人与自然和谐共生之道，共同打造人与自然生命共同体，共建清洁美丽世界。

参考文献

富景筠：《新冠疫情冲击下的能源市场、地缘政治与全球能源治理》，《东北亚论坛》2020年第4期。

黄晓勇：《中国如何参与全球能源治理》，《中国石油石化》2020年第18期。

于宏源、张潇然：《二十国集团与全球能源治理体系变革》，《当代世界》2020年第12期。

马丽梅、王俊杰：《能源转型与可再生能源创新——基于跨国数据的实证研究》，

《浙江社会科学》2021年第4期。

马丽梅、史丹、高志远：《国家能源转型的价格机制：兼论新冠疫情下的可再生能源发展》，《人文杂志》2020年第7期。

史丹等：《新冠肺炎疫情对能源发展形势的影响分析》，中国社会科学出版社，2020。

张晓晶、刘磊：《新冠肺炎疫情冲击下稳增长与稳杠杆的艰难平衡》，《国际经济评论》2020年第2期。

BP, "Statistical Review of World Energy 2020," 2020.

IEA, "Gas Market Report, Q1 – 2021," 2021.

IEA, "Global Energy Review: CO_2 Emissions in 2020," 2021.

IMF, "A Year Like No Other (Annual Report 2020)," 2021.

IMF, "Policy Support and Vaccines Expected to Lift Activity (World Economic Outlook Update)," 2021.

World Bank, "Supporting Countries in Unprecedented Times (Annual Report 2020)," 2021.

World Bank, "Global Economic Prospects," 2021.

B.9
中国能源安全展望

中化能源股份有限公司课题组*

摘　要： 本报告从传统视角对中国能源安全问题进行了回顾与展望。紧扣"双碳"目标，分析了在新时期中国能源安全风险转换，并提出了低碳发展背景下，应认清不同阶段的能源形势，务实保障中国能源安全，从总体安全观的高度，多措并举，切实推进中国能源安全保障。

关键词： 能源安全　风险转换　风险管理

受到国内外复杂政治、经济因素的影响，"十四五"时期中国能源安全前景具有较大不确定性。如何在能源行业以及相关领域趋利避害，充分利用有利因素，并有效控制不利因素，将对中国经济安全和国家安全产生重要和深远的影响。

一　传统视角下的中国能源安全展望

20世纪60年代之后，能源安全的概念已发生多次变迁。目前主流能源安全理论中的能源供应、需求、供需缺口、对外依赖度、能源产品价格、地缘政治风险等概念受到重视。根据传统的能源安全理论，"十四五"时期

---

* 执笔人：王能全，中化能源股份有限公司首席经济学家，教授，主要研究方向为能源政治经济、国内外能源战略和政策；王海滨，博士，中化能源创新与战略部研究员，正高级经济师，主要研究方向为能源安全、能源政治经济。

(以及之后较长时期)中国能源安全将继续面临较大的风险,而且风险大于机遇。

(一)中国能源安全所处的世界大背景错综复杂

总体来看,今后几年世界能源经济状况将宽松,但是能源政治斗争或将加剧。

1. 全球能源经济前景利于中国能源安全

中国能源的对外依赖度持续攀升。不过,今后几年全球经济增长将继续疲弱,拖累能源需求,而能源生产活动将继续旺盛。世界能源供应总体过剩的态势大概率将加剧,这对中国能源安全有利。

2. 国际能源政治斗争让中国能源安全承受较大风险

能源外交主要是指国家以能源为工具,来达到政治目的。一些国家在对外关系里使用能源武器,早已有之。

"十四五"时期,随着世界政治多极化的发展,国际政治格局将发生深刻变化。某些国家会继续动用能源武器,对其他国家施压,以达到其政治目的。一些重要地区的能源供应链仍有出现中断的风险。中国是世界第一大能源消费国和重要能源进口大国。世界能源政治风险如果增大,将不利于中国能源安全。

从能源经济角度看,目前世界能源市场明显供过于求,这一方面看似改善了中国能源安全的外部环境,但另一方面由于美国霸权主义政策等因素的干扰,国际能源行业环境并没有得到根本性的改善,而国际能源斗争将变得更加尖锐。

国际能源政治斗争的加剧,增加了能源市场中的不确定性,主要体现在能源供应中断的可能性和能源价格剧烈波动的可能性上。这些既不符合主要能源进口国的利益,也不符合重要能源出口国的利益。

在各种能源品种中,石油和天然气因其国际贸易程度高、货值高、与军事安全关系密切,从而被赋予了较高的地缘政治含义。目前和今后,世界能源政治博弈仍将主要反映在石油和天然气领域。

中国是世界最大的原油、石油、天然气和煤炭进口国，世界主要能源产品供应和价格的相对稳定和可预期，符合中国的能源利益。美国（和其他西方国家）对世界部分国家能源生产和出口的制裁虽然不能改变全球能源供过于求的大势，但是很可能会增大能源产品供应量和价格的波动，从而损害中国能源利益。鉴于国际油气形势越来越复杂，中国应该积极调整对内对外能源政策，保障自身能源利益。

（二）中国对外能源政治关系前景总体严峻

从整体看，世界能源政治环境较差。从局部看，中国对外能源政治关系前景不容乐观。这些因素结合起来，会在较长时期内对中国能源安全造成沉重压力。

对外能源政治是中国对外政治关系中的一部分。"十四五"时期及其之后，和平与发展仍将是世界主题，但各类风波和冲突将不断发生。在世界经济、科技实力格局中，中国的重要性将继续提升。这些可能会引起世界主要守成国的警觉和抵制。

美国等西方国家主导着全球政治、安全、经济、科技秩序，在世界思想、文化、教育等领域也享有霸权。中国在意识形态、政治社会制度、价值观等方面与西方国家有较大差异。今后，在中国继续致力于和平发展以及综合国力继续追赶美国的过程中，中美两国或许不会陷入"修昔底德陷阱"（Thucydides Trap）。但是，在最乐观的情景里，中国与美国及其领导下的西方阵营之间也难免会不时发生矛盾和摩擦。

只有在中国的实力全面超越美国，而且美国政府和社会普遍承认这一实力对比无法逆转，并放弃了追赶的意愿之后，或者在中国确定不可能超越美国、成为世界最强国家之后，中美两国的政治、安全、战略关系才可能回到比较稳定的状态。而这两种情景中任何一种的发生，很可能不会是近期，而会在几十年之后。

大国竞争在历史上多次涉及能源博弈。在可预见的未来，大国政治的起伏会对中国对外能源政治关系产生影响。

1. 中美关系总体上将掣肘中国能源安全

中国和美国分别是世界最大的发展中国家和发达国家，以及第二大和第一大经济强国。中美关系是当今世界最重要的双边关系，也是最复杂的双边关系。

中美关系里有稳定因素。比如，多年来两国经济贸易关系总体上较密切，两国在应对气候变化、反对恐怖主义等其他非传统安全方面也有加强合作的迫切需求。

不过，美国是西方大国，更是世界唯一超级大国。保持这一地位以及确保美国制定的规则继续是国际社会通用的规则，这些是美国最根本的国家利益。美国政治精英普遍认为，在可预见的将来，中国将是美国霸权的首要挑战者。这些决定了未来几年甚至更长时间，美国的对华战略将以压制为主。中美两国将既竞争又合作，但以竞争为主。而中美博弈必然会较多地反映在能源领域。

多年来中国经济增速明显快于美国。根据预测，中国 GDP 预计将在 21 世纪 30 年代前后超越美国，成为世界第一。"十四五"时期美国动用武力阻止中国超越的概率会在现有基础上增大。一旦美国对中国动武，将是 17 世纪英荷关系、17～19 世纪英法关系等较多历史案例在更大规模上的重现。根据哈佛大学教授格雷厄姆·艾利森（Graham Allison）的研究，历史上，当主要国家之间将要发生权力转移时，在 75% 的案例中发生了战争。①

当然，中美之间爆发全面战争是最极端的恶劣情况。稍好一些的情景是美国为阻止中国超越它，而对中国实施遏制政策。在此斗争情景中，鉴于能源对中国经济和社会进步的战略性助推作用，美国可能会（联合其盟国）对中国能源进口进行封锁。

中国国内有一种影响较大的观点，称美国是一个实用主义和商业主义的国家，和意识形态、政治制度等目标相比，美国过去、现在和未来都更重视商业利益。具体到能源问题，根据其商业传统，未来美国政府会继续帮助其

---

① Graham Allison, "The Thucydides Trap," *Foreign Policy* 224 (2017): 80.

能源公司扩大在世界最大的能源进口市场——中国市场中的市场份额，而绝对不会砸自己的饭碗，对中国进行能源封锁。

这种论点的一个看似有力的佐证是，2020年1月中美政府达成第一阶段的贸易协议，其中规定了2020年和2021年中国需要从美国进口的商品金额。能源贸易是大宗商品贸易，其重要性在此贸易协议中显露无遗。协议规定，2020年和2021年中国从美国进口的能源商品金额应该在2017年的基础上分别增加185亿美元和339亿美元以上。① 显然，这说明美国政府希望扩大对华能源出口，分享中国能源消费发展带来的巨大机会。能源关系看似有希望成为中美关系新的"压舱石"。

然而，之后不久新冠肺炎疫情发生并在美国迅速蔓延，死亡人数不断增加。特朗普政府为推卸防控不力的责任，猛烈煽动民众的仇华情绪，美国政府的对华贸易政策也有发生转向的迹象。

拜登—哈里斯政府（Biden-Harris administration）的国内外能源政策很可能与特朗普政府差别较大。特朗普政府在能源领域推行现实主义外交，可预测性强，中国政府已经积累起有效的应对方法。拜登—哈里斯政府主要推行价值观外交，可预测性不强，应对起来难度较大。

历史经验也多次证明，尽管美国政府很重视中国市场，但是出于政治和战略考虑，美国政府可以切断与中国的经济贸易联系，强迫其公司暂时放弃中国市场。

比如，在1949年新中国成立前后，尽管美国大石油公司对保有或者扩大在中国石油市场中的份额有强烈兴趣，但是美国政府从反共战略考虑，还是不顾各大石油公司的意愿，对新中国实施了全面的石油制裁，而这种制裁持续了许多年。②

---

① "Economic and Trade Agreement between the Government of the People's Republic of China and the Government of the United States of America," January 16, 2020, http://www.gov.cn/xinwen/2020-01/16/5469650/files/66763b70059747008afc8fcf8a90e41e.pdf.
② 王海滨：《开拓新边疆：世界资源格局是如何转换的？》，复旦大学出版社，2019，第141~147页。

2. 与其他大国的关系将对中国能源安全产生重要影响

当前和今后一段时期，一超多强是国际格局的基本特征之一。美国是世界唯一超级大国。至于"多强"，在不同的领域包括不同的国家。俄罗斯、印度、沙特阿拉伯、伊朗等国或者是全球强国，或者是地区大国，再加上它们在全球能源生产或（和）消费中的特殊重要性，对中国能源安全具有实实在在的影响。

对中国能源安全来说，俄罗斯的影响比较全面。政治方面，俄罗斯是联合国安理会五个常任理事国之一。军事方面，俄罗斯拥有强大军力，是世界主要武器出口国之一。俄罗斯还是一个核大国，其核武器数量在全球名列前茅。经济方面，俄罗斯是20国集团（G20）成员之一。能源方面，俄罗斯是世界能源大国。俄罗斯地域广大，能源资源丰富。首先，化石能源储量丰富。俄罗斯的石油、天然气、煤炭的储量在世界各国中分别居第6位、第1位和第2位。俄罗斯也是世界上油、气和煤炭的重要生产国。[1] 其次，俄罗斯的风能、水能、铀矿石等非化石能源资源丰富。现阶段，俄罗斯是中国最大的原油进口来源之一，同时，每年俄罗斯还向中国出口大量的天然气（包括管道天然气和液化天然气）、电力。此外，俄罗斯还与中国进行铀矿石贸易和民用核能技术等方面的合作。

在历史和地理方面，俄罗斯对中国有深刻和重要的影响。历史上和现实中，沙皇俄国、苏联和俄罗斯对中国政治、经济、社会和文化等各方面的发展轨迹均有深刻影响。在地理方面，俄罗斯是世界上领土面积最大的国家，也是中国的最大邻国，与中国共享漫长边界。

俄罗斯在世界和地区政治、军事、经济、能源、历史、地理等方面的重要性共同导致一种持久的现象：不论中国或（和）俄罗斯的实力以及两国关系如何变化，在中国能源安全格局中，俄罗斯始终占据比较中心的位置。

---

[1] BP, "Statistical Review of World Energy 2021," 2021, https://www.bp.com/content/dam/bp/business-sites/en/global/corporate/pdfs/energy-economics/statistical-review/bp-stats-review-2021-full-report.pdf.

印度对中国能源安全和国家安全的影响不像俄罗斯的影响那么全面。印度是南亚地区强国。印度是世界经济大国之一，GDP居世界第5。在能源方面，印度不是生产大国。但是，由于其巨大的人口数量、较快的经济发展速度，印度能源消费量多年来增长较快。目前，印度一次能源消费量接近全球总量的6%，居世界第3。[1] 中印两国同为世界能源消费大国，注定了两国间存在较为密切的能源竞争关系。在历史和地理方面，中印两国有非常悠久的交往史，印度也是中国的重要邻国之一。综合政治、经济、能源、历史、地理等各方面的情况看，印度对于中国能源安全具有较大影响力，但其影响程度不如俄罗斯。

沙特阿拉伯和伊朗同为中东重要能源资源储藏国和生产国。同时，它们也都是中东政治和经济大国。沙特阿拉伯和伊朗对中国的能源安全也有较大影响。

（三）中国能源安全的国内挑战较大

作为能源大国，中国的能源安全问题主要是其国内问题。国内政治、经济、社会等方面的发展方向、速度等是中国未来能源安全状况的主要决定因素。面对复杂多变的国内外形势，中央政府积极推进经济转型升级，高度重视能源的低碳、清洁发展。各地方政府受到经济增长、保障就业等"硬指标"影响，对节约能源、缓解能源生产和消费对环境的影响总体来说重视程度不够。

展望未来，由于各方面因素的影响，"十四五"时期以及更长远的未来，中国国民经济增长的速度将在目前基础上下降。经济发展的降速对中国能源安全和低碳发展有利有弊。在经济增速既定的前提下，经济增长模式不同，中国能源安全和低碳发展的前景受到的影响也不同。1978年中国政府启动改革开放的历史进程。重化工业投资大、产值高，能够快速提升

---

[1] BP, "Statistical Review of World Energy 2021," 2021, https://www.bp.com/content/dam/bp/business-sites/en/global/corporate/pdfs/energy-economics/statistical-review/bp-stats-review-2021-full-report.pdf.

GDP，并创造大量就业机会。改革开放以来，为尽快让国家摆脱贫穷落后的状况，中国政府十分重视重化工业的发展。直到现在，一些地方政府仍然在积极推动有色金属冶炼、成品油炼制等高耗能、高排放行业的发展。未来中国政府的经济发展思路——会继续追求外延性的增长，还是会追求内涵式的发展？——也会对中国能源安全和低碳发展的前景产生深远影响。

在多年的改革开放过程中，国家高度重视经济增长的速度。不过，党的十八大以来，中国的经济发展理念发生了重要变化。政府相关部门明确提出并且反复强调，经济发展要从高速发展转变为高质量发展。然而，虽然中央的态度已经很明确，但是政府和社会内部还没有对转变经济发展思路达成充分的共识。尤其是，一些地方政府仍然不愿意停止新建煤电项目等重大工程项目。虽然这些重大项目能耗很高，碳排放量巨大，但是它们在其生命周期内能稳定地为当地带来 GDP 和就业。而且，近年来政府相关部门积极推进"放管服"（简政放权、放管结合、优化服务），中央对地方放权越来越多，一些投资较大的工业项目的审批权已经从中央下放至地方，这让国家推进能源清洁、低碳发展政策的落地难度增加。

1. 国内经济增长前景左右能源安全形势

观察世界各国的历史经验和现状，可以看出能源安全首先是政治问题①，其次是经济问题，最后是资源问题。在政治（尤其是国际政治）和资源问题既定的前提下，未来中国能源安全与经济增长的速度、模式等方面密切相关。

在经济高速增长时期，中国能源消费量和二氧化碳排放量也增长较快。中国国民经济的能源强度和碳排放强度较高。根据国家统计局数据，从

---

① 表面上看，能源安全主要是资源问题和经济问题，而不是政治问题。其实并非如此。在能源资源禀赋较差同时能源消费量巨大的国家中，一些国家（比如现阶段的中国）的能源安全挑战较大，另一些国家（比如日本以及西欧发达国家）的能源安全压力并不大。一些能源资源丰富并且生产能力巨大的国家，虽然没有能源进口安全的担忧，能源出口安全状况却很糟糕。比如，目前伊朗的石油生产有较大的增产空间，但是由于美国制裁等复杂原因，伊朗面临巨大的石油出口安全问题。

1979年到2012年，我国国内生产总值年均增长9.8%。[1] 同期，中国的一次能源消费量从17.15艾焦耳增长到117.05艾焦耳，年均增幅为6%。其中，中国石油消费量快速增长的态势让人印象深刻，也对中国能源安全产生了深刻影响。从1979年到2012年，中国石油消费量从9110万吨增长至4.84亿吨，年均增长5.2%。消费快速增长的结果之一是中国从原油和石油净出口国变为净进口国。1993年，中国的石油（包括原油和成品油）进口量超过出口量，中国在多年之后成为石油净进口国。1996年，中国的原油进口量反超出口量，中国再次成为原油净进口国。之后，中国原油和石油净进口量越来越大。从1979年到2012年，与能源活动相关的二氧化碳排放量从14.6亿吨增长到90亿吨，年均增长5.7%。2005年，中国超越美国，成为全球第一大二氧化碳排放国。[2]

由上可知，到21世纪初，中国无论是在能源安全还是在气候安全方面，压力都已经较大。其原因虽然是多方面的，但最主要的诱因显而易见的是国民经济，尤其是工业经济的快速增长。

大约从2013年开始至今，中国经济不再处于快速增长时期，而越来越深度地进入高质量发展时期。鉴于经济增速对中国能源消费的影响，可以预测在高质量发展时期，未来中国能源消费增长将趋缓。

但是，中国能源消费量和二氧化碳排放量的增速很难快速下降。原因有以下两点。首先，虽然中国经济增速已经下降，而且未来还将继续减速，但是在可预见的未来，中国仍将是全球经济增速较快的主要经济体之一。中国宏观经济相对较快的增长，会对中国的节能减排事业形成挑战。其次，由于多方面原因，中国传统制造业在全球范围内具有比较优势，但发展高端制造业的困难重重。在中国发展更轻、能耗更低、碳排放更少的经济，难免会遭

---

[1] 《改革开放铸辉煌 经济发展谱新篇——1978年以来我国经济社会发展的巨大变化》，《人民日报》2013年11月6日，第10版。

[2] BP, "Stas Review 2021 All Data," 2021, https：//www.bp.com/content/dam/bp/business-sites/en/global/corporate/xlsx/energy-economics/statistical-review/bp-stats-review-2021-all-data.xlsx.

遇较大挑战。

2. 政府长期重视节能，但中国能源安全状况并未明显改善

节能被称为一种重要能源[1]，但其本质上是能源需求侧管理。

能源安全是非传统安全的一种。回溯历史，中国政府开始对能源安全高度重视的时间并不太长。从 1949 年新中国成立到 1959 年大庆油田被发现，中国大陆的石油产量很低，同时中国面临来自美国及其盟国的军事威胁，导致政府很担心一旦战争爆发，石油产量将远远不能满足战争的需要，更不用说经济建设和人民生活对石油的需求。但是，随着大庆油田以及胜利油田、大港油田等国内大油田开发的突破，到 20 世纪 60 年代中国已经成功地"把贫油国的帽子扔进了太平洋"[2]。1973 年和 1979 年，中国先后开始向日本和美国出口原油。[3]

从 20 世纪 60 年代到 90 年代前期，中国能源不安全感并不强烈。1993 年和 1996 年，中国先后转变为石油和原油净进口国，之后净进口量不断扩大，这重新唤醒了中国政府和社会的能源不安全感。

中国政府对气候变化的严重性以及实现低碳发展的迫切性的高度重视，与世界大多数国家基本同步。

在能源安全和气候危机问题在中国受到高度重视之前，节能早已成为中国的一项重要政策。从 1949 年 10 月 1 日起，新中国政府就重视勤俭办一切事情和增产节约[4]，其中必然包括节约能源。

尽管中国政府和社会在节能（以及其他）方面做了大量、持久的努力，但是中国能源安全状况并没有出现根本性的改善。近些年来中国政府和社会的能源不安全感和焦虑感有所增强。[5] 中国领导人的批示和中央政府文件等

---

[1] 张启东：《能源、节能与对节能的认识》，《建筑电气》1983 年第 1 期；安玉彬、刘旭东、田永春：《二十一世纪中国能源发展的总趋势》，《能源工程》1999 年第 1 期。

[2] 《百年石油》编写组编《百年石油（1878—2000）》，石油工业出版社，2009，第 52~183 页。

[3] 王海滨：《开拓新边疆：世界资源格局是如何转换的？》，复旦大学出版社，2019，第 147 页。

[4] 王传利：《新中国成立初期的节约运动述略》，《中国浦东干部学院学报》2018 年第 5 期。

[5] 王海滨：《解开死结：中国能源安全困局及应对之策》，《云梦学刊》2021 年第 2 期。

要求通过提高国内能源储量与产量（即增储上产）和加强能源储备来更好地保障中国能源安全，而保障粮食能源安全被列入中央政府的"六保"（保居民就业、保基本民生、保市场主体、保粮食能源安全、保产业链供应链稳定、保基层运转）之中。

（四）传统语境下未来中国能源安全风险较大

根据传统理论，对外依赖度是衡量能源安全程度的一个重要指标。而今后几年中国能源对外依赖度总体上将继续上升，这意味着同期中国能源安全风险将升高。

目前和今后较长时间内，中国主要的一次能源品种有煤炭、石油、天然气、可再生能源，二次能源则主要是成品油和电力。

根据传统能源安全理论，由于"十四五"时期中国油气、铀矿石消费的对外依赖度较高，因此油气安全和铀矿石安全风险明显。其中，由于油气进口量大、进口频率高，安全风险尤其突出。

二 "双碳"目标影响下中国能源安全风险转换

长期以来，对中国能源安全的分析是建立在国家主义和现实主义的基础上的，基本只关注国家层面的能源安全，包括能源供应、需求、储备和进出口状况，以及能源价格状况。国家层面的能源安全体系是相对封闭、循环往复的系统。

能源高质量发展战略要求能源安全的研究不能再局限在国家层面，而必须拓展到人类与自然生命共同体的层面。同时，能源安全风险也会发生转变，除了已有的安全风险外，新的安全风险将日益凸显。

（一）"双碳"目标对中国能源安全保障工作提出新要求

能源生产和消费是世界温室气体排放的主要来源。中国是世界最大能源消费国，同时也是世界最大二氧化碳排放国。2015年《巴黎协定》达成后，碳减排已成为不可阻挡的全球潮流，这让世界第一大排放国中国倍感压力。能源行业对世界碳排放的贡献率约为2/3。能源行业也是中国碳排放的主要贡献者。中国能源结构的高碳特征明显。要实现2030年前碳达峰、2060年前碳中和的战略目标，中国需要显著改变能源消费结构。[①]

（二）"双碳"目标背景下中国能源安全风险将出现混合特征

"十四五"期间及之后一段时期，中国能源行业一方面会继续受到传统安全风险的困扰，另一方面会遭遇清洁能源勃兴带来的安全挑战，安全风险将出现明显的混合特征。

1. 过渡时期中国能源安全的传统风险仍然存在

今后较长时期，化石能源在中国能源格局中所占比例仍然较高。与化石能源的生产、消费和进出口相关的政治风险将继续存在。

从世界范围来看，在中国能源从高碳向低碳过渡的进程中，国际常规能源市场里可能出现较大的市场和供应风险。概括地讲，供应脱碳速度会比需求脱碳的速度更快，这可能导致常规能源市场中供应短缺和价格上涨的风险加剧。

一方面，在中国、美国等各国政府以及联合国等国际组织的推动下，国际社会推进清洁低碳发展的积极性正明显提高，化石能源开发和利用发展受到融资等各方面的约束正越来越强。结果显示，世界能源供应脱碳的速度正在加快。

另一方面，在今后较长时期，由于清洁能源革命的爆发尚需时日，世界各国民众对化石能源的需求很可能将仍然非常旺盛。可以大致分两种情景去预判在今后的过渡时期里各国民众对化石能源的需求前景。第一种情景是既定政策环境里的能源转型，指各国政府一是通过财政税收等政策，鼓励民众

[①] 高歌：《代号"30·60"！国家行动、地方开跑，剑指双碳目标》，经济观察网，2021年2月5日，http://www.eeo.com.cn/2021/0205/465782.shtml。

增加对清洁低碳能源的消费，二是对民众购买和使用常规能源几乎完全不加干涉。其结果就是各国民众完全自由地根据自己的认识和觉悟水平，以及把使用化石能源产品的利弊和使用清洁低碳能源产品的利弊进行比较，最后做出自己的个体理性判断。在今后不短的过渡时期内，即使得到政府的支持，清洁低碳能源产品的经济性和化石能源产品相比，也可能不占优势，甚至会居于明显的劣势地位。根据理性经济人的假设，其结果必然是大量民众会继续购买和消费化石能源产品。一些化石能源消费载体如燃油汽车、飞机和船舶的使用寿命长、购买成本高、使用成本较低，消费者对使用成本的感觉不敏感。消费者购买燃油汽车等化石能源消费载体后，通常要使用多年后，才会报废。在此类政策情景里，清洁低碳能源对化石能源的替代会比较缓慢。

另一种是快速转型的情景。政府政策、资本市场和社会共同努力的结果是，民众停止购买化石能源产品。可是，即便如此，化石能源产品消费的"长尾效应"也会比较明显。

中国能源安全的政治风险主要反映在进出口方面。在可预见的将来，由于供应和需求两方面的原因，中国化石能源进口规模或将继续扩大。再加上今后所处的国际政治环境会较复杂，中国需要做好应对化石能源进口风险的准备。

虽然多年来做出了较大的努力，但国内化石能源增储上产的前景并不乐观。一方面，这是由于国内石油、天然气和煤炭的大规模开发已经历了较长时间，剩余优质可采储量已大幅减少。另一方面，国内化石能源尤其是油气的勘探开发制度还不尽合理，这也限制了中国化石能源产量的增加。

不过，中国化石能源需求强劲增长的势头短期内看不到遽然中止甚至逆转的迹象。新中国成立以来尤其是改革开放以来，人口增长、经济发展以及由此带动的人民生活水平的提高，这些都推高了中国化石能源消费量的上升。此外，以重化工业为主导的经济增长模式也助推了中国化石能源消费量的增长。改革开放以来，中国学习借鉴了日本、韩国等先进国家和地区的经济增长方式，即通过发展重化工业以快速提升 GDP 的方式，而这样的经济增长方式是以能源的大量消耗为代价的。

在过去几十年里，中国国内还兴建了大量与化石能源消费相关的基础设施，比如煤电厂、炼油厂、石化设施等。正常情况下，这样的设施大多可以使用几十年。如果提前报废，会让投资方承受巨大损失。这就导致路径依赖现象的出现。更加复杂的是，从盈利预期出发，较多投资商在一些地方政府的支持下，目前仍在继续兴建与化石能源相关的基础设施，这或将加重路径依赖。

在过去几十年里，中国高能耗、高排放、高污染的经济发展模式为中国民众带来了实实在在的经济收益。而正是因为过去遵照这种发展模式取得了巨大成功，中国要摆脱它才会特别困难。

即便中国最终能够扬弃传统的经济发展模式，转而走上新的发展道路，这么大的转变和过渡也可能需要较长的时间才能完成。而在转折时期，中国化石能源的消费量、进口量可能会继续上升，其中蕴藏着的传统意义上的能源安全风险可能会在现有基础上继续扩大。

非化石能源的进出口也存在一定的安全风险，这主要体现在核能方面。不过，展望未来，即使中国核电装机容量在现有5000多万千瓦①的基础上大幅增长并导致铀矿石的对外依赖度显著高于石油，中国铀矿石进口安全形势的严峻程度也会低于石油。这是由铀矿石的特性决定的。铀矿石的能量密集程度很高，这决定了今后中国的核电规模即使成倍扩大，也不需要像进口石油那样大量和高频率地进口铀矿石。相应地，中国核能的传统安全风险会较小。

2. "双碳"目标背景下的中国能源安全前景挑战更大

在推进实现碳达峰、碳中和目标的进程中，会出现越来越多的新型挑战。比如，发展电动汽车是在交通运输领域推进碳减排的重要一环。但是，随着电动汽车数量的增加，锂、钴等原料的供应安全风险将更加凸显。又如，今后可再生电力在电力供应中的比例会在现有基础上大幅提升，在此过

---

① 《我国核电装机容量突破5000万千瓦》，国家能源局网站，2021年4月23日，http://www.nea.gov.cn/2021-04/23/c_139901593.htm。

程中电网运行安全会遇到更大挑战。

"双碳"时期将是中国和世界能源行业的转型、转折和权力转移时期。世界能源的博弈规则和权力格局将发生革命性的变化。

回顾并剖析世界资源史，我们可以发现技术进步深刻改变了人与自然资源之间的关系。生产力水平越高，技术越先进，人类对自然资源的数量和富集程度的依赖度就越低。比如，在古代，一个文明的存续对其控制范围内土地资源的数量以及耕地肥沃或草场丰美程度的要求较高。如果土地面积大幅缩小，或者耕地变得贫瘠、草场遭到严重破坏，文明的存续就容易受到威胁。但是，进入近现代后，随着科技的发展，人们对土地资源的开发利用能力增强，在贫瘠土地上进行种植等活动的成本大幅降低。建立了现代农业体系的国家，随着科技进步持续推高农业生产力，大量人口被从农业中解放出来。①

技术进步还不断重塑国际资源权力格局。审视世界资源史，可以发现技术的重要性越来越突出，自然资源的重要性则持续滑落。这一发展趋向对全球资源权力格局产生了深刻的影响：在世界各国中，谁拥有高超的资源相关技术，谁就在世界资源权力格局中拥有更大的权力；而那些资源技术实力较弱的国家，即便拥有世界上最丰富的自然资源，也会在国际资源权力关系中处处受制于人，成为被左右的对象。

以石油为例。过去半个世纪，世界石油权力格局已经发生了由资源富国说了算到由技术富国说了算的明显转变。1973年，以沙特阿拉伯为首的中东阿拉伯产油国凭借其资源优势，动用石油武器，一手导演了第一次世界石油危机。然而，第一次，也是最后一次。之后，西方国家凭借其技术优势，明显地取得了世界石油行业中的主动权。

展望未来，世界能源行业低碳发展的道路既阻且长。在这条道路上，难免有的国家领先，有的国家落后，有的国家处于"食物链"的顶端，有的

---

① Julian L. Simon, "Lebensraum: Paradoxically, Population Growth May Eventually End Wars," *Journal of Conflict Resolution* 1 (1989): 169–172.

国家不免处于底端。居于顶端的国家会"制人",居于底端的国家会"制于人"。在低碳发展的洪流中,各国清洁低碳发展程度不同,它们受到的影响和冲击也不相同。

"双碳"目标的确立为中国能源安全前景的改善带来了机遇,同时也带来了挑战和风险。对中国能源安全来说,今后风险会越来越多地来自技术的贫穷,而不是源于能源资源的贫穷。

表面上看,中国的清洁低碳发展水平目前在世界排名中处于前列,但是仔细剖析中国能源行业的发展状况,却发现在巨大成绩的背后隐藏着较大的隐忧。

2020 年中国风电发电量和太阳能发电量分别占世界的 29.3% 和 30.5%,均居世界第一。[①] 表面上看,中国是风光发电的超级大国。2014 年习近平在上海汽车集团的讲话中提到发展新能源汽车是迈向汽车强国必由之路。[②] 之后,中国新能源汽车事业快速发展。中国电动汽车产量和销量均占世界的 50% 左右。

但是和其他一些行业相似,中国清洁能源生产和应用的发展规模虽大,但有时是揠苗助长的产物,较容易掉入成长陷阱,生命力和自身可持续发展的能力相对不强。

低碳能源的发展要突破化石能源的包围,其自身发展能力要足够强。而发展能力强不强的关键在于技术实力是不是足够强。如果不能占据技术高地,中国低碳能源事业的发展可能会"其兴也勃焉,其亡也忽焉"。

中国政府已经认识到技术强国的重要性,并制定了各种规划和计划,促进了清洁低碳能源技术的进步。

但是,在发展清洁低碳能源技术方面,中国还有许多值得改进之处。首

[①] BP, "Stas Review 2021 All Data," 2021, https://www.bp.com/content/dam/bp/business-sites/en/global/corporate/xlsx/energy-economics/statistical-review/bp-stats-review-2021-all-data.xlsx.

[②] 《习近平:新能源车是汽车强国的必由之路》,环球网,2014 年 5 月 30 日,https://auto.huanqiu.com/article/9CaKrnJF10F。

先，中国在清洁低碳能源领域曾尝试用市场换技术，但并不成功，因为真正的技术是换不来的。

其次，中国政府过于偏重通过补贴来做大新能源领域的市场，以期让清洁低碳能源产品的规模经济效应尽快显露出来。但是，补贴政策的弊端越来越明显地暴露出来。比如，国内相关企业围绕政府补贴的指挥棒转，完全根据补贴的标准来设计和制造产品，其中有些产品与市场预期和要求有一定差距，并有损新能源产品的声誉。

最后，在国内既有政策的影响里，套利资本主义滋生，创造性资本主义得不到充分发展。国内清洁低碳能源企业在材料科学、基础科学等方面的投入普遍不足，导致产品技术含量和附加值较低。以电动汽车为例。本来，中国政府积极发展电动汽车，一个重要考虑是希望绕开在发动机和变速箱等传统燃油车部件发展方面的劣势（中国企业发展发动机和变速箱的历史较短，工艺水平远远低于美国、欧洲、日本和韩国等汽车生产传统强国），同时实现在发展电动汽车"新赛道"的抢跑。然而，中国绕开了发动机这个坑，但可能会掉进电机这个坑。国内企业生产的电机达不到较高质量电动汽车的要求，因此需要大量进口。同样依赖进口的还有车用芯片。[①]

在材料工艺和整车制造方面，国内电动汽车与国外同行的差距也很明显。各方面制造水平的差距综合起来，导致国内电动汽车的市场知名度和美誉度都比不上国外一些知名品牌。国产电动汽车品牌在政府提供大量补贴的时期，还能存活。但是，当电动汽车享受的补贴逐渐退坡之后，一些国产品牌越来越深地陷入困境，不得不陆续退出市场；即便没有退出，一些国内电动汽车生产商的处境也越来越艰难。展望未来，不能排除世界传统汽车制造大公司更大规模地进入中国电动汽车市场，并"碾压"国内品牌的可能性，只有低端的国产电动汽车品牌才能在利基市场里继续生存。结果，它一方面会导致中国燃油车市场中"万国牌"的现象在中国电动汽车领域重现，另

[①] 《电动汽车"芯片"全靠进口，"弯道超车"底气何在?》，搜狐网，2018年7月27日，https://www.sohu.com/a/243597397_413748。

一方面中国政府和社会积极追求的"汽车强国"目标可能会落空。

除了电动汽车外,风能、太阳能等中国其他清洁低碳能源的发展也存在表面强、实际弱的现象,这是中国清洁能源发展的主要隐忧。

隐忧的成因,除了套利资本主义风行等经济和社会因素外,还有积累不够的因素。中国是发展中国家,中国财富和技术积累的基础与发达国家相比,不可避免地会有较大差距,这对包括清洁低碳能源在内的各方面事业都会造成深刻影响。

而且,中国清洁低碳能源的发展还有思想层次上的"病灶",这方面的问题更加危险,更加难以治愈。为此,中国必须推进灵魂层次的能源思想革命。

从社会形态的角度看,中国还处在工业社会的早期。第二次工业革命的思维是中国当今社会的主流思维。工业社会集中化、专业化、强调规模经济优势的生产方式与后工业社会以及清洁低碳发展时代的生产方式大不相同,后者将以分散化和去中心化为主要特征,创造性和信息化程度的差异将决定国家间竞争的成败。[①] 当前的中国是世界工厂,经济和社会发展是建立在大工业生产的基础上的。中国的教育体系也是以培养适应大机器标准化生产和流水线作业的螺丝钉式产业工人为主要特征。受制于这样的教育方式,中国制造业从业人员的创造性和批判性思维总体不足。再加上在资源和人员动员方式上,中国政府和社会习惯于(和擅长于)集中力量办大事。在第二次工业革命时期,这是中国的优势。但是,在第三次工业革命时期,它恐将成为中国经济和社会继续发展的障碍。

概言之,在以传统能源为主导转向以清洁低碳能源为主导的过程中,中国可能会遭遇技术陷阱。中国政府和社会用工业社会的思维办后工业社会的事情,用发展化石能源的思路发展非化石能源,取得成功的概率并不大。

如果我们进一步扩大视野,就可以更全面地认识到中国实现能源转型的难度。中国能源行业的发展状况是中国经济社会的一个缩影,也是一个折射。

---

① 〔美〕杰里米·里夫金:《零碳社会:生态文明的崛起和全球绿色新政》,赛迪研究院专家组译,中信出版集团,2020,第20~21页。

过去和现在，中国能源消费造成的一系列问题基本上不是能源企业造成的，而主要源于社会各行各业。[①] 这些让中国能源的转型升级变得更加困难。

由于新旧风险并存，在可预见的未来，中国能源安全风险将呈现混合型特征。

（三）发展惯性是中国当今和未来能源安全风险的重要根源

面对迫近的气候危机，包括中国在内的越来越多的国家已经下定决心走低碳发展的道路。然而，与任何领域一样，中国和世界能源行业的发展不可避免地具有相当强的惯性，这就决定了在典型的高碳社会和充分低碳发展的社会之间，会有不小的差距，而从前者过渡到后者会花费较长时间。在过渡时期，新旧能源安全风险将并存。

如前所述，在高碳发展时期，中国能源安全的主要风险是政治风险。相应地，中国政府和社会必须充分动用政治智慧，在国内、国际应对好政治风险。在低碳发展的时代，对能源资源的争夺将越来越不再是国际能源竞争的重点，各国能源安全的保障程度将越来越多地由它们在国际能源技术格局中的位置来决定。相应地，中国能源安全风险管理的重点应该转为对技术风险的管理。

三 低碳发展背景下，中国能源安全的风险管理

要在低碳发展时代做好中国能源安全的风险管理，就必须切实、持续推进能源革命，充分调动全社会的力量和智慧。

[①] 在中国社会，与在其他社会一样，能源生产和加工尤其是现代能源生产和加工，主要是在能源企业中进行的。但是，能源消费是由各行各业共同完成的。所以，提高能源消费的效率、减少能源消费造成的污染物和二氧化碳等温室气体排放等，不能苛责能源行业和企业而放松对其他行业、领域和企业的要求。例如，在能源消费方面，能源企业是全社会的记账中心。一个企业要节约支出，把希望寄托在记账中心这一个部门的减支上，而不要求其他部门减支，其结果可想而知。要节支成功，企业的所有部门都必须积极参与。同样的道理，要实现能源的清洁低碳转型，中国政府和社会的各个方面和领域都必须参与。

（一）认清不同阶段的能源形势，务实保障中国能源安全

中国能源安全风险管理切忌脱离实际。低碳发展不是一蹴而就的，过渡时期的能源安全最容易出问题，必须高度重视这一时期的风险管理。

我们需要充分认识到风险的巨大和问题的严重性，既不可轻忽能源供给保障能力的提高，又要加快构建清洁低碳、安全高效的能源体系。[①] 中国能源转型急不得，但更等不得；不能太冒进，也不能不转。如果中国能源转型太快，可能会导致大量的经济损失，在过去的高碳时代建设的机器厂房、基础设施等生产资料以及高碳的生活物资如果提前报废，将造成较大的财富损失。过快的能源转型还将导致巨大的环境正义问题。当前社会，有大量个人和家庭的生计依赖于高碳的生产和生活方式。能源转型过快，高碳产业从业人员的重新再就业压力会很大，进而可能造成严重的社会动荡。反之，如果能源转型过慢，今后造成的社会和经济损失会更加沉重。如果中国由于主观原因或（和）客观原因，能源转型迟缓，那么会产生什么后果呢？一个主要后果是大量资产搁浅。在过去，大型煤电厂等高碳高能耗的项目有希望在运行若干年后，就能收回成本。可是，目前和今后政府政策、资本市场的动向决定了在中国继续投建大型煤电厂等高碳高能耗项目的盈利前景会较差，这些项目成为搁浅资产的可能性会较大。[②]

（二）从总体安全观的高度推进中国能源安全保障

在生态文明建设语境里，能源安全不只是能源问题，它与国家安全、国

[①] 《中华人民共和国国民经济和社会发展第十四个五年规划和2035年远景目标纲要》，中国政府网，2021年3月13日，http://www.gov.cn/xinwen/2021-03/13/content_5592681.htm。

[②] 2021年4月22日，中国国家主席习近平在出席"领导人气候峰会"时指出："中国将严控煤电项目，'十四五'时期严控煤炭消费增长、'十五五'时期逐步减少"［《习近平在"领导人气候峰会"上的讲话（全文）》，求是网，2021年4月22日，http://www.qstheory.cn/yaowen/2021-04/22/c_1127363007.htm］。这就为未来中国煤电发展设定了天花板。如果一些地方政府要新建煤电项目，即使能够获得上级政府的默许，鉴于它们盈利前景变差以及成为搁浅资产风险增大，银行也会对这些项目提出更高的贷款利率等要求，从而使这些项目的经济性变差。

际政治环境的关系十分密切。

我们需要从国家战略角度理解碳达峰、碳中和的意义。碳减排可能是中美两国少数不能脱钩的领域之一。近年来中美关系明显恶化。预计在今后几年甚至更长时间，中美两国战略性竞争、对抗的态势不会有根本性的好转。美国将继续在政治、经济、战略、安全等领域与中国对抗。然而，美国在气候变化应对方面，必须寻求与世界第一大碳排放国中国合作。

可是，在对美关系中，一方面，中国必须避免把碳达峰、碳中和当作一张牌来打。作为世界唯一超级大国，美国拥有足够多的政策工具，不会求着中国进行碳减排合作。另一方面，中国必须充分意识到推进与美国以及欧盟等国家和地区的气候治理合作，可能会遭受损失。比如，中国制造业在过去享有的低环保成本优势可能会失去。中国经济的继续较快增长会遭到重大制约。这是中国在推进碳达峰、碳中和战略的过程中，难以避免的一种关键风险。

（三）多措并举，切实推进中国能源安全保障

仅仅认清形势和高度重视还不足以保证消解"十四五"时期中国能源安全风险。保障中国能源安全，需要把相关工作落到实处。

1. 扎实推进"四个革命、一个合作"是保障中国能源安全的根本

2014年6月13日，中共中央召开财经领导小组第六次会议，研究国家能源安全战略。习近平总书记在会上提出了"四个革命、一个合作"的重大能源战略思想：第一，推动能源消费革命，抑制不合理能源消费；第二，推动能源供给革命，建立多元供应体系；第三，推动能源技术革命，带动产业升级；第四，推动能源体制革命，打通能源发展快车道；第五，全方位加强国际合作，实现开放条件下能源安全。①

"四个革命、一个合作"的重大能源战略思想涵盖能源政治经济的各个重要方面，是指导中国未来能源发展、能源安全保障的重要思想。

---

① 《习近平总书记关于国家能源安全发展的"四个革命、一个合作"战略思想》，中国节能环保集团有限公司网站，2019年6月4日，http://www.cecep.cn/g13350/s25501/t69684.aspx。

2. 要积极推进能源思想革命

与推进能源消费、生产、技术和体制革命相比，推进能源思想革命可能需要花费更长的时间。现在中国能源思想中还存在不少误区，这些误区不突破，中国能源安全危局可能会不断出现。

关于中国能源，最大的认识误区之一是对能源革命主体的误解。多年来，国内有一种影响很广的迷思：能源事业是能源企业的事，或者是能源行业的事。因此，在过去许多年，中国能源安全研究者常常偏重于分析国内相关能源企业能够做什么、不能做什么，并提出政策建议。但是实际上，中国能源行业的情况很复杂，中国能源转型升级以及能源安全的前途并不是国内能源企业能够左右的。能源生产和消费是中国能源最重要的两个方面。在能源供应方面，专业化、规模化的能源企业能够凭借其资金、技术、经验等优势，发挥重要的作用。与之相反，中国能源消费则涉及各个行业、家庭、个人。鉴于中国的能源消费规模庞大，以及消费量很可能明显超过国内能源供应可能达到的最大值，能源消费革命的重要性超过能源供应革命。所以，在美国以及其他一些国家，能源革命可能主要表现为能源生产革命，但在中国，则主要表现为能源消费革命。

要从根本上破解中国能源安全面临的困局，应该主要在能源行业之外而不是能源行业本身下功夫。在碳达峰、碳中和的背景下，污染物和温室气体的大量排放是未来中国能源安全需要直面的挑战之一。为应对这方面的挑战，中国各行各业都需要也必须做出自己的努力。

四 "十四五"关键期中国的能源安全风险应对

在不同时期，同一个国家的能源安全会展现出不同的特征，能源安全面临的风险也会不同。在推进"双碳"战略的同时有效保障中国能源安全，这会是一个长期挑战，而根据"十四五"时期中国能源安全的特征做好风险管理，是这方面工作的第一步。

2021年7月30日召开的中共中央政治局会议提出："要统筹有序做好

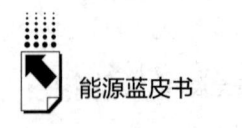

碳达峰、碳中和工作，尽快出台2030年前碳达峰行动方案，坚持全国一盘棋，纠正运动式'减碳'，先立后破，坚决遏制'两高'项目盲目发展。"[1]

党中央的这一表态确定了中国未来较长时间"双碳"工作的基调。同时，它对"十四五"时期中国能源安全的风险管理也有较大启示。

"先立后破"的原则提醒我们，在处理温室气体排放和能源（安全）问题上，最重要的是不要忘记立足现实的原则。此外，我们也应时刻铭记中国的能源安全观始终是面向世界、面向未来的安全观，而不是封闭、内向和短视的安全观。

（一）立足现实是坚持做好中国能源安全保障工作的关键

认清现实是立足现实的前提。中国最重要的现实是什么？是从1956年社会主义改造基本完成到21世纪中叶社会主义现代化基本实现的大约100年的时间里，中国将始终处于社会主义初级阶段。在社会主义初级阶段，中国发展中国家的身份不会变。

虽然自1978年改革开放至今，中国是世界经济增长最快的主要经济体，但是我们仍然必须始终保持冷静、清醒，需要客观地认识到，直至21世纪中叶，相对贫困是中国最重要的国情之一。摆脱贫困是中国在社会主义初级阶段最重要的挑战，以经济建设为中心是中国共产党在社会主义初级阶段基本路线的重要内容。这些对包括能源行业在内的中国各个领域都会有决定性的影响。

现阶段，中国有多种国家战略目标。各种目标不是孤立的，而是相互间有密切的关系。那么，"2030年之前实现碳达峰、2060年之前实现碳中和"与中国摆脱欠发达状态之间是什么关系呢？中国摆脱欠发达状态，在21世纪中期建设成为富强民主文明和谐美丽的社会主义现代化强国是总体性、统

---

[1] 《中共中央政治局召开会议　分析研究当前经济形势和经济工作　中共中央总书记习近平主持会议》，央广网，2021年7月30日，http://news.cnr.cn/native/gd/20210730/t20210730_525548577.shtml。

领性的国家战略目标,"双碳"目标应该受到这个"世纪"目标的辖制,并且服务于这个目标。

"先立后破"的减排政策调整反映了对中国能源现实的尊重。中国的能源消费结构以化石能源为主,尤其是煤炭长期是中国能源消费的主体。从治污和减排的角度看,这既不是理想的能源消费结构,也不是国际和国内社会欣赏的消费结构。但它是目前以及今后较长时间内中国能源行业最基本的现实。近年来,化石能源和非化石能源在中国能源消费结构中的占比虽然在此消彼长,但是变化速度并不快。到2020年,两者的占比分别大约是84%和16%[1],化石能源占有绝对优势。这一点决定了在中国能源领域推行"先破后立"不明智。[2]

"十四五"时期中国温室气体减排的合理路径是,一方面是积极发展风光电等非化石能源,另一方面是继续推进化石能源内部的替代,不仅要继续驱低煤炭在中国一次能源消费结构中的占比,而且要较快实现煤炭消费量的绝对减少[3],同时用相对清洁、低碳的石油和天然气等基荷能源去替代煤炭的消费。这样做不仅体现中国政府政策的连续性,也符合"先立后破"的原则。

中国政府确定"先立后破"的减排原则,会对中国能源行业产生一系列反应。具体到能源安全保障方面,贯彻"先立后破"原则的一个结果是,在"十四五"时期,保障油气供应在中国能源安全保障中的重要性非但不会下降,反而会上升。

---

[1] BP, "Stas Review 2021 All Data," 2021, https://www.bp.com/content/dam/bp/business-sites/en/global/corporate/xlsx/energy-economics/statistical-review/bp-stats-review-2021-all-data.xlsx.

[2] 路径依赖现象决定了中国经济和社会对化石能源的依赖还将继续。比如,大量燃油机械的报废时间将以10年为单位。

[3] 2021年4月22日,习近平主席在出席"领导人气候峰会"时承诺"中国将严控煤电项目,'十四五'时期严控煤炭消费增长、'十五五'时期逐步减少"[《习近平在"领导人气候峰会"上的讲话(全文)》,求是网,2021年4月22日,http://www.qstheory.cn/yaowen/2021-04/22/c_1127363007.htm],清晰地表达了中国较快实现煤炭消费绝对量下降的决心。

现阶段中国石油天然气的保供压力本就较大。"十四五"时期，化石能源深入推进内部替代势在必行，而随着油气对煤炭消费替代的推进，中国石油天然气消费量可能继续较快增长。未来中国国内油气产量即便会增长，也跟不上油气消费的增长速度，油气对外依存度将在现有基础上继续上升。同时，中国所面对的地区和全球政治环境可能会更加复杂，中国油气进口遭遇的地缘政治风险可能会增大。这些共同决定了在"十四五"时期，一方面油气安全保障的任务将在目前基础上增加而不是减少，另一方面油气安全保障的压力会在现有基础上继续发展，而保障油气安全在中国能源安全保障里的重要性会进一步提升。

总之，对"十四五"时期的中国能源安全保障来说，"先立后破"的政策调整意味着其主要内容是保障化石能源的供应。保障油气煤的供应对国家的经济发展、社会进步、政治稳定等仍然十分重要。

（二）面向世界、面向未来，推动中国能源行业高质量发展，持续改善中国能源安全保障效果和效率，助力中国"强起来"

碳达峰、碳中和已经成为国际风潮。以此为大背景，今后中国能源行业不可能永远惯性地发展下去，这一点会带来中国能源经济和能源安全保障形势的改变。

"十四五"时期中国大力发展可再生能源和低碳能源，一方面可以回应国际国内社会对气候治理、低碳发展的强烈呼吁，另一方面可以有效体现中国政府"先立后破"气候治理原则中的"先立"。

不过，发展风光电等低碳能源会给中国能源行业带来较大变化，给中国能源安全带来新的压力，并要求中国能源安全保障工作必须发生新的变化。

"十四五"时期是中国能源安全新旧风险并存的时期，也是风险转换的时期。在传统能源安全风险仍然存在的同时，新的安全风险将越来越清晰地凸显出来。低碳能源的发展与电力消费在二次能源消费中占比的上升、再电气化以及能源互联网等新现象的发展密切相关。在为社会带来更加清洁、低碳的能源供应的同时，非化石能源的发展也给中国的能源安全保障带来了新的挑战。相应地，中国的能源安全保障工作也必须采取新的形式。

新能源电力的随机性、波动性和间歇性可能对电网系统的稳定运行形成冲击，这已经引起人们的普遍关注。然而，它的实质是能源技术问题，不属于能源安全问题。非化石能源的发展对能源安全的影响突出反映在能源互联网方面。而随着能源互联网的不断推进，中国能源安全保障手段也需要做必要的调整。

和传统的能源安全威胁[1]相比，新型能源安全威胁具有无形、更加隐蔽（因发动攻击的技术、资金等各方面的门槛更低）、对潜在的攻击者更有吸引力、受攻击影响的范围可能更大等特点。在前互联网时代，对一个国家能源安全的威胁往往是有形的，而且容易辨识。威胁一个国家，尤其是中国这样一个大国，能源安全的门槛较高。当然，要对中国的能源安全造成严重破坏，难度会更大。因此，在前互联网时代，中国能源安全所受到的威胁实际上相对较少。中国采取的能源安全保障手段也较为传统，主要包括建设战略石油储备、铺设和运维跨国油气进口管线、投资国外油气田、扩大与能源出口国的能源贸易规模、努力建设强大海军并保护本国海上能源运输线等。[2]如果这些手段都在有效地发挥作用，那么中国的能源安全基本上可以得到保障。

中国应如何应对新能源时代的能源安全风险呢？

第一，中国能源安全必须"活在当下"，在"十四五"时期应对好传统的能源安全威胁，尤其是应对好中国油气进口和供应的安全威胁。

第二，鉴于非化石能源迟早[3]将成为中国的主体能源，中国政府和社会等应该未雨绸缪，着眼长远，积极为中国能源体系的低碳化做准备，其中应

---

[1] 对中国等能源进口大国来说，传统意义上的能源安全威胁包括中国能源进口被阻断、重要能源基础设施遭破坏、进口的能源产品价格大涨并给国家财政带来沉重负担等。
[2] 王海滨、李彬：《中国对能源安全手段的选择与新安全观》，《当代亚太》2007年第5期。
[3] 根据中国政府"先立后破、稳扎稳打、循序渐进"的能源战略部署，非化石能源在中国能源格局中占据主导地位，这一情况大概率会发生在许多年之后。

包括构建强健的电网体系，推进电力源网荷储一体化和多能互补发展。①

第三，既重视应对能源安全的资源风险，又重视技术风险。"十四五"时期，中国面临的能源安全资源风险仍然存在，中国必须继续采取拓宽供应来源等手段来管理资源风险，保障能源供应安全。但是，在能源互联网时代，能源安全的风险不会局限在能源的进口和供应环节上，而是在能源产业链的各个环节中。在新时代，各个环节都有可能出现安全问题，并影响中国能源产业的正常、平稳运行，进而损害中国的国家利益。鉴于此，中国应该投入更多力量，有针对性地完善能源领域的技术风险管理。

第四，努力增强中国能源行业的韧性。随着互联网的深入发展，中国能源行业越来越成为高度混沌的系统，越来越可能遭遇不可预见的安全事件的打击。既然打击和冲击越来越难以完全避免，一个国家的能源行业在遭受打击后的韧性如何，将对这个国家的能源安全和经济安全产生重大影响。中国政府和社会应该充分认识到能源韧性的重要性，并且持续进行这方面的能力建设。

---

① 《国家发展改革委　国家能源局关于推进电力源网荷储一体化和多能互补发展的指导意见》，中国政府网，2021 年 3 月 6 日，http://www.gov.cn/zhengce/zhengceku/2021-03/06/content_5590895.htm。

B.10 "十四五"能源体制改革研究

中国社会科学院财经战略研究院课题组[*]

摘 要： "十三五"期间，能源领域改革取得了积极进展，能源的商品属性不断增强，助推了经济发展质量的提升。能源市场建设不断探索推进，主要能源行业通过放开或重组初步构建了竞争性的市场结构，自然垄断环节开始实施政府监管，市场开始在能源资源配置中发挥更大作用。可再生能源在补贴和消纳保障政策下发展迅速，多能互济发展格局正在初步形成。与此同时，随着能源领域改革的深入推进，一些深层次体制机制问题也在逐步暴露，并成为制约改革取得更大进展的症结。"十四五"期间，能源领域的发展与改革面临多种挑战叠加的形势，为适应高质量发展要求和满足新发展格局需要，充分保障能源安全和经济安全，能源行业需要在坚持系统观念的基础上，加强顶层设计，明确改革路径，调动各方积极性，科学制定改革方案，扎实推进落实关键环节与市场化改革。

关键词： 电力市场化改革 国企改革 自然垄断监管

---

[*] 执笔人：冯永晟，博士，中国社会科学院财经战略研究院副研究员、研究室副主任，主要研究方向为产业经济学，竞争、规制与反垄断，能源电力市场，生态环境与气候变化，数字经济。

"十三五"期间，在习近平新时代中国特色社会主义思想和落实"四个革命、一个合作"的能源安全新战略指导下，能源领域改革取得了积极进展，能源的商品属性不断增强，助推了经济发展质量的提升。主要能源行业逐步向社会资本开放，各类市场主体活力得到释放；网络型能源行业的垄断环节治理取得初步成效，政府与市场关系不断清晰，能源治理体系和治理能力不断改进；能源发展模式开始向创新驱动型转变；能源安全保障能力不断提升；能源转型在应对气候变化方面发挥了积极作用。能源市场建设不断探索推进，主要能源行业通过放开或重组初步构建了竞争性的市场结构，政府加强自然垄断环节监管，市场在能源资源配置中发挥更大作用。同时，可再生能源在补贴和消纳保障政策下发展迅速，多能互济发展格局正在初步形成。中央领导与地方探索共同推动了能源体制改革的各项进展。

一 能源领域改革面临的形势

"十四五"时期是落实"四个革命、一个合作"能源安全新战略，推进能源转型、落实"双碳"目标，推动经济高质量发展，构建新发展格局的关键时期，能源体制改革将面临多重叠加挑战。这些挑战也构成了能源领域关键环节与市场化改革所应着力解决的突出问题。

第一，能源领域改革需要重大突破以适应国内外经济与能源形势的深刻变革要求。加速构建"以国内大循环为主体、国内国际双循环相互促进的新发展格局"，需要能源行业向高质量发展路径转型，而且该任务空前迫切。立足确保能源经济安全，能源自主保障能力，支撑国内大循环的有效构建，是"十四五"开局及今后一个时期内能源体制改革的最基本任务，既要保障国家能源安全和经济安全，又要助力国家营商环境改善和人民生活品质提升。同时，能源行业对中国经济高质量发展的支撑作用，正在经历从数量保障型向质量保障型的重要转变。补齐短板、消除瓶颈成为能源领域改革的核心，也是增强中国经济和中国能源抗风险能力的迫切需求。

第二，能源供给体系从以化石能源为主体向绿色多元供给体系转变面临巨大挑战。目前，中国能源供给结构仍不充分适应能源转型趋势和碳达峰、碳中和目标的要求，各类能源品种间的协同互济程度较低，缺乏高效统一的协同规划；能源企业的投资运营效率仍需提高；能源产业链条仍需理顺，特别是煤炭行业与电力行业；主要能源行业的改革步伐、节奏、程度不协调；历史形成的以化石能源为主的供给体系面临历史成本搁浅风险；产业补贴政策的后遗症需要解决；能源供给的地区分割仍比较突出，统一市场建设滞后。煤、油、气、核和可再生能源多轮驱动的绿色多元能源供应体系加快建立，亟须通过能源体制改革破除制约能源品种发展的壁垒，建立健全能源行业协调发展机制，构建以能源市场为主的能源资源配置机制，保障绿色多元能源安全供应，助推能源绿色稳妥有效转型。

第三，清洁低碳的能源消费模式要加速升级并适应经济发展和社会承受能力。在生态文明建设与绿色发展理念的指引下，要大幅提升清洁能源消费比重，特别是提升可再生能源消纳水平，加速推进终端能源消费端的电能替代、清洁能源替代，切实提高能源管理水平，促进节能节电，仍面临许多制度障碍。这既需要政府加速推动能源市场建设，发挥市场价格信号在引导能源消费升级方面的信号作用，引领全社会转变能源电力的消费理念，也需要统筹能源转型政策与经济发展需求，兼顾能源消费公平，做好能源普遍服务，消除能源贫困。通过能源体制改革进一步健全完善能源消费的激励约束机制，但仍面临能源消费升级、经济承受能力和政府改革决心的综合权衡难题，考验着政府决策的决心与智慧。

第四，新一代技术革命契机加速推动能源行业创新驱动发展模式的探索。依靠创新驱动实现能源系统的革命性变革，特别是构建新型电力系统，创新新型能源品种和服务，仍需突破一些关键能源技术瓶颈，破除路径依赖，创新制度设计，为能源领域研发创新和产业普及提供充分激励。在促进现代信息技术、材料科学和先进制造技术与促进新一代能源技术深度融合，推动传统能源企业的数字化转型，推动建设能源互联网，构建新型电力系统建设，培育能源新品种、新服务、新模式、新业态等方面，仍面临诸多不确定性，需要有力的政策支持。这就需要通过能源体制改革，营造有利于能源科技创新的制度和政策环境，进一步增强能源科技自主创新能力。

第五，加强能源国际合作，提升国际能源治理能力需要国内能源体制改革提供坚实支撑。全球能源行业发展和能源转型进程面临前所未有的复杂局面，国际能源供求变化和价格波动风险加大，能源领域国际合作的不确定、不稳定因素正在增多。与国际能源市场实现对接，提高国际能源贸易和能源投资的便利化水平，推动国内能源领域实现更高水平的对外开放，同时有效抵御国际能源市场风险冲击，防范国际能源合作项目中的各种风险，完善"一带一路"能源合作框架和内容，增强全球能源治理能力，迫切需要推进国内能源体制机制改革，特别是加快国内能源市场建设，完善国内能源治理体系，提升能源治理能力，以国内能源大循环带动和支撑国内国际能源"双循环"。

二 关键环节需要解决的突出问题

（一）针对能源行业的控制目标制度仍需健全完善

能源行业面临多重、趋严的顶层目标约束，但多重目标约束间的关系仍未充分理顺，且缺乏有效的政策落实机制，进而使能源行业的发展难以适应能源转型的客观特征和经济发展的现实需求。

1. 能耗双控制度的落实机制仍不完善

能耗双控制度的政策落实机制主要依赖行政指令。能耗双控制度通过中央设定控制目标，再层层分解到省级政府，省级政府继续层层分解，从而使各级政府成为控制目标完成情况的考核对象。相应地，各类市场主体无法直接感受到两类控制目标的直接约束和现实激励。政策传导机制整体可描述为：中央预警落实情况—地方开展达标行动—市场主体执行指令。

目标层层分解和完成情况考核难以保证政策目标的落实效率。目标的合理分解面临困难，很难适应各地经济社会发展形势的快速变化和现实要求，尽管新的完善政策提出预留一定总量指标用于统筹协调，但无法从根源上解决问题。这会促使各级政府在经济发展与节能减排之间选择一种"危险平衡"的机会主义策略，即不见红色预警不开展行动，否则会拖累经济增长；见到预警便启动运动式限产限电，因为经济增长至少有前期成果的支撑；同时，在实施运动式限产限电时，往往会为其"一刀切"的限产限电方式寻求充分依据。

为抑制地方政策机会主义策略而采取的督导检查，尽管能够起到倒逼地方政府主动作为的效果，但也会促使他们采取其他应对策略。各级政府把更多精力用于争取有利的目标分解，或者采取更强力、更大范围的限产限电措施。理论上讲，应对任何考核目标，地方政府都有相应的限产限电力度来予以实现，这恰是风险所在。

2. 碳排放控制制度仍不健全，与能耗双控制度的功能定位需要调整

缺乏健全的碳排放控制制度，导致能耗双控在执行中难以避免其内在缺陷，难以适应能源转型的趋势。为适应清洁能源，特别是可再生能源持续、快速、大规模发展的趋势，电力系统需要确保充足、灵活的系统容量，否则既将制约可再生能源发展，也将造成系统容量短缺，引发缺电限电。能耗双控制度缺乏针对电源结构优化的直接激励，是在以"粗放型"的方式来推进节能减排，成本和风险均非常高，并在持续累积。

碳排放控制制度仍需健全，目前仅有碳排放强度控制目标，缺乏碳排放总量控制目标。碳排放控制出台时间晚于能耗双控，主要是因为碳排放控制依赖于碳排放核查技术和核查制度的构建。不过，过度依赖能耗双控制度的副作用正逐渐显现。随着可再生能源大规模发展，其政策价值将逐渐减弱，需要加快理顺能耗双控与未来碳排放双控的功能定位关系。

3. 煤炭和煤电去产能政策需要调整政策重心

煤炭和煤电去产能政策在前期政策执行框架下，缺乏适应能源转型和经济发展要求的新调整。特别是延续自"十二五""十三五"的煤炭去产能政

策保持较强的政策惯性，成为2020年末初现、2021年逐渐严重的限电问题的一个基础因素。

尽管减少煤电和煤炭是能源转型的基本方向，但"减少"通过清洁能源替代实现，而这取决于清洁能源替代能力的大小。在相当长的时期内，清洁能源难以具备内生的、充足的替代能力。一方面，可再生能源出力具有间歇性、波动性，需要其他电力资源平抑负荷曲线，才能保障系统的安全可靠；另一方面，在用电需求快速增长时期，可再生能源的顶峰能力孱弱，也就是说，越需要用电，电越顶不上。

可再生能源发展必须依靠其他资源支持。主要有两类：一是传统电源，对中国而言主力是煤电；二是新型资源，如抽水蓄能、新型储能等。然而，储能技术路线仍在探索、投资成本依旧很高、产业规模非常有限，短期内难堪大任。因此，要推动可再生能源发展，仍必须依靠煤电以及煤炭。这种现象并非中国独有，而是能源转型的共性，比如以可再生能源发展成就著称的德国和标榜已经完全去煤的英国，在面临电力需求快速增长时，均必须大幅提高煤电发电水平，这种情况在2021年尤为突出。

在能源转型过程中，火电和煤炭的功能是为清洁能源发展"保驾护航"，而非撒手不管。具体表现在以下三个方面：一是火电机组要为可再生能源机组、水电机组提供充足调峰备用资源，包括长期和短期，既需要充足的发电容量，也需要充足的煤炭储备；二是火电机组要承担取暖季供热任务，在北方取暖模式尚未改变之前，难以被替代，比如北京市虽然宣称已完全退煤，但高碑店电厂仍停机不拆机，每年入冬都会开启运行；三是煤炭行业需确保充足产能，保证煤炭供给顺畅，否则会陷入即使电厂冗余，也无煤可用的境地。

（二）能源治理体系和治理能力不适应市场化改革要求

1. 适应市场化改革要求能源法治体系仍不健全

有法可依、有法可依、执法必严、违法必究的法治体系仍不健全。作为能源领域上位法的能源法和重要领域单行法长期未能出台或修改缓慢，《能源法》《能源监管条例》等重要法律法规立法工作滞后，立法效率较低；《电力法》《可再生能源法》等立法修订工作仍缺乏实质进展，未能及时体现改革进展及满足形势变化要求。针对电网、管网公平开放，石油上下游开放准入等领域，仍需要严格依法监管，规范政府自由裁量权。同时各级能源管理部门仍未充分做到依法行政，合规性审查机制不健全，政策制定缺乏公平竞争审查和反垄断审查。

2. 适应市场化改革要求能源管理体制仍不完善

行政管理与政府监管的功能定位仍不清晰，政府和市场的关系尚未充分理顺，政府越位和缺位现象并存。行政管理应侧重战略引领、规划引导和标准规范；政府监管应侧重规则制定、监督运行和保护竞争。目前的能源管理体制仍以行政管理为主，专业性和经济性监管能力较弱，以管代监问题比较突出，市场监管部门在能源领域内的作用仍较弱。

目前，能源管理职能分散，能源领域内的投资、价格、运行、市场、环境、安全等管理或监管职能或政策仍存在政出多门、职能交叉、监管空白等并存的问题，政策制定和实施不时出现不协调、不一致。同时行业监管与国资国企监管存在政策协调的困难，能源市场的竞争政策与产业政策之间的关系也面临权衡难题。央地之间，以及地方之间的监管职能关系仍未理顺，导致很多改革问题上出现管理和监管真空。一些地方在改革主导权和改革方案制定上，存在争权现象。能源监管政策手段有限，经济性监管手段欠缺、社会性监管手段不足，电力监管人才配置和资源支撑仍显不足。

这些局面不适应能源市场化改革要求，比如针对自然垄断环节的电网或管网监管，输电价格或管输价格监管需要以投资成本审核为起点，但投资监管与价格监管分属能源局与价格司，制约了监管效率的提升。此外，针对可再生能源发电的补贴政策虽然带动可再生能源迅速发展，但也积聚了严峻的消纳保障问题，同时导致财政负担日益沉重且难以为继。

3. 多能源协同发展缺乏统筹协调的统一规划

能源协同发展机制有待健全。能源各品种的规划和管理缺乏统筹协调，多能源协同的新技术和新模式存在价格机制、激励措施等诸多障碍，限制了能源领域创新协同发展。电、热、冷、气等能源子系统独立规划，难以利用不同能源间的互补特性，制约了系统能效、经济性的有效提升。能源规划与城市、土地等政策措施不协同，导致多能协同互济项目难以落地。同时，多能源协同互济系统相关市场尚未完全建立，主要能源市场建设不协调，市场机制不健全，制约了多能源协同互济系统推动不同能源余缺互济等作用的充分发挥。

（三）国资国企改革与能源改革协调程度有待提升

1. 在能源领域推进国企混合所有制改革效果不明显

油、电、煤、气等主要能源行业不同程度地推进了国有企业混合所有制改革，不过整体改革进展的效果并不尽如人意。油品零售环节内的混改在促进油气上下游竞争方面尚未取得显著效果，以混改方式推动的增量配电项目中仅有少部分实质落地并持续运营，以混改方式推动的煤炭企业转型进展也比较缓慢。其背后的重要原因是，混改企业的内部治理结构和现代企业制度仍不健全，同时所处的行业环境缺乏配套改革支持，影响社会资本参与混改项目的积极性，从而制约混改效果的充分发挥。

2. 能源市场化改革与国有资产整合未能协调推进

能源领域国有资本的优化配置和资产重组尚未能充分接受市场信号的引导，这在一定程度上影响了市场化改革进程。2019~2020年，国资委推动了西北五省区（甘肃、陕西、新疆、青海、宁夏）五大发电集团的煤电资产整合。尽管整合目标是化解煤电产能过剩、降低企业资产负债率、提高企业运营效率，但客观上会影响到电力市场建设，特别是在电力市场机制仍不健全的条件下，一定程度上抑制了一些电改政策的成效。

3. 部分领域国企的历史负担和社会职能制约企业转型

煤炭领域内的问题越来越突出，受煤炭去产能政策影响，面临产能退出的部分国有煤炭企业存在许多问题，比如资产债务外置、职工妥善安置和后续转型发展等。这些问题不仅成为制约煤炭企业和整个行业转型的沉重负担，也限制了煤炭落后产能的有效退出和先进产能的有效成型。国有煤炭企业的落后产能退出规划与配套政策仍不完善，转型后发展机制仍不清晰。这在很大程度上也制约了行业的市场化改革。

（四）能源领域的自然垄断和行政垄断治理仍需加强

1. 各行业自然垄断环节与竞争性环节有效分离程度不一

网络型能源行业（电力、油气）改革均采取了"管住中间、放开两头"的体制架构，但电力行业与油气行业针对自然垄断环节与竞争性环节实施分离改革的程度并不一致。电力行业通过放开发用电计划，并建立优先发用电制度的方式，而油气则刚通过成立独立管网公司的方式。相比而言，成立独立油气管网公司将实现彻底的网运分离，但电网企业仍同时经营自然垄断业务和竞争性业务。尽管电网企业已经按主辅分离、聚焦主业的要求剥离了装备制造业等部分竞争性业务，但此类竞争性业务属于行业外竞争性业务，而非行业内竞争性业务。电力行业内的网售分离推进迟缓，影响了电力市场建设进程。

2. 各行业仍难避免行政垄断影响和政府过度干预

相对而言，油气行业的行政垄断问题和煤炭行业的过度干预问题比较突出。尽管近年来，国家已经在油气行业的上下游环节逐步取消市场进入门槛，废止了一些落后的行政管理办法等，但行政垄断的实际影响仍存，短期内难以构建公平竞争的市场环境。煤炭行业虽然较早实行了市场化改革，并于2012年底实现了合同煤与市场煤的并轨，但政府尤其是地方政府在全产业链以及煤炭产能、煤炭价格、煤炭交易等方面的过度干预仍比较突出，这也成为煤炭产能和价格不合理波动的重要原因。

受制于电力市场化改革推进程度，发电产能与电价调整也一直受到政府干预。特别是自2018年以来的连续行政降电价，虽然有供给侧结构性改革和宏观经济形势需要的大背景，但在很大程度上也影响着电力市场建设，既制约了发电侧竞争的有效开展和市场建设，也影响了电力用户对电力市场的接受程度。同时，行政降电价作为普惠式降价手段，难以保障降价对经济发展的真实有效贡献，因为这既可能助力优质企业，也可能支持落后企业。

3. 油气管网和电网的投资运营机制和管理监管体制仍不健全

虽然2019年底，独立的油气管网公司已经成立，但公司的投资运营机制仍未充分建立完善，同时还面临历史遗留问题的制约。许多棘手问题仍未得到充分解决，比如国家管网与省级管网之间的资产和业务关系如何界定厘清、油气企业的历史高价合同如何消化、油气管网的投资运营和调度运行机制如何构建、油气管网的公平无歧视开放如何保障等。这些问题使管网公司迟迟难以真正独立运营。关于电网企业在电力市场中的功能定位和管理体制仍缺乏清晰明确的思路和方案，电网的规划、投资和运营机制也仍需完善，随着电力市场放开程度的提高，这些将成为深入推动电力市场建设所必须解决的问题。

油气与电力行业的监管体制建设进度不一。针对电网企业，目前已经构建起相对完整的、以"准许成本+合理收益"为主要特征的输配电价监管制度，并完成了2017~2019年的第一轮监管周期，现已经进入2020~2022年第二轮监管周期。针对油气管网，尽管已经确定了相似的管输价格监管制度，但受制于管网公司的实际运营状态，具体监管政策仍未出台，管输价格监管尚未正式实施。

（五）能源安全储备体系尚不能充分保障能源安全

1. 油气储备体系仍未充分补齐短板

我国油气储备仍存在明显的短板。在体制机制方面，国家石油储备中心的职能和角色仍缺乏充分的清晰度；地方在建设国家石油储备库方面未表现出较高的积极性，难以有效配合完成油气储备工作。我国油气储备的资金来源相对单一，政府财政是我国战略石油储备资金的最主要来源，中国石油、中国石化、中国海油、中化集团等企业负责承建和管理的模式对财政依赖度高，客观上也增加了国家财政负担。同时，我国石油储备管理缺乏弹性，没有实现动态管理。石油储备缺乏对宏观经济调控的机动能力，石油储备成本与收益不匹配，缺乏有效的商业运营机制。

2. 煤炭储备体系仍比较滞后

尽管我国煤炭资源储量丰富，但煤炭生产、储存和运输条件制约着煤炭供求的有效匹配，影响煤炭行业的供应效率。目前煤炭储备制度建设仍比较缓慢，缺乏清晰的煤炭储备主体设置和责任定位，也缺乏明确的储备规模目标和储备点布局，与煤炭生产、消费、进口未有效结合，煤炭储备能力、供应保障能力和应急调控能力均显不足。煤炭企业储煤积极性不高，缺乏有效的激励机制，产煤地区缺乏调峰储备产能及监管机制，储煤标准体系不完善。同时，煤炭储备也面临资金来源不足等问题，缺乏商业化运营机制。

3. 电力市场建设未充分重视发电容量充足性问题

电力市场建设仍没有充分重视保障发电容量充足性问题。新一轮电力体制改革是在电力供求相对宽松的条件下推进的，在这一背景下，国家对电改效果的关注集中在降电价上，而忽视了容量充足性和灵活性对于保障电力行业健康发展和保障国民经济电力需求的重要性。电力不同于煤炭和油气，其"储备"难以体现在对电力的直接存储上，而是体现在电厂或机组容量的充足性上。因此，电力市场建设必须重视对充足容量的补偿，以确保在供求紧张时，有充足的电厂或机组能够提供出力。相应地，控煤不等于控煤电，在可再生能源比重不断提高的背景下，发展煤电并不会必然增加煤炭消费量。煤电的作用将越来越多地体现在保障供求紧张时的供给以及保障可再生能源消纳上。对化石能源消费总量控制目标的片面理解，影响了电力市场建设，制约了电力供应的有效保障，导致2020年底部分地区出现了时隔已久的限电问题。

（六）碳市场建设与电力市场建设缺乏协调

现有能源市场建设尚难以引导能源行业减排，并支撑有效实现"3060"碳达峰和碳中和目标。全国统一碳排放权交易市场建设仍处于起步阶段，市场交易并不活跃，与电力市场仍未实现有效对接。目前碳市场的基础设计仍难以保证碳价发现的准确性，配额设定宽松、交易体系不完整、交易机制不健全、定价方式不完善等导致尽管碳市场已经初步形成价格，但现有价格在促进发电企业转变行为方式、推动绿色低碳转型的激励上仍非常有限。

碳排放权市场建设仍明显受制于电力市场建设的进展和成效。碳排放权配额的分配方式直接影响碳排放权交易价格及相应的减排激励效果，如果配额比较宽松，那么碳价将达不到激励效果；如果配额紧张，则受电价传导制约，无法有效引导电力用户节能减排。当发电成本仍无法充分合理地向用户侧传导时，就会增加碳市场的运行难度，也容易降低发电企业对碳排放市场的接受程度。电力市场的"双轨制"特征也制约着碳成本向电价的有限传导，造成了碳减排责任的不公平分担，比如优先发电企业可能难以顺畅传导碳价，市场化用户将承担更多碳成本。

三 市场化改革需要解决的突出问题

能源市场化改革整体进展缓慢，能源价格尚未准确反映资源成本、供求关系和生态环境成本，市场配置资源的决定性作用尚难以充分发挥。

（一）能源市场整体的竞争程度仍有待提升

整体来看，能够保证充分竞争的能源市场仍有待培育。社会资本进入部分能源领域仍面临准入壁垒，多元化市场主体有效竞争格局尚不成熟，市场活力尚未充分激发，竞争政策在电力市场中的基础性地位仍有待加强，这些方面制约能源了生产利用效率的提高。

电力市场改革采取的"双轨制"改革路径难以长期维系，电网企业同时经营自然垄断业务和竞争性业务，制约竞争性市场结构的形成，特别是在售电持续放开的背景下，难以保证零售环节的公平竞争。

油气市场仍具有明显的寡头垄断特征，大型国企在油气市场中占有绝大部分市场份额，上下游一体化的经营模式仍未有效打破，上游勘探开发和下游市场仍未形成有效的竞争格局。

煤炭市场供求关系受中央和地方政策影响明显，地方政府出于地方经济利益考虑倾向于鼓励中小煤矿发展，而中央则往往支持淘汰落后产能，央地不同政策诉求影响煤炭市场结构。在强力的煤炭产能控制政策下，煤炭产能释放极易出现与能源转型进程和经济发展需要不相适应的问题。

（二）能源市场仍未构建起高标准市场体系

整体来看，各能源市场体系仍不健全，政府管制定价或产能控制制约或影响了市场化定价机制的形成和作用，也制约了多能互济和能源替代的效果。

电力市场中的批发与零售环节关系尚未理顺，售电侧放开改革和优先发用电制度所带来的"双轨制"在很大程度上制约着电力市场建设，电价传导仍不通畅，特别是终端电价传导不畅。电力市场仍缺乏健全完整的交易品种体系，特别是缺乏针对各类备用等辅助服务，以及容量等产品的合理定价，导致电价无法充分反映真实供电成本。电力市场现行的中长期交易与现货试点未能有效衔接，现货市场建设整体仍比较缓慢，从而制约了可再生能源发电的高效消纳；同时，可再生能源发电仍缺乏与电力市场相融合的发展机制保障。

油气行业中，原油价格由价格主管部门参照国际油价制定，并根据国际油价波动进行调整，成品油价格则仍然采取政府指导或政府定价，油价调整机制滞后，难以充分灵活地反映市场供求变化。常规天然气仍以部分直接定价或者指导定价为主，市场化定价程度仍较低；且天然气定价仍存在分级、分段现象，城市终端天然气价格市场化改革进展缓慢，居民用气价格改革相对滞后。与电价问题类似，天然气价格终端价格传导机制不畅有待打破，且当前天然气价格体系并不能很好地体现用气的差异性。

煤炭行业中，煤炭价格受到煤炭去产能政策控制较严，加之煤炭进口结构调整，导致价格波动越发容易出现大幅波动。"十二五"时期，主要针对煤炭行业整体困难的问题，重点淘汰了落后小煤矿约7100处，产能约5.5亿吨；"十三五"时期，煤炭行业形势有所好转，去产能重点转向加强力度、优化结构，继续淘汰有安全问题的落后煤矿约5500处，产能约10亿吨。进入"十四五"时期，煤炭价格持续快速上涨，进一步激化了长期存在的"煤电矛盾"。

（三）电力市场建设仍滞后制约可再生能源发展

可再生能源发电全额保障机制难以适应加速发展的形势。2030年，可再生能源发电要增加到12万亿千瓦，不仅给电力系统的安全稳定运行带来巨大压力，也给可再生能源投资成本的回收和分摊提出了更多挑战。同时，消化可再生能源发电财政补贴的存量缺口，解决补贴发放的拖欠问题，也是一个棘手难题。目前的可再生能源全额保障制度、可再生能源消纳责任制度难以长期维系，而电力市场建设仍比较缓慢。虽然可再生能源发电的间歇性和波动性特征，决定了电力现货市场是引导可再生能源发电有效消纳的最优机制，但是由于针对电力现货市场仍面临认识层面、体制机制层面的诸多障碍，制约可再生能源的有效消纳。目前国内各现货试点地区的市场设计仍存在不同程度的缺陷，且市场价格传导不畅，制约了可再生能源的市场化消纳。2021年之后，随着可再生能源发电平价上网项目增多，推进现货市场建设已十分紧迫。除现货市场外，可再生能源进市场仍面临市场化激励机制不到位的制约，机制选择仍面临争论，可再生能源消纳责任加绿证的制度建设缓慢。

有效引导电力资源大范围配置的机制仍不健全，跨省跨区的电力资源统筹、输电通道利用、调度制度改革及交易制度完善等方面工作仍有待推进，"三北"等新能源装机富集地区的本地运行调度难以充分保障消纳并持续激励投资，需要扩大市场化消纳的范围，但同时，送端与受端省份利益协调仍比较困难，跨省跨区交易机制仍面临电网和电价方面的制度障碍，创新跨省跨区交易机制同样十分紧迫，区域和全国统一电力市场需要加快。

四 政策建议

针对以上能源领域关键环节与市场化改革方面存在的突出问题，"十四五"及之后一段时期内,能源领域改革需要中央加强顶层设计,以关键环节问题为抓手,系统施策,切实推进,全面深化能源市场化改革,打造能源领域市场化、法治化、国际化的营商环境,助力经济高质量发展和新发展格局构建。

(一)完善能源体制改革的顶层设计思路

第一,构筑适应推进能源转型、落实"双碳"目标、推动经济高质量发展的顶层能源体制框架和完整政策体系。以政策目标科学合理、政策体系完整协调、落实机制精准有效为基本引导,着力理顺市场与政府、竞争与监管在能源领域内的边界与功能。理顺能耗双控、碳排放控制、煤炭去产能、煤电产能控制等宏观控制目标与目标落实机制之间的关系,切实通过市场化改革,引导市场主体积极作为、主动转型、着力创新、切实实现节能减排。

第二,继续完善能耗双控制度,加速健全碳排放控制制度。研究考虑将能耗总量控制目标调整为化石能源总量控制目标,以体现支持可再生能源发展的政策导向。在已有碳排放强度控制目标基础上,尽快引入碳总量控制目标,更有针对性地促进能源结构调整,并为完善碳定价机制创造条件。要结合电力市场和碳市场建设进程,调整能源双控落实机制,为企业转型提供更多可能的选择,减少或避免一控了之、一限了之。

第三,合理定位煤炭在能源转型中的功能转化,调整煤炭去产能政策导向。立足中国资源禀赋实际,将煤炭定位于推进能源转型和高质量发展的基础性、战略性资源,而非单纯的替代对象。政策导向要明确"控煤目标"与"控煤手段"的差异,避免过度行政干预,依靠电力市场和碳市场建设引导煤炭产能合理配置。

(二)完善政府部门能源治理体系

第一,探索政监协调的新型能源管理和监管体系。健全能源法治体系,尽快构建完整的能源上位法与能源行业法体系,重点推动《能源法》《能源监管条例》等立法工作，以及《电力法》《可再生能源法》等立法修订工作。加大可再生能源并网、管网公平开放等环节的执法力度，创新执法方式。加强政策措施的公平竞争审查和反垄断审查工作。

第二，深化推进能源审批制度改革，持续推进简政放权。持续放宽市场准入，建立能源市场准入负面清单调整机制。完善战略规划体系，加强多能互济、协同发展的统一规划。完善能源领域标准体系。加快推动电力、油气等重点领域改革任务相应标准制定进程。创新能源管理方式和服务方式。

第三，结合能源市场化改革进展，协调加强竞争性环节的市场监管、管网环节的自然垄断监管和能源行业的社会性监管。厘清中央和地方监管职责，加强监管机构间协同配合；厘清能源行业监管与安全、环保、质量等专业监管边界，加强专业监管间的配合与联系。针对主要能源行业监管，处理好综合监管与分业监管的关系，构建有利于多能协同互济的协同监管机制。增强监管力量，加强监管专业人才培养。

（三）加强国企改革与能源改革协同互促

第一，坚持政企分开、政资分开、特许经营、政府监管原则，推进能源国有企业混合所有制改革，进一步放宽市场准入，吸引民营资本进入，创新混合所有制企业治理结构和治理体系，构建适应能源市场化改革要求的合格市场主体。

第二，以"国企改革三年行动方案"为契机，切实遵循改革目标要求，扎实落实改革重点任务，围绕推进能源转型和落实"双碳"目标要求，聚焦主业、推进创新、优化投资结构、提升运营效率，增强竞争力、创新力、影响力和抗风险能力。

第三，加强国资国企整合与能源市场建设，注重国资监管与市场监管的协调性。要推动国资国企整合更多依靠市场信号引导，充分考虑国资国企整合对能源市场竞争格局和竞争秩序的影响；要着力加强针对能源市场，特别是电力市场的竞争秩序监管。

第四，稳妥解决国有能源企业办社会历史负担较重等问题，推动能源国企聚焦主业，扎实转型。重点电网企业和油气管网公司等的国企改革，推动行业垄断环节与竞争性环节有效分离，推动垄断业务与竞争性业务有效分离。

（四）加强自然垄断管网环节治理

第一，提升自然垄断环节的能源基础设施服务供给质量，增强自然垄断环节监管，切实打破行政性垄断，防止市场垄断。推进能源行业自然垄断的电网环节和油气管网环节对各类市场主体公平无歧视开放，推动网络性业务与竞争性业务的有效分离。完善电网和管网接入机制，明确基础设施接入标准，确保管制环节之间、管制环节对竞争环节提供公平无歧视互联服务。

第二，针对电网环节，要尽快明确适应电力市场化改革要求的电网管理体制，明确电网企业在电力交易、系统调度、电网投资等方面的功能定位与职能关系。在推动电力交易机构股份制改造基础上，继续探索权责分明、多元制衡的公司法人治理结构和灵活高效的经营管理机制，提升电力交易机构运营效率。同时，建立电力调度机构运行规范和行为准则，确保电力调度机构在市场交易中的公正中立。加强调度机构运行的透明度，建立信息公开制度。理顺电力调度机构与电力交易机构的职责界面和业务流程，建立电力交易机构与电力调度机构、电网相关部门之间的衔接协调机制。

第三，针对油气管网环节，要加快油气管网运营机制探索改革，推动国家油气管网公司实质独立运行。要尽快理顺国家管网与省级管网的运行机制，因地制宜推动省级管网通过市场化方式融入国家管网，地方要配合国家管网做好省间联络线建设，并落实省级管网的公平开放。健全国家管网运行机制，提高天然气公共服务水平。同时完善天然气管网运行机制，科学设定油气管道的容量分配和管输价格核定，并参照电力等相关行业和国际经验，探索新型定价机制。

（五）构建能源安全储备体系的长效机制

构建全方位、多层级、高标准的能源安全储备体系和长效机制，有效应对国际油气市场波动对国内油气行业和经济运行的冲击，有效平抑国内煤炭市场供求和价格的异常波动，有效保障能源行业平稳转型和经济稳定持续发展。

第一，要继续完善油气战略储备制度建设。统筹规划全国油气管网，协同推动油气储备、运销基础设施建设，在政府储备、企业社会责任储备和生产经营库存协同配合的基础上，探索以市场化手段提升储备水平的新型机制。依托油气交易中心，探索建立储备气量交易市场，逐步形成市场化的储气交易机制。

第二，深化煤炭储备制度改革，健全国家煤炭应急储备管理制度。科学设置煤炭储备规模目标和储备点布局，增强煤炭供应保障和应急调控能力。将煤炭储备责任与煤炭生产、消费、进口相结合，产能储备与产品储备相结合。完善对企业建立煤炭产品储备的支持政策，提高企业储煤积极性。支持主要产煤地区建立调峰储备产能及监管机制。健全煤炭最低库存和最高库存制度，科学确定不同领域煤炭最低库存和最高库存，对煤炭生产、经营、重点用煤企业落实最低库存和最高库存要求进行监督考核。

第三，将保障发电容量充足性作为基本目标，推进电力市场建设。一方面，要在现有市场化改革成果的基础上，总结教训，归纳经验，以保障发电容量充足性为基本目标，完善市场设计，推动试点改革。另一方面，要合理把握能源双控目标与能源安全的动态关系，结合煤电在能源转型的功能变化，合理确定煤电在保障能源安全特别是电力安全中的基础性地位，科学设计相应的容量保障机制。

（六）健全碳市场建设，助推电力市场建设

第一，统筹协调推进全国碳市场建设与电力市场建设。在全国统一市场已经正式起步运行的背景下，要抓住契机，推动电力市场建设和电价机制改

革，逐步推动碳成本进入电价并顺畅传导，引导发电企业和电力用户主动节能减排。同时，要逐步强化碳价对发电企业的约束激励作用，完善碳市场基础框架设计，提升碳价格的发现效率和激励效果。

第二，尽快推动碳排放总量控制目标出台，逐步与碳市场建设对接，增强碳市场的约束力和引导力。完善全国碳市场基础设施建设、完善电力企业碳排放报告、核查和配额管理制度。结合电力行业电源结构特征，完善排放基准设定、配额分配制度，逐步压缩碳配额。继续完善碳市场机制，明确从免费发放向拍卖配置转变的路线和方案。

第三，要加强研究，以碳成本传导率为依托，摸清碳成本对"双轨制"下优先发用电和市场发用电主体的不同影响，推动"双轨制"并轨，实现碳减排责任的公平合理分摊。在双轨并轨过渡期内，调整优先发用电电价制度，合理传导。

第四，理顺碳市场建设、可再生能源发展机制与电力市场之间的功能关系及相应市场建设的定位。明确碳市场着力控制发电企业碳排放，可再生能源发展机制着力推进可再生能源发展的清晰功能定位。避免可再生能源项目通过抵消机制，即国家核证减排量（CER）参与碳市场交易，确保通过电力市场及可再生能源市场化发展机制来推进可再生能源发展。

（七）深入推进电力市场化改革

第一，有序全面放开发用电计划，推进"双轨制"并轨。有序推动煤电、气电全部进入市场，并继续推动更多电源进入市场，有序推动各类经营性用户全部进入市场，逐步压缩"双轨制"规模，调整完善优先发用电制度，形成充分竞争的电力市场结构。统筹推进电力市场建设，构建以现货市场为核心的高标准市场体系；推进电力市场运营机构规范运行；深化配售电业务改革，探索推进增量配电业务投资运营的合理模式，完善配套政策；完善电价形成机制，推动输配电价分开核算，逐步取消目录电价，建立新型零售电价监管制度。

第二，全面推进电力现货市场建设。推动首批电力现货市场建设试点工作，建立与电力现货市场相适应的优先发电、优先购电制度，推动"双轨制"并轨。尽快推动第一批试点地区全面重新启动不间断连续运行，推动第二批试点地区开始试运行，并研究继续扩大电力现货市场试点范围。电网连接紧密的省份，可基于既有电力现货市场试点相互融合；具备条件的其他省份，可继续开展新的电力现货市场建设试点。

第三，完善中长期交易机制。结合现货市场建设需要，加强中长期交易市场现货市场的有效衔接，推动重点推进定价方式、结算方式方面的衔接。改革完善中长期交易的组织形式，探索开展电力期货交易，提高中长期市场的灵活性和流动性，为市场主体提供充足有效的风险管理手段。继续优化中长期交易的期限结构，提升交易频次，丰富交易品种。

第四，全面推进辅助服务市场建设。加快建设电力现货市场相适应的辅助服务市场，激励各类新型电力资源类型发展，推动电力辅助服务费用向用电侧传导，完善辅助服务交易品种体系，完善辅助服务交易机制，实现电能量与辅助服务市场联合优化。尚未开展现货市场建设的地区，结合当地电能量交易机制，建立健全电力调峰、调频、备用等辅助服务市场机制。

第五，探索建立容量成本回收机制。推动容量成本回收机制探索，促进传统电源与可再生能源、各类储能和需求侧资源协调发展，合理引导电源投资、保障电力市场容量的充足性和灵活性。结合实际情况，容量成本回收初期可采用容量电价机制。相关主管部门要在科学测算合理容量成本的基础上，建立容量电价的定价和实施机制。

第六，推动零售侧市场建设，健全零售侧市场监管制度。适应工商业用户都进市场的要求，积极培育合格售电主体，提升售电公司的用户服务能力和风险管理能力。明确电网企业代理用户购电的代理机制和行为规范，确保工商业用户的稳步有序放开；加强售电环节监管，确保公平竞争秩序，保护用户合法权益；建立并完善保底供电制度，建立针对未放开并仍适用目录电价的价格联动机制。鼓励经济发达地区调整优化居民电价制度，推动居民电价逐步反映供电成本。

第七，推动电力资源在更大范围优化配置。推进电能量和辅助服务资源在更大范围内优化配置，推动完善适应地区间融合的全国和区域统一电力市场体系。完善现有跨省跨区市场交易机制，结合各省份市场建设进度和实际情况，加强省份间与省内市场的衔接，推动外来电直接参与受端省份电力市场，并探索构建跨省跨区输电容量的市场化分配机制。

（八）推动可再生能源市场化消纳

第一，依托电力市场，构建可再生能源"配额+绿证"的市场化消纳机制。主动引导可再生能源发电适应高比例可再生能源电力系统负荷特性变化，合理反映消纳成本，实现有效配置。要逐步促进现行可再生能源消纳责任权重的调整完善，逐步强化电力用户对可再生能源发电的直接消纳责任，与市场化交易对接。面向能源资源与负荷逆向分布格局，结合西部北部清洁能源集约式开发规模和东部中部能源电力消费需求，优化跨省跨区输电价格机制，探索激励型输配电价机制，充分利用跨省跨区通道，实现可再生能源大范围消纳。

第二，完善绿色电力证书交易机制。实施强制绿证交易，拓展绿色电力证书核发范围，逐步将水电、海上风电、分布式光伏发电、太阳能热发电、生物质发电等可再生能源发电类型纳入核发范围。拓宽绿色电力证书交易渠道，结合互联网等交易方式，拓展电力交易中心、碳排放权交易中心等多种分销渠道，建立基于绿色电力证书统一登记和交易平台下多渠道分销模式。推进平价绿色电力证书交易，鼓励可再生能源发电平价和低价上网项目通过绿色电力证书交易获取合理收益补偿。

第三，合理设计过渡机制，推进已有受补贴项目向"配额+绿证"机制过渡。一方面，要提升可再生能源电价附加的征收效率，尽可能地减少欠补贴问题，抑制可再生能源补贴资金缺口的持续扩大。另一方面，要结合"配额+绿证"机制的建设，通过针对性、倾斜性的绿证核发等设计，推动受补贴项目主动向绿证机制过渡。

（九）加快推进油气市场化改革

1. 切实推动油气上游市场化改革

第一，进一步推进油气勘探开发领域市场化，实施矿业权出让制度。完善油气矿业权市场化流转机制，盘活存量资源，提高矿业权市场活跃度。完善油气勘探开发领域的准入条件，放宽勘探开发准入主体限制，支持各类市场主体平等参与市场竞争，通过竞争取得油气矿业权，参与油气领域混合所有制改革。

第二，推进工程技术服务市场化，全面开放油气工程技术服务市场。打破部门、行业、企业和地域市场壁垒，积极推进石油企业工程技术服务板块专业化重组，做强钻井、测井、录井、试油、采油、作业等核心技术业务。推动工程技术服务企业成为独立的市场主体，平等参与市场竞争，提高专业化服务水平和市场竞争能力。

2. 切实推动油气下游市场化改革

第一，推行成品油、天然气、储气调峰市场化定价。适时放开国内成品油价格，不再发布成品油最高限价，不再设置批零差价，取消油价调控风险准备金。建立完善天然气上下游价格联动机制，实现天然气价格调整常态化，逐步放开非居民用气价格，居民用气价格逐步调整至合理区间，对低收入家庭进行适当补助。建立储备气量和容量交易市场，逐步形成市场化的储气服务价格。试点天然气储备服务二级交易市场，进一步加强储运产品体系建设。优化成品油进出口管理制度。政府逐步对成品油进口由配额制改为自动许可制度，逐步增加成品油出口配额数量，直至取消成品油出口配额管理。国家保有紧急情况下限制出口的权利。

第二，促进天然气交易枢纽和交易中心建设。统筹推进油气市场枢纽、交易中心、期货交易所建设，推动在资源丰富或天然气基础设施完善的地区建立油气区域市场枢纽。研究油气交易中心功能定位，科学部署油气交易中心建设，完善运营交易规则。推进油气期货交易平台建设，逐渐形成反映中国市场供需的原油基准价格，打造具有国际影响力的天然气期货市场。

第三，完善直供、点供和城市燃气特许经营政策。优先开展工业用户直供，在燃气公司无法满足其特许经营区域用户需求时，协调引入上游气源方。针对部分用气量小、间断式用气的企业，鼓励开展点供供气。完善燃气特许经营权政策，在新增供气地区逐步公平开放，允许用户和供气企业自由选择供应商。完善天然气价格形成机制，逐步理顺不同终端用户气价，解决交叉补贴问题。

（十）继续深化煤炭市场化改革

第一，坚持坚决淘汰落后产能与合理发展先进产能并举，规范煤炭市场的准入退出标准和制度，完善煤炭产能控制制度。要在落实《市场准入负面清单》《产业结构调整目录》等所列事项的基础上，持续优化管理方式，严格规范审批行为，正确高效履行职责。规范审批部门的自由裁量权。

第二，要加强煤炭现货市场与中长期合同市场的协调运行。健全煤炭价格形成机制，进一步完善煤炭中长期合同制度和"基准价+浮动价"定价机制，提倡煤矿企业、运输企业、煤炭用户三方建立中长期合作关系，规范签订和履行煤炭中长期合同，加强合同履行事中事后监管。

第三，减小政府直接行政干预力度，发挥市场决定性作用。鼓励从事煤炭生产开发、加工利用和仓储贸易等经营活动的市场主体通过煤炭交易市场依法经营、公平交易、有序竞争，并参与煤炭交易市场建设和模式创新，鼓励发展各种有效的交易方式和交易品种。

B.11
能源数字化与智能化发展前景

国网能源研究院有限公司课题组*

摘　要： 本报告系统归纳了我国能源行业数字化与智能化发展的相关背景，总结了能源行业数字化与智能化转型的发展趋势与基本特征，梳理分析了国内外先进能源企业相关典型实践，研究提出了我国能源行业数字化与智能化发展的基本思路：一是发挥政府规划先导作用，加强各领域统筹协调；二是发挥市场机制调节作用，破解传统体制机制壁垒；三是加快关键基础设施建设，夯实能源数字化智能化发展基础；四是加快关键技术和商业模式创新，提升能源数字化智能化发展能力。

关键词： 能源数字化　能源智能化　能源行业

一　能源数字化与智能化发展背景、趋势和特征

（一）能源数字化与智能化发展的相关背景

《中华人民共和国国民经济和社会发展第十四个五年规划和2035年远

---

* 执笔人：马莉，博士，国网能源研究院有限公司副总工程师兼企业战略研究所所长，教授级高级工程师，主要研究方向为电力体制改革与电力市场、企业发展战略与规划；李睿，博士，国网能源研究院有限公司研究员，高级工程师，主要研究方向为能源发展战略、科技创新战略等；丛鹏伟，博士，国网能源研究院有限公司研究员，高级工程师，主要研究方向为能源数字化转型、科技创新战略等；伍声宇，博士，国网能源研究院有限公司研究员，高级工程师，主要研究方向为能源电力发展规划研究等。

景目标纲要》（以下简称《纲要》）指出，要以创新驱动、高质量供给引领和创造新需求，加快构建"以国内大循环为主体、国内国际双循环相互促进的新发展格局"。在此背景下，加速推动大数据、云计算、物联网、5G等移动通信、人工智能、区块链等新一代信息通信技术的创新突破，与各行各业中的应用深度融合，是助力我国经济社会的高质量发展的现实需要和重要抓手，有利于创新经济发展新业态、拓展经济发展新空间、培育经济发展新动能。

1. 面向全球，新一代信息通信技术技术深入渗透各行业各领域，数字经济成为经济增长新引擎

当前，全球科技创新空前密集活跃，新一代信息通信技术持续加速突破，已经成为新一轮科技革命和产业变革重要驱动力量，其与能源、制造、材料等各个领域的应用深度融合，正在并将持续改变全球创新版图、能源格局、经济结构。同时，信息通信技术的高速发展也不断推动新产业、新业态、新模式的集中涌现，以平台经济、共享经济为代表的数字经济模式迅速崛起，是发展速度最快、创新最为活跃、辐射最为广泛的经济活动，逐步成为全球经济增长的重要引擎。据统计，2019年全球数字经济规模已达到31.8万亿美元，同比名义增长5.4%，占GDP的比重为41.5%，是全球各国稳定经济增长、实现经济复苏的关键抓手。

在此背景下，能源行业需要顺应数字化、网络化、智能化发展趋势，主动拥抱数字经济等新理念、新模式，推动能源革命与数字革命深度融合并进，实现能源领域新旧发展动能转换。

2. 立足国内，新型基础设施建设不断提速，战略性新兴产业发展成为产业升级重要突破口

当前，我国已经迈入新发展阶段，能源、交通、水利等现代化基础设施建设具有战略性、基础性、先导性作用，能够有力支撑新发展格局的构建，全面提升国家竞争力和总体安全水平。《纲要》指出，要统筹推进传统基础设施和新型基础设施建设，打造现代化基础设施体系，并对能源等传统基础设施以及新型基础设施建设发展做出了系统谋划。同时，以新一代信息通信

技术、新能源技术为代表的战略性新兴产业发展迅速，技术创新加快，规模不断扩大，涌现出一批发展潜力巨大的产业集群，成为引领我国经济高质量发展的重要引擎。

在此背景下，推动能源领域新型基础设施建设，加快培育能源领域战略性新兴产业，需要推动能源全产业链各类基础设施数字化与智能化发展，加快构建清洁低碳、安全高效的能源体系。

3. 聚焦能源，积极承接碳达峰、碳中和目标，能源领域数字化与智能化发展成为迫切需要

世界能源格局正深度调整、全球应对气候变化行动不断加速，能源清洁化、低碳化转型已经成为全球共识和大势所趋。我国已正式提出，力争2030年前实现碳达峰，2060年前实现碳中和。作为碳达峰、碳中和目标实现的主战场，能源领域将面临一系列前所未有的新变局，也将迎接一系列千载难逢的新机遇。从能源供给看，我国将采用优先发展非化石能源、清洁高效开发利用化石能源、加强能源储运调峰体系建设等系列举措，进一步加快建设多元清洁的能源供应体系。具有随机性、波动性、间歇性的新能源高比例、大规模并网，将导致电源结构比例、电力系统运行机理等呈现一系列新变化、新特征，尤其是给电力系统平衡保障、电网安全运行带来巨大挑战，迫切需要数字化与智能化技术手段推动运行控制模式等创新。从能源消费看，我国将通过强化能耗双控制度、提升重点领域能效水平、推动终端用能清洁化等"组合拳"，加速推进能源消费低碳化转型，势必将带来电动汽车、港口岸电、新型储能、需求侧响应、微电网等多元化、互动式新型用电设备的规模化接入，以及数据中心等多新型基础设施的定制化、智慧化、高标准化用电需求的集中涌现，迫切需要利用数字化与智能化技术手段助力能源消费方式变革。

在此背景下，新一代信息通信技术与能源电力技术深度融合，能够提高能源生产、运输、存储、消费、交易全环节信息交互能力，推动"互联网＋"智慧能源、综合能源服务等能源新技术、新模式、新业态将蓬勃兴起。

（二）能源数字化与智能化发展的趋势

从未来发展趋势上看，能源数字化与智能化发展既包含"智能+"先进技术创新，又涵盖"能源+"先进业态创新，将形成智慧能源体系、能源互联网等高级能源系统形态，是能源领域产业数字化和数字产业化的集中体现。

1. 技术上，融合"智能+"先进技术，推动能源产业数字化

大数据、云计算、物联网、移动通信、人工智能、区块链等"智能+"先进技术既是引领新一轮科技革命和产业变革的战略性技术，也是我国争取全球科技竞争主动权、形成国际领先科技体系的重要战略抓手。

能源数字化与智能化发展，将以"智能+"先进技术为依托，形成先进信息通信技术、智能控制技术与先进能源技术深度融合应用的技术体系，推动多能转换与利用技术、协调运行与控制技术、灵活响应与互动技术等能源技术的全面升级。通过挖掘应用场景，"智能+"先进技术将广泛应用于能源生产、传输、消费、交易等环节，实现对能源全环节、各领域的全面可观、精确可测、智慧可控、灵活可调，有效推动能源系统变革发展。

> **"智能+"技术在能源领域的典型应用场景**
>
> 能源生产环节，充分应用物联网、移动通信等新一代信息通信技术，推动能源生产过程广域测量、精准预测、实时采集、远程校准、友好接入，促进化石能源高效开发利用，有效提升清洁能源消纳利用水平，并有效应对高比例新能源并网将给电力系统带来的运行风险和安全挑战。
>
> 能源传输环节，充分应用工业互联网、智慧物联管理、大数据智能分析、数字孪生、智能交互等技术，建立开放共享的新型能源数字支撑平台，形成服务精准、迭代快速、运转高效的能源数字化服务体系，提高能源传输效率，提升运维管理水平，优化调度控制性能。

> 能源消费环节，充分应用大数据、云计算、人工智能等技术，推动"源网荷储"各个要素可观、可测、可控，有效提升能源系统运行整体效能。同时，也能够发挥能源数据要素的放大、叠加、倍增效应，实现电热冷气氢等的多能互补和高效利用。
>
> 能源交易环节，充分利用互联网平台、云计算、区块链、人工智能等技术，搭建交易品种全覆盖、市场主体全兼容、业务全集成、风险全监控的市场智能决策分析和交易运营支持系统，保障预测、申报、出清、结算等市场数据的及时准确披露，支撑供需双侧灵活互动、集中式与分散式交易相结合、多能互补、综合利用的能源市场交易体系建设。

2. 功能上，创新"能源+"先进业态，推动能源数字产业化

当前我国数字经济不断向纵深发展，已成为我国经济发展的重要引擎。对于能源行业来讲，深入挖掘能源生产、传输、消费、交易不同环节的数据资源价值，能够发挥能源数据要素的放大、叠加、倍增效应，实现跨时空的能源优化控制、跨品类的能源灵活转换和协同管理、跨主体的能源灵活交易，从而促进能源系统的生产提质、经营提效、服务提升和数据增值，形成"能源+"先进业态。

能源数字化与智能化发展，将以"能源+"先进业态为手段，形成各方友好互动、资源配置高效业态模式体系，有效支撑新能源的大规模开发利用和各类能源设施"即插即用"，有效提升"源网荷储"协调互动水平，有效保障个性化、综合化、智慧化用能服务需求，推动全社会绿色可持续发展。

3. 形态上，依托能源新型基础设施，构成智慧能源体系

能源数字化与智能化发展将以新型能源基础设施为物理依托，形成网架坚强、分布宽广，集中式能源系统、分布式能源系统、各种储能设施和各类用户友好互联，各类能源系统互通互济的智慧能源体系和能源互联网。

智慧能源体系，既包含分布式智慧能源、智能矿井、智慧电厂、智慧楼宇等"点"式升级，也涵盖智能电网、智慧管网、智慧热网、智能交通网等"网"状互通，还涉及数据中心—业务中台—调度中心—交易中心等"平台"建设。智慧能源体系的不同组成部分有机链接、高效协同、相互促进、相互赋能，最终实现能源数字化与智能化发展的体系化推进。

（三）能源数字化与智能化发展的基本特征

整体来看，能源数字化与智能化发展具有泛在互联、高效互动、智能开放、透明弹性、广泛赋能等特征。

1. 泛在互联

能源网络分布宽广，海量化能源设备及多元化市场主体广泛接入，能源系统、信息系统、社会系统深度融合发展，实现跨地域、跨品类能源互通互济和多元异构数据信息互联共享。

2. 高效互动

在"智能+"技术赋能和"能源+"先进业态依托下，能源系统资源配置能力强、综合利用效率高、整体经济效益好，风光水火等多能互补、源网荷储协调互动。

3. 智能开放

具备灵敏感知、智慧决策、精准控制等能力，各类能源、信息、控制技术广泛应用，各类能源标准互联互通，各类设施设备"即插即用"，各类用户服务模式多元，构成市场开放、共赢共享生态。

4. 透明弹性

数字孪生技术广泛应用，能源系统各类设备运行情况全面可观，市场规则与机制公平、透明，各类市场主体竞争公平，参与行业治理途径多元；能源体系结构坚固，信息网络和数据运行安全，具备预防抵御事故风险能力，系统韧性、自愈能力较强。

5. 广泛赋能

新业务新模式新业态不断涌现，内生转型动力增强；业务组织模式呈现平台化、生态化，能源产业数字化与能源数字产业化协同发展，引领驱动经济社会绿色转型发展。

二 国内外能源数字化与智能化发展经验及启示

（一）国外能源数字化发展实践

1. 传统能源企业

为有效应对国际能源行业改革发展所面临的新形势、新挑战和新要求，国外传统电力企业已经纷纷开始数字化转型升级的实践活动。尤其是东京电力公司、法国电力公司、意大利国家电力公司等电力企业作为传统能源企业代表，已不断加快数字化和智能化发展步伐。

（1）东京电力公司

为了积极应对电力、燃气市场体制全面自由化等外部经营环境变化，东京电力公司在持续扩大传统能源服务的基础上，紧跟新一代信息通信技术的发展进步，不断挖掘"大云物移智链"应用场景，努力创新多元化能源供应服务和能源数据增值服务，致力于转型成为全球领先的综合能源服务企业。

一是利用"智能+"技术打造综合能源服务业务体系，支撑企业加快战略转型。东京电力公司深刻洞悉能源行业从提供能源产品供应向能源服务供应转型趋势，逐步开始从单一服务向综合服务转变。为支撑经营战略调整需求和综合能源服务商战略定位需要，东京电力公司依托信息通信技术手段，构建了集输配电、基础设施、能源平台、数据平台等一体化信息系统平台，为东京电力公司提供综合能源服务，从产品型企业转为服务型、平台型企业提供了基础性支撑。

二是制定差异化、个性化服务策略，积极推进"能源+"先进业态模式创新。针对工商业客户，东京电力公司将需求归纳为节能、减排、高可靠性、减少初期投资成本四类，不断优化大用户能源消费方案，实行优惠电价措施。根据工商业不同客户对于节能、减排、高可靠性、降低初期投资等个性化需求，给出具有针对性的专门服务方案，提供"一站式"综合能源服务体验。针对终端居民客户，东京电力公司大力推广电气化住宅、多元化电价套餐、能源数据增值服务等多种服务套餐，满足居民用户经济、环保、安全用能需求。

三是与行业内外企业开展广泛深度合作，共同打造能源服务生态圈。东京电力公司主动打破电力企业传统科层式组织架构，并积极联合信息、汽车、保险等行业的服务商，采取企业联盟营销、增值服务扩充等组合式策略，依托东京电力品牌优势，形成了一系列的特色子品牌。

（2）法国电力公司

法国电力公司重点以优化数据资产经营管理为基础，深入挖掘能源数据资产，提升客户用能服务响应能力，推动开发综合能源增值服务。

一是重视信息系统建设，支撑智能运维系统管理。法国电力公司以配用电领域作为重要突破口，不断完善配网信息系统，不断打破专业壁垒，实现相关数据跨部门充分共享及各专业管理模块的有效衔接，不断提升配网管理运维水平。

二是成立独立的服务型运营分析中心。运营分析中心专门负责对配网运行数据、资产数据、企业管理数据、客户数据等综合分析，并通过制定一体化数据模型标准，实现全面数据共享，为销售、营销等业务部门提供客户行为分析支撑，提升管理效率，降低服务成本，改善服务质量。

三是积极推动欧洲电力市场一体化。基于法国在欧盟框架内强大的支配地位以及在电力和能源领域的话语权，法国电力公司不断倡导建立欧洲区域电力系统运营协调中心，利用已有的能源数据资源优势，为欧盟其他国家电网调度提供建议和咨询。

（3）意大利国家电力公司

2015年，意大利国家电力公司提出了Open Power战略。在该战略的指导下，意大利国家电力公司立足既有技术优势加快构建智能电网，并通过创新业务模式来不断提升市场竞争力。

一是推进智能电表普及，构建数据服务网络。在欧洲，智能电表被认为是连接终端用户和能源企业的关键设备。意大利国家电力公司以智能电表作为重要依托不断创新服务模式。配电侧，意大利国家电力公司利用智能电表重点开展能源平衡管理、柔性负荷管理业务。用户侧，意大利国家电力公司利用智能电表辅助远程合同管理。同时，意大利国家电力公司利用智能电表确保客户可以获取能源消费信息，并以此拓展需求管理和能源增值服务。

二是推动新一代信息通信技术在分布式电源、储能等领域融合应用。分布式电源方面，意大利国家电力公司利用先进传感与数据分析技术，提升配电侧对分布式可再生能源的管理能力，为输电系统运营商提供分布式能源的数据信息，并在紧急情况下对分布式电源进行有效控制。充电设施方面，意大利国家电力公司通过加强充电桩计量数据快速分析和精准响应，为电动汽车用户提供多元化充电服务，为电动汽车厂商业务优化提供数据支撑。

三是通过收购、联合研发等方式，提升自身专业平台创新能力和服务能力。意大利国家电力公司通过收购、联合研发等方式推动各类专业技术平台建设，如收购需求响应服务商 EnerNOC，获得能源管控平台开发能力；收购 eMotorWerks，提升电动汽车充电服务水平；收购 Demand Energy，拓展储能和微网服务业务。

2. 新兴能源科技企业

能源技术、信息技术的快速发展，催生出一批新兴能源科技企业，针对性开展能源数据分析服务业务。作为国外新兴能源科技企业的主要代表，Opower 公司、C3 Energy 公司等依托"智能+"技术，打造数据分析平台，创新商业模式。

（1）Opower 公司

Opower 公司是全球领先的家庭能源管理企业，主要是基于对用能数据的深入分析，为公用事业企业提供能源服务解决方案，为家庭用户提供能源管理服务，让用户获得直观的节能体验。

一是为终端用户提供多元化账单服务和个性化用能建议。第一，Opower公司通过直观方式向用户分类列式制冷供热、基础负荷等个性化用电情况，增强了客户用能账单的可读性。第二，Opower公司在电力账单重引入社交元素，通过与邻里比较等方式向客户提供用能情况分析，增强客户用能账单的互动性。第三，Opower公司建立每个家庭的能耗档案，通过为客户提供用能异常情况报警和针对性用能建议，不断增强客户黏性。

二是为企业提供能源数据增值服务。Opower公司在为终端用户提供多元化账单服务和个性化用能建议的同时，还基于海量用能数据对终端用户能源消费情况进行系统分析，为电力公司等公用事业企业开展需求侧管理提供基础数据支撑，为改善营销服务提供策略参考。

（2）C3 Energy公司

C3 Energy公司于2011年创办，通过运用大数据、云计算、人工智能等技术手段，提供实时监测和数据分析，同时也能对终端用户进行需求响应管理。

一是充分利用"智能+"技术优势，创新服务模式。C3 Energy公司依托C3电网运行分析软件和C3能源用户分析软件，开发了超过20种具体应用，分别为电网运营商和终端用户提供多种能源数字服务。其中，C3电网运行分析软件服务对象主要是电网企业等公用事业企业，其通过用能数据分析优化系统运行方案、设备检修方案等，从而降低系统运营成本，精准预测负荷需求并有效应对设备故障等。C3能源用户分析软件，一方面服务电网企业等公用事业企业，用于企业了解终端用户用能情况，从而创新能源服务商业模式；另一方面，服务终端用户开展自身的能耗优化管理，从终端用户自身出发降低用能成本。

二是通过多种渠道收集数据，实现能源数据增值。除公用事业企业的数据外，C3 Energy公司还广泛获取天气数据、建筑物信息、卫星天气等多元异构数据。通过整合，C3 Energy公司广泛承接系统监测、运维、沟通等多种角色，通过提供有偿的数据处理服务，实现多元数据的增值变现。

（二）国内能源数字化发展实践

1. 传统能源企业

国内传统能源企业以节能环保、清洁低碳为转型升级的重点，利用信息通信技术与数字化手段开展能源增值服务。国家电网公司、南方电网公司、中国大唐集团、国家能源集团等传统能源电力企业，大力实施"上云、用数、赋智"行动，已经在相关领域开展数字电网、能源互联网建设等多个方面的典型实践。

（1）国家电网公司

一是在生产经营数字化、终端用户服务数字化等方面发力，加快推进能源产业数字化升级。在电网生产数字化方面，国家电网公司构建了具备多元化功能的"网上电网"平台，实现了电网规划设计、计划投资、项目管控、统计分析的"数据同源、电网同图、项目同库、业务同线、应用同台"，为电网在线诊断评价、智能规划和精准投资提供了基础支撑，显著提升了电网投资建设运营的整体质效。终端用户服务数字化方面，国家电网公司打造了"网上国网"平台，全面推行电费交纳、账单查询、故障报修、找桩充电、用能分析等线上业务功能百余项，实现"一网"办电、"一键"报修、"一站式"交费、"一条龙"绿色出行。

国家电网公司虚拟电厂典型实践

国家电网公司虚拟电厂运营重点围绕"一个平台+两张网络+多方应用"展开，自2019年开始，国网冀北、上海电力就针对不同的资源禀赋进行差异化虚拟电厂运营试点建设，2020年和2021年逐步扩大试点范围，逐步探索创新商业模式，最终形成虚拟电厂建设标准和运营模式，并进行大力推广。

冀北虚拟电厂示范工程打造了虚拟电厂平台和平台首个核心产品——调峰型虚拟电厂，创新建立了虚拟电厂市场化运营机制和商业模式，释放了能源经济在用户侧的新动能。冀北虚拟电厂工程自建设和投运以来，受到了社会各界广泛关注，起到了市场、技术领先作用，具备良好的推广应用价值。

一是提升电网灵活调控能力,有力促进新能源消纳。虚拟电厂促进了电力系统需求与社会用能需求的深度融合,针对具有"用电时间有弹性、用电行为可引导、用电规律可预测"特性的负荷侧资源,将无序、随机用户用电引导为有序、可调用电负荷,实现"荷随源动、荷随网动",提升了电网灵活调控能力,有力促进新能源消纳。

二是实现用户实时互动参与,进一步降低用能成本。虚拟电厂为终端用户参与电力市场提供了便捷技术手段和有效渠道,用户在用电的同时可以通过移动 App 实时监测自身用电情况,并根据价格信号主动参与电网调节,向电网提供服务,进而有效降低终端用户的用能成本。

三是有效感知、智慧聚合和柔性控制分布式可调资源。依托虚拟电厂智能管控平台,虚拟电厂实现了对海量需求侧资源的实时感知、有效聚合和智能管控,实现了对分布式能源设备的可观、可测、可调、可控,提升了分布式能源资源的综合利用水平。

四是降低尖峰负荷,节约电力系统投资建设成本。冀北电网夏季空调最大负荷约为 600 万千瓦,若其中 10% 能够通过虚拟电厂参与系统削峰填谷响应,可节约电源投资达 30 亿元。同时,虚拟电厂可实现台区智慧能源管理,节约配网新建投资,并有效提升存量配网运行效率。

二是在能源电商、智慧车联网等方面,利用能源数据优势,积极推进能源数字产业化发展。在能源电商方面,国家电网公司依托平台、资源、渠道、数据等多方优势,打造了国内规模最大的能源电商"国网商城"平台,广泛开展电力物资电商化采购,为用户提供更加便捷、更为可靠的产品和更为高效、更为优质的服务。在智慧车联网方面,国家电网公司建设形成了全球规模最大、接入充电桩数量最多、覆盖区域最广的智慧车联网平台,累计接入充电桩超过 100 万根,服务近 600 万名电动汽车用户,实现了电动汽车车主一键找桩、智慧充电。

国家电网公司智慧车联网平台典型实践

2015年以来，国家电网公司积极开展"互联网+"充换电服务应用，采用新一代信息通信技术，建成了智慧车联网服务平台，为电动汽车用户提供优质的充电和出行服务。

一是建成领先智慧车联网平台。国家电网公司依托公共服务云，积极采用互联网技术架构，建成了多业务应用群及能力开放平台。截至2021年，智慧车联网平台已经成为标准规范、技术领先、接入充电桩数量最多、覆盖范围最广、终端用户数最多、充电功率最大的电动汽车综合服务平台。

二是积极推进充电设施互联互通。国家电网公司加强对外合作，打造共赢共享电动汽车充电服务生态。一方面，与普天新能源、特来电、星星充电等多家充电运营商互联互通，实现不同运营商充电设备位置、设备参数、服务价格等基础信息，以及充电设施实时状态信息的共享，初步形成了互联互通的全国充电"一张网"格局。另一方面，与北汽、广汽、比亚迪、威马等电动汽车厂商开展深度合作，开展充电服务套餐产品"车电服务包"，用户一次付费购买产品并绑定车辆后，即可享受"即插即充、无感支付"，实现了车、桩、网、能源的泛在互联与高效互动。

三是构建充电设施监控运维体系。国家电网公司发挥属地化运维优势，依托95598全国统一服务电话，对接入平台的充电桩建成"全国—省—地市—站—桩"五级实时监控和运维抢修体系。依托大数据挖掘和可视化展示技术，实现对充电设施的充电状态、运维检修、终端用户服务情况的7×24小时实时监控，全面做好运维检修。

四是加强运营数据统计分析。国家电网公司依托车联网平台，应用大数据技术，开展充电设施分布、终端用户充电行为、设备故障类型、充电负荷特性等多维度分析，积极拓展增值服务。一方面，通过充电设施分布热力图、使用热力图，优化设施规划和建设计划，提升充电设施利用效率。另一方面，通过统计分析充电负荷时空分布特性，引导电动汽车低谷充电、高峰放电，参与调峰辅助服务市场，实现削峰填谷，提高新能源消纳。

五是创新绿电交易模式。国家电网公司依托智慧车联网平台和统一电力市场交易平台开展"绿电"跨省交易，通过发用功率预测与供需优化匹配，定向消纳西南、西北等区域的清洁能源电力，探索建立了电动汽车负荷聚合参与电力交易的市场化机制，实现"新能源车用新能源电"。

(2) 南方电网公司

一是应用新一代信息通信技术改造传统电网，建设数字电网。首先，南方电网公司全面建成一体化运行智能系统，以数据模型算法支撑电网优化调度，推动能源资源的大规模优化配置，保障清洁能源基本全额消纳。其次，南方电网公司积极打造综合能源运营服务平台，利用数字化手段支撑"互联网+"智慧能源示范项目建设，推动能源消费从单一、被动向需求多元、主动参与的高效利用模式转变。最后，利用区块链技术，探索绿电交易等能源交易新模式，确保绿电生产、交易、传输、消费、结算等各个环节信息互通、可信。打造覆盖电网全过程、生产全环节的数字孪生电网，实现能源配置的全景看、全息判、全程控。

南方电网公司云数一体数字技术平台典型实践

南方电网公司云数一体数字技术平台包括南网云平台、电网数字化平台和全域物联网三大数字基础平台和云化数据中心，汇聚企业数字基础通用能力，供上层应用调用。

一是打造南网云平台。南网云平台是数字电网三大基础平台之一，采用异构、跨平台的多云管理技术，支撑广域的多云逻辑统一管理，从而使企业云具备超大规模的硬件资源整合、超强的计算能力、灵活便捷的虚拟化、高可靠的运行容错、高通用的组件服务以及高可扩展的资源弹性伸缩能力。对内向各类平台提供基础硬件资源和中间件等通用技术组件，支撑敏捷开发、快速部署和故障自愈，对外为政府和社会，提供各项云计算和云服务，为信息的集成、共享提供相应的基础运行环境，拓展企业服务新模式。

二是构建电网数字化平台。南方电网数字化平台基于统一电网数据模型构建，通过采集、汇聚、加工大量蕴含在资产全生命周期、供应链管理、电能量全过程、人财物集约化管理的数据，推进物理电网全环节、生产管理运营全过程的数字化，对内推动业务领域的应用建设、提升企业精益化管理水平，对电力用户、发电企业、政府及第三方机构等各类用户提供全方位服务。

三是建成全域物联网。南方电网全域物联网按照"云管端"三个层次布局，强化通道能力和终端规范接入。实现物联网终端感知能力、网络连接能力、平台管控能力和数据交互能力。对内实现对电网状态的全面实时感知，支持属地化的实时操作和业务响应，促进云边端的全面协同；对外跨越企业物理电网边界，极大地丰富了数据采集来源，为实现企业价值链的延伸提供了有效手段。

二是升级数字服务，全面满足美好生活的电力需要。首先，依托数字技术着力构建现代供电服务体系，为用户提供可靠、便捷、高效、智慧的新型供电服务。其次，建设互联网统一客户服务平台，建设线上智慧营业厅，为用户提供精细化用电分析、停电主动警告和实时监测等用能用电服务。再次，依托数字平台，建设"服务用户、获取市场"的敏捷前台，"资源共享、能力复用"的高效中台和"系统支持、全面保障"的坚强后台，提升对用户需求的灵活高效响应能力，全面提升用户体验。最后，通过用电全业务线上办理，全面推广居民和小微企业低压用电报装"零上门、零审批、零投资"，让客户办电"一次都不用跑"，有效提升电力"营商环境"。

三是发展数字产业，助力提升能源产业链竞争力。首先，利用电力大数据专业属性强、实时准确性高的特点，构建充分对接供应链相关方的工业互联网，实现与供应商、物流商、服务商的业务贯通和数据共享，促进上下游企业业务协同和产业链全局优化。其次，建设南网商城，利用电力大数据覆盖范围广、联系用户多的特点，拓展数据交易、智能缴费、电子商务、智慧用能、互联网金融等多元化业务。最后，利用电力大数据客观反映国民经济社会情况的独特优势，开发金融风控征信数据产品，支撑金融机构风险监控预警和精准客户服务。

(3) 中国大唐集团

中国大唐集团将企业打造成为智慧能源物联网的核心平台，构建融合发电—售电—消费—服务等各环节的能源供给平台经济，对内实现一体化协同运营，对外实现多元化创新服务。

一是构建集团"建设—生产—营销"端到端打通的、业务数据标准统一的业务信息架构，提升智慧化规划/设计、电源建设、安全生产及营销销售能力。在数字化电源规划与设计方面，大唐集团通过利用新一代信息通信技术实现规划与设计的可视化、参数化，提升了规划设计品质，实现相关各方高效协同，满足协同化、多样化规划设计需求，实现设计数据的积累、迭代，持续提升后续设计。在数字化的电源建设方面，大唐集团以智慧建设、物联网、大数据等新一代信息通信技术作为支撑，通过作业动态模拟等提升施工精细化程度，通过4D进度管理、5D动态成本管理提升了施工管理水平，助力快速投产。在数字化的生产运营方面，中国大唐建立集控中心，利用终端智能和物联网等技术，提升运营生产管理质量，促进新能源消纳。

二是建设智慧能源供给互联网，构建智慧能源供给生态圈。大唐集团通过建设智慧能源供给互联网，围绕电力核心业务，以提升内部协作

效率、激发合作创新为目标构建电力产业生态圈。通过以市场化为中心的一体化运营，实现集中控制、统一运营，资源配置优化，以更协调地满足市场需求。打造智慧化电力生产运营，通过运营全过程的数字化，充分应用物联网等技术，提升建造水平，优化生产运维，促进安全生产，创新市场营销。打造整体效益最大化的板块协同，并加强板块协同效应，最大化集团总体经营效益，通过循环经济实现资源的充分利用，提升节能环保产业竞争力。

三是推进智能电厂、智慧企业建设。大唐集团依托大数据、物联网、人工智能技术，以数字化方式为电厂物理对象构建虚拟模型，实现从工厂规划设计、建设、生产、维护、营销全过程数字化，构建一个全感知、全连接、全场景、全智能的数字电厂，全面提升发电场站的集中生产管理能力、全面感知能力、智慧预测能力和智能调度与计划能力。在火电方面，大唐集团通过对生产过程的全方位监测和感知，对设备、阀门的状态感知和智能控制，分布式远程智能前端，实现边缘计算和前端数据采集标准化，利用 VR/AR 进行设备检修培训。在风电方面，大唐集团不断推进风机状态采集、智能启停，风机智能自动运行调整，准确识别风况及自动控制，利用无人机远程监控。在水电方面，大唐集团通过远程集控、智能调度，对库区、坝区网格化自动巡检，智能识别危害与风险。在光伏方面，大唐集团主动排查缺陷设备，快速精准定位，实现自动跟踪、智能检测以及诊断，准确识别光况以及智能控制。

（4）国家能源集团

一是全方位推进智能矿山、智能电站、智能运输和智能化工建设，赋能能源生产全产业提质增效。在智能矿山方面，国家能源集团在全国范围内率先建成世界首套8.8米超大采高智能工作面，以及国内首个数字矿山示范矿井等一批智能采煤工作面、智能洗煤厂。在智能电站方面，国家能源集团推动传统煤电产业清洁化发展和新能源产业规模化发展，先后建成国内首个5G+智慧火电厂，自主研发28纳米物联网智能芯片，建成国内智能化程度最高、运维人数最少、实现近零排放的智能生态热电厂京燃热电。

二是开展流程再造、机制变革，创新实践智慧运营，推进全链条价值重塑，不断提升智慧运营水平。国家能源集团聚焦"管理信息化、运营透明化、决策科学化、协同网络化"的价值导向，打造了"一体化集中管控、智能化高效协同、可视化高度融合"的协同调度智能化指挥平台和"全流程贯通、全产业链衔接、全场景监控"的工业互联网平台，覆盖集团总部及55家子分公司、229家三级生产单位。同时，国家能源集团不断探索商业模式创新，积极谋划构建数字化工业品电商、综合能源电商两大平台，推动企业从能源产品供应商向能源综合服务商转型。

2. 新兴能源科技企业

在国内，以新奥集团、协鑫集团等为代表的新兴能源科技企业，充分借助"智能+"技术手段，构建区域能源微网、智慧化能源管控平台，积极开展综合能源服务，加快打造现代综合能源服务商。

（1）协鑫集团

协鑫集团是一家以风光储氢、源网荷储一体化运营为主，以天然气、移动能源、集成电路核心材料等相关产业为辅的业务多元化发展的综合能源企业，在分布式能源、微电网、需求侧集控平台等方面具有较好的技术优势和业务实践。

一是创新商业模式。协鑫集团以"金融+互联网"的双思维为依托，利用金融思维开发产品、利用互联网思维建设平台，构建了能源合同管理、屋顶光伏租赁以及合资攻坚共营的新型光伏建设运营商业模式。

二是拥有行业领先的造价水平。依托光伏一体化发展产业优势，协鑫集团充分利用"智能+"技术，积极打造集开发、建设、运营于一体的智能化管理体系，有效提升了生产效率，大幅降低了分布式光伏造价水平。

（2）远景能源

借助大数据、云计算、物联网、人工智能等信息通信技术，远景能源已基本完成由传统能源装备制造企业向综合能源服务企业的成功转型，已先后开发出智慧风场Wind OS平台、阿波罗光伏云平台等能源数字化管控平台，在信息通信技术应用、运维管理创新和发展模式创新等方面取得了十分亮眼的实践经验。

一是在新一代信息通信技术应用方面,提供领先的能源互联网技术服务。远景能源业务领域包括智能风机研制、智慧风场软件服务、智慧城市整体解决方案等,业务范围遍布丹麦、美国、英国、日本等不同国家和地区。

二是在运维与管理方面,构建多种智能管理平台。风电领域,远景能源积极构建"智慧风场全生命周期管理平台",实现风电场资源评估、设计运维、资产管理等全生命周期透明化、数字化。同时,远景能源正将全生命周期解决方案逐步推广至光伏发电等其他能源领域,带动形成更大规模、更广范围的新能源资产管理产业。借助该平台,远景能源还逐步拓展需求侧管理业务,为工商业等终端用户提供能源交易、能效优化等解决方案。

三是在发展模式方面,依托新一代信息通信技术创新实现轻资产运营。远景能源首先通过外包等多种方式逐步脱离传统零部件生产和风机研发销售。其次,通过集中优势资源,持续强化信息通信技术创新和应用场景挖掘,推动业务重心逐步转向智慧化管控平台研发和运维软件开发。

(三)经验分析与启示建议

总的来看,随着市场、政策、技术及能源企业经营能力的逐步发展,未来能源行业在市场发展、业务竞争、服务模式、技术研发上均会发生较大变化。面对以上趋势,国内外先进能源企业正纷纷抢抓数字化与智能化发展机遇,加快构建新的能源产业生态,尤其是在服务模式、业务模式、技术模式等多个方面取得了较为成功的实践经验。

在服务模式方面,国内外先进的能源企业积极探索拓展"能源供给+增值服务"服务体系。国内外先进能源企业均从终端用户核心需求出发,充分利用新一代信息通信技术,创新差异化、多元化、定制化的服务模式,设计开发个性化能源产品与服务组合，更好地满足终端用户个性化、智能化、互动化的用能需求。

在业务模式方面，国内外先进能源企业充分结合自身特点，不断创新业务模型。各国能源资源禀赋、能源体制机制、能源消费水平、能源技术能力、能源政策体系等方面均存在诸多差异，因此各国不同类型能源企业在业务模式的选择上各具特点，但都基本形成了包含能量灵活交易、综合能源供应、能源综合服务在内的多样化业务模式。

在技术模式方面，国内外先进能源企业不断加快新一代信息通信技术与能源技术的融合创新和集成应用。在数字化转型背景下，能源领域技术创新已经加快向跨领域、跨环节、跨链条协同创新转变。因此，国内外先进能源企业科技创新重点加快转向学科交叉的"融会点"，更加强调能源技术与先进信息通信技术、控制技术融合创新和集成应用，从而实现能源系统的协调规划、优化运行、协同管理、交互响应和互补互济。

三 能源数字化与智能化发展的基本思路

面向新一轮科技革命与产业变革的最新发展趋势，立足我国基本国情和能源资源禀赋，我国能源企业数字化与智能化发展升级，需要选择一条具有中国特色的发展道路，其基本思路可以归纳为以下四个方面。

（一）发挥政府规划先导作用，加强各领域统筹协调

充分发挥政府规划对能源领域数字化与智能化发展的总体指导作用，要以规划为突破口，强化不同能源品种间的能量耦合与信息交互，有效促进能源行业与其他行业间协同、能源行业中各类企业间协同。尤其要在规划制定环节中明确基础性重大系统工程，在规划实施过程中突出强调政府的统筹协调作用，充分调动各类主体的积极性与能动性。

（二）发挥市场机制调节作用，破解传统体制机制壁垒

坚持"管住中间、放开两头"，持续深化电力体制改革。一方面，充分发挥行业龙头企业引领带动作用和需求牵引作用，重点围绕业务创新赋能、数据共享共用、平台建设运营等方面，汇聚各方力量打造共建共治共赢的能源生态圈。另一方面，突出发挥市场力量，推动能源数据的有效采集、合理流动、融合应用，积极培育形成能源数字新业务、新业态、新模式。

（三）加快关键基础设施建设，夯实能源数字化、智能化发展基础

以整体优化、协同融合为导向，硬件、软件并重，优化我国能源数字化基础设施布局、结构和功能，加快推进统一技术、统一标准的能源数据中心等关键基础设施建设，实现能源数字化基础设施互联互通、数据融合贯通、软硬件资源高效配置。在政府引导下，进一步发挥能源行业龙头企业基础数据完备、基础设施齐全等优势，逐步推动公共领域能源数据的开放共享共用。

（四）加快关键技术和商业模式创新，提升能源数字化、智能化发展能力

重点针对人工智能、大数据、区块链、云计算、网络安全等关键核心技术，开展产学研用一体化协同创新，充分挖掘数字技术在能源领域的应用场景，加快"智能+"技术迭代升级和集成应用。同时，面向市场环境培育、产业政策扶持，激发各类市场主体商业模式创新潜能，持续推动"能源+"业务、业态和商业模式创新，不断丰富完善能源数字产业链、价值链，实现能源数字价值创新创造。

四 政策建议

综合来看，能源行业的数字化与智能化发展需要坚持"一个指挥棒、

一个动力源、抓准着力点、拿准稳定器",在做好顶层设计、强化市场驱动、找好关键抓手、健全保障机制这四方面集中发力。

(一) 坚持发挥"有为政府"的统筹协调作用

对于存量市场,注重补齐传统能源设施的短板弱项,包括油气管网、储气设施、跨省跨区输电通道、配电网升级、储能与调峰调频电源等灵活性调节手段等,推动能源网络覆盖规模更广、更坚强和互联互通程度更高。对于增量市场,需要从源头打破能源行业壁垒,统筹各类能源基础设施的建设,尤其是做好能源基础设施与信息基础设施的统筹建设工作,推动能源结构向清洁低碳转型。

(二) 坚持发挥"有效市场"的市场驱动作用

发挥产业链"链长"作用,鼓励能源生产侧企业积极构建或协同参与产业互联网平台、云平台等数字化平台建设,让更多市场主体参与能源产业生态圈建设,进一步提升能源生产效率。鼓励能源消费侧更加聚焦节能提效、灵活资源开发等市场需求,积极探索创新综合能源、分布式能源等参与市场交易,提升供需双方良性互动与精准匹配水平,以市场化手段引导、激励各类市场主体进行智慧化能源生产与用能。

(三) 坚持发挥"新基建"的重要抓手作用

通过建设能源大数据中心、能源产业互联网平台等能源领域"新基建",推动建立统一数据标准体系、能源数据公开目录,着力破解数据壁垒。在此基础上,发挥数据媒介作用,统筹推动智慧能源与智慧楼宇、智慧工厂、智慧城市、智慧交通等协同发展。

(四) 坚持发挥"保障机制"的基础保障作用

伴随能源数字化与智能化的不同发展阶段,动态合理安排"人、财、物"等各类要素资源,稳妥推进各项建设任务,在统一标准、保障信息安全、完善市场规则、支持社会资本、完善财税政策等方面提供重要基础保障。

> **专栏 构建面向"3060"的新型电力系统**
> **——中国电力4.0的思考①**
>
> 2021年3月15日,习近平总书记主持召开中央财经委员会第九次会议,提出要实施可再生能源替代行动,深化电力体制改革,构建以新能源为主体的新型电力系统。这既是对我国碳达峰、碳中和工作的总体部署,也是对电力及能源行业推进碳达峰、碳中和的具体要求。结合多年来从事能源战略规划和电力实践工作的经验,我们对构建新型电力系统的重要意义、新型电力系统应具备的主要特征以及如何更好地构建新型电力系统进行了一些初步的思考,供大家交流。
>
> **一 构建新型电力系统的重要意义**
>
> 构建以新能源为主体的新型电力系统是实现碳达峰、碳中和的主要途径。2020年9月22日,习近平主席在第七十五届联合国大会一般性辩论上宣布,中国将力争于2030年前实现碳达峰,努力争取2060年前实现碳中和。我国是世界第一碳排放大国(见图1)。从各部门碳排放来看,能源消费碳排放量接近总排放量的90%,电力行业二氧化碳排放量超过能源消费总排放量的40%(见图2);同时,其他行业的减碳、深度脱碳在很大程度上也依赖于能源领域的电能替代和电力行业的清洁替代。因此,要实现碳达峰、碳中和目标,兑现我国对国家社会的庄严承诺,能源是主战场,电力是主力军,实施可再生能源替代行动、深化电力体制改革,构建以新能源为主体的新型电力系统是必须长期坚持的主旋律。

① 专栏执笔人:三峡科技有限责任公司江冰、张宝平、何博、陈明轩。

图1 2020年全球碳排放构成

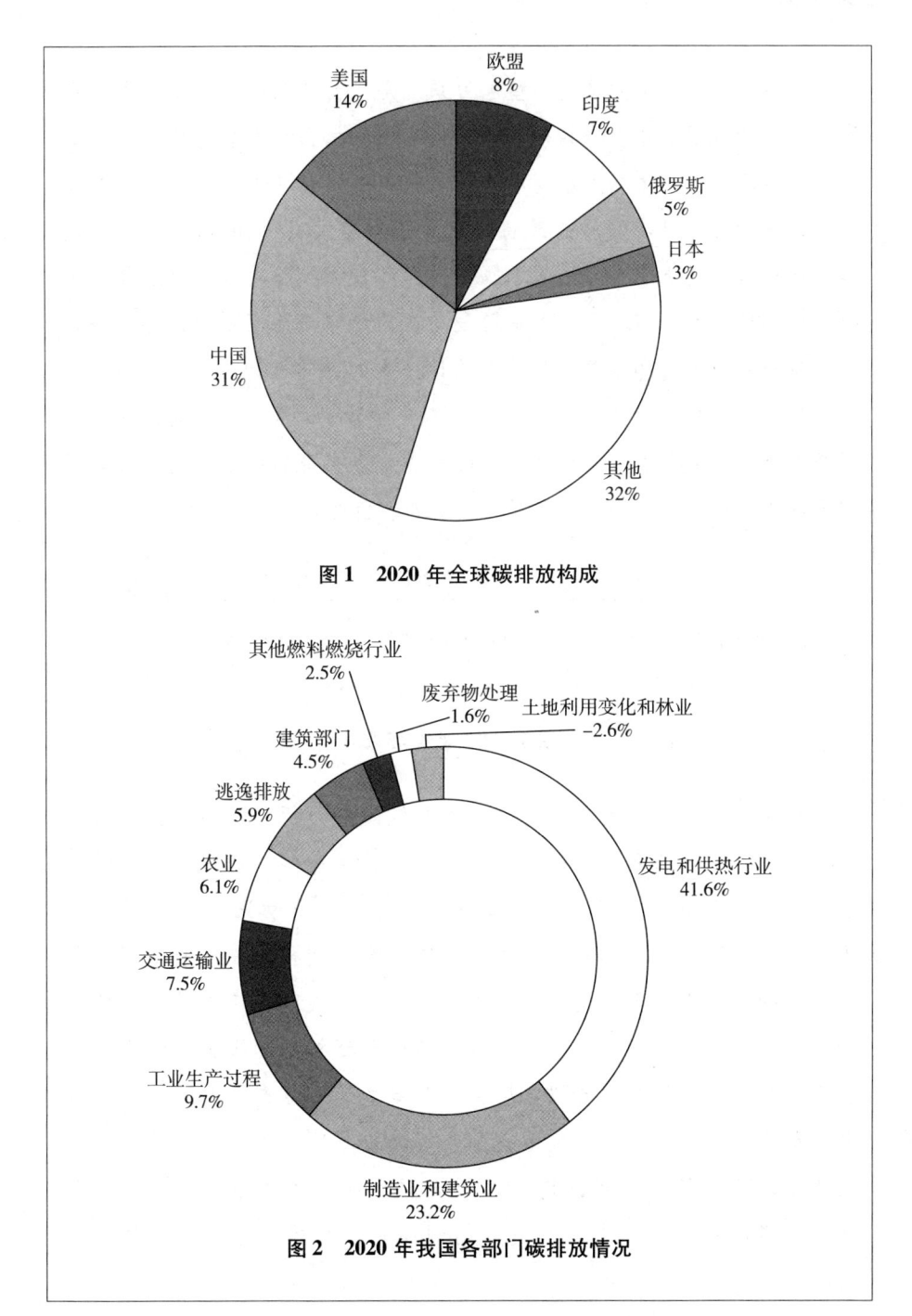

图2 2020年我国各部门碳排放情况

构建以新能源为主体的新型电力系统是践行"三新"要求的重要举措。党的十九届五中全会指出，要深刻认识和把握新发展阶段，全面贯彻新发展理念，着力构建新发展格局。这是我国在"十四五"及至更长一段时间内经济社会发展的最高指引和根本遵循（见图3）。实现碳达峰、碳中和，是党中央经过深思熟虑做出的重大战略决策，标志着我国生态文明建设整体布局进入了新阶段。在这场广泛而深刻的经济社会系统性变革中，电力和能源作为关乎国计民生的基础性行业，应深刻认识自身所承担的重大责任，坚持可持续发展理念和清洁低碳方向，满足人民美好生活对绿色电力、绿色能源的需求，以自身高质量发展赋能美丽中国建设，助力构建经济社会高质量发展的新格局。

"三新"——贯穿"十四五"经济社会发展的主线

把握新发展阶段 ▶ 贯彻新发展理念 ▶ 构建新发展格局

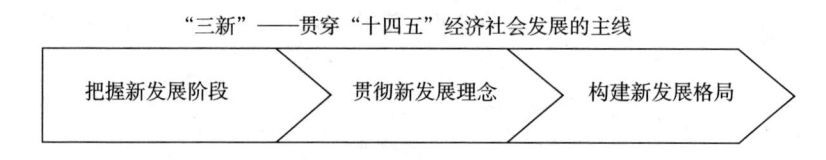

图 3　"三新"要求

构建以新能源为主体的新型电力系统是电力行业转型升级的内在要求。近年来，随着电力电子技术、数字技术等的广泛应用，我国新能源发电、分布式能源比重快速提升，储能、电动汽车规模不断扩大，电网、配电网结构不断优化，系统平衡及调控手段不断丰富，电力系统的技术形态正在发生前所未有的变化。同时，随着互联网理念和电力系统的深度融合，电力的应用领域不断拓展，服务和消费理念不断升级，综合能源、虚拟电厂、负荷集成等新业态不断涌现，对能源管理体制、组织形式等也造成了较大冲击。这些都要求我们主动适应变化、加快转型升级，构建以新能源为主体的新型电力系统。同时，也能抢占全球电力行业发展的制高点，掌握能源产业竞争的主动权。

二 新型电力系统应具备的主要特征

以新能源为主体是新型电力系统的根本特征,实施可再生能源替代和深化电力体制改革是构建新型电力系统的实现路径,二者相辅相成、缺一不可。伴随着可再生能源替代的实施和电力体制改革的深化,电力系统从基础支撑、功能定位、要素构成、技术特征、系统边界、市场机制、监管体系等方面将呈现出一系列变化,这些变化既是从当前电力系统转向新型电力系统的发展趋势,更是未来新型电力系统应具备的关键特征(见图4)。

图4 新型电力系统的主要特征

一是全面数字化。随着云计算、大数据、物联网、移动互联网、人工智能、区块链等数字技术的发展,人类社会已经进入了数字化时代,数据成为经济社会最为关键的生产资料之一。对正处于转型阶段的电力系统来说,可再生能源的大比例接入、新型电力负荷的规模化发展、电力改革的市场化推进,以及由此带来的随机性、波动性、不确定性等,都对电力系统的安全稳定运行带来了极大的挑战,而数字化恰恰是认知这种不确定性、应对风险挑战的基础手段。在这个意义上说,数字化是构建新型电力系统的基础。近年来,电力企业已逐渐意识到这一点,纷纷提出数字电厂、数字电网、数字央企等概念(见表1),力图推动电力生产和消费全过程的数字化,通过数字孪生等技术的应用,更好地认识和驾驭电力这一复杂的信息物理系统,以实现安全、高效、经济运行。

表1 部分电力央企数字化转型要点

电力央企	数字化转型要点
中国华能集团有限公司	打造统一的智慧能源数据平台,全面实现数字化转型,作为国企改革三年行动重要成果
中国大唐集团有限公司	打造数字大唐,建设世界一流能源企业
中国华电集团有限公司	数字化转型2025行动计划:完善升级数字化底座、全面建设数字化应用、优化提升数字化价值
国家电力投资集团有限公司	建设综合智慧能源生态体系,到2035年,数字化水平达到能源行业"世界一流",全面建成"数字国家电投"
中国广核集团有限公司	加快智慧核电、智慧矿山、智慧新能源建设,实施云化战略,构建坚实技术底座
华润(集团)有限公司	智慧华润2028:全面推进数字化转型和智能化发展,到2028年初步实现智能化,成为数字化、智慧化发展的先行者
国家能源投资集团有限责任公司	着力打造协同调度智能化智慧指挥平台;着力打造工业互联网平台
国家电网有限公司	建成具有中国特色国际领先的能源互联网企业
中国南方电网有限责任公司	数字电网:以数字技术助推能源消费革命,以数字电网提升能源配置效率,以数字产业提升能源产业链竞争力和价值
中国电力建设股份有限公司	搭建基础数字技术平台,形成支撑服务工程建管运的大数据平台

二是电网平台化。长期以来,电网在我国电力系统中一直处于中心环节和核心地位,对整个电力生产和消费的全过程具有很强的掌控力,其在物理层面的作用和在功能层面的作用未能得到有效的区分和拆解。随着电力体制改革的推进,电网在物理层面的管道输送作用仍将保持,公共服务部分的电网仍将维持传统的中心作用,以保障基本的用电需

求；对于市场化交易部分，电网将在其中发挥平台作用（见图5），服务电力交易的双方，满足多元化、个性化的用电需求。总体来看，未来电力系统将从传统的以电网为中心逐渐转向以用户为中心，电网在发挥管道输送作用的同时，其中心作用将逐步减弱，而平台功能将在算法和数据的驱动下逐步增强，更好地服务新能源、服务客户。

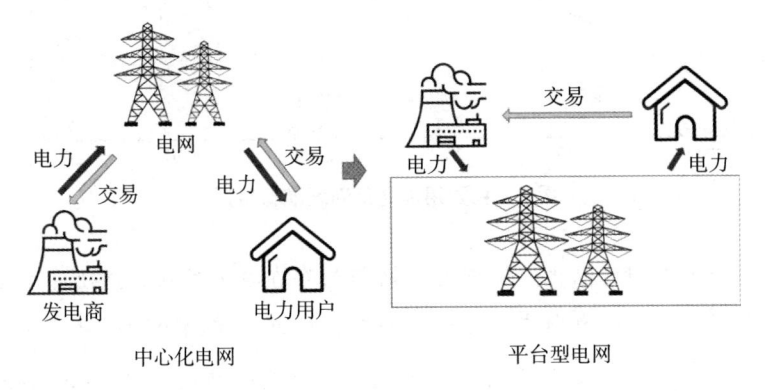

图5　电网向平台型转变

三是电源分散化。分布式能源主要包括分布式光伏、分散式风电、冷热电三联供等，与其他能源形式和集中式发电相比，具有能效利用合理、损耗小、污染少、运行灵活、系统经济性好等特点。2021年以来，在"双碳"目标的指引下，中国政府研究出台了一系列政策，引导和支持分布式能源的发展。新能源设备厂商、运营商等纷纷加大投入力度，将屋顶光伏、光伏建筑一体化等作为重点投资布局的方向。在政策引导和技术驱动下，分布式光伏快速发展（见图6），有望实现"人人光伏"的规划目标，做到"户户碳中和"，在构建以新能源为主体的新型电力系统，实现碳达峰、碳中和方面发挥重要作用。此外，分布式能源的发展还将使电力用户同时成为电力生产者，实现"产消一体"和"隔墙售电"等，推动电力市场化改革和能源互联网的发展。

图6 我国用户光伏新增装机容量

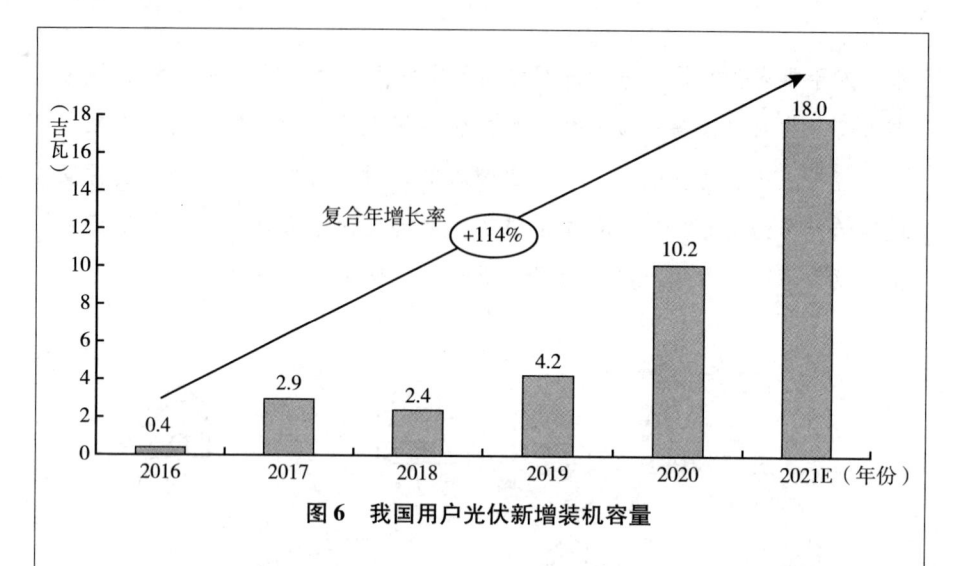

四是配电网有源化。传统配电网内只存在电力负荷，所有电力需求均由电网供给，电力潮流为骨干电网向配电网的单向流动。随着分布式能源、可中断负荷、用户侧储能的发展，配电网逐渐呈现有源化特征，电网与配电网之间的潮流由单向转为双向，有源配电网将成为配电网的标准模式（见图7）。配电网的有源化使得本地的电力需求可由本地电源供

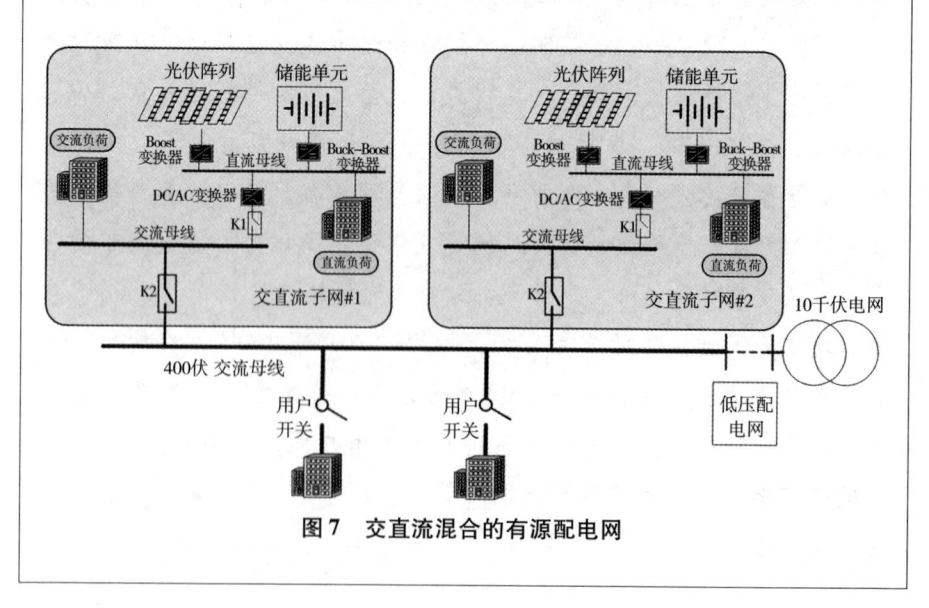

图7 交直流混合的有源配电网

给或部分供给，局域电网的就地自平衡开始成为可能，配电网的独立性逐渐增强，与电网之间的电力交互需求相对减弱。未来电力系统的形态可能发生变化，由无数个与电网弱联系的微网和骨干电网组成，电力以微网内自平衡为主。随着分布式光伏、直流负荷的广泛发展，直流或交直流混合的配电网也成为研究探索的热点方向之一，以减小能量转换损失和配网投资。

五是边界扩大化。传统电力系统为边界清晰、功能单一的封闭系统，除发电过程使用化石能源外，仅与煤炭、天然气等能源系统存在供需等宏观层面的联系。近年来，随着综合智慧能源系统的发展，从宏观到微观层面，电、热、冷、气等不同能源品种之间的联系都在增强，电力系统逐渐转向以电为枢纽、以价格为引导、多种能源协同互济的综合能源体系。同时，随着电力系统全面数字化的推进和以电动汽车为代表的能源终端消费领域再电气化的推进，不同系统、网络之间的联系不断增强，边界日益模糊，信息网、交通网等逐渐融入能源网（见图8），成为新型电力系统的重要组成部分，新型电力系统逐渐成为边界开放、多网融合、信息共享的跨领域生态系统。

图8 信息、交通、能源三网融合

六是调度算法化。调度在电力系统运行中居于中心地位,其作用是保持电力系统平衡,实现电力系统安全稳定和经济运行。随着大规模新能源、分布式能源、新型电力负荷的快速发展,电力系统的规模和复杂程度不断增加,随机性和不确定性大大增强,运行控制的难度也在不断上升。传统以事前仿真计算、有限应急预案和人工指令等为主的调度方式越来越难以满足运行控制需求,必须转向以全面监测、实时计算、智能决策、自动执行为主要特征的新型调度方式(见图9),才能适应以新能源为主体的新型电力系统的新要求。未来新型电力系统的调度将主要由数据和算法决定,电力系统可调度的规模、颗粒度和响应速度都会大大提升,传统分层分级的调度管理体系也将被全面打破。

图9 国网杭州公司推出全国首个虚拟人工智能配网调度员

七是储能要素化。传统电力系统一般由电源、电网和负荷构成,"源随荷走"是实现系统平衡的主要手段,必要时也会采用有序用电、需求侧响应等管理手段,电力系统的灵活性十分有限。储能的大规模应用将彻底改变这一现状。由于储能可充可放的特性,能够承担在电源与负荷之间摇摆的"自由人"决策,使得电力的生产和消费不再需要同时完成，从而极大地增强了电力系统的灵活调节能力。在新型电力系统中，储能将成为系统平衡的第四要素，在发电侧、输配电侧、用电侧均可发挥巨大作用（见图10）。目前抽水蓄能电站在储能设施中占据绝对地位，但随着技术进步、成本下降和改革推进，电化学储能的比重将持续增大。与此同时，氢气作为一种能量载体，也有望在电力系统的长时储能中发挥重要的作用。

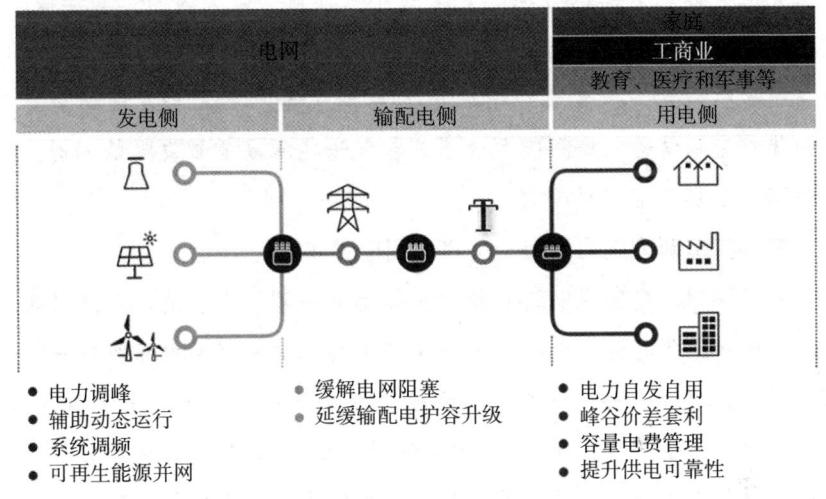

图10 储能在电力系统中的作用

资料来源：派能科技招股说明书。

八是价格市场化。以还原电力商品属性为核心的电力体制改革是构建新型电力系统的前提，其中的关键是完善价格机制。通过电力市场的建设与交易规则的设计，电力的供需、质量、可靠性、清洁度等属性均可在交易中得到体现，与其他商品一样实现按需、按质论价，同时还可通过价格引导市场供需，确保电力平衡与系统安全。在新型电力系统中，价格是系统平衡的第五要素。价格机制的完善将影响到其他要素的发展，例如赋予储能独立的市场地位，允许其参加市场交易，对于储能产业的发展意义重大。价格机制的完善也将推动分布式能源的发展。交叉补贴问题是分布式能源发展道路上最大的拦路虎和绊脚石；现阶段通过补贴的"暗改明"，可有效推动并逐步解决交叉补贴问题。

九是改革适应化。深化电力体制改革是实施可再生能源替代行动的重要保障，也是构建以新能源为主体的新型电力系统的关键举措。2015年，中共中央、国务院发布《关于近一步深化电力体制改革的若干意见》，其中提出的"以新能源为主体"这一根本特征为我们进一步明晰了深化电力体制改革的方向。我国的能源立法、政策体系、管理架构、监管方式、市场组织、规则设计等都要围绕这一根本特征，适应新型电力系统转型需要，积极服务新能源大规模快速发展，全力保障能源安全、优化能源结构、提高能源效率，在促进能源高质量发展的同时，助力我国"双碳"目标的实现。

三 打造新型电力系统——"中国电力4.0"

我们深知，要实现以新能源为主体绝非一朝一夕所能，实施可再生能源替代和深化电力体制改革尚需久久为功，对新型电力系统的认识也需要我们在交流中逐步清晰、在碰撞中逐步统一、在实践中逐步深化。我们认为，借鉴"工业4.0""中国制造2025"等对于制造业转型升级的引导和加速作用，有必要就新型电力系统提出一个引领性的概念，以便各方有所依托，更好地群策群力，更快地统一思想，加快新型电力系统战略体系的构建。

从中国电力系统发展现状和历程出发，我们特此提出"中国电力4.0"的概念，其主要特征见图11。从电力系统形态来看，中国电力4.0重点发展可再生能源和分布式能源，建设平台型电网，适应配电网有源化，发展综合智慧能源，支撑交通等领域的全面电气化转型，实现电力系统和以信息网、交通网为代表的多网融合；从电力系统运行来看，中国电力4.0重点推进储能的发展，增强源网荷储协同，提升电力系统的灵活性，全面实现电力系统的数字化、调度运行体系的智能化；从电力体制机制来看，中国电力4.0重点推进电力市场改革，完善价格机制，逐步还原电力商品属性。

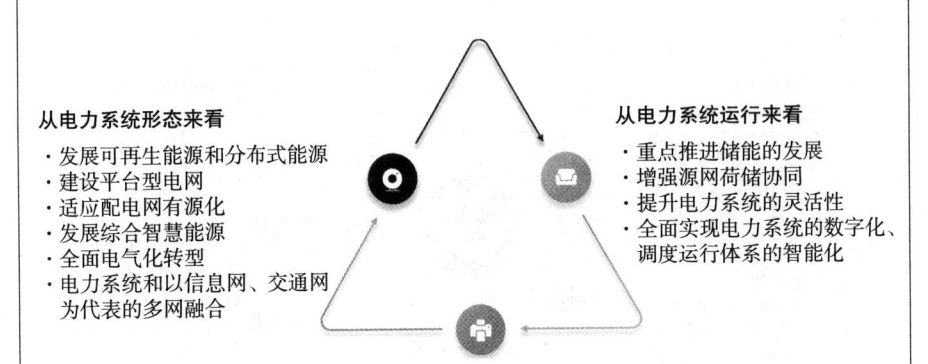

从电力系统形态来看
- 发展可再生能源和分布式能源
- 建设平台型电网
- 适应配电网有源化
- 发展综合智慧能源
- 全面电气化转型
- 电力系统和以信息网、交通网为代表的多网融合

从电力系统运行来看
- 重点推进储能的发展
- 增强源网荷储协同
- 提升电力系统的灵活性
- 全面实现电力系统的数字化、调度运行体系的智能化

从电力体制机制来看
- 中国电力4.0重点推进电力市场改革
- 完善价格机制
- 逐步还原电力商品属性。

图11 中国电力4.0的主要特征

要实现中国电力4.0，需要政府、科研机构、电力企业、技术厂商以及社会各行各业的共同努力（见图12），锐意进取。政府方面，要做好顶层设计与系统谋划，统筹制定宏观战略、规划设计、扶持措施、技术标准、监管办法等全方位的政策体系；地方政府要结合各自资源禀赋与产业基础，因地制宜，以抓铁有痕的劲头狠抓落地实施。科研机构方面，要深入研究中国电力4.0所需要的新思想、新理论、新方法，全面构建适应发展要求的新型电力系统知识体系，夯实理论基础，集中力量突破"技术瓶颈"。电力企业方面，要以主力军和责任人的姿态，主动承担建设中国电力4.0的主体任务，迅速把思想认识、战略方向、资源投入都统一到新型电力系统上来，要勇于创新、敢于创新、善于创新，要以"功成不必在我"的态度，坚持"一张蓝图绘到底"。技术厂商方面，要深入研究中国电力4.0所带来的技术需求，及早动手，全面布局，构建完备的上下游产业链，支撑新型电力系统建设运行。社会各行各业方面，要积极响应中国电力4.0，全面倡导简约适度、绿色低碳，加快形成与新型电力系统相适应的产业结构、生产方式、生活方式、空间格局。

```
┌─────────────────────────────────────────────────────────┐
│                            政府机构                      │
│                          ·做好顶层设计与系统谋划          │
│  社会各行各业              ·统筹制定宏观战略、规划设计、扶 │
│ ·积极响应中国电力4.0        持措施、技术标准、监管办法等全 │
│ ·全面倡导简约适度、绿色     方面的政策体系                │
│  低碳，加快形成与新型电    ·因地制宜，狠抓落地实施        │
│  力系统相适应的产业结构、                                │
│  生产方式、生活方式、空间   中国电力                     │
│  格局                      4.0         科研机构          │
│                                     ·深入研究中国电力4.0的新│
│  技术厂商                            思想、新理论、新方法 │
│ ·深入研究中国电力4.0所              ·全面构建适应发展要求的│
│  带来的技术需求                      新型电力系统知识体系，│
│ ·及早动手，全面布局，                集中力量突破技术瓶颈 │
│  构建完备的上下游产业                                    │
│  链，支撑新型电力系统       电力企业                     │
│  建设运行                  ·以主力军和责任人的姿态主动承担建设中│
│                            国电力4.0的主体任务            │
│                           ·统一思想，调整战略，勇于创新、敢于创│
│                            新、善于创新                   │
│                           ·以"功成不必在我"的态度，坚持"一张│
│                            蓝图绘到底"                    │
│                                                         │
│                图12  群策群力打造电力4.0                 │
│                                                         │
│    春来潮涌东风劲、奋楫扬帆正当时。愿与电力及能源行业的专家、│
│ 同人们一起，牢记从业初心、勇担发展使命，携手完善中国电力4.0体│
│ 系，共同谱写新型电力系统的新篇章。                       │
└─────────────────────────────────────────────────────────┘
```

参考文献

马莉、张笑峰、宋海旭、焦青：《能源企业规划环境适应性分析——以电网企业为例》，《中国石油大学学报》（社会科学版）2020年第4期。

David Hurlbut、马莉、Ella Chou等：《批发电力市场中清洁能源发电及调度——美国的经验》，《中国电力》2017年第4期。

薛松、陈珂宁、马莉等：《我国近期促进新能源消纳的需求侧资源应用模式》，《技术经济与管理研究》2018年第4期。

唐程辉、张凡、张宁等：《考虑可再生能源随机性和需求响应的电力系统日前经济调度》，《电力系统自动化》2019年第15期。

B.12
我国"十四五"时期节能提高能效发展展望

国家发展和改革委员会能源研究所课题组 *

摘　要： "十三五"时期我国节能提高能效取得显著成绩，累计节能7.1亿吨标准煤，节能量占同时期全球节能量的一半左右，对促进经济结构优化、技术进步、从源头减少污染物和碳排放负荷等发挥了重要作用。"十四五"时期到2030年，我国高质量发展、打赢蓝天保卫战和碳达峰都步入攻坚阶段，对节能提高能效提出了更高要求。研究表明，要如期在2030年前实现碳达峰目标，与冻结情景相比，达峰时节能提效减排量占总减排量的75%~80%。"十四五"时期，建议以重点领域能效赶超、产业和园区系统节能、5G和数据中心等新基建节能、交通运输结构调整、产城高效融合等为重点，通过健全经济激励政策，深化供给侧结构性改革、发挥市场机制作用、提升精细化管理水平、加强节能基础能力建设等，确保节能提高能效持续取得进步。

关键词： 碳达峰　节能提效　节能减排

---

* 执笔人：田智宇，副研究员，国家发展和改革委员会能源可持续中心执行主任，主要研究方向为能源系统分析、节能低碳发展；白泉，研究员，国家发展和改革委员会能源效率中心主任，主要研究方向为能源系统分析、节能低碳发展。

一 我国节能提高能效进展回顾

"十三五"期间,我国把节能提高能效作为落实习近平生态文明思想的优先任务,作为推动绿色高质量发展、推动生态文明建设迈上新台阶的重要抓手,严格能耗"双控"目标责任,加大产业结构调整力度,强化重点领域节能降耗,实施节能重点工程和重大行动,加快节能关键技术设备研发试验推广,建立完善的市场化机制,强化节能管理、监察、服务等基础能力建设,加快形成资源节约、环境友好的生产方式和消费模式,节能提高能效工作取得显著成绩。

(一)"十三五"时期我国节能目标完成情况

"十三五"时期,受新冠肺炎疫情等影响,我国单位GDP能耗累计下降14.0%,没有完成能耗强度降低15%的约束性目标。2020年我国一次能源消费总量约49.8亿吨标准煤(见图1),低于能耗总量50亿吨标准煤的预期性目标。如果不考虑疫情因素,2016~2019年我国单位GDP累计下降13.3%,超额完成前四年进度目标要求。

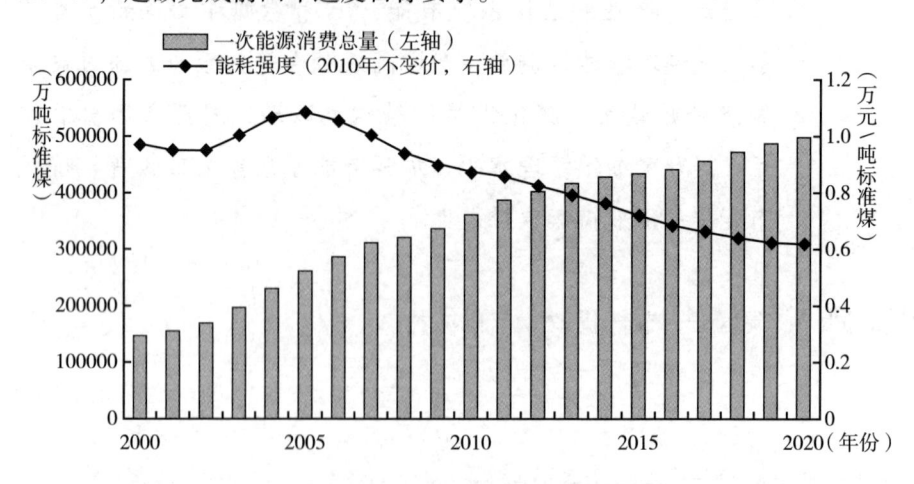

图1 2000~2020年我国一次能源消费总量及能耗强度变化情况

资料来源:根据2000~2020年中国能源统计年鉴计算。

多数地区能耗"双控"目标任务完成较好,个别地区完成进度相对滞后。目前,国家统计局尚未公布2020年各地区能耗数据。从前四年情况看,在能耗强度降低方面,多数地区能耗强度降低目标完成进度都较好,5个地区没有完成能耗强度降低目标进度要求,其中,内蒙古、宁夏的能耗强度不降反升,分别上升了9.5%、7.1%。在能耗总量控制方面,天津、河南能耗总量出现下降,内蒙古、宁夏前四年能耗增量分别比"十三五"时期能耗增量控制目标高出约84%、47%,浙江、广东前四年能耗增量分别比"十三五"时期能耗增量控制目标高出约17%、10%(见图2)。

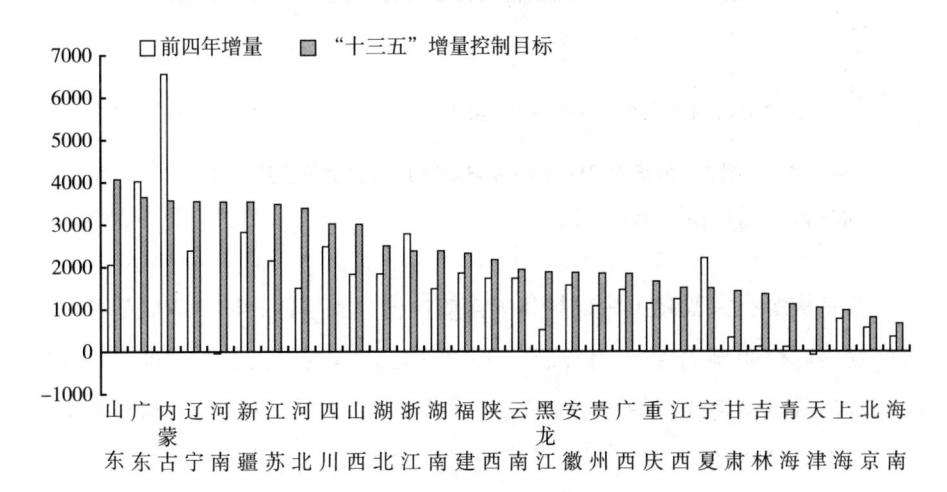

图2 各地区"十三五"能耗增量控制目标与前四年进展比较

资料来源:根据2016~2020年中国能源统计年鉴计算。

(二)取得的节能成效

一是有效促进我国经济由粗放发展向高质量发展转型,节能提效贡献全球领先。"十三五"时期,我国单位GDP能耗累计下降14.0%,累计节能7.1亿吨标准煤,节能量相当于目前长三角地区一年的能源消费量。我国以年均2.8%的能源消费增长,支撑了年均5.9%的经济增长,为经济持续健康发展提供了有力支撑。作为全球能耗强度降低最迅速的国家之一,我国节约能源占同时期全球节能量的一半左右,在加快全球绿色低碳转型中发挥了重要作用。2015～2017年中国与全球其他国家节能量比较见图3。

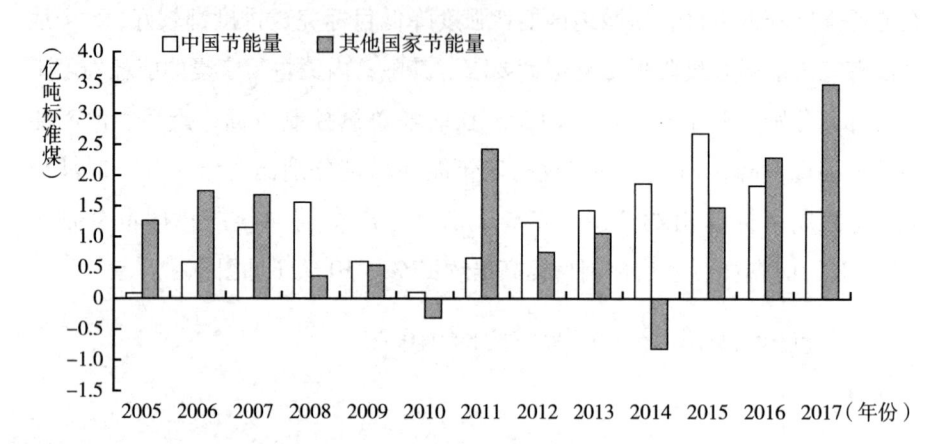

图3 2005～2017年中国与全球其他国家节能量比较

资料来源:世界银行发展数据库。

二是从源头大幅减少污染物和碳排放负荷,支撑污染防治攻坚战和应对气候变化取得明显成效。"十三五"以来,通过节能提高能效,推动重点地区煤炭消费减量替代,减少二氧化硫、氮氧化物排放近千万吨,减排二氧化碳超过15亿吨,对从源头上降低污染物排放负荷和碳排放强度起到了关键作用。节能提高能效不仅节约了末端治理的大量投资,而且促进了节能环保等产业发展,为绿色低碳转型提供了重要的产业和技术支持。

三是促进能源效率水平大幅提升,能源利用技术由追赶型向引领型加快跨越。党的十八大以来,通过鼓励节能技术、产业和模式不断创新发展,我国能源利用技术实现跨越式进步。重点耗能行业技术装备水平显著提升,燃煤发电、电解铝、水泥等能效水平进入世界先进行列。根据国家统计局数据,2015～2018年,我国火电厂发电煤耗从297gce/kWh降到290gce/kWh,下降了2.4%;吨钢可比能耗从644kgce/t降到613kgce/t,下降了4.8%;电解铝交流电耗从13562kWh/t降到13555kWh/t,下降了0.1%;水泥综合能耗从137kgce/t降到132kgce/t,下降了3.6%;乙烯综合能耗从854kgce/t

降到841kgce/t，下降了1.5%；合成氨综合能耗从1459kgce/t降到1453kgce/t，下降了0.4%。与21世纪初相比，我国主要耗能行业单位产品能耗累计降低15%～25%，显著缓解了高耗能产量攀升带来的能耗增长压力。

四是引领产业转型升级发展，重点耗能行业绿色竞争力水平显著提升。2019年与2005年相比，电力行业300兆瓦以上火电机组占火电装机容量的比重由47%上升到81%，钢铁行业1000立方米以上大型高炉的比重由21%上升到50%，建材行业新型干法水泥熟料产量的比重由39%上升到99%。通过淘汰落后产能、实施节能技术改造、更新改造用能设备、新建能源管控中心、实施能源管理体系认证等各项节能措施，我国高耗能企业的整体技术水平和企业管理水平得到明显提升。

五是推动现代高效能源服务不断普及，促进民生福祉不断改善。"十三五"时期，我国全面推广节能建筑，加快实施北方地区清洁取暖，有效改善了城乡居民用能条件和居住环境。截至2019年底，累计建成节能建筑198亿平方米，占城镇既有建筑面积的比例超过56%，2019年城镇新增节能建筑面积超20亿平方米；北方地区清洁取暖面积达116亿平方米，比2016年增加51亿平方米。综合交通运输体系持续完善，高速铁路里程位居世界第一，新能源汽车保有量占世界总量的一半以上。

六是带动节能相关产业发展壮大，为高质量发展增加绿色动能。在强化节能约束和加大政策支持情况下，我国节能环保产业特别是节能服务产业快速发展，成为经济发展的新亮点。2010～2018年，节能服务产业产值从836亿元提高到4774亿元，合同能源管理投资额从288亿元提高到1171亿元，年均增长速度都在30%以上；节能服务企业数量从约800家提高到6439家，从业人员从17.5万人提高到72.9万人，节能对经济发展和就业的拉动作用逐步增强。

（三）存在的问题

一是对节能的重视程度有所下降。"十三五"以来，我国能源供需形势整体宽松，许多地区出现能源供大于求的状况，导致各级政府不仅对节能的重视程度下降，也没有从根本上把节能提高能效作为促进经济高质量发展的重要内容和实现路径。"十一五"以来许多行之有效的节能措施被取消或调整，各级政府用于节能领域的财政、行政资源普遍减少，地方层面节能工作明显旁落，企业层面节能技术改造项目难以进入高层决策。

二是节能管理体系和基础能力建设明显弱化。能源消费革命战略中提出的能耗"双控"目标、传统产业转型升级、把节能贯穿于经济社会发展全过程和各领域、大力倡导合理用能的生活方式和消费模式等目标，在政策上缺乏人财物的配套落实。特别是"十一五"以来形成的国家、省、地市"三位一体"的节能监察体系受到机构合并或撤销、减员或主管部门调整等影响，监察力度明显削弱；新增固定资产节能评估制度、重点用能单位能耗在线监测、能源利用状况报告制度等基础能力建设工作，在大数据、"互联网+"、智慧化蓬勃发展的潮流下反而被弱化。

三是人为刺激不合理用能增长的现象仍然存在。在我国经济已由高速增长阶段转向中低速增长阶段的新常态下，有些地方政府尚不能接受由"速度优先"到"高质量发展"内涵的转变，依然追求高 GDP 增长的发展模式，把能源消费增速作为地方 GDP 增速的标志性指标，片面要求提高能源消费特别是电力消费的增速，甚至不合理地鼓励多用能，把抓节能工作误以为是给经济增长"踩刹车"，没有形成能源消费总量和强度"双控"倒逼经济转型升级的机制。在碳达峰、碳中和目标的背景下，许多地区出现"攀高峰"趋向，加快化石能源资源开发利用的冲动强烈。

四是产业结构绿色转型压力大。许多地区经济增长主要依靠高耗能行业，工业结构重型化趋势明显，工业能耗长期居高不下。随着节能技术改造、淘汰落后产能、工艺装备大型化等不断推进，工业能效与国际先进水平差距不断缩小，持续挖掘节能潜力的难度越来越大。此外，数据中心等新产业、新业态用能持续高速增长，带来新的能耗增长压力。面对稳中有变的国内外复杂经济形势，许多地区为了稳投资、稳外贸、稳就业等，还在积极谋划、推动新的高耗能投资项目建设，进一步加大了能耗增长压力。

五是节能的市场机制尚不完善。我国能源价格普遍偏低,能源开发利用的外部成本尚未完全内部化,煤炭与其他能源之间比价关系不合理,企业和居民自发节能的动力不强。在供给侧结构性改革背景下,我国把降低工商业电价作为全社会降成本的重要内容,对完善有利于节能的长效价格形成机制重视不够。用能权有偿使用和交易机制尚在试点阶段,并且与碳排放权交易、产能置换交易等衔接不够,市场机制在优化能源资源配置中的作用没有有效发挥。

六是体制机制不健全造成系统性能源浪费。当前,我国在劳动力、土地资源、能源、环境等要素领域还存在许多价格扭曲现象,政府在资源环境等外部性问题方面治理手段单一,市场化和法治化措施相对滞后,"大拆大建"等问题突出,造成大量能源浪费和社会财富损失。同时,片面依靠投资和出口拉动经济增长,导致高耗能产品直接和间接出口数量巨大,相当于大量能源资源间接出口,但国内附加值部分所得有限,并且加重了国内环境治理和碳减排负担。此外,地区、行业、企业利益割据现象比较普遍,在供热等领域垄断和不公平竞争问题突出,制约了跨行业、跨领域低品位余热资源的有效利用。

二 "十四五"及中长期节能提高能效发展展望

(一)节能提效是实现分两步走战略目标的重要保障

依靠节能提高能效满足需求增长,把经济社会发展构筑在效率领先的基础上,是新发展阶段、新发展格局下推进现代化发展的内在要求。当前,我国人均能耗已经超过世界平均水平,东部许多地区人均能耗已经超过发达国家平均水平,但单位 GDP 能耗水平仍是发达国家的 2~3 倍,是世界平均水平的 1.5 倍左右(见图 4)。随着现代化建设全面推进,我国能源需求还将持续增长。即使达到日本、德国的人均能耗水平,我国届时能源需求总量相比目前还将增长 40% 以上,无论是资源能源保障、生态环境容量还是应对气候变化都将难以承受。在全球能源转型大势下，德国等已经提出依靠节能提高能效将能源需求减少一半的目标。如果不在节能提高能效领域实现赶超跨越，我国与发达国家在能源产出率方面的差距将存在拉大风险。

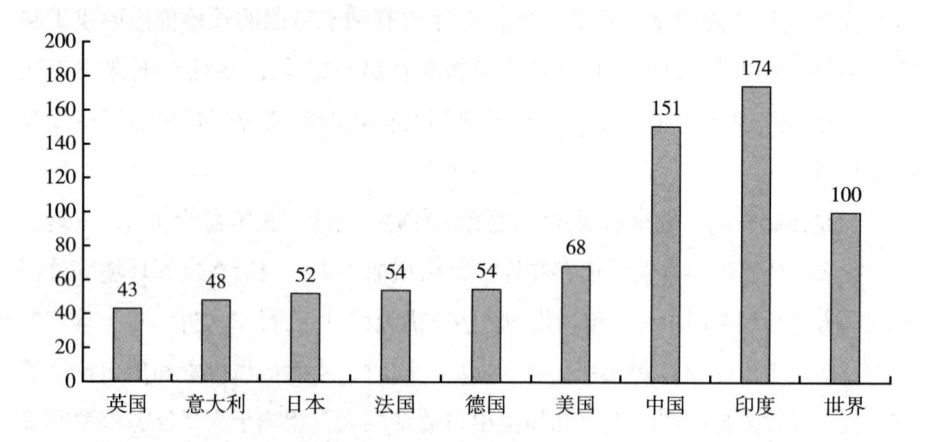

图4 2019年主要国家和地区单位GDP能耗（世界平均水平=100）

英国	意大利	日本	法国	德国	美国	中国	印度	世界
43	48	52	54	54	68	151	174	100

资料来源：世界银行发展数据库。

（二）碳达峰、碳中和目标愿景对节能提高能效提出了更迫切的要求

我国力争在2030年前实现碳达峰，在2060年前实现碳中和，是事关中华民族永续发展和构建人类命运共同体的重大战略决策。习近平总书记在中央财经委员会第九次会议上强调，"十四五"是碳达峰的关键期、窗口期，要把节约能源资源放在首位，实行全面节约战略，倡导简约适度、绿色低碳生活方式。从全球来看，节能和提高能效被普遍视为能源系统二氧化碳减排的最主要途径。国际能源署研究表明，到21世纪末要实现2度温升控制目标，2050年前节能和提高能效对全球二氧化碳减排的贡献为37%。但当前，我国化石能源需求仍在持续增长，要确保2030年前实现碳达峰目标，煤炭需求必须在"十四五"期间达峰，石油需求必须在"十五五"期间达峰，这对节约和高效利用煤炭、石油等提出了更迫切的要求。

(三)节能提效是确保打赢蓝天保卫战的关键支撑

《中华人民共和国国民经济和社会发展第十四个五年规划和2035年远景目标纲要》明确提出,"十四五"时期要实现生态环境持续改善,2035年实现碳排放达峰后稳中有降,生态环境根本好转,美丽中国建设目标基本实现。但目前,除VOC外,我国大气污染物排放标准总体达到国际先进水平,末端治理的减排空间不断收窄、减排成本持续上升。同时,我国人口、经济活动、能源消耗主要集中在东中部地区,单位国土面积化石能源消耗远高于发达国家水平,要进一步改善生态环境质量,必须依靠节能提高能效,从源头上持续大幅降低能源消耗负荷。

(四)重点用能领域具有节能提高能效的潜力较大

工业领域,我国总体上已处于工业化中后期发展阶段,工业增加值占GDP的比重有所降低。但在"双循环"新发展格局下,我国要巩固和壮大制造业发展优势,保持制造业比重基本稳定,工业经济发展还有很大空间。今后一段时期,我国工业内部结构调整将加快,主要高耗能产品产量将在"十四五"时期或"十五五"初期达到峰值。同时,主要耗能行业工艺结构不断优化,能源利用效率持续提升。

建筑领域,目前,我国人均建筑能耗强度、单位面积建筑能耗强度均低于发达国家水平。随着城镇化持续推进,城乡居民生活水平稳步提升,建筑面积、用能设备、用能时间持续增加,室内热环境品质等要求不断提升,建筑运行能耗还将持续增长。从发展趋势看,我国建筑面积总量将持续增加,但增速有所放缓。伴随清洁取暖的稳步推进,北方城镇供暖能耗强度持续下降;但随着建筑用能服务水平的快速增长,城镇户均(不含北方供暖)能耗强度和公共建筑(不含供暖)能耗强度将呈持续缓慢增长态势。

交通运输领域,2018年我国人均交通用能为0.23吨标准油,仅为美国人均交通能源消费量的1/8,是发达国家平均水平的1/4,不到日本、意大利、德国、法国等国家的一半。随着经济社会发展和人民生活水平提升,交通运输需求快速增长，交通用能呈现刚性增长态势。同时，高速铁路、新能源汽车等加快发展，共享出行、车联网等新兴业态不断出现，为交通运输节能降碳发展带来新的机遇。今后一段时期我国客货运输需求将持续快速增长，但随着第三产业和高附加值产业加快发展，大宗货物运输需求增长将放缓。同时，随着高速铁路、公共交通等基础设施不断完善，交通运输结构将有所优化，电动汽车保有量将大幅增加。

三 "十四五"及中长期能源和碳排放分析与展望

（一）研究思路

"十四五"时期是我国由全面建成小康迈向现代化发展的关键时期。强化节能提效，既关系到实现碳达峰目标，也关系到确保打赢蓝天保卫战。国内外理论和实践表明，节能提效既是发展阶段变迁、经济结构演变、技术创新进步等客观条件下产生的结果，也是社会目标导向、政策努力、体制机制变革、消费文化与模式等推动的结果。通过制定"跳一跳、够得着"的能耗双控目标，更有利于发挥对绿色低碳转型和高质量发展的引领作用。

本报告主要采用"自上而下"和"自下而上"相结合的分析方法，对中长期节能发展情景进行分析与展望。考虑到是否实现稳定达峰需要在事后一段时期验证，本部分展望阶段为2020～2035年。

（二）研究方法

对于"自上而下"分析方法，一是按照我国承诺的，到2030年单位国内生产总值二氧化碳排放将比2005年下降65%以上、非化石能源占一次能源的比重达25%等，展望分析对能耗双控目标的底线要求；二是根据习近平总书记提出的我国将严控煤电项目，"十四五"时期严控煤炭消费增长、"十五五"时期逐步减少等，明确能源结构调整的底线要求；三是结合新理念、新阶段、新格局发展形势和要求，分析对重点用能领域发展趋势、结构和技术变化的影响。

对于"自下而上"分析方法，主要从工业、建筑、交通运输等终端领域出发，分析新形势下各领域活动水平、结构、技术、能源结构等发展趋势，结合能源加工转换、能源供应环节分析，展望中长期能源和节能发展情景。本部分主要采用 LEAP 能源系统分析模型（见图5），对2035年我国能源需求及碳排放情景进行展望分析。

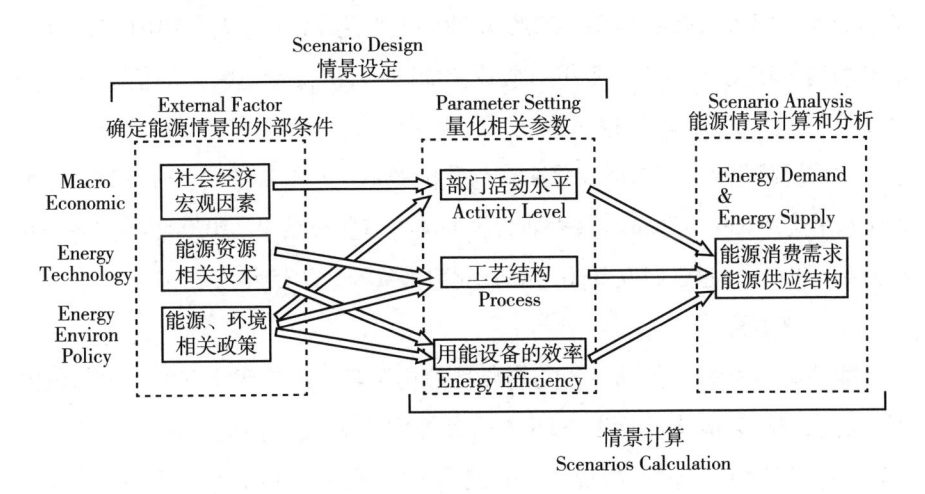

图 5　LEAP 能源系统分析模型

（三）主要参数假设

1. GDP 增速

习近平总书记在作关于《中共中央关于制定国民经济和社会发展第十四个五年规划和二〇三五年远景目标的建议》的说明时指出，从经济发展能力和条件看，我国经济有希望、有潜力保持长期平稳发展，到"十四五"末达到现行的高收入国家标准、到2035年实现经济总量或人均收入翻一番，是完全有可能的。同时，考虑到未来一个时期外部环境中不稳定不确定因素较多，本报告考虑了三种 GDP 增速情景。

低增速情景："十四五""十五五""十六五"时期 GDP 年均增速分别为5%、4.5%、4.0%；中增速情景："十四五""十五五""十六五"时期

GDP 年均增速分别为 5.5%、5.0%、4.5%；高增速情景："十四五""十五五""十六五"时期 GDP 年均增速分别为 6.0%、5.5%、5.0%。

2. 人口和城镇化率

关于人口规模，现有研究普遍预测我国人口数量将呈现先升后降的发展趋势，人口峰值出现在 2030~2035 年，峰值水平约为 14 亿~15 亿人。参考第七次全国人口普查结果，2020 年我国人口为 14.1 亿人，2010~2020 年年平均增长率为 0.53%，本报告假设 2030 年人口数量达峰，峰值水平约为 14.5 亿人，2035 年降至 14.4 亿人。

关于城镇化率，现有研究普遍认为我国城镇化水平将持续上升，2030 年城镇化水平达到 65%~75%。参考第七次全国人口普查结果，2020 年我国城镇化率为 63.89%，本报告假设 2030 年城镇化率为 70%、2035 年为 73%。

3. 能源结构

能源结构发展变化既与各类能源品种相对竞争优势变化有关，也与供给侧、需求侧政策措施以及生态环境约束等因素有关。目前，我国已经明确 2025 年、2030 年非化石能源占一次能源的比重分别达 20%、25%。同时，习近平总书记在"领导人气候峰会"上明确指出，我国将严控煤电项目，"十四五"时期严控煤炭消费增长、"十五五"时期逐步减少。

本报告重点研究节能提效目标及路径，因此假设三种情景下非化石能源比重为 2025 年 25%、2030 年 30%，同时，假设煤炭需求在"十四五"时期达到峰值，石油需求在"十五五"时期达到峰值。考虑到实际中我国减煤控油、非化石能源发展力度不断加大，上述目标可能提前或超额实现。

（四）主要结果

1. 一次能源需求展望结果

三种情景下，按照发电煤耗法计算，我国一次能源需求均呈持续增长态势，但增速有所放缓。2025 年，低增速情景下一次能源需求总量约为 55.3 亿吨标准煤，中增速情景下约为 55.6 亿吨标准煤，高增速情景下约为 56.0

亿吨标准煤；2030年，低增速情景下一次能源需求总量约为59.6亿吨标准煤，中增速情景下约为60.2亿吨标准煤，高增速情景下约为60.7亿吨标准煤；2035年，低增速情景下一次能源需求总量约为62.4亿吨标准煤，中增速情景下约为63.0亿吨标准煤，高增速情景下约为63.6亿吨标准煤（见图6）。

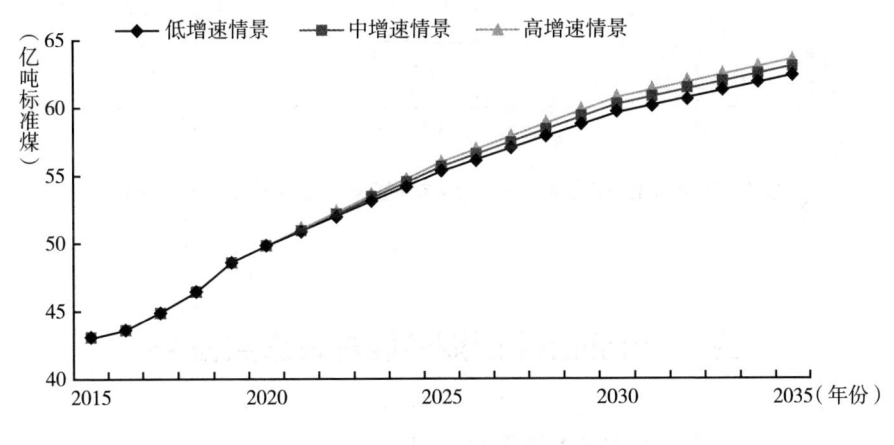

图6 我国一次能源需求展望

2.节能提效在碳达峰中的贡献分析

从能源活动二氧化碳排放看，在三种情景下，我国二氧化碳排放都在2030年前达到峰值，到2035年明显降低。

考虑到基准线或趋势照常情景下，即使没有政策干预，伴随经济发展变化和技术进步，能源强度也将呈降低趋势，非化石能源比重将趋于上升。为方便计算和比较，本报告以2020年能源强度作为冻结情景，并假设冻结情景下2025年、2030年非化石能源比重分别为20%、25%，以此分析三种经济增速下能源需求和碳排放趋势，并计算节能提效在碳排放达峰时的贡献。

计算表明，与冻结情景相比，低增速情景下，碳排放达峰时节能提效减排量占总减排量的80.4%；中增速情景下，碳排放达峰时节能提效减排量占总减排量的75.5%；高增速情景下，碳排放达峰时节能提效减排量占总减排量的75.1%（见图7）。

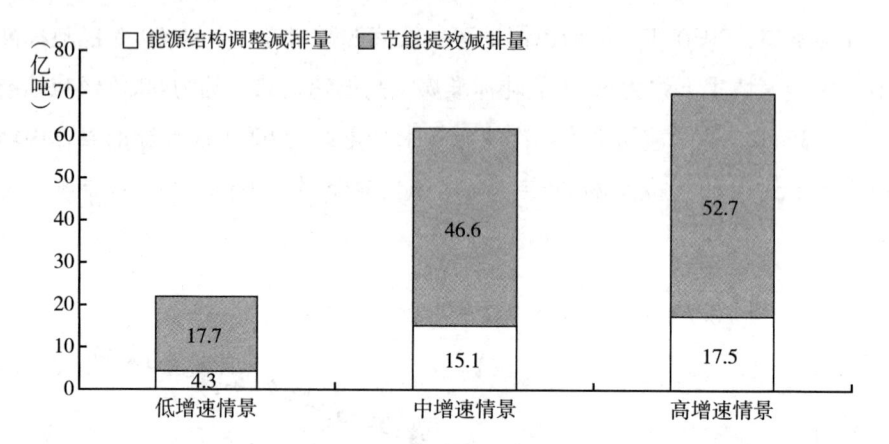

图7 三种情景下碳达峰时能源结构调整减排量及节能提效减排量

低增速情景：17.7 / 4.3
中增速情景：46.6 / 15.1
高增速情景：52.7 / 17.5

四 "十四五"时期节能提效重点任务

（一）重点用能领域能效赶超行动

工业领域，加快工业行业绿色低碳转型升级，推动工业节能领先发展。以全球领先水平为标杆，推动主要工业行业能效水平和技术竞争力不断提升。提升工业原材料的质量性能，促进工业集约循环发展，实现钢铁、水泥等复合型工厂与城市发展融合。大力发展第三产业、先进制造业，促进传统产业能效水平、产业链价值大幅提升，实现信息化、智能化与工业化深度融合。调整高耗能产品出口的税收体系，对附加值较低的高耗能产品征收出口关税。

建筑领域，加强建筑全生命周期用能管理，加快建筑用能方式转型。全面推广超低能耗建筑，强化标准执行监管，尽早在新建建筑中全面普及。树立科学的城乡规划理念方法，强化城乡建设规划管理，引导新增建筑合理布局有序发展，减少大拆大建等系统性能源浪费。完善电价形成机制、热费结算机制等，科学推进北方地区和南方地区清洁取暖，鼓励可再生能源建筑应用，发展分布式能源及微网系统。打破区域、产业和企业边界，对建筑、园区、城市等进行"一体化"设计或改造，促进智慧城市、智能电网等与低碳多元能源体系融合发展。

交通运输领域，加快构建节能交通运输体系，推动节能与新能源汽车普及与发展。构建以铁路为主的节能型综合交通运输体系，以公共交通、慢行交通为主体的城市布局基础。稳步提升汽车燃油经济性标准，加快清理对传统燃油汽车的不合理刺激政策，研究出台基于电动汽车运营里程的补贴政策，加大对充换电基础设施的支持力度。加强电动汽车、充换电站安全管理，试点开展电动汽车、换电站电池参与城市电力调峰的可行性商业模式，推动电动汽车与电网、大数据等协同发展，构建智能低碳交通出行体系。

（二）产业园区系统节能行动

我国各类园区达15000多家，对全国的经济贡献达30%以上，全国二氧化碳排放贡献达31%，占比相当显著。其中，国家级经济技术开发区共219家，2018年实现地区生产总值10.2万亿元，占同期国内生产总值的11.3%。根据清华大学陈吕军团队核算，国家经开区在2015年能源消费总计3.9亿吨标准煤，占同年全国能源消费总量的10%。随着工业企业入园率逐步提升，园区能源消费将不断上升，开展园区综合能效升级改造对推动园区碳达峰具有重要意义。

"十四五"时期，应继续推动工业园区产业和能源协同发展，挖掘系统节能潜力。按照物质流和关联度统筹产业布局，推进园区循环化改造，建设循环经济园区，促进企业间、产业间耦合共生。开展资源节约型基础设施建设，翻新老旧水、电、气输送管道，建立水电气资源集成平台，全面推广资源节约利用。集中建设完善园区内工业固体废物处理中心、中水回用厂等公用辅助循环系统。推广复合型工厂和社会化企业模式，在钢铁行业推广高炉协同处置废旧轮胎、塑料等；水泥行业推广水泥窑协同处置可燃性垃圾、危废等，加快电石渣、粉煤灰替代熟料进程。与此同时，工业园区循环经济也应结合综合能源服务等理念，发展综合能源供应中枢、园区用电负荷管理等模式，在实现园区用煤集约化、高效化的同时，在提升区域能源系统稳定性等方面做出自己的贡献。"十四五"时期，实施100个工业园区实施能量梯级利用和能源系统整体优化改造，力争园区综合能源效率提高10%~20%。

（三）5G和数据中心等新基建能效提升行动

我国明确提出加快5G和数据中心等新基建发展，作为疫情防控常态化阶段扩大有效投资和消费的重要方向。根据工信部数据，2020年我国已建成70万个5G基站（全国移动通信基站总数达931万个），连接超过1.8亿个终端。根据相关研究，预计到2025年，我国将建设816万个5G基站。数据中心方面，2019年我国在用数据中心机架数288.6万架，与2017年相比，大型、超大型数据中心的规模翻一番。随着数字经济的不断发展，数据使用需求不断攀升，数据流量快速增长，数据中心将进一步快速扩张。

新基建发展带来能耗需求快速增长，其中蕴含着较大的节能潜力。5G方面，随着5G基站的不断落成，能耗将较4G时代有较大增长。根据华为公司发布《5G电源白皮书》，从4G到5G，单位流量的功耗大幅降低，但5G基站总功耗相比4G大幅增长。未来，5G网络将会走向低/高频混合组网，为满足网络容量增长的业务需求，大量的末梢站点将被部署，网络站点数量将出现大幅增加，整个网络的功耗将呈倍数增长。数据中心方面，我国数据中心用电量连续增长，占全社会用电总量比例不断攀升。目前我国数据中心的耗电量已连续8年以超过12%的速度增长。智慧城市、云计算等应用带来的庞大需求将会持续刺激数据量的增长，进而推动数据中心耗电量进一步上升。但同时，存在设计不合理、设备老旧、系统匹配程度差等问题，使我国信息基础设施用电效率与发达国家差距明显。

"十四五"时期，要加强新一代数字基础设施能耗管理，推动已有和新建项目节能技改升级。一是对已有5G基站、数据中心等新基建进行节能改造，推广高效低碳用能技术。围绕重点园区、重点企业的新基建，实施节能技术改造，加速淘汰老旧设备。开展能效对标行动，进一步挖掘5G基站、数据中心等新基建的节能潜力。大力推广高效制冷技术、先进通风技术、余热利用技术等，因地制宜发展"分布式光伏＋储能＋5G"等模式，推广新基建智能化能耗监测系统及配套设备。优化新基建布局，鼓励新建设施优先布局在气候条件适宜地区，因地制宜采用自然冷源、直流供电、"光伏＋储能"5G 基站、氢燃料电池备用电源等技术。二是推动人工智能参与基础设施运营，实现功耗降低。进一步挖掘升级人工智能在新基建节能领域的应用潜力，大力推广人工智能参与新基建节能降碳案例。引导企业将大数据、云计算、人工智能等数字技术应用到节能方案中，鼓励开展智慧用能试点。三是对 5G 基站、数据中心等高耗能新基建的节能降碳予以政策支持。推动存量基站供电方式由转供电改为直供电，优化 5G 设施电力供应申请审批流程。降低信息基础设施建设单位用电成本，对符合条件的 5G 基站等新基建实施电力直接交易，对参与电力市场交易的 5G 基站等新基建进行电价补贴。

（四）公转铁、公转水推行行动

"十三五"时期，我国加大了交通运输结构的调整力度。铁路运输周转量占比显著增长，扭转了长期以来的下降趋势，2019 年铁路货运量、货运周转量分别比 2015 年增长了 30.7%、27.1%。大力支持港口集疏运铁路建设。先后组织实施了三批共 70 个多式联运示范工程，2019 年全国集装箱铁水联运量完成 515.5 万标准箱，"十三五"期年均增长 21.6%。铁路、水运等高效清洁交通运输方式发展加快，运输结构调整工作取得阶段性成效。[①]

以北京市为例，近几年，北京市着力构建"干线铁路＋市郊铁路＋铁路专用线"的多层级铁路货运网络体系，将"公路运输转换为铁路运输"作为运输结构调整的主攻方向，并依托"内陆港"口岸功能，实现与天津港、唐山港联动，推动京津冀区域协同发展。同时，以大兴区京南物流基地为核心

[①] 《2019 年交通运输行业发展统计公报》《2019 年铁道统计公报》《2019 年民航行业发展统计公报》。

承载枢纽,与大兴国际机场物流功能互动,打造公、铁、航联运的物资中转集配新模式。从进展情况来看,2019年北京市前10个月货物铁路到发总量为1591万吨,其中铁路到达量为1206万吨,同比增长10%。通过运输结构优化调整,共减少34万辆次重型车上路行驶,减少主要污染物排放2400吨、碳排放21万吨。

"十四五"时期,要进一步推进港口集疏运铁路、物流园区及大型工矿企业铁路专用线等"公转铁"重点项目建设,推动大宗货物及中长距离货物运输向铁路和水运有序转移,到2025年,集装箱、干散货重要港区铁路进港率达60%以上,矿石、煤炭等大宗货物主要由铁路或水路集疏运。推动铁水、公铁、公水、空陆等联运发展,推广跨方式快速换装转运标准化设施设备,形成统一的多式联运标准和规则。"十四五"时期,实现全国多式联运货运量年均增长20%,重点港口集装箱铁水联运量年均增长10%以上,铁路货运比重提升5%,公路货运比重进一步下降。

(五)共享出行电气化高效发展行动

共享出行是以信息通信技术为依托、以基于需求的服务为基础、以获得使用权而不是所有权为目的,通过共享模式为公众提供出行服务或短时间使用权的模式,具体包括共享单车、网约车、车辆共享等。2019年,网约车客运量占出租车总客运量的37.1%,比2018年提高0.8个百分点。2016~2019年,网约车用户在网民中的普及率由32.3%提高到47.4%。2020年,受疫情影响,部分城市暂停了网约车运营服务,但从中长期来看,我国网约车用户规模将持续增长。

以滴滴共享出行平台作为共享出行研究案例,2018年平台各业务线替代私家车、出租车、公共交通、慢行交通等一系列原有出行方式,共计可以产生37.1万吨标准油的节能量,相当于48万辆私家车行驶一年的油耗(年行驶里程按12000公里计算),或相当于北京市1/4人口的年生活总能耗。不同业务线产生的替代节能效果不尽相同。此外,其减碳效果也很显著。2018年,滴滴共享出行平台各业务线产生51.8万吨二氧化碳减排量,相当于23万辆私家车一年的二氧化碳排放量，或相当于北京市出租车一年的二氧化碳排放总量。

"十四五"时期，要合理引导交通新业态发展，以互联网等信息技术为依托构建服务平台，通过服务模式、技术、管理上的创新，整合供需信息；从事交通运输服务的经营活动，包括出租车网络预约、汽车分时租赁、自行车互联网租赁、行程或车辆座位共享等，鼓励绿色、健康出行方式。在保障安全和城市公共秩序有序前提下，发挥交通新业态中慢行出行、座位共享的节能减排效果。发挥共享出行平台对电动汽车、节能汽车普及的促进作用，形成互相促进的合力。在交通新业态平台上，进行高度自动驾驶车辆市场运行试点，为打造"出行即服务"一站式服务平台提供基础、做好准备，实现交通出行系统运行节能高效。

（六）产城高效融合发展示范建设行动

我国已进入工业化、城镇化发展中后期。在过去很长一段时间，工业企业都是城市经济活动的主体，带动城市快速发展壮大。但随着产业和人口的不断积聚，土地、劳动力等生产要素短缺以及资源环境等问题不断涌现，工厂与城市之间的矛盾日益凸显。在工业化由粗放转向集约、工业化与城镇化深度融合发展的现实条件下，亟待对传统无序的工业发展模式做出重大调整，需要重新思考工业体系中各组分、成员之间的关系，也要重新审视工业与城市之间的关系。

"十四五"时期，要通过推广产城融合型工业耦合发展模式，将产业与城市视为一个有机整体，并在深入了解企业物质流、信息流、能量流和价值流运转特点的基础上，根据每个经济活动单元的特点，综合运用清洁生产、生态设计、绿色制造、绿色供应链管理等各种手段，优化物质、能源和信息流动网络，构建多目标生产体系，并建立企业与企业、企业与社会的生态链接，以实现资源能源利用效率最大化、废弃物减量化、环境污染排放最小化等目标。

五 主要政策建议

一是健全经济激励政策，强化重点领域节能挖潜改造，带动绿色投资和消费增长。我国在系统节能降耗方面仍有巨大潜力，在经济下行压力加大的情况下，扩大节能领域投资，对降低实体经济用能成本、促进技术装备升级等具有重要作用。建议在新型城镇化建设过程中，积极对标国内外能效先进水平，加快工业、既有建筑、交通运输、公共机构等节能升级改造。提高基础设施项目建设能效标准要求，对有助于提高系统能效水平的新基建项目加大支持力度。完善经济激励政策，加大财政、税收、金融政策对节能改造项目、居民购买高效节能产品的支持力度，推动地方政府把鼓励用能的补助政策调整为节能投资消费奖励政策。

二是深化供给侧结构性改革，加快淘汰落后低效产能，提高新建产能节能环保标准。我国技术节能潜力空间相对收窄，结构节能的重要性更加突出。建议进一步扩大去产能范围，把产能过剩严重的石油炼化、化工、电解铝等行业纳入范畴，推动采取产能置换交易等市场化方式，加快既有产能布局优化和技术更新换代，鼓励地方结合实际制定范围更宽、标准更高的淘汰目标任务。进一步提高新建产能准入标准，大气污染防治重点区域要把项目能耗强度达到国内先进水平作为前置条件，新建项目在排放达标的同时，要符合区域生态环境保护、资源能源利用等红线约束。

三是加强政策协同，充分发挥已有市场化机制的作用。随着我国企业能效和排放达标的比重不断提高，依靠节能环保标准促进市场出清的难度加大。在能源整体供大于需的背景下，建议充分发挥已有的用能权、产能置换、发电权、碳排放权等市场化交易机制作用，促进能源要素配置向利用效率和效益水平高的企业和地区倾斜，确保不增加全社会整体用能负担，防止出现高耗能高排放产能跨区域转移。加强已有产业、环保、区域发展等政策机制的协同，在相关领域工作目标、规划、政策的制定中，把从源头上节能提高能效作为重要考量。

四是加强统计监测与预测预警，完善区域差别化政策措施，提升节能精细化管理水平。加强对能源和节能形势统计监测，重点加强煤炭利用和库存变化的统计监测，强化对各地区月度、季度单位 GDP 能耗降低情况的跟踪评估。针对不同地区和行业制定差异化政策，鼓励能耗和经济大省向超额完成能耗强度降低目标努力，加大对欠发达地区节能挖潜的帮扶力度。提升节能精细化管理水平，在保障"两新一重"项目能源要素供给、降低实体经济用能成本、推行清洁取暖等工作过程中，优先考量节能提高能效。

五是加强节能提效基础能力建设，有效发挥行政手段作用。实现节能约束性目标，需要各级政府部门合理配置公共资源、有效运用行政力量。但目前各地区节能能力普遍薄弱，许多地方政府存在不作为、乱作为现象。有效发挥行政手段作用，重点是深化能源要素市场、供热体制等重点领域改革，加强事中事后监管，建立有利于促进绿色发展的高标准市场体系。同时，把绿色低碳现代用能服务作为基本公共服务的重要内容，加大对绿色建筑、公共交通、节能领域"卡脖子"技术研发示范等政策的支持力度。此外，要加强节能管理、监察，推进技术服务体系建设，不断提高基层政府节能提效治理效能。

参考文献

刘建国、朱跃中、田智宇：《"碳中和"目标下 我国交通脱碳路径研究》，《中国能源》2021 年第 5 期。

田智宇：《"十四五"推进绿色发展的挑战、机遇与路径》，《中国经贸导刊（中）》2020 年第 12 期。

郁聪、周大地、白泉等：《改革开放 40 年节能成效举世瞩目》，《中国能源》2018 年第 12 期。

朱跃中、田智宇、刘建国：《欧洲多国出台禁售燃油车计划对我国的启示与借鉴》，《中国经贸导刊》2018 年第 7 期。

符冠云、田智宇：《节能和提高能效对控制煤炭消费总量的贡献分析》，《中国能源》2017 年第 5 期。

伊文婧、朱跃中、田智宇：《交通节能对我国能源可持续发展的贡献》，《中国能源》2017 年第 5 期。

戴彦德、田智宇：《全面发挥节能"第一能源"作用，推动生态文明建设迈上新台阶》，《中国能源》2017 年第 5 期。

区域与全球能源动态

Regional and Global Energy Dynamics

B.13 "双碳"目标约束下的我国区域能源转型研究

青岛科技大学课题组*

摘　要： 本报告系统分析了我国区域能源转型的背景，构建区域能源转型评价体系，对"十三五"时期我国区域能源转型绩效进行了评价。在评价基础上，针对我国不同能源转型基础和不同能源转型绩效的区域，提出在国家宏观层面，需要加强顶层设计和统筹谋划，坚持因地制宜和协同推进，强化机制创新和政策支撑。在区域行动策略上，对于能源转型适配区，积极推动低碳前沿技术研究和产业迭代升级，抢占能源转型和碳达峰碳中和技术制高点。对于能源转型错配区，应加快将资源优势转变成为产业优势，在边远、人口稀少等地区，以生物质能源为重点，大力发展农业农村分布式能源和移动

---

* 执笔人：雷仲敏，博士，青岛科技大学教授，主要研究方向为能源经济理论与能源政策。

能源技术，提高能源可及性，推进经济社会与生态环境协调发展。大力发展分布式能源，强化能源区域互济互保。

关键词： "双碳"目标约束　绩效评价体系　能源适配

在全球气温攀升、资源环境约束趋紧、能源安全形势严峻的大背景下，加快推进我国区域能源转型，不仅是有效应对能源安全等挑战的现实路径，也是持续推进能源革命，实现国家碳达峰、碳中和目标，促进区域协调发展的必然要求，是我国立足新发展阶段、贯彻新发展理念、构建新发展格局，实现能源、环境与区域协调发展的重要突破点。

一　我国区域能源转型的背景及其科学内涵

（一）我国区域能源转型的背景

1. 应对气候变化、加速能源转型已成为全球共识

全球气候变化日益成为危及人类生存的重大挑战。当今世界，大量化石能源燃烧产生的温室气体引发的全球变暖持续加剧。世界气象组织（WMO）《2020年全球气候状况》报告显示，尽管发生了具有降温效应的拉尼娜事件，但2020年仍是有记录以来最暖的3个年份之一，全球平均温度较工业化前水平高出1.2℃左右，2011~2020年是有记录以来最暖的10年。

为应对全球能源需求增长、油价波动和日益严峻的气候环境问题，世界主要经济体纷纷加快能源转型。美国在追求能源独立的前提下，以天然气和可再生能源作为过渡能源，推动能源结构清洁化；2009年，奥巴马签署的《美国清洁能源与安全法》，首次系统提出清洁能源和节能减排发展目标，初步确立了美国能源转型的目标体系。德国能源转型追求"能源安全、经

济效率和环境可承受"的能源政策三大目标。日本2018年发布了"第五次能源基本计划",提出了能源转型战略的新目标、新路径和新方向。中东和亚非拉等地区的国家也纷纷加入全球能源转型发展行列,推进能源转型。中国政府也明确表示,采取更加有力的政策和措施,力争于2030年前二氧化碳排放量达到峰值,努力争取在2060年前实现碳中和。世界经济论坛发布的《2021年全球能源转型报告》显示,2020年全球能源转型指数(ETI)平均得分为59分(满分100分)。2015年以来,在监测的115个国家中,有94个国家的ETI平均得分有所提高,这些国家人口占全球人口的70%以上、二氧化碳排放量占全球二氧化碳排放量的70%。

2. 资源环境约束压力仍然较大,我国能源转型亟待加速推进

随着我国工业化和城镇化的快速推进,资源环境约束力度持续加大。"十三五"期间,根据党中央、国务院关于打赢蓝天保卫战的决策部署,我国全面推进各项治理任务,持续深入推进能源革命,能源消费结构正在朝清洁低碳方向加快转变。2019年,天然气、水电、核电、风电等清洁能源消费量占能源消费总量的比重为23.4%,比2015年提高5.4个百分点;非化石能源消费量占能源消费总量的比重达15.3%,比2015年提高3.2个百分点,提前完成到2020年非化石能源消费比重达到15%左右的目标。但从全局来看,我国资源环境面临的形势依然不容乐观。从能源资源来看,除天然气产量存在增长空间外,煤炭、石油产量均已接近或达到峰值,能源对外依存度攀升,2020年石油、天然气对外依存度分别攀升到73%和43%。从重点区域来看,环境质量仍需大幅改善,京津冀及其周边地区和汾渭平原的$PM_{2.5}$以及臭氧浓度仍然超过国家二级标准。

3. 新发展格局加速构建,区域能源转型任重道远

党的十八大以来,随着西部大开发、东北全面振兴、中部地区崛起、东部率先发展国家区域协调发展战略与京津冀协同发展、长江经济带发展、粤港澳大湾区建设、长三角一体化建设、黄河流域生态保护和高质量发展等国家区域重大战略的深入推进,我国区域融合联动不断深化,区域发展协调性持续增强,形成了板块联动、核心带动、城市群和都市圈支撑的区域协调发

展总体态势。在新发展格局加快构建的大背景下，我国区域协调发展应统筹安排和有序推进处于不同发展阶段和不同发展水平、承载国家不同发展使命的各类区域能源转型策略，重塑不同地区参与国际合作和竞争的新优势，提升区域间的生产要素配置效率和水平，在形成强大国内经济循环体系和稳固基本盘的基础上，形成对全球要素资源的强大吸引力、在激烈国际竞争中的强大竞争力、在全球资源配置中的强大推动力。

（二）我国区域能源转型的科学内涵

我国区域能源转型的科学内涵需从以下两个方面进行分析：一是区域能源转型的一般内涵，二是区域对象划分的边界内涵。

从区域能源转型的一般内涵来看，狭义的能源转型一般是指一次能源供给侧发生根本性的结构性改革，当前主要是指以新能源和可再生能源替代为标志的能源结构调整。广义的能源转型则是从能源在国民经济和社会发展中的基础性战略地位出发，而不是简单地将其局限在一次能源结构优化的范畴内，还应当包括经济社会发展、产业结构调整、技术水平提升、生态环境改善、生产要素完善、治理能力提升等多重维度，统筹处理好能源安全保障、经济社会发展、生态环境优化三大关系，从国家治理体系的区域层面全面反映能源转型的复杂性、系统性和地域特殊性。

从区域对象划分的边界内涵来看，基于"双碳"约束目标的区域划分应当充分考虑以下几个原则：一是"双碳"约束目标的导向性，二是数据的可获得性和可比性，三是地区共性特征分类归并的科学性。我国幅员辽阔、人口众多，各地区资源禀赋、经济社会发展水平、地理区位特征差别极大。20世纪90年代中后期以来，中央先后做出鼓励东部地区率先发展、实施西部大开发、振兴东北地区等老工业基地、促进中部地区崛起等区域发展的重大战略决策。十八大以来，又陆续出台了京津冀协同发展、长江经济带发展、共建"一带一路"、粤港澳大湾区建设、长三角一体化发展、黄河流域生态保护和高质量发展等新的区域发展战略和倡议。此外，国务院还发布了基于国土综合开发和保护的主体功能区规划等。

从上述划分区域对象边界的3个原则出发，按传统的"四大区域"战略来研究区域能源转型显然难以满足政策落地和分类评价指导的要求，而按新出台的"六大重点区域"讨论区域能源转型，则存在不同区域在国家发展格局中承载的功能和使命各不相同、难以涵盖整个国土空间、相关区域空间叠加和数据缺失等多方面的困难。因此，本报告采取了国家近年来推进节能减排和学界按行政区划研究区域发展问题的通行做法，以省级行政单元作为讨论我国区域能源转型的基本出发点。通过对不同省级行政单元的资源禀赋、经济社会发展水平等涉及能源转型基础和特征的刻画，从"双碳"约束导向的目标出发，对能源转型具有共性特征的相关区域进行归类，以期为具有相同特征的区域能源转型提出更具针对性的建议。

二 我国区域能源转型的基础

（一）我国区域能源转型基础评估

根据对区域能源转型基本内涵的认知，本报告构建了资源禀赋、经济社会、生态环境、生产要素、政府治理等5个维度15个具体指标的评价体系，对我国不同地区的能源转型基础进行了综合评估，详见表1。

表1 我国区域能源转型基础指标评价体系

目标层	准则层	一级指标	二级指标	计算方式
能源转型基础	资源禀赋	森林覆盖率	森林覆盖率(%)	—
		石化能源储量	煤炭资源储量占比(%)	—
		能源结构	火电发电量占比(%)	火电发电量/总发电量
	经济社会	城市化	城市化率(%)	—
		经济发展水平	人均GDP(元)	—
		产业结构	高技术产业占比(%)	高技术产业营业收入/规模以上工业企业工业总产值

续表

目标层	准则层	一级指标	二级指标	计算方式
能源转型基础	生态环境	碳排放水平	二氧化碳排放量占比(%)	各省全年二氧化碳排放量/全国二氧化碳排放量的总和
		空气质量水平	全年环境空气质量良好天数占比(%)	全年环境空气质量良好天数/365
	生产要素	人力资源水平	高技术产业R&D人员数量占比(%)	各省高技术产业R&D人员数量/全国
		教育质量	每万人中拥有大专及以上学历的人数(人)	—
		融资能力	金融机构本外币存款余额占比(%)	年末全部金融机构本外币各项存款余额/全国
		投资水平	全社会固定资产投资占比(%)	全社会固定资产投资/全国
	政府治理	营商环境	省级营商环境指数	—
		民营经济发展水平	民营企业数量占比(%)	民营企业数量/全国
		创新环境	全社会R&D投入占比(%)	全社会R&D投入/GDP

（二）我国区域能源转型基础基本特征

根据上述指标评价体系，利用等权法，分别对全国30个（西藏数据缺失，下同）省（自治区、直辖市）2015年和2019年的能源转型基础进行了综合评估，结果详见表2。

表2 2015年和2019年我国30个省（自治区、直辖市）能源转型基础综合指数、排名及变化

单位：%

地区	2019年综合指数	2019年排名	2015年综合指数	2015年排名	增幅
全国平均	39.66	—	35.88	—	10.54
广东	61.70	1	56.29	1	9.61
北京	60.00	2	53.26	2	12.65
上海	52.32	3	46.40	4	12.76
福建	49.91	4	45.41	5	9.91

续表

地区	2019年综合指数	2019年排名	2015年综合指数	2015年排名	增幅
江苏	49.67	5	44.75	6	10.99
浙江	48.41	6	47.80	3	1.28
重庆	46.63	7	40.91	7	13.98
四川	46.60	8	38.35	10	21.51
云南	42.45	9	38.38	9	10.60
湖北	42.36	10	38.35	11	10.46
江西	41.61	11	37.49	14	10.99
湖南	40.59	12	37.70	13	7.67
天津	39.84	13	39.94	8	-0.25
广西	38.88	14	37.73	12	3.05
海南	38.60	15	35.90	15	7.52
贵州	38.12	16	32.95	20	15.69
陕西	37.42	17	34.80	16	7.53
辽宁	37.17	18	34.69	17	7.15
山东	36.30	19	33.49	18	8.39
安徽	35.78	20	31.19	21	14.72
青海	35.60	21	31.05	22	14.65
吉林	34.89	22	33.09	19	5.44
黑龙江	33.84	23	30.09	23	12.46
河南	33.80	24	27.15	25	24.49
宁夏	31.94	25	26.34	27	21.26
甘肃	30.37	26	26.39	26	15.08
河北	30.12	27	27.37	24	10.05
内蒙古	27.36	28	26.21	28	4.39
新疆	25.98	29	22.20	29	17.03
山西	21.52	30	20.77	30	3.61

1. 总体特征

总体来看，2015年以来，全国区域能源转型基础综合指数平均值有了明显改善，从2015年的35.88增长到了2019年的39.66，提高了10.54%。分区域来看，能源转型基础与区域经济社会发达程度和可再生能源资源禀赋密切相关。2019年，东部沿海地区领跑全国，占据全国前十中的6席，广东表现尤为突出，以61.70的综合指数高居榜首。西南等可再生能源资源丰富地区表现不凡，重庆、四川、云南持续保持全国前十。西部省份尽管能源转型基础相对薄弱，但追赶势头强劲，宁夏、新疆、甘肃、四川、贵州的能源转型基础综合指数增幅都超过了15%，宁夏、四川尤为显著，都超过了20%。东北地区能源转型基础综合指数增长乏力，除了黑龙江增幅（12.46%）超过了全国的平均水平（10.53%），辽宁和吉林增幅都低于全国平均水平。煤炭资源丰富地区能源转型基础整体偏弱，内蒙古、新疆和山西能源转型基础综合指数排在全国最后。

2. 分区特征

2019年，全国30个省（自治区、直辖市）能源转型基础各维度指数及排名详见表3。

表3 2019年全国30个省（自治区、直辖市）能源转型基础各维度指数及排名

地区	资源禀赋 指数	排名	经济社会 指数	排名	生态环境 指数	排名	生产要素 指数	排名	政府治理 指数	排名
广 东	71.02	8	66.22	3	43.47	18	70.46	1	57.34	2
北 京	54.76	18	87.24	1	46.92	15	46.14	3	64.92	1
上 海	39.50	26	80.91	2	54.23	10	37.36	6	49.61	3
福 建	82.76	2	46.92	7	59.72	4	27.42	13	32.71	14
江 苏	43.59	23	61.91	4	33.73	26	59.89	2	49.22	4
浙 江	73.14	6	39.97	8	40.42	24	43.24	5	45.27	5
重 庆	64.71	12	58.59	5	54.90	9	20.85	17	34.10	10
四 川	80.97	3	34.95	10	48.78	14	31.92	8	36.37	8
云 南	91.15	1	16.80	28	60.27	3	18.19	20	25.85	20
湖 北	70.21	10	34.42	11	42.34	21	30.96	9	33.86	11
江 西	70.59	9	30.95	13	54.99	8	22.43	16	29.11	17
湖 南	72.18	7	27.82	16	46.89	16	27.61	12	28.47	18
天 津	38.60	27	57.62	6	42.54	20	24.00	15	36.44	7
广 西	79.45	4	18.37	27	58.44	6	18.16	21	19.96	28

336

续表

地区	资源禀赋 指数	排名	经济社会 指数	排名	生态环境 指数	排名	生产要素 指数	排名	政府治理 指数	排名
海 南	75.43	5	29.55	15	62.18	2	3.81	30	22.04	25
贵 州	64.53	13	24.32	20	59.63	5	15.94	25	26.20	19
陕 西	53.47	19	36.18	9	40.61	23	26.61	14	30.23	15
辽 宁	61.29	14	31.27	12	43.27	19	20.18	18	29.84	16
山 东	41.26	25	30.74	14	20.46	29	45.62	4	43.40	6
安 徽	45.97	21	27.25	17	42.28	22	27.92	11	35.46	9
青 海	65.69	11	20.97	23	62.51	1	10.42	29	18.41	29
吉 林	61.16	15	19.49	24	53.69	11	15.42	26	24.68	22
黑龙江	58.51	16	19.38	25	52.24	13	16.12	24	22.92	24
河 南	44.89	22	26.22	19	29.08	28	35.11	7	33.71	12
宁 夏	4.97	24	23.17	21	56.29	7	11.85	28	25.43	21
甘 肃	54.85	17	10.05	30	53.05	12	12.57	27	21.32	26
河 北	49.27	20	19.17	26	19.11	30	29.56	10	33.50	13
内蒙古	30.13	29	26.79	18	39.80	25	18.80	19	21.25	27
新 疆	36.07	28	14.56	29	44.55	17	16.69	22	18.06	30
山 西	13.08	30	22.40	22	31.11	27	16.55	23	24.48	23

根据2019年评估结果，本报告按照四分位数，将我国30个省（自治区、直辖市）的能源转型基础划分为良好区、中等区、较弱区和薄弱区等四大区域（见表4）。

表4 我国30个省（自治区、直辖市）能源转型基础划分类型

	良好区	中等区	较弱区	薄弱区
东部	广东、北京、上海、福建、江苏、浙江	海南、天津	山东	河北
中部	—	江西、湖北、湖南	安徽	河南、山西
西部	四川、重庆	云南、广西	贵州、青海、陕西	甘肃、宁夏、内蒙古、新疆
东北部	—	—	辽宁、吉林	黑龙江

(1) 良好区

能源转型基础良好区的省（直辖市）大部分位于我国东部地区，这展现出了东部地区整体雄厚的经济实力和较高的社会发达程度。从各二级指标来看，良好区在经济社会、生产要素和政府治理维度表现尤为突出，但在资源禀赋和生态环境方面仍需进一步提高。

具体来看，从经济社会维度来看，良好区占据了经济社会指数排行榜Top10中的8席，北京、上海、广东和江苏包揽了经济社会指数排行榜全国前四，北京以87.24的经济社会指数领跑全国；从生产要素维度来看，良好区8个省（直辖市）中的6个进入了该指数排行榜Top10，广东、江苏和北京雄踞该榜单的前三；从政府治理维度来看，良好区的省（直辖市）占据了该指数排行榜Top10中的7席，北京、广东、上海、江苏和浙江包揽政府治理指数排行榜全国前五，北京以64.92的得分领跑全国；从资源禀赋维度来看，除了福建、浙江、广东和四川排名进入全国Top10外，北京、重庆进入全国Top20，而上海和江苏均排全国第20名之后；从生态环境维度来看，除了福建、重庆和上海排名进入全国Top10外，该区域其他的省（直辖市）排名都有待进一步提升。

(2) 中等区

能源转型基础中等区的省（自治区、直辖市）分布较为分散，以东部地区、中部地区和部分西部地区省（自治区、直辖市）为主。其中，西部地区的云南和广西表现不错，云南占据了中等区榜首位置；中部地区的湖北、江西和湖南紧随其后，而天津、广西和海南位列该区域榜单的后3位。从各二级指标来看，中等省（自治区、直辖市）在资源禀赋和生态环境方面表现不错，但在经济社会、生产要素和政府治理等方面仍需进一步提升，且各维度分化较为明显。

具体来看，资源禀赋维度，该区域中除了天津，其余全部进入了全国Top10，云南更是以91.15的得分领跑全国，这些省（自治区、直辖市）水力资源丰富、森林覆盖率高，为能源转型提高了良好的基础。生态环境维度，该区域中有4个省（自治区）进入了全国Top10，其中，海南和云南以62.18和60.27的得分分别位居全国第二和第三。经济社会、生产要素和政府治理维度表现相对较弱，其中，经济社会维度，只有天津进入了全国Top10，云南和广西都排在全国的后5名；生产要素维度，只有湖北进入了全国Top10；而在政府治理维度，只有天津进入了全国Top10。

（3）较弱区

能源转型基础较弱区的省以西部和东北部为主，东部地区的山东和中部地区的安徽也落入该区域。相比较而言，该区域在生态环境和社会治理方面表现较好。

具体来看，资源禀赋维度，该区域省份煤炭资源丰富，产业结构偏重，能源转型的资源禀赋劣势明显，该区域所有省均没有进入全国Top10；经济社会维度，只有陕西进入了全国Top10，列全国第9位；生态环境维度，青海和贵州进入了全国Top10，且青海以62.51的得分领跑全国；生产要素维度，只有山东进入了全国Top10，居全国第4位；政府治理维度，山东、安徽进入了全国Top10，分别居全国第6位和第9位。

（4）薄弱区

能源转型基础薄弱区的省（自治区）以西部地区和中部地区为主，东部地区的河北也落入该区域。整体而言，该区域能源转型基础薄弱，宁夏和河南为该区域为数不多的亮点，分别进入了全国生态环境指数排行榜和生产要素指数排行榜的前10名，均居全国第7位，其余维度各省（自治区）大都排在全国的后10名。

三 "十三五"期间我国区域能源转型绩效评价

（一）评价方法

根据区域能源转型科学内涵的界定，本报告认为，能源转型绩效主要表现为经济持续增长、能源强度下降、生态环境改善、能源供应质量与可及性提升。为此，本报告建立了经济发展、环境可持续性、能源供应质量与可及性3个维度8个指标的区域能源转型绩效指标评价体系。以2015

年为基期,对我国30个省(自治区、直辖市)"十三五"期间能源转型的绩效进行了评估。限于各地区数据的可得性,期末数据限于2019年,具体见表5。

表5 区域能源转型绩效指标评价体系

一级指标	二级指标	替代指标或备注	指标属性
经济发展	经济比重	GDP规模/全国GDP	正向指标
	经济发展水平	人均GDP	正向指标
环境可持续性	温室气体排放	人均二氧化碳排放量	负向指标
	能源经济效率	单位GDP能耗	负向指标
	碳排放强度	单位GDP的二氧化碳排放量	负向指标
	空气质量	年均$PM_{2.5}$浓度	负向指标
能源供应质量与可及性	供应质量	一次能源生产中清洁能源占比	正向指标
	能可及性	能源自给率	正向指标

根据上述指标评价体系,利用等权法,分别对全国30个省(自治区、直辖市)2015年和2019年的能源转型绩效进行了综合评估,其综合指数、排名及变化详见表6。

表6 2015年和2019年全国30个省(自治区、直辖市)能源转型
绩效综合指数、排名及变化

单位:%

地区	2019年综合指数	2019年排名	2015年综合指数	2015年排名	增幅
全国平均	52.83	—	46.56	—	13.47
广东	72.12	1	64.89	1	11.14
四川	70.91	2	58.95	4	20.29
浙江	67.63	3	60.64	2	11.53
福建	67.36	4	53.91	7	24.95
北京	67.20	5	51.06	9	31.61
江苏	67.11	6	53.76	8	24.83
云南	64.86	7	59.02	3	9.89
上海	64.00	8	54.37	6	17.71
湖北	62.93	9	54.42	5	15.64
重庆	55.97	10	43.30	20	29.26

续表

地区	2019年综合指数	2019年排名	2015年综合指数	2015年排名	增幅
海南	55.09	11	49.68	11	10.89
青海	54.42	12	47.16	14	15.39
广西	53.52	13	50.89	10	5.17
湖南	53.26	14	46.41	17	14.76
陕西	53.09	15	47.78	13	11.11
贵州	52.16	16	46.75	16	11.57
甘肃	50.91	17	40.93	21	24.38
江西	50.81	18	38.79	25	30.99
山东	48.42	19	48.09	12	0.69
安徽	48.10	20	43.43	19	10.75
河南	46.76	21	39.84	24	17.37
天津	45.45	22	46.76	15	-2.80
黑龙江	44.58	23	44.76	18	-0.40
吉林	43.13	24	36.28	27	18.88
新疆	42.72	25	38.13	26	12.04
辽宁	39.89	26	40.00	23	-0.28
山西	39.24	27	35.24	28	11.35
内蒙古	36.96	28	40.66	22	-9.10
河北	35.91	29	30.73	29	16.86
宁夏	30.21	30	30.15	30	0.20

（二）总体特征

从能源转型绩效综合指数变化看，2015年以来，全国能源转型绩效综合指数平均值明显提高，从2015年的46.56提高到了2019年的52.83，增长了13.47%。能源转型综合绩效与区域经济社会发达程度和可再生能源资源禀赋密切相关。2019年，东部沿海地区能源转型绩效综合指数表现亮眼，广东、浙江、福建、北京、江苏、上海进入了全国Top10；可再生能源资源丰富地区能源转型绩效综合指数表现也十分优秀，四川、云南、湖北和重庆进入了全国Top10，其中，四川以70.91的得分位列全国第二；且能源转型绩效提升显著，甘肃、四川、青海等地区能源转型绩效综合指数增幅都超过了15%；黑龙江、吉林、辽宁等老工业基地以及河北等重工业地区能源转

型绩效综合指数较差，均排在全国的后10名，其中，河北能源转型绩效综合指数排在全国第29名。

（三）分区特征

根据2019年评估结果，本报告按照能源转型绩效综合指数的四分位数，将我国30个省（自治区、直辖市）划分为优秀区、良好区、中等区和较差区等四大区域（见表7）。

表7　我国30个省（自治区、直辖市）能源转型绩效划分类型

	优秀区	良好区	中等区	较差区
东部	广东、浙江、福建、北京、江苏、上海	海南	天津、山东	河北
中部	—	湖北、湖南	河南、江西、安徽	山西
西部	四川、云南	重庆、青海、广西、陕西	贵州、甘肃	新疆、宁夏、内蒙古
东北部				黑龙江、吉林、辽宁

1. 优秀区

能源转型绩效优秀区的省（直辖市）主要分布于我国经济发达地区和西部可再生能源资源丰富地区。其中，广东、浙江、福建、北京、江苏、上海表现抢眼，占据了全国能源转型绩效优秀区8席中的6席；西部可再生能源资源丰富地区也表现不错，四川、云南占据了全国能源转型绩效优秀区的其他2席。

从分项绩效来看，广东、福建、北京、江苏、浙江的经济发展绩效指数和环境可持续性绩效指数表现突出，其中，江苏、广东、北京雄踞全国经济发展绩效指数排行榜的前3名，上海、浙江和福建表现也相当不错，分别排全国经济发展绩效指数排行榜的第4~6名。而在环境可持续性绩效指数方面，东部省（直辖市）表现依旧亮眼，其中，广东、福建、北京、浙江和上海进入全国Top10，但该区域省（直辖市）的能源供应质量与可及性绩效指数表现一般，除了福建排全国第7名外，其他省（直辖市）排名不甚理

想，上海和江苏甚至排在第 20 名之后。

与东部地区表现不同，四川、云南进入能源转型绩效优秀区主要凭借其在能源供应质量与可及性绩效和环境可持续性绩效方面的出色表现。其中，四川和云南雄踞全国能源供应质量与可及性绩效指数排行榜的前 2 名；四川和云南的环境可持续性绩效指数也进入了全国前 10 名（见表 8）。

表 8 优秀区能源转型绩效分项指数及排名

地区	经济发展绩效指数	排名	环境可持续性绩效指数	排名	能源供应质量与可及性绩效指数	排名
广东	70.24	2	91.79	2	54.32	13
四川	30.22	10	88.11	7	94.40	1
浙江	55.52	5	88.03	8	59.35	11
福建	46.75	6	91.64	3	63.70	7
北京	64.11	3	89.87	4	47.61	19
江苏	77.29	1	81.05	14	42.99	22
云南	17.35	20	89.07	6	88.17	2
上海	62.83	4	86.48	10	42.69	23

2. 良好区

能源转型绩效良好区的省（自治区、直辖市）主要包含中部经济崛起的省份和西部可再生能源资源丰富省（自治区、直辖市）。其中，中部经济崛起的省份主要是湖北和湖南；西部可再生能源资源丰富省（自治区、直辖市）主要是重庆、青海和广西。

从分项绩效来看，良好区的能源供应质量与可及性绩效指数和环境可持续性绩效指数表现相对较好，经济发展绩效有待进一步提升。其中，青海、湖北、广西和海南均进入了全国能源供应质量与可及性绩效指数榜单Top10。在环境可持续性绩效指数方面，海南和重庆表现亮眼，均进入了全国 Top5，并且海南以 93.09 的得分雄踞全国环境可持续性绩效指数排行榜首位；但该区域省（自治区、直辖市）的经济发展绩效相对较差，只有湖北进入了全国Top10，青海和海南列全国后6位（见表9）。

表9　良好区能源转型绩效分项指数及排名

地区	经济发展绩效指数	排名	环境可持续性绩效指数	排名	能源供应质量与可及性绩效指数	排名
湖 北	37.60	8	84.36	12	66.84	5
重 庆	27.47	13	89.18	5	51.25	17
海 南	12.69	25	93.09	1	59.49	10
青 海	8.99	29	66.13	24	88.13	3
广 西	14.72	22	83.99	13	61.86	9
湖 南	27.90	12	84.84	11	47.04	20
陕 西	25.14	15	77.35	19	56.79	12

3. 中等区

能源转型绩效中等区的省（直辖市）主要来自中西部和东部。其中，中西部省份包括江西、安徽、河南、贵州和甘肃；东部省（直辖市）包括天津和山东。

从分项绩效来看，中部省份和东部省（直辖市）在经济发展绩效指数方面表现不错，其中，山东、河南进入了全国Top10；江西则在环境可持续性绩效指数上表现不错，进入了全国Top10；在能源供应质量与可及性绩效指数方面，甘肃和贵州表现抢眼，进入了全国Top10。但其他省（直辖市）的经济发展绩效指数、环境可持续性绩效指数和能源供应质量与可及性绩效指数需要进一步提升（见表10）。

表10　中等区能源转型绩效分项指数及排名

地区	经济发展绩效指数	排名	环境可持续性绩效指数	排名	能源供应质量与可及性绩效指数	排名
贵 州	14.03	23	78.76	16	63.69	8
甘 肃	5.76	30	76.67	20	70.30	4
江 西	19.88	19	87.19	9	45.38	21

续表

地区	经济发展绩效指数	排名	环境可持续性绩效指数	排名	能源供应质量与可及性绩效指数	排名
山 东	46.07	7	73.22	22	25.98	30
安 徽	27.10	14	80.28	15	36.93	25
河 南	33.74	9	77.83	18	28.72	28
天 津	28.58	11	71.66	23	36.12	26

4. 较差区

能源转型绩效指数较差区的省（自治区）主要来自东北部地区、西部地区。东北三省全部位于该区；西部地区包括新疆、宁夏和内蒙古；东部的河北和中部的山西也落入该区域。

从分项绩效来看，处于较差区的省（自治区）经济发展绩效指数和环境可持续性绩效指数普遍较差；新疆能源供应质量与可及性绩效指数表现不错，进入了全国Top10，但其他省（自治区）的能源供应质量与可及性绩效指数亟待提升（见表11）。

表11 较差区能源转型绩效分项指数及排名

地区	经济发展绩效指数	排名	环境可持续性绩效指数	排名	能源供应质量与可及性绩效指数	排名
黑龙江	9.01	28	75.74	21	48.99	18
吉 林	10.80	27	78.14	17	40.44	24
新 疆	15.47	21	48.79	28	63.91	6
辽 宁	21.38	18	65.31	25	32.98	27
山 西	13.89	24	51.99	27	51.85	16
内蒙古	21.87	17	36.64	29	52.37	15
河 北	21.90	16	59.43	26	26.40	29

注：宁夏数据暂缺。

四 区域能源转型综合评估

为了进一步科学全面地评估我国区域能源转型情况，本报告建立了

"能源转型基础—能源转型绩效"对应的分析框架，将各区域能源转型基础综合指数和能源转型绩效综合指数分别绘入同一平面坐标系中，以平均值将坐标平面分成四个象限。其中，第一和第三象限为能源转型基础与能源转型绩效的适配区，第二和第四象限为能源转型基础与能源转型绩效的错配区。2015年和2019年我国区域能源转型基础与能源转型绩效的适配情况分别详见图1和图2。

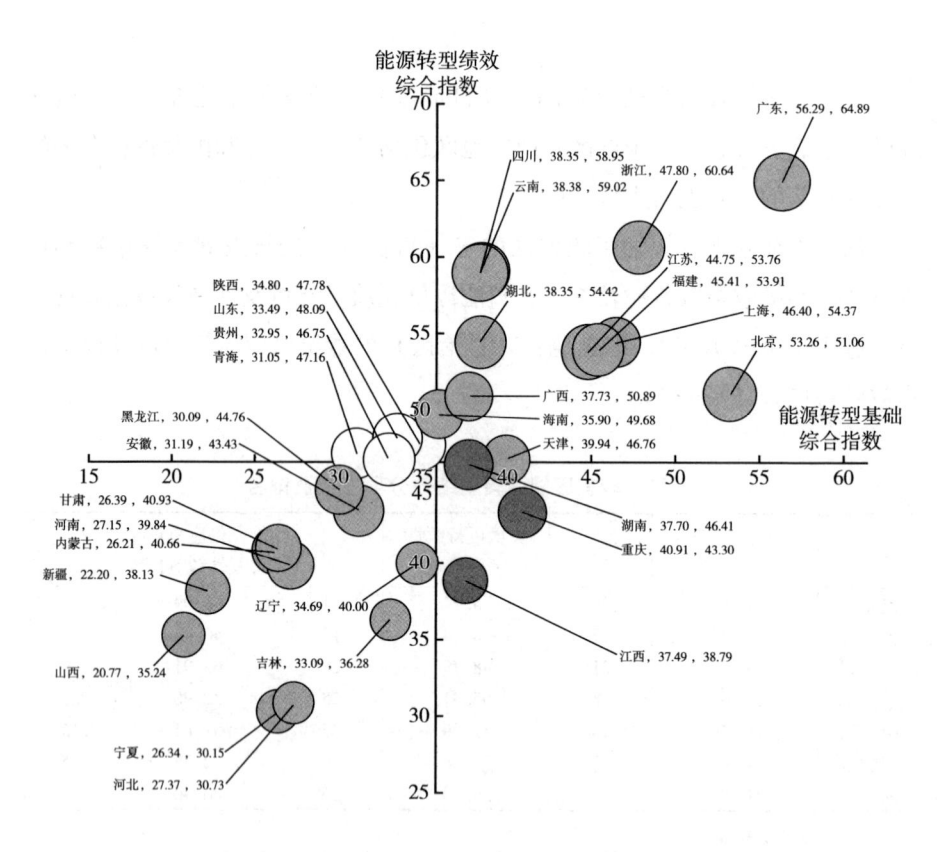

图1 2015年我国区域能源转型基础与能源转型绩效适配情况

从图1和图2来看，我国区域能源转型基础与区域能源转型绩效整体上呈现正相关性，即区域能源转型基础越好，区域能源转型绩效表现也越好。但个别地区也存在二者之间的错配问题。

"双碳"目标约束下的我国区域能源转型研究

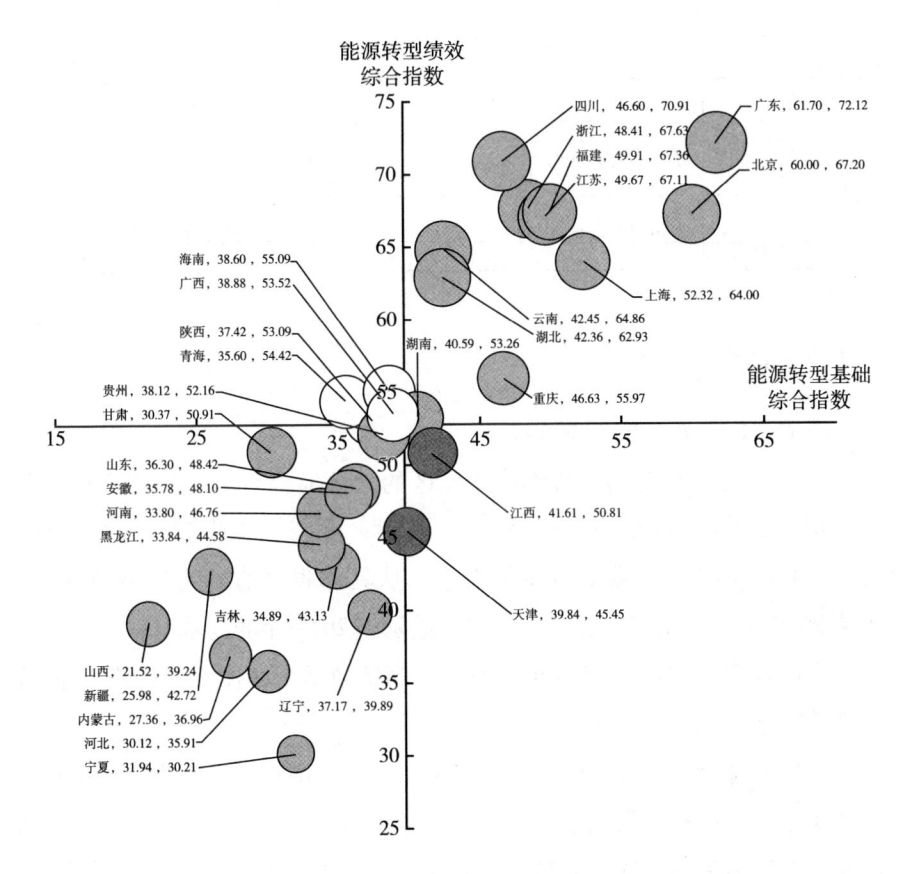

图2 2019年我国区域能源转型基础与能源转型绩效适配情况

2015年和2019年我国区域能源转型基础与能源转型绩效适配区与错配区变化见表12。

表12 2015年和2019年我国区域能源转型基础与能源转型绩效适配区与错配区变化

类别		2015年	2019年
适配区	高基础—高绩效	广东、四川、云南、浙江、湖北、广西、海南、天津、北京、上海、江苏、福建	浙江、北京、广东、上海、四川、云南、湖北、福建、江苏、湖南、重庆
	低基础—低绩效	黑龙江、安徽、甘肃、河南、内蒙古、山西、宁夏、河北、新疆、辽宁、吉林	贵州、甘肃、山东、安徽、黑龙江、河南、新疆、山西、内蒙古、河北、宁夏、辽宁、吉林

347

续表

类别		2015年	2019年
错配区	高基础—低绩效	重庆、湖南、江西	江西、天津
	低基础—高绩效	贵州、陕西、山东、青海	海南、广西、陕西、青海

（一）适配区

1. 高适配区：高基础—高绩效

2019年，处于高基础—高绩效适配区的地区有浙江、北京、广东、上海、四川、云南、湖北、福建、江苏、湖南、重庆，共计11个省（直辖市）。相对于2015年，数量减少了1个。从具体省（直辖市）变化来看，重庆从2015年的高基础—低绩效错配区进阶到2019年的高基础—高绩效适配区，广西和海南则从2015年的高基础—高绩效适配区掉入2019年的低基础—高绩效错配区。

高基础—高绩效适配区的共同优势主要有以下两点。一是能源转型基础好，其无论是经济社会发展水平、生产要素支撑、政府治理能力，还是资源禀赋和生态环境治理整体都明显优于其他地区。二是从能源转型绩效来看，大部分省（直辖市）经济实力雄厚，经济发展绩效和环境可持续性绩效整体表现优秀，对传统化石能源的依赖性不如其他类型区域高，能源生产结构清洁程度较高。

该类区域能源转型面临的共性挑战有以下两点。一是在碳达峰、碳中和大背景下，如何发挥该类地区资本、人才、创新基础等优势，加大绿色、低碳、节能科技研发力度，构建低碳产业体系，推进经济体系朝低碳方向转型，进一步提升能源转型经济绩效和环境绩效。二是能源净输入地区的能源自给率普遍不高，如何在能源转型过程中，提升能源供应质量与可及性绩效也是不得不面临的问题。

2. 低适配区：低基础—低绩效

2019年，处于低基础—低绩效适配区的有贵州、甘肃、山东、安徽、黑龙江、河南、新疆、山西、内蒙古、河北、宁夏、辽宁、吉林,共计13个省(自治区)。相对于2015年,从数量方面看,处于低基础—低绩效适配区的省(自治区)数量增加了2个。从具体省(自治区)变化来看,山东和贵州从2015年的低基础—高绩效错配区退化为2019年的低基础—低绩效适配区。

低适配区省(自治区)面临着加快巩固能源转型基础和提升能源转型绩效的双重挑战。一是加快提升经济实力,这既是夯实能源转型基础的重中之重,也是提高生产要素集聚水平的关键,是政府治理效能提升的综合体现。如何摆脱对传统化石资源的依赖,加快新兴产业发展和产业迭代,走出一条经济发展和生态保护"双赢"的道路是这些省(自治区)面对的重大挑战。二是加快提升能源转型绩效。除了加快经济发展,该类区域大部分省(自治区)能源结构仍然以煤炭为主,资源环境约束依然面临较大压力。如何加快能源结构向清洁低碳化转型,提升能源转型环境可持续性绩效和能源供给质量,是该类地区不得不面临的另一重大挑战。

(二)错配区

1. 高基础—低绩效错配区

2019年,处于高基础—低绩效错配区的有天津和江西,相对于2015年,数量减少了1个,这说明"十三五"期间,我国区域能源转型错配程度有所降低。主要表现为重庆从2015年的高基础—低绩效错配区进阶为2019年的高基础—高绩效适配区。

高基础—低绩效错配区省(直辖市)一般经济实力不错、人力等生产要素相对集聚、政府治理能力不错,但能源供应质量与可及性绩效相对较差,可再生能源资源相对短缺,能源自给率较低,属于典型的能源净调入区域。该类区域能源转型的最大挑战是如何在提升经济发展实力的基础上,进一步推进能源结构清洁化和提升能源自给率。

2. 低基础—高绩效错配区

2019年,海南、广西、陕西、青海处于低基础—高绩效错配区,相对于2015年，数量没有变化。从省份变化来看，一是良性变化，得益于能源革命综合改革试点深入推进，能源结构不断优化。二是从劣性变化来看，广西从2015年的高基础—高绩效适配区退步到2019年的低基础—高绩效错配区。这类区域省份的突出特征是能源转型绩效表现好于其能源转型基础。

这类区域省份面临的突出挑战主要表现为以下几点：一是可再生资源丰富的省份如何加快新型能源产业发展，把资源优势进一步转化为具有规模优势、效率优势、市场优势的产业优势，在巩固能源转型经济基础的同时，进一步提升能源转型的经济绩效和提升要素吸引力；二是传统化石能源富集地区如何大力发展可再生能源，进一步推进能源结构优化，加快能源高质量发展。

五 "双碳"约束目标下推进我国区域能源转型的建议

面对百年未有之大变局下极其复杂的国内外发展环境，在努力实现碳达峰、碳中和目标这一新的历史起点上，我国的区域能源转型面临全新的挑战，既要统筹考虑地区经济社会发展，为实现第二个一百年发展目标夯实基础，又要在确保能源供应可及性和改善生态环境的基础上，加快推进碳达峰、碳中和战略目标的实现。根据我国区域能源转型综合评估结果，结合国家碳达峰、碳中和目标约束，本报告对推进我国"十四五"时期区域能源转型提出如下建议。

（一）国家宏观层面

1. 加强顶层设计和统筹谋划

结合国家碳达峰、碳中和目标要求，加强顶层设计和统筹谋划，加快制定我国区域能源转型战略，明确我国不同类型区域能源转型的时间表、路线图，科学设定各区域各阶段目标，确定工作方向、主要任务和工作重点，厘清中央政府和地方政府在推动能源转型过程中的责任边界，鼓励和加快体制机制创新，制定支撑区域能源转型的政策体系。

2. 坚持因地制宜和协同推进

坚持全国能源转型"一盘棋"，根据不同区域经济发展基础、能源资源禀赋、生态环境治理，以及其在国家区域协调发展战略和国家区域重大战略中承载的使命，因地制宜制定区域性差异化能源转型路径，协同推进化石能源资源富集地区、可再生能源资源丰富地区、东部沿海地区等区域能源转型。

对于化石能源资源富集地区，应坚持生态优先、科学开发、清洁利用，优化煤炭生产与消费结构，推动煤炭清洁生产与智能高效开采，积极推进煤炭分级分质梯级利用，强化其能源安全保障作用，打造区域性能源安全保障基地；因地制宜，稳步推进煤制气、煤制烯烃等能源化工产业的差异化发展。对于水能、风能、光能等可再生能源资源丰富地区，发挥可再生能源资源和土地资源优势，加快可再生能源的开发利用，加大绿色电力生产供应力度，加快培育一批清洁能源基地。对于东部沿海地区，一方面，加快沿海清洁能源开发，加大国际油气资源利用力度，打造国家沿海油气储备基地和可再生能源基地；另一方面，发挥科技、人才、金融、信息等创新要素的集聚优势，推进绿色低碳技术创新，引领和推动其他区域能源转型，同时，强化区域能源通道互联互通，突出能源系统集成优化作用，协同推进区域能源转型。

3. 强化机制创新和政策支撑

最大限度发挥市场机制作用，逐步扩大全国碳排放权交易市场行业覆盖范围和放宽区域差异化准入条件，丰富交易品种和交易方式，稳步推进地方碳市场逐步向全国碳市场过渡，有效发挥碳排放权交易市场在控制温室气体排放、推进清洁能源发展中的重要作用。

进一步完善可再生能源绿色电力证书交易制度，加快制定可再生能源发电配额强制考核办法以强制约束交易，丰富绿色电力证书强制约束交易产品品种。

进一步健全能源转型的投资机制，建立信贷支持能源转型的绿色低碳发展正面清单，拓宽绿色低碳企业直接融资渠道。培育排污权、用能权、用水权等区域环境权益交易市场，支持基于排污权、用能权、用水权等环境权益的金融衍生品开发，支持符合条件的企业发行绿色债务融资工具，实现支撑能源转型的金融支持多元化。

进一步完善有利于能源转型的跨区域生态补偿机制。优化区域产业政策，统筹运用财政、税收等政策工具，加快能源转型基础薄弱地区创新发展，加快传统动能改造升级步伐，充分发挥区域比较优势，大力发展现代制造业和战略性新兴产业，依托风景名胜区、边境旅游试验区等，大力发展旅游休闲、健康养生等服务业，构建富有竞争力的现代化产业体系。

（二）区域局面

1. 能源转型适配区

（1）高适配区

该类区域一般为经济较为发达省份，能源转型基础好，能源转型绩效优。该类地区的能源转型需要注意以下几点。

第一，充分发挥该类地区资本、人才、创新基础等优势，聚焦能源转型过程中的技术需求，聚焦绿色低碳循环发展关键核心技术，创新科研攻关机制，构建市场导向的绿色低碳技术创新体系，推动低碳前沿技术研究和产业迭代升级，抢占能源转型和碳达峰、碳中和技术制高点，以科技创新促进区域能源转型，为国家能源转型和碳达峰、碳中和提供强劲支撑。

第二，深入推进重点领域节能减碳。优先推进工业领域化石能源率先达峰，推广新能源汽车，大力推广建筑能源碳中和技术，提高建筑能效，控制交通、建筑、居民等重点领域能源消费快速增长态势；大力发展分布式能源系统，因地制宜推进分布式清洁供暖。

第三，强化能源储备能力建设，提升能源应急保障水平。补齐能源储备短板，重点推进天然气储备基础设施建设，建设区域性大型煤炭储配基地，因地制宜推进抽水蓄能电站、风光水火储一体化、风水储一体化等示范项目建设，提升能源运行调节和风险防范能力，切实提升能源应急保障水平。

专栏1　浙江省碳达峰、碳中和科技创新行动方案

统筹考虑经济发展、能源安全、碳排放、居民生活，聚焦绿色低碳循环发展关键核心技术，围绕零碳电力技术创新、零碳非电能源技术发展、零碳工业流程重塑、低碳技术集成与优化、CCUS及碳汇技术等5个技术方向绘制了技术路线图；提出了科技创新基础前沿研究、关键核心技术创新、先进技术成果转化、创新平台能级提升、创新创业主体培育、高端人才团队引育、可持续发展示范引领、低碳技术开放合作等"八大工程"和22项具体行动措施，推进经济社会全面绿色转型。

（2）低适配区

该类地区能源基础与能源转型绩效处于低适配状态，即能源转型基础和能源转型绩效都不尽理想。建议该类区域重点从以下几个方面努力。

第一，以加快提升经济实力为着力点，夯实能源转型经济基础。立足资源优势，严控"两高"（高耗能、高污染）项目，加快特色产业高质量发展，加快实施战略性新兴产业培育工程，建立梯次产业发展体系，构建一批各具特色、优势互补、结构合理的战略性新兴产业增长引擎。

第二，加快提升能源转型基础能力，加强智能电网建设，提高电网的可再生能源电力消纳比例，重点推进基础设施、人力、资本与投资、政府治理等方面的建设。

第三，加快能源结构清洁低碳化转型，提升环境可持续性绩效和能源供给质量。对可再生资源丰富地区，坚持集中式和分布式并重、电力外送与就地消纳结合，着力增加风能发电、光伏发电、太阳能发电、抽水蓄能发电等非化石能源供给，加大风储、光储、分布式微电网储和大电网储等发储用一体化商业应用试点示范力度，形成风光水火储一体化协调发展格局，加强外送通道重点电网工程建设，推动非化石能源持续健康快速增长。对煤炭资源富集地区，推进传统能源绿色清洁高效发展，推进煤炭分质分级梯级利用，大力发展碳基新材料产业，大幅提升煤炭作为原料和材料的使用比例。

专栏2　新疆"十四五"时期能源转型关键举措

积极发展战略性新兴产业。实施战略性新兴产业发展推进工程，加快壮大数字经济、先进装备制造业、新能源、新材料、氢能源、节能环保、新能源汽车等产业，扩大产业规模和提升市场竞争力。建设国家新能源基地。建成准东千万千瓦级新能源基地，推进建设哈密北千万千瓦级新能源基地和南疆环塔里木千万千瓦级清洁能源供应保障区，建设新能源平价上网项目示范区。推进风光水储一体化清洁能源发电示范工程，开展智能光伏、风电制氢试点。发展壮大新能源产业。加强风电关键设备及零部件研发和生产，有序发展分布式光伏发电。推进风能、光伏发电的电解水制氢技术研发。

---

2. 能源转型错配区

（1）低基础—高绩效错配区

该类型地区能源转型基础较为薄弱，但近年来能源转型绩效较好，建议在"十四五"期间重点巩固基础，提升能源转型的基础能力建设水平。

第一，加快将资源优势转变成为产业优势。重点发展光伏、风电、光热、地热等新能源，加快发展高端风电装备、光伏发电系统集成产品，布局氢能储能等新能源制造产业，打造具有规模优势、效率优势、市场优势的支柱产业，在巩固能源转型经济基础的同时，进一步提升能源转型的经济绩效。

第二，在边远、人口稀少的地区，以生物质能源为重点，大力推广农业农村分布式能源，发展移动能源技术，提高能源可及性，推进经济社会与生态环境协调发展。

专栏3　青海"十四五"时期能源转型关键举措

建设国家清洁能源示范省，加快海西、海南清洁能源开发，打造风光水储多能互补、源网荷储一体化清洁能源基地。加快黄河上游水电站规划建设进度，打造黄河上游千万千瓦级水电基地。推进页岩气、干热岩等非常规能源的开发利用，加快共和盆地干热岩实验性开采工作。推进储能项目建设，加强储能工厂、抽蓄电站、光热、氢能、电化学储能等技术创新应用，建设全国储能发展先行示范区。实施"生态+电力+储能"行动，在制造、建筑、生活等领域加大清洁电力的替代力度，因地制宜开展太阳能、天然气、地热能等绿色能源取暖试点，打造共和"地热城"。建设"强直强交"送端电网，加快实现"青电入豫"工程满功率运行，力争开工建设第二条特高压直流外送通道。

（2）高基础—低绩效错配区

该类型区域能源转型基础较好，但能源转型绩效较差，其努力的重点是发挥转型基础的良好优势，提升能源转型绩效。

第一，大力发展分布式能源。充分利用各类工业产业园区公共空间和厂房屋顶等资源，大力布局可再生能源利用项目，推进工业和产业园区绿色低碳化转型。

第二，加快调整优化能源结构，大力发展天然气、风能、太阳能等清洁能源，提升天然气在一次能源中的占比，大幅降低单位地区生产总值中的能源消耗、二氧化碳排放量，持续提升大气、水体质量和森林覆盖率。加强细颗粒物、臭氧、温室气体协同控制，突出碳排放强度和总量"双控"，切实提升能源转型的环境绩效。

第三，强化能源区域互济互保。协商制定统一的清洁能源发展目标和战略规划，完善区域电网主干网架结构，加快区域石油管网建设，完善天然气主干管网布局，推动清洁能源供应通道建设，加快建设区域大型天然气储气设施和煤炭储配基地，推动区域能源基础设施互联互通和能源供应互济互保，切实提升能源应急保障水平。

专栏4　天津"十四五"时期能源转型关键举措

打造能源创新示范高地。加快储能关键技术研发，推进储能在可再生能源消纳、分布式发电领域的示范应用。推动氢能产业高质量发展，加快制氢、加氢设施建设，拓展示范应用场景，打造氢能产业高地。创新能源利用模式，统筹LNG冷能资源，探索冷能梯级利用应用场景，建设一批冷能梯级利用示范项目。

推动能源消费清洁转型。大力优化能源结构，持续减少煤炭消费量，加大对天然气和非化石能源的利用力度，提高清洁能源消费比重。加大工业、交通、生活等领域的电能替代力度，进一步提高电气化水平，扩大电能占终端能源消费的比重。

参考文献

刘满平：《我国实现"碳中和"目标的意义、基础、挑战与政策着力点》，《价格理论与实践》2021年第2期。

李俊江、王宁：《中国能源转型及路径选择》，《行政管理改革》2019年第5期。

刘哲、张海冰：《中国31个省级行政区营商环境评价报告》，《国际融资》2019年第1期。

赵林等：《森林碳汇研究的计量方法及研究现状综述》，《西北林学院学报》2008年第1期。

能源基金会：《中国碳中和综合报告2020》，维科号，2020年12月11日，https：//

mp. ofweek. com/ecep/a556714657047。

刘秉镰：《推动新发展格局下的区域协调发展》，《天津日报》2020 年 11 月 26 日，http：//epaper. tianjinwe. com/tjrb/html/2020 - 11/26/content_ 152_ 3649741. htm。

李秀中：《中国区域经济新战略：四大传统板块升级　城市群协同发展成重点》，新浪网，2019 年 6 月 18 日，http：//finance. sina. com. cn/roll/2019 - 06 - 18/doc - ihvhiews 9566889. shtml。

努尔·白克力：《人民日报：坚定不移推动能源革命向纵深发展——深入学习贯彻习近平同志关于能源革命的重要论述》，人民网，2017 年 6 月 13 日，http：//opinion. people. com. cn/n1/2017/0613/c1003 - 29334715. html。

郑曼玲：《港媒：习近平推能源革命　首提四大革命并行》，人民网，2014 年 6 月 17 日，http：//politics. people. com. cn/n/2014/0617/c1001 - 25160275. html。

《何建坤：实施能源革命战略　促进绿色低碳发展》，国际能源网，2017 年 5 月 15 日，https：//www. in - en. com/article/html/energy - 2261004. shtml。

生态环境部：《中国应对气候变化的政策与行动 2019 年度报告》，碳排放交易网，2019 年 11 月 27 日，http：//www. tanpaifang. com/tanguwen/2019/1127/66507. html。

中国社会科学院数量经济与技术经济研究所"能源转型与能源安全研究"课题组：《中国能源转型：走向碳中和》，社会科学文献出版社，2021。

World Economic Forum, "Fostering Effective Energy Transition 2021 Edition", 2021, http：//www3. weforum. org/docs/WEF_ Fostering _ Effective _ Energy_ Transiti on_ 2021. pdf.

B.14
我国城市能源"十三五"发展回顾与"十四五"展望

国网（苏州）城市能源研究院课题组*

摘　要： 我国城市发展已进入转变发展方式、全面提升品质的新阶段。在实现碳达峰、碳中和目标背景下，城市承担起更多脱碳责任，成为能源全面绿色低碳转型的主战场。本报告梳理了"十三五"期间城市能源的发展特点与成效。城市能源仍呈现"高占比、高密度、高质量、高外来"总体特征，工业用能结构持续优化，建筑用能快速增长，交通用能总量变化不大，但交通结构变化带来了用能结构的不断调整。城市能源基础设施的清洁性、可靠性与智慧化水平显著提升。能源体制改革、数字化治理的深入推进使城市能源治理更加协同化和精细化。本报告分析了"十四五"时期低碳城市、智慧城市、韧性城市等新型城市建设对城市能源的要求，展望了城市能源发展趋势，提出了城市应转变能源效率的提升方式等建议。

关键词： 新型城市建设　城市能源　供给与消费　新型基础设施　城市新兴能源产业

---

* 执笔人：李伟阳，教授级高级会计师，国网能源研究院有限公司副院长，国网（苏州）城市能源研究院院长，主要研究方向为能源战略与规划、能源产业创新孵化、企业社会责任等；郭磊，高级工程师，国网（苏州）城市能源研究院副院长，主要研究方向为企业管理、城市能源规划等；王林钰，博士，高级工程师，国网（苏州）城市能源研究院城市能源战略与规划研究所所长助理，主要研究方向为能源数字化、城市能源战略等；史文博，国网（苏州）城市能源研究院城市能源战略与规划研究所研究员，主要研究方向为综合能源服务等。

一 城市能源具有重要地位

城市是产业、人口的主要聚集地，是经济、政治、文化、社会等方面的活动中心，是承载城镇化、工业化、信息化，带动农业现代化的重要场所，在经济社会发展、民生改善中具有重要作用。能源是现代城市的血液，以直接或间接方式影响着人们的生产、生活方式，进而影响到城市经济社会发展的方方面面。我国经济已由高速增长阶段转向高质量发展阶段，城市发展也进入转变发展方式、全面提升品质的新阶段。深刻把握城市能源的发展机遇，对推进国家能源革命、助力城市高质量发展意义重大。

（一）城市是本轮能源革命的主战场

城市发展的历史与能源发展的历史紧密相关，城市发展史在某种意义上也是能源发展史。现代城市的发展对能源的需求日益增长，但环境污染、能源供应短缺、能源网络安全等问题对城市发展的制约性越来越凸显。而城市也蕴藏着解决能源问题的巨大潜力，自2014年习近平总书记提出"四个革命、一个合作"能源安全新战略以来，城市在推动能源生产和消费革命上发挥着日益重要的作用。

城市是能源消费和碳排放的主体。根据国际能源署的统计，城市消费了全球2/3以上的一次能源，产生70%与能源相关的二氧化碳。习近平总书记指出，实现碳达峰、碳中和是一场广泛而深刻的经济社会系统性变革。在实现碳达峰、碳中和目标背景下，城市将承担起更多脱碳责任，成为能源绿色低碳转型的先锋。

城市是能源高质量发展的制高地，是能源革命的重要突破口。蓬勃兴起的新一轮科技革命和产业变革正在重塑城市形态，城市能源发展迎来新契机。当前，单一能源技术效率提升较为缓慢，一些技术效率已逼近理论上限，但城市通过能源消费端集成创新实现可再生能源就地开发利用、多能互补协同、能源梯级利用、"源网荷储"一体化后仍有巨大的节约空间。

城市是能源投资制高地，是能源扩内需补短板、增投资促消费、构建强大国内市场的重要领地。当前，我国正致力于打造系统完备、高效实用、智能绿色、安全可靠的现代化基础设施体系，而智慧能源、综合能源系统、分布式能源、新型储能、充电桩等是城市新型基础设施的投资重点，将有效带动经济发展。

城市是能源改革制高地，能源体制改革的深入推进将有效激发城市的多元主体广泛参与到能源革命浪潮中。随着有效竞争的市场结构和市场体系不断完善，各类新型市场主体与用能主体将不断发展壮大，城市将在提升能源系统灵活性、高效性方面发挥重要作用，成为构建清洁低碳、安全高效的现代能源体系的重要组成部分。

城市是能源创新的制高地，是一个充满活力的创新载体。城市具有相对完善的创新链、产业链，具有丰富的资金、技术、数据、劳动力等生产要素，具有多种类、多层次、规模化的丰富需求，强大的创新要素聚集能力为新技术、新产业、新业态、新模式的孕育发展提供了丰厚土壤。

（二）能源革命是城市高质量发展新引擎

改革开放以来，我国城市发展经历了低起点、高速度的发展过程，取得了举世瞩目的发展成就。城市能源从早期的供应紧缺到当下的总体宽松，供应保障能力快速提升，为城市发展提供了有力支撑。然而，在快速发展过程中，城市也面临一些突出矛盾和问题，其中不少问题与能源有关。例如，产业结构中高耗能产业份额较大，对化石能源消耗量巨大，难以持续发展；空间格局、产业结构、生产方式、生活方式集约化水平不高，造成大量不合理能源消费；化石能源粗放式使用带来高污染高排放，严重降低了人民生活质量。而这些问题也折射出我国城市产业结构不合理、治理能力不强等深层次问题。在此背景下，推进能源革命，将为城市高质量发展提供新引擎。

城市能源革命将驱动城市经济高质量发展。城市能源革命驱动城市建设高能效、低污染物排放、低碳绿色的现代城市经济体，驱动城市加强能源基础设施建设，加速城市产业结构转型升级，推动城市更多地依靠创新驱动和高水平的产业结构支撑来提升竞争力,驱动城市集聚能源高端人才,深化能源科技创新,发展能源新业态、新模式,支撑城市可持续竞争力的提升。

城市能源革命将驱动城市生态文明建设。城市能源革命与绿色发展相互促进,通过资源大范围配置、能源治理跨区域联动,在大范围内有效实现能源资源的合理利用。通过本地可再生能源资源的充分利用,减少并控制污染物排放。碳达峰、碳中和被纳入生态文明建设整体布局,引领和带动城市发展转型。

城市能源革命将驱动城市治理水平升级。城市能源治理是城市治理的重要内容,通过推动城市发展理念、治理技术以及变革模式的创新和提升,完善城市综合管理体系,推动城市提升统筹协同规划能力,推动多规融合、多规互补、多规联动,打破城市管理的壁垒,通过数字手段实现城市治理的完善和升级。

城市能源革命将驱动城市居民实现美好生活。城市能源革命带动新能源、节能环保等产业升级和转型,创造更多高水平就业岗位。推动能源服务均等化和便捷化,提供更加利民惠民、更加以人为本的优质能源服务。

在习近平新时代中国特色社会主义思想的指引下,城市能源革命进程日益加快,在引领国家能源革命落地实施、推动城市高质量发展方面扮演着日益重要的角色,将为建设现代能源体系与现代经济体系、推进社会主义现代化做出重要贡献。

二 "十三五"期间我国城市能源发展回顾

(一)"十三五"期间城市能源仍呈现"高占比、高密度、高质量、高外来"总体特征

一是高占比。2020 年,我国城市能源消费在国家能源总消费中的占比为 86.9%,[①] "十三五"期间总量占比总体平稳。我国的城镇化率从 2015 年

---

① 根据国网能源研究院有限公司报告、农村农业部农村能源消费情况整理测算。

的56.1%提升到2020年的60.6%，已经高于世界平均水平，但与高收入经济体的81.3%和中高收入经济体的65.2%相比，还有较大的城镇化空间。我国城市能源消费占国家能源总消费比重相比世界平均水平高出了约18个百分点，① 城市消费高占比特征明显。

二是高密度。城市能源消费在空间上呈现高度集聚状态。我国城市人均能源消费为农村地区的4倍左右，城市人均碳排放远高于全国平均值。一线城市核心区域电力负荷密度可以达到1.6万~2.6万千瓦/千米。城市能源消费在空间上也呈现明显的集聚特征。城市能源消费集中在东部沿海发达地区和区域中心城市，特别是以长三角、珠三角、京津冀为代表的大型城市群能源消费高度集中。以长三角26市为例，其土地面积约占全国面积的2.2%，"十三五"期间GDP约占全国的20%，而能源消费约占全国的14%。② 相比而言，美国、欧洲城市能源消费的空间分布更加分散，城市人均碳排放往往低于全国平均水平。

三是高质量。城市能源可靠性和品质在较高水平上继续提升。城市汇聚了现代工业体系的生产单位，对供能尤其是终端能源品种的可靠性要求高，高精度、现代化的生产流程对能源的稳定可靠供应提出更高要求，也促进城市在基础设施建设上投入更多，对生产生活的保障能力也更高。"十三五"时期，我国针对配电网不完善问题，实施大规模的配电网改造。2019年，城市地区架空线路绝缘化率、电缆化率分别为60.72%、56.23%，分别是农村地区架空线路绝缘化率、电缆化率的2.57、6.74倍。全国50个主要城市平均供电可靠率为99.931%，其中，上海、深圳、厦门的供电可靠率达到99.988%以上，用户平均停电时间低于1小时。③

四是高外来。多数城市一次能源主要依靠外来供应。一方面，由于我国大型能源生产基地与作为能源消费重心的主要城市在地理上分隔较远，同时

---

① 李伟阳等：《中国城市能源报告（2018）——总体特征与样本发现》，2018年10月。
② 李伟阳等：《中国城市能源报告（2018）——总体特征与样本发现》，2018年10月。
③ 国家能源局、中国电力企业联合会：《2019年全国电力可靠性指标》，2020年6月。

受"十三五"期间淘汰火电机组落后产能影响，城市能源由四面八方"远方来"特点越发明显。特高压线路投运使得我国中东部地区每年减少燃煤近亿吨，惠及16个省近9亿人。另一方面，城市能源供应因地制宜，本地可再生能源开发利用水平不断提高，城市能源"身边来"方兴未艾。能够就地消纳的分布式能源在"十三五"期间快速发展，截至2020年底，分布式光伏累计装机达7833万千瓦，2020年全国分布式光伏新增装机约为集中式光伏的一半，装机容量正在快速增长。① 天然气分布式能源受成本仍然较高等因素影响，发展较为缓慢。

（二）城市工业用能总量继续增长、结构持续优化、能效不断提升

1. 工业用能总量保持增长，但占终端消费总量比重自2011年以来逐年下降

受工业规模持续扩大、供给侧结构性改革、产业转型升级等多重因素叠加影响，城市工业用能总量仍保持增长，但城市工业能源消费以较低增幅支撑了工业总产值的较快提升。2016～2019年，我国全部工业增加值由24.54万亿元增至31.71万亿元，年均增长8.9%，2020年，在新冠肺炎疫情影响下，仍旧保持了2.4%的增长速度。与此同时，我国工业创新能力显著提高，2019年，我国规模以上工业企业研发投入强度达1.32%，比2015年提高0.42个百分点；工业产业结构不断优化，高耗能行业如钢铁等行业去产能目标超额完成，截至2020年中，高技术制造业、装备制造业增加值占规模以上工业增加值的比重分别达到14.4%、32.5%，分别比2015年提高2.6个百分点、0.7个百分点，成为带动制造业发展的主要力量。城市是工业制造业的主要聚集地，"十三五"期间，城市工业发展强劲，因此也带动用能需求持续增长，多重因素合力影响下，工业部门"十三五"期间能源消费总量从2015年的21.2亿吨标准煤上升到2018年的22.0亿吨标准煤，年均增幅约为1.2%，以较低的能源消费增幅支撑了工业

---

① 数据整理自中国光伏行业协会网站。

产值的较快提升。同时，由于第三产业的更快发展，工业用能占比也从2015年的67.2%下降到2018年的65.2%（见图1）。①

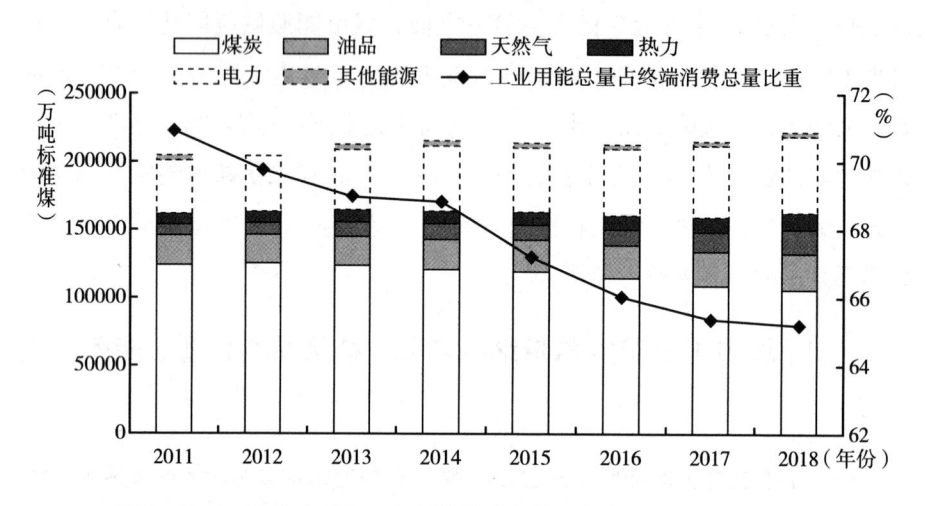

图1 2011~2018年我国工业用能构成及其总量占终端消费总量比重

资料来源：历年《中国能源统计年鉴》。

2. 工业部门散煤消费基本消除，煤炭消费量缓慢上升，电力和天然气消费量则呈现较快上升趋势

"十三五"期间，淘汰治理小型燃煤锅炉约10万台，重点区域35蒸吨/小时以下燃煤锅炉基本清零。天然气消费比重不断提升。扩大城市高污染燃料禁燃区范围，加快实施"煤改气"工程。以京津冀及周边地区、长三角、珠三角、东北地区为重点，推进重点城市"煤改气"工程，增加用气450亿立方米，替代燃煤锅炉18.9万蒸吨。通过上述措施，城市工业部门煤炭消费更加集中，增速也逐渐降低。2018年，城市煤炭消费量约37.6亿吨，占全国煤炭消费量的94.8%，消费量相比2016年增加1.6亿吨。2016年，我国工业用电量为4.21亿千瓦时，2020年，我国全社会用电量为

---

① 数据整理自国家统计局网站。

7.51万亿千瓦时，其中，工业用电量达到5.12亿千瓦时。[1]

3. 工业产品单位综合能耗普遍下降，部分产品和工艺接近或达到国际先进水平

在国家大力推进节能减排工作的背景下，大多数制造业产品能耗持续下降，规模以上企业单位工业增加值能耗同比下降约16%。2016年我国发布实施《工业节能管理办法》，"十三五"时期，工业和信息化部首次在全国范围统一组织开展国家重大工业专项节能监察。与2015年相比，2020年规模以上企业吨钢、吨水泥熟料、吨乙烯、吨合成氨、吨纸和纸板综合能耗分别下降3.7%、3.6%、2.0%、5.0%和9.4%。

主要耗能的工业产品和工艺接近或达到国际先进水平。2019年，我国钢、电解铝、电石等产品综合能耗分别达到605千克标准煤/吨、13257千瓦时/吨、3141千瓦时/吨，均与国际先进水平相差不足5%；铜、平板玻璃等产品综合能耗分别达到335千克标准煤/吨、12.0千克标准煤/吨，已经领先国际先进水平。[2]我国大型火电机组发电煤耗和炼油综合能耗总体上处于国际先进水平并不断提高，工业和信息化部公布的2020年重点用能行业能效领跑者企业名单中，我国重点高耗能行业的众多企业产品和工序能效水平已经达到或领先国际先进水平。[3]

（三）建筑用能快速增长，清洁供暖比重逐步增加，建筑节能水平持续提升

1. 城镇化快速推进、人民生活水平提高、产业结构转型升级等因素促使我国城市建筑能耗仍处于快速上升区间

"十三五"期间，我国城镇化率从2015年底的56.1%提升到2020年底的60.6%，城镇常住人口从7.7亿人上升到超过9亿人；与此同时，城

---

[1] 《生态环境部介绍大气污染防治工作情况等并答问》，中国政府网，2021年2月25日，http://www.gov.cn/xinwen/2021-02/25/content_5588903.htm。
[2] 国网能源研究院有限公司编著《2020中国节能节电分析报告》，中国电力出版社，2020。
[3] 参见中华人民共和国工业和信息化部网站。

镇居民人均可支配收入也从"十三五"初期的31195元上升到2020年底的40378元;第三产业占比从50.5%上升到54.5%。① 2020年,城镇居民人均居住面积接近40平方米,城镇存量居住建筑面积预计达到347亿平方米,再创历史新高,公共建筑面积预计也超过130亿平方米。② 虽然通过建筑节能的各种手段减少了部分建筑能源消费,但总体上建筑用能仍旧快速增长。《中国建筑能耗研究报告(2020)》显示,"十三五"期间,建筑能耗年均增速达到3.6%(截至2018年底),建筑运行用能超过10亿吨标准煤。

2. 建筑全过程能耗约占我国能源消费总量的一半,各类建筑单位面积用能差异巨大

据《中国建筑能耗研究报告(2020)》测算,2018年,我国建筑全过程能耗量为21.47亿吨标准煤,占我国能源消费总量的比重约为46.5%,建筑运行能耗为10亿吨标准煤,占全国能源消费总量的比重约为21.7%,相比2016年各提升超过2个百分点。公共建筑单位面积能耗远高于居民建筑,单位面积能耗是居民建筑的2倍之多,单位面积用电量是居民建筑的10~20倍。我国公共建筑能耗在全国能源消费中占比超过20%。其中包括医院、学校、写字楼、商场在内的公共建筑能耗占全部建筑能耗的38%,是建筑能耗中占比最高的一部分。

3. 建筑领域清洁供暖"十三五"开始起步,已经取得明显进展

"十三五"期间是城市清洁供暖的集中推进期。2017年《政府工作报告》首次提出清洁供热改造。2017年12月发布的《北方地区冬季清洁取暖规划(2017—2021年)》提出,到2021年,北方地区清洁取暖率达到70%,替代散烧煤(含低效小锅炉用煤)1.5亿吨。国家能源局公开数据显示,截至2020年底,北方地区清洁取暖率约达到65%,京津冀及周边地区、汾渭平原两大重点区域清洁取暖率达80%以上。③

---

① 历年《中华人民共和国国民经济和社会发展统计公报》。
② 中国建筑节能协会:《中国建筑能耗研究报告(2020)》。
③ 国家能源局:《确保电力安全稳定供应——国家能源局电力司负责人就冬季能源保供答记者问》。

近年来，南方城市冬季区域集中供暖也逐渐成为重点关注领域。与北方城市的热电厂以供热为主、市政管网供热、政府补贴不同，南方城市集中供暖的热源更为多样化，包括工业余热、天然气、地热能、地表江河水源等，主要采用分布式能源站方式进行区域集中供暖，采用市场化方式自发发展居多，在提高民众生活质量的同时促进了能源梯级利用、可再生能源利用与节能减排。合肥、武汉主要通过热电联产方式提供热源。截至2019年底，合肥集中供暖供热面积超过2500万平方米。[①] 武汉启动了由地方政府主导推动的"冬暖夏凉"工程，截至2020年底，全市集中供暖建筑面积达400多万平方米。[②] 长沙、南京、贵阳等城市在江河水源热泵集中供暖上走在前列，但集中供暖规模还较小。

4. 城市建筑节能相关政策不断加码，建筑节能工作取得显著成效

我国对建筑能耗管理的相关政策不断加码。国务院2016年发布《"十三五"节能减排综合工作方案》，提出"开展超低能耗及近零能耗建筑试点"。同年12月我国颁布了《民用建筑能耗标准》，对建筑整体能耗提出了指标要求。住建部2017年印发《建筑节能与绿色建筑发展"十三五"规划》。2019年，国家七部委发布《绿色高效制冷行动方案》，从制冷系统整体和单体设备两个层级提出了节能要求，并提出到2030年大型公共建筑制冷能效提升30%的要求。2020年7月，住建部等七部委联合发布了《绿色建筑创建行动方案》，提出进一步提升建筑能效水平的要求。2021年3月，《中华人民共和国国民经济和社会发展第十四个五年规划和2035年远景目标纲要》提出，开展近零能耗建筑、近零碳排放等重大项目示范。

"十三五"时期，城市建筑节能工作取得了显著成效，建筑节能标准加快提升，绿色建筑占比大幅提高，超低能耗建筑快速发展，既有建筑节能和绿色化改造深入推进，可再生能源建筑应用规模持续扩大，建筑领域绿色发展水平全面提高。经过多年发展，截至2020年底，各地区绿色建筑面积累

---

① 《"区域能源+"南方清洁取暖仍待政策"护航"》，《中国能源报》2020年2月24日。
② 《武汉凭啥成为南方集中供暖标杆?》，《中国能源报》2020年12月11日。

计达到59.84亿平方米（含地标和完成施工图审查面积）。"十三五"期间，我国在建及建成超低/近零能耗建筑面积超过1000万平方米。2020年，全国新开工装配式建筑面积共计6.3亿平方米，占新建建筑面积的比重约为20.5%。[1]

（四）交通用能占比平稳上升，货运交通发展快速，私人交通领域也有明显增长

1. 交通用能总量逐年上升，但占全部用能总量的比重上升程度不明显，柴油、汽油仍然是交通用能的主力，交通石油消费占我国石油消费的比重接近一半

"十三五"期间，我国城市机动车保有量快速增长，经济发展带动交通货运量不断创新高，城市轨道交通继续高速发展，带动城市交通用能总量逐年上升。

柴油、汽油仍然是交通用能的主力，交通石油消费占我国石油消费的比重接近一半。交通运输部门电力消费占比仅为3%左右，电气化水平仍有待提升。本报告根据历年能源平衡表整理了2011~2018年我国交通运输、仓储和邮政业及服务业与城镇生活消费交通用能变化情况，[2] 如图2所示。

2. 城市交通拥堵对交通用能影响明显，缓解和预防城市交通拥堵对控制城市能源消费总量具有重要意义

机动车低速条件下运行的单位里程能源消耗是正常行驶速度条件下的3倍以上，缓解和预防城市交通拥堵对控制城市能源消费总量具有重

---

[1] 住房和城乡建设部科技与产业化发展中心（住房和城乡建设部住宅产业化促进中心）：《中国建筑节能发展报告（2020年）》，中国建筑工业出版社，2020。

[2] 由于能源平衡表的行业是按独立法人企业进行划分的，包含了建筑用能，根据相关国际经验，将交通运输、仓储和邮政业的煤炭、焦炭、石油沥青、热力视为建筑用能，电力也有部分用于建筑供能，但未有相关数据支撑，因此未予剔除。此外，对于其他终端消费中的交通用能消耗，采用使用较为广泛的油品分摊法进行估算，即认为除交通运输部门运营用油外，工业、建筑业、服务业消费的95%的汽油、35%的柴油用于交通运输工具，居民生活的全部汽油、居民生活消费的95%的柴油用于交通运输工具，除交通运输部门外的电力交通用能缺少相关数据支撑，因此未予统计。

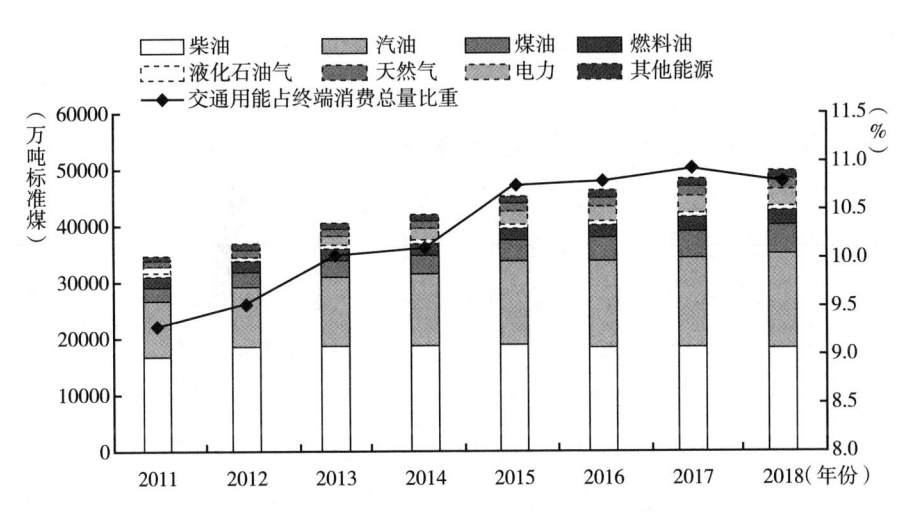

我国城市能源"十三五"发展回顾与"十四五"展望

图2 2011~2018年我国交通运输、仓储和邮政业及服务业与城镇生活消费交通用能变化

资料来源：历年《中国能源统计年鉴》。

要意义。① 根据高德交通大数据监测分析，2020年，有2.49%的城市通勤高峰处于拥堵状态，有37.67%的城市通勤高峰处于缓行状态，其余59.83%的城市通勤高峰交通畅通。而2017年这三个数字分别为26%、55%、19%。2020年城市拥堵情况已经大为改善。

3. 交通物流等带动货运交通快速发展，"十三五"期间年均增幅30%以上

"十三五"期间，随着电子商务等业务高速发展，城市货运交通快速发展，货运用能快速提升。截至2015年底，我国包裹业务完成4243.4万件，快递业务完成206.7亿件。而到2020年底，我国完成包裹业务2030.6万件，完成快递业务833.6亿件，② 5年时间内，快递业务量增长3倍，年均增长率超过30%。快递业快速发展带动货运交通成为城市交通用能的主要增长因素。

4. 生活水平提升带动城市私人交通车辆剧增，公共交通系统也日益完善

"十三五"期间，城市交通设施数量快速增长。截至2015年底，全国

---

① 李伟阳等：《中国城市能源报告（2018）——总体特征与样本发现》，2018年10月。
② 参见国家邮政局公布的2020年邮政行业运行情况。

机动车保有量达2.79亿辆,其中,私家车保有量已达1.24亿辆,平均每百户家庭拥有31辆。到2020年底,全国机动车保有量达3.72亿辆,其中,私家车保有量增速最快,达到2.44亿辆。①

"十三五"期间,城市公共交通系统日益完善。截至2015年末,全国城市及县城拥有公共汽(电)车56.18万辆。截至2020年底,全国(不含港澳台)共有44个城市开通运营城市轨道交通线路233条,运营里程7545.5公里,全国拥有城市公共汽(电)车70.44万辆。②

5. 电动车快速增长带来新的用能需求

"十三五"期间,我国新能源汽车的产销快速增长,2015年以来连续5年位居全球第一。截至2020年底,全国新能源汽车保有量达492万辆,其中,纯电动汽车保有量400万辆。新能源汽车增量连续3年超过100万辆,呈持续高速增长趋势。新能源公交车占比从20%提升到60%以上。大部分新能源汽车集中在少数几个城市。③

配套环境的日益优化为城市新能源汽车产业提供了源源不断的发展动力。充电网络建设稳步推进,公共场所、居民小区、单位内部、高速公路等主要场所充电设备覆盖率大幅提高,北京、上海、深圳等城市已初步建成规模化服务网络。截至2020年8月,全国累计建设充电站4.1万座、换电站462座、各类充电桩138万个,新能源汽车的使用环境明显改善。④以电动汽车为主的新能源汽车快速发展,带动交通领域用能结构逐渐发生变化,电力和氢能等清洁能源的需求水平和占比逐渐提高。

(五)城市能源基础设施显著升级,保障能力显著增强

1. 城市能源基础设施建设再上新台阶

一是城市配电网向能源互联网转型升级。"十三五"期间,国家电网

---

① 参见中华人民共和国公安部网站。
② 参见中华人民共和国交通运输部网站。
③ 参见中华人民共和国公安部网站。
④ 参见中华人民共和国工业和信息化部网站。

有限公司努力打造一流现代化配电网，利用"大云物移智链"技术，推动城市配电网向能源互联网升级；组织实施城市配电网供电可靠性提升工程，开展10个世界一流城市配电网建设，启动县域配电网供电可靠性管理提升行动计划；智能电网已广泛应用于分布式能源、新能源汽车、智能居民小区等各方面，推动人民生产生活智慧化；智慧用能系统深入企业园区、校园、商业楼宇，帮助客户节能减排、节省成本；随着数字化技术与电网发展融合提升，能源互联网建设不断加速，电力大数据的多重价值继续被充分挖掘。二是燃气管网快速发展。受"煤改气""县县通"等工程持续推进的利好影响，城市燃气行业天然气消费持续增加，2020年城市燃气行业天然气消费量为1004亿立方米，约占全国总用气量的31%。从燃气管道来看，2019年城市燃气管道总长度达到78.33万公里，其中天然气管道长度占比达到98.04%。近年来，随着城市改造规划推进、老城区供气管网改造，城市燃气普及率进一步提高。2009~2019年，城市燃气普及率由91.41%提升至97.29%，中国城市燃气普及率位于较高水平。[①] 三是城市供热发展出现新特点，南方供热逐步开展。"十三五"期间，城市能源供热的清洁低碳化发展取得进步，热源上新能源的开发和利用，以及化石能源余热的梯级利用不断发展。我国北方城市供热以热水为主，热水供热约为蒸汽供热的6倍，供热以改善民生为出发点，实现了集中供暖的规模效应。近年来，南方城市供热需求逐渐增大，南方城市拥有丰裕的可再生能源（如地热能、江河水源、太阳能等）和清洁化能源（天然气、电力、工业余热、清洁化燃煤等），通过多能互补和冷热联供，发展低能耗、清洁低碳的供暖模式已经取得一定进展。

2.城市能源智慧化水平不断提升，保障城市新型用能需求

"源网荷储"协调发展、集成互补的城市能源互联网不断探索建设。城市适应分布式能源发展趋势、用户多元化需求，加快智能电网建设，提高电网与发电侧、需求侧交互响应能力。推进能源与信息等领域新技术的深度融

[①] 前瞻产业研究院：《中国城市燃气生产和供应行业产销需求与投资预测分析报告》。

合，统筹能源与通信、交通等基础设施网络建设。2017年，国家能源局公布首批55个"互联网+"智慧能源（能源互联网）示范项目，以及包括北京延庆能源互联网综合示范区等在内的12个城市能源互联网综合示范项目，示范项目的启动对中国加速城市能源互联网建设起到了良好的引领和促进作用。

（六）城市能源治理现代化水平不断提升

1. 城市能源管理方式更加协同化

城市能源管理模式向扁平化、网络化转变，上级管理者更"下沉"地掌握终端能源消费需求和优化提升空间，下级管理者更清晰地了解能源发展总体布局，服从能源治理架构的总体要求。城市能源管理通过智慧能源平台建设等方式，实现了上下通道和企业、社会、政府、居民等不同角色的信息共享，因此也促进了多方主体共同参与。从以人为本的目的出发，"十三五"期间，城市能源管理更加重视终端用户的获得感和满意度，更加注重实现各类能源信息的充分有效有序共享，构建及时有效的能源治理反馈渠道。通过不同能源管理平台如电力、热力、燃气、充电、光伏、储能、碳排放管理等的互联互通，能源管理与城市管理平台在一定程度上实现了有机融合，实现了电、热、气等多方利益主体统筹协作，拓宽了企业和民众有序参与能源治理的渠道，充分发挥了不同主体的主观能动性。

2. 城市能源治理手段更加智慧化

随着数字技术在城市能源领域的广泛应用，城市能源数据中心等不断涌现，为城市能源的监测、运行以及调度提供了更加直观、科学的工具。自2019年开始，伴随着智慧城市建设大潮，尤其在2020年新基建政策的刺激下，许多城市建设了以电力数据为主的能源数据中心。

以苏州为例，由苏州工业园区政府和苏州市供电公司在苏州工业园区建设的能源数据中心，是国内率先建成的城市区域级能源大数据中心。能源数据中心服务政府、企业、社会，为园区能源治理提供了参谋助手和决策依据，同时成为能源相关企业开展能源服务的管家和中介。平台整合了苏州工业园区内企业多维用能数据，以企业用电数据为核心，结合园区政府提供的水、热、气等数据，并关联园区内屋顶光伏等分布式能源的数据以及各企业"源网荷储"项目的分布情况和能源流向，构成了极具深度和广度的园区能源大数据库。通过打造能源系统数字孪生网络，为园区政府提供了区域多能全景展示和监测服务，为政府部门优化区域能源结构、提升能源"双控"水平提供了决策依据。平台也以其全面性、准确性、权威性，成为园区政府"绿色发展引导"项目补贴唯一指定的认证渠道。

3.城市能源治理机制更加创新化

"十三五"期间，城市能源治理逐渐从以供能企业的安全保供和用能企业的节能降耗管理为主转向城市能源的系统化管理，逐步开始实现能源从生产到消费的供需优化匹配、协同布局、梯级利用、多能互补，实现"源网荷储"纵向的互动和优化调度。城市能源治理更加强调能源的精细化管理，将能源监管尺度从年度、季度、月度逐渐细化到每天，在重点企业、重点领域更是实现实时的管理和控制，实现能源智能分析与诊断，快速发掘能源治理问题，实现能源治理精准施策、靶向发力，推动能源问题就地解决，大幅提升能源治理效率，助推能源治理决策科学化、服务便捷化。

城市能源治理的手段也更加创新化。城市能源治理也从传统的以行政组合手段为主逐步转向行政与市场有机结合。从能源规划、生产到消费不同层级治理手段不断丰富创新。能源规划层面，融合能源数据、地理信息、气象数据等，开展区域能源资源禀赋综合性分析，为能源开发利用提供科学规划依据。能源生产层面，基于能源系统管理平台，实现能源运行情况的及时掌握和优化控制，提升运行效率和新能源利用水平。能源消费层面，针对不同用户主体，能够提供动态能效评估和运营优化建议。

三 "十四五"城市能源发展展望与建议

（一）城市能源发展面临新需求新机遇

党的十八大以来，以人为核心的新型城镇化建设取得重要进展。"十四五"时期，我国已步入城镇化较快发展的中后期，城市发展面临许多新的问题与挑战，进入结构调整优化和品质提升的重要时期，由大规模增量建设转为存量提质改造和增量结构调整并重，从"有没有"转向"好不好"。2015年中央城市工作会议提出城市工作要遵循"一个尊重、五个统筹"，《中华人民共和国国民经济和社会发展第十四个五年规划和2035年远景目标纲要》提出，推进新型城市建设，建设宜居、创新、智慧、绿色、人文、韧性城市，这是城市立足发展新阶段新形势必须遵循的发展新理念。同时，城市也是构建新发展格局的重要支点，对于释放我国发展的巨大潜力、促进经济长期健康发展具有重要意义。

城市的高质量发展赋予了城市能源高质量发展重要内涵。城市能源在低碳城市、韧性城市、智慧城市、宜居城市、创新城市等新型城市建设中都扮演着重要角色。充分发挥能源革命驱动城市高质量发展的巨大潜力，是我国城市与能源发展的重要命题。进入新发展阶段，必须贯彻新发展理念，服务新发展格局，以推动高质量发展为主题，以满足人民日益增长的美好生活需要为根本目的，以"双碳"目标实现为引领，积极推动能源结构和产业结构调整，持续提升城市综合能效水平，服务构建以新能源为主体的新型电力系统，加速城市能源发展清洁化、低碳化、智慧化、现代化，创造我国城市与能源协同高质量发展新局面。

1. 低碳城市建设：城市能源清洁低碳发展宜加速

低碳城市，就是以低碳的理念重新塑造城市，城市经济、市民生活、政府管理都以低碳理念和行为为特征，最大限度地减少温室气体的排放，实现城市的低碳排放，甚至是零碳排放。我国分别于2010年、2012年、2017年组织开展了3批低碳省区市城市试点。低碳城市的核心是"低碳和高效的城市能源供给与消费"。经过近10年的探索实践，低碳城市建设取得积极成效。站在新的起点，"3060""双碳"目标的提出再次为城市低碳发展按下加速键。"十四五"是碳达峰的关键期、窗口期，也是为碳中和奠定基础的重要时期，绿色低碳发展成为新时代所有城市发展的共同命题，且步伐要大大加快。

基于城市巨大的能源消耗量，以及城市在技术、资金、人才方面的领先优势，城市不仅是实现碳达峰、碳中和目标的关键场所，也是实现"双碳"目标的引领地，将在"双碳"目标推动下全面加快绿色低碳转型步伐。城市能源作为生态文明建设的重要领域，也将在"十四五"时期以减污降碳协同治理为重点方向，助力城市发展全面绿色转型。绘制"双碳"实施路线图是短期内城市工作的重点，需统筹考虑各种政策手段的系统性、优先序与协同性。2021年3月，习近平总书记主持召开中央财经委员会第九次会议，研究实现碳达峰、碳中和的基本思路和主要举措，这些思路和举措是城市低碳发展的重要遵循，也为城市能源发展指引了方向。

2. 韧性城市建设：城市能源韧性建设面临新任务

广义上的韧性城市，是指城市在面临经济危机、公共卫生事件、地震、洪水、火灾、战争、恐怖袭击等突发"黑天鹅"事件时，能够快速响应，维持经济、社会、基础设施、物资保障等系统的基本运转，并具有在冲击结束后迅速恢复，达到更安全状态的能力。新冠肺炎疫情发生后，城市在应对突发事件方面的短板凸显，而随着我国城市发展面临的内外形势发生深刻复杂变化，新的不确定性与冲击因素不断显现，亟须加强城市的抗风险能力，充分保障人民生命财产安全。十九届五中全会，首次将"韧性城市建设"纳入国家战略规划。

城市能源系统是韧性城市建设的重中之重。城市能源系统的冲击包含两类：一类是非物理冲击，如经济危机、公共卫生事件、能源上游运输中断或价格剧烈波动事件，没有直接冲击能源物理系统，而是对能源供需和管理层面产生影响；另一类是物理冲击，如自然灾害、极端天气、信息网络攻击、设备故障等，这些直接对能源物理系统产生损害，导致能源断供或更为严重的事故。这两类冲击可能叠加出现，对人民生命财产安全、公共安全、社会秩序等构成重大威胁。

在非物理冲击方面，我国能源行业的关键企业大多为国有企业，它们在保障经济平稳运行上发挥着"稳定器""压舱石"作用，具有较强韧性。

在物理冲击方面，韧性城市能源系统在以下方面还存在较大不足。一

是新形势下城市能源应急储备能力仍存在不足。能源转型推动城市天然气消费量快速增长，加强天然气应急储备体系建设已成为政府工作的重中之重。二是应对新能源给城市电网安全稳定运行带来冲击的能力存在不足。城市电力供应中外来可再生电力和分布式发电占比日益上升，给城市电力平衡带来较大挑战。三是应对极端气候和自然灾害等巨大威胁的供应保障能力存在不足。目前城市能源基础设施应对洪涝等灾害冲击的能力还较弱，可再生能源容易受到自然灾害的冲击并引发连锁反应。四是信息网络风险或成为危害能源安全的"灰犀牛"事件。在城市能源领域，电力网络、油气管网等基础设施数字化水平不断提升，分布式新能源并网终端数量庞大，能源设施互联互通更加广泛，信息系统与物理系统的紧密耦合加剧了网络风险。

3. 智慧城市建设：新阶段对城市智慧能源提出新要求

智慧城市，主要是指在现代信息社会条件下，针对城市经济、社会发展的现实需求，以提升人民群众的幸福感和满意度为核心，为提升城市发展方式的智慧化水平而开展的改革创新系统工程。"十四五"规划将建设数字中国提到重要位置，提出加快建设数字经济、数字社会、数字政府，并提出建设智慧能源系统，标志着智慧城市建设进入全面提速的新阶段。

建设智慧能源系统具有重要意义，而智慧城市的建设给智慧能源系统建设带来新契机。当前，能源安全、环境安全、气候安全问题日益严峻，大力发展可再生能源、提高能源利用效率势在必行，需要加强观念革新、技术革新、体制机制革新，加强信息技术与能源各环节的深度融合，构建清洁低碳、安全可靠、灵活高效、智能友好、开放互动的智慧能源系统，支撑城市可持续发展。城市的智慧能源建设当前还局限于个别能源企业和重点用能领域，在智慧城市整体规划中笔墨较少。由于能源贯穿经济社会的方方面面，智慧社区、工业互联网、智慧交通等都能够在消除不合理能源消费、提高能源效率上发挥重要作用，应在城市智慧化建设中将智慧能源思想和行动融入各个领域，推动经济社会全面绿色转型。

4. 宜居城市建设：城市用能体验需持续优化

宜居城市体现了城市的人居生活质量。《宜居城市科学评价标准》对宜居城市的评价包括社会文明、经济富裕、环境优美、资源承载、生活便宜、公共安全6个方面。2005年，国务院在批复《北京城市总体规划》时，首次在中央人民政府文件中提到"宜居城市"这个新的城市科学概念。2007年建设部科技司通过《宜居城市科学评价标准》以来，争创宜居城市成为国内很多城市的发展目标。随着人民生活水平日益提高、对美好生活向往需求日益强烈，党的十八大以来，建设和谐宜居城市成为国家战略，尤其更为重视城市的良好生态环境。2015年，中央城市工作会议指出，城市工作要把创造优良人居环境作为中心目标，实现生产空间集约高效、生活空间宜居适度、生态空间山清水秀。《中华人民共和国国民经济和社会发展第十四个五年规划和2035年远景目标纲要》进一步提出深入推进以人为核心的新型城镇化战略，全面提升城市品质。

城市能源对城市宜居性具有重要影响。城市能源供给的清洁性与安全性、能源基础设施的便利性、用能设备接入的灵活性与可靠性、能源服务的高质量与多样化，都直接关系到人民群众满意度和幸福感。城市能源革命也赋予了宜居城市新的内涵，例如绿色清洁能源供应、用能电气化等将有效提升城市环境质量，用户通过使用分布式能源、电动汽车参与电力调节成为新型产销者，建设绿色交通、绿色建筑将在降低能源消耗的同时提高舒适性，充电桩、加氢站等新型能源基础设施关系着群众生活便捷性，这些在降低用能成本、提高舒适度的同时也使人民对能源革命有了更切实的感知，应该成为宜居城市建设的重要方向。

5. 创新城市建设：城市能源产业发展迎来新机遇

当今世界，新一轮科技革命与产业变革正在全球范围内蓬勃兴起，创新成为新旧动能转换、实现高质量发展的第一动力。建设创新型国家在党的十六大时被提出，党的十八大以来，创新驱动发展战略被提到了新的重要位置。十九届五中全会提出坚持创新在我国现代化建设全局中的核心地位，把科技自立自强作为国家发展的战略支撑，为新时代建设创新型国家提供了重

要遵循。城市具有经济实力强、研发水平高、创新氛围浓、人才密度大等关键创新要素，是创新的核心场所。

能源革命是本轮工业革命的核心领域，是创新城市建设的重要组成部分。我国新兴能源产业发展迅速，已具有良好的发展基础，在"双碳"目标引领下，"十四五"时期，以下方面的创新工作亟须加强。一是加强技术创新。能源技术创新在能源革命中起到决定性作用，必须摆在能源发展全局的核心位置，城市要统筹多方力量，加快核心技术自主化、技术产品化、产品产业化、产业集群化。二是加强创新的制度保障。产学研紧密结合，合理运用政策、金融手段等是创新的重要步骤，而目前城市在创新要素综合统筹与衔接运用上还有待加强。

（二）"十四五"城市能源发展展望

1. 城市能源供应清洁低碳

（1）城市可再生能源利用水平将加快提升

在实现"双碳"目标和大力投资电力新基建的驱动下，电力生产和输送通道布局将进一步优化，将为城市输送更多清洁电力。同时，"十四五"规划提出，坚持集中式和分布式并举，明确了加快发展就近消纳可再生能源的发展方向。目前，分布式光伏已经有较好的投资效益，成为投资热点。

可再生能源在供热领域也将于"十四五"时期迎来更大发展。供热领域能源消费占全球终端能源消费的一半左右，且当前主要消耗化石能源，具有节能降耗的巨大需求与潜力。2021年1月27日，国家能源局发布《关于因地制宜做好可再生能源供暖工作的通知》，提出积极推广地热能开发利用，合理发展生物质能供暖，继续推进太阳能、风电供暖。在政策的支持和热泵等供暖技术的不断进步下，城市将迎来可再生能源利用的新高潮。

（2）城市能源效率整体提升

国家发改委于2019年印发实施《绿色生活创建行动总体方案》，开展节约型机关、绿色家庭、绿色学校等7个重点领域的绿色生活创建行动，提出到2022年行动取得显著成效。"双碳"目标提出后，为加快推动经济社会全面绿色转型，国务院于2021年发布了《关于加快建立健全绿色低碳循环发展经济体系的指导意见》，从建立绿色低碳循环发展的生产体系、流通体系、消费体系、基础设施、绿色技术创新体系等方面为下一步工作深入开展提供了全面细致的指导与重要遵循。可以看出，政策层面的用能侧能效管理已经从高耗能领域向经济社会整体延伸，治理手段也不仅局限于推广节能技术、节能设备，而是加强了观念、体制机制上的革新，正在全方位、多层次推动全社会能效提升。

2. 城市能源系统更加安全强韧

（1）能源结构更加多元分散

城市能源革命将为提高能源韧性赋予新的可能。随着能源结构调整，城市能源供应更加多元，某一种类能源短缺将由其他能源代替，保障了能源的持续供应。分布式能源的大力发展使能源来源分散，用就地发出的电实现以电代煤、以电代油，降低了对外来能源的依存度，通过建设能够离网运行的微电网、微能网，加快天然气、电力储备设施建设，能够在大系统供能中断时仍保持一定的能源供应。在能源系统设计时，应该对分布式能源与微电网的防灾减灾能力予以充分考虑。

（2）能源运行更加智慧可控

新型基础设施建设为推动能源系统智慧化改造带来机遇。随着数字中国建设不断深入，通过运用大数据、人工智能、先进的通信和控制技术，建设"能源—数字"融合基础设施，构筑全面的城市级能源信息感知网络，实现能源系统运行更加可观可测可控，及时消除能源基础设施隐患，实现各板块之间、不同能源类型之间、"源网荷储"各环节之间互联互济、协同互补，大幅提升大规模新能源和新型用能设备友好接入的弹性与韧性。

（3）能源防灾减灾能力更强

能源应急管理体系不断完善。近年来，公共卫生事件、极端天气与自然灾害、网络安全攻击等冲击能源系统的事件频发，早已引起各方重视，并积累了一定的应急管理经验。当前，我国建立了部委、地方政府与能源国企有效协作的能源安全风险管控体系，能源风险综合监测、风险识别、预警预报、精准治理水平有效提升。城市层面，各级应急管理局的成立和发展正不断推动解决应急体制"多头管理"的问题，将使城市对能源重大风险的防范能力和应急管理能力不断加强。

针对城市能源基础设施应对自然灾害能力不足的问题，《城市适应气候变化行动方案》提出，到2030年，城市适应气候变化能力将全面提升。在新型城镇化建设中，针对强降水、高温、台风、冰冻、雾霾等极端天气事件，将更为广泛地提高城市给排水、供电、供气、交通、信息通信等的设计标准，加强生命线系统的稳定性和抗风险能力。

3. 城市能源互联网蓬勃发展

城市具有能源互联网落地的良好基础，在横向多能互补、纵向"源网荷储"协同、分布式能源广泛接入、构建以电为中心的能源互联网等方面正处于从理论到实践、从试点示范到全面推广的过渡阶段。

一是不同能源品种的横向融合、协同互动将会加强。对于城市终端冷、热、电、气的能源需求，从城市管网层面来看，由于配电网、气网、热网分属不同企业管理，"多网合一"将是长期的过程。但从园区或者区域层面来看，建设能够多能协同削峰填谷、能源梯级利用、整合可再生能源的综合能源系统，由于涉及的利益相关方相对较少、技术不断成熟、节能效果明显，已经在政府、能源企业、用户的共同推动下有了较丰富的实践，市场化进程正在加速。

二是以电为中心的能源互联网形态加快建设。构建以新能源为主体的新型电力系统加大了城市发展以电为中心的能源互联网的内生需求，分布式发电与多元负荷广泛接入、大电网与微电网融合发展、"源网荷储"一体化、各类负荷参与需求响应是以电为中心的能源互联网落地实践的重要方向。

三是能源互联网生态圈探索不断深化，拓展出新业务、新业态、新模式。除了物理设施上设备的互联互通不断加强，不同主体之间也将产生更多连接。通过建设能源大数据中心，能源数据将为能效提升、政府决策、产业链协同提供依据。能源企业、装备企业、信息通信企业与互联网企业不断合作融合，共同推动能源互联网向纵深发展。

4.城市能源治理协同高效

（1）治理主体协作水平更高

随着城市治理信息化、数字化发展，能源数据将实现跨部门的数据融合和跨领域的数据互通，从而支撑多部门、跨领域的协同分析和统筹治理，推动解决当前存在的部门壁垒、多头管理和管理缺位等问题。通过建设面向线上、线下各类对象的交互平台，实现能源数据的开放共享，将减少政府、能源企业与服务对象之间的信息不对称，辅助政府决策，推动企业、公众更便捷地获得能源数据，为企业、公众参与城市能源治理提供便捷渠道。

当前，能源系统的数字化升级已成为国家能源治理体系建设的重要内容，国家级、省级能源数据平台"一连到底"直接采集供能和用能企业数据，大幅提升了能源数据采集的贯穿力和真实性。未来，各级能源数据平台的建设将同样秉承直接、真实的原则，在采集端尽可能实现数据同源，在应用端实现一源多用，能源业务实现一网通办，消除了空间上的局限，时间上也更加快速，从而使各级机构、管理部门和社会主体更易于在一个扁平的城市能源治理网络中分工协作。

（2）治理内容更加丰富创新

数字化手段将不断丰富城市能源治理内容，提高治理水平。能源数据的深度挖掘，将不断为新的能源技术和商业模式发掘潜在应用场景，在改善民生、节能减排、提质增效、集约发展等方面发挥重要作用。

在规划上，城市能源、通信、交通等基础设施融合建设将成为发展的必然途径，有助于解决当前面临的粗放发展、系统割裂、重复建设、冗缺并存等问题，提升土地等资源的利用效率。

在运行上，以精细化的能源供需时空分布数据为基础，有助于实现能源从生产到消费的供需优化匹配、协同布局、梯级利用、多能互补，实现

"源网荷储"纵向的实时互动和优化调度；通过建立节能监管体系，推动节能改造和节能管理更系统化、精细化；通过实时数据监测、分析、预警，不断提高能源安全信息化管控水平。

在政策制定上，能源数据将更好地服务政府决策，根据考核结果和发展需求制定城市能源价格及信贷、税收等政策。通过城市能源数据和社会经济数据、环境数据融合，探索建立"能耗—产值—环境影响"综合分析评价体系，超越当前单纯依赖能源总量和强度控制的模式，推动能耗控制方式从能源效率指标向能源与经济、环境指标结合发展，提升能源消费控制的公平性、合理性。

5. 城市能源产业创新发展

新能源产业、节能环保产业作为战略性新兴产业，被不少城市作为经济发展新的增长点大力培育。能源革命与数字革命深度融合是新一轮产业变革的重要方面，能源数字经济正加快探索进程。城市群在新兴能源产业链方面加速统筹布局、协调发展，正在形成产业竞争新优势。通过协同利用县域、乡村丰富的可再生能源资源，能源产业正在城乡协同发展、乡村振兴中发挥更大作用。

（1）以氢能、储能为代表的新兴能源品种加快发展

氢能和储能作为产业变革的重要领域和消纳可再生能源的重要载体，将在"十四五"期间呈现加速发展态势。氢能产业在"十三五"期间得到一定程度发展，但因氢能制取、储运和燃料电池关键技术发展滞后、政策法规欠缺，发展较为无序和缓慢。《中华人民共和国国民经济和社会发展第十四个五年规划和2035年远景目标纲要》首次将氢能纳入五年规划，发展氢能的战略导向更加清晰，顶层设计将进一步推动氢能产业加速发展。在战略引领下，各省区市也纷纷出台了支持氢能发展的政策。然而，当前多数城市对于氢能的利用集中在交通领域的氢燃料电池汽车上，而对氢能在钢铁、化工等工业领域的应用布局较少，一方面可能产生各地研发精力重复投入同一领域、氢燃料电池汽车产能过剩等问题，另一方面不利于氢能更好发挥推动更多行业转型升级的作用，应当对氢能的多样化利用给予充分重视。

储能产业方面，当前仅锂电池在动力场景应用较广泛，但锂电的安全性不足成为制约其发展的突出短板，而其他能够支撑新型电力系统的多样化储能发展还较为滞后。"双碳"目标的提出为储能发展提供了强大动能，储能被誉为继光伏之后的下一个风口，市场空间的扩大将推动储能技术进步和储能成本不断下降。产业发展上，国家层面已于 2021 年 7 月发布《关于加快推动新型储能发展的指导意见》，地方层面对于储能产业链的统筹布局还需加速。

（2）综合能源服务市场空间广阔

随着新技术、新体制、新模式的发展，能源业态将发生较大变化，由传统单一能源供应向综合能源服务转变的步伐加快，特别是节能服务、综合供能服务、能源交易服务、智慧能源服务 4 个综合能源服务细分领域将在"十四五"期间得到快速发展。综合能源服务吸引国有企业与民营企业、传统能源供应企业和新兴企业纷纷入局，传统能源边界渐渐模糊，跨界特征明显，竞争日益激烈，而不同企业跨界合作、优势互补也成为趋势。

对于节能服务，随着"十四五"期间化石能源总量控制的持续推进，市场需求仍将保持在较高水平，投资需求主要来自工业领域，建筑节能改造也将占据一定比重。由于节能服务涉及专业领域广、技术细分度高、发展时间长，大多需要服务方对用户系统有全面的了解，具有一定的行业壁垒。此外，当前节能服务还主要集中在技术节能上，节能空间相对较小，而具有更大节能空间的系统节能由于需要跨企业、跨领域，无法由单一企业完成，因此需要政府、企业多方共同推动。

综合供能服务主要内容是在用户侧建设提供满足多种能源需求的区域内集中式的综合能源系统，需要企业具有跨能源领域的技术集成能力，对企业综合能力提出很高要求。除此之外，项目开发中的最大痛点在于前期投资成本较高，由于项目投资、建设、运营主体不同，各方利益诉求不同，对项目全生命周期的经济性统筹较难实现。对此，能够提供全生命周期一体化综合供能服务的企业将会脱颖而出。

能源交易服务是伴随着能源市场化改革及碳交易、用能权交易等市场建

立而兴起的新业态。随着电力市场化改革不断深入，电力现货市场、电力辅助服务、容量市场等机制正逐渐建立完善，增量配电、能源分布式交易也通过试点取得了一定经验，激发负荷聚集商、以分布式能源为主的售电企业等多样化市场主体不断涌现。全国统一碳交易市场启动以及碳约束日益趋紧将催生碳计量、碳交易代理商等新兴市场主体。

智慧能源服务不单指某一能源服务，而是指通过数字化手段与能源生产、加工转换、储存、流通、消费等环节深度融合，实现用能监控和节能降耗、可再生能源消纳、新型用能设备广泛接入、能源服务质量提高、能源市场开放共享、服务政府治理能力现代化等目标。目前，智慧能源服务已成为传统企业开拓新业务的重要方向，也吸引了众多新兴企业加入。随着数字经济的不断探索，"十四五"时期智慧能源服务的潜力将被充分释放。

（三）城市能源发展建议

一是转变能源效率提升方式。从注重单个企业、单一产业能效提升，向系统整体能效提升转变。推动城市热力供给向集约化、清洁化转型，加快供热管网联网运行，构建以集中供热为主、分散供热为辅的协同优化供热体系。加强园区冷、热、电综合能源规划，提高产业园区的能源聚集度，注重产业园区内能源品类和能源品位的搭配，大力发展园区综合能源系统，提高园区能源系统和用能管理智慧化水平，提升园区整体能源利用效率。

二是夯实能源安全保障基础。统筹优化LNG接收码头建设，加强燃气管道跨省跨市联网互通和市内管网互联，构建多元供气格局，提升供气能力。统筹开展天然气应急储备设施规划建设，提高天然气周转效率，增强调峰应急和抗风险能力。建设城市能源安全的监测预警平台，摸清关键能源基础设施数据底数，绘制市级能源风险地图，提升能源安全信息化管控水平。

三是补齐能源基础建设短板。加强能源设施规划与国土空间规划的协同性，加快能源系统薄弱环节补强和能源互联网建设。强化电力"源网荷储"协同控制功能，推动配套体制机制建设，更经济、高效、安全地提高电力系统功率动态平衡能力。加强热力供应系统信息化建设，深化热力供需信息统计管理，提升热力管网设施对各类热源、用户的开放性和公平性。加强充电设施、车联网基础设施规划建设和信息化管理，大力推广应用新能源汽车。

四是创新能源体制机制建设。探索能源消费控制的创新模式，推动能耗控制方式从能源效率指标向能源与经济指标结合发展，建立能效产值分析评价体系，通过能效指标压力机制，倒逼落后低效产能淘汰外迁，引导产业向中高端升级。建立能源指标的区域间调剂和用能权交易机制，保障优势区域和高端产业的优先发展权。构建能源产业创新发展引导机制，立足城市实际需求，因地制宜打造氢能、储能等能源新技术推广应用体系。

五是更加注重绿色低碳理念的观念管理。城市能源革命是一场从能源大动脉到毛细血管都在发生颠覆的革命，其不仅仅是技术的革命，更是观念的革命，必须推动个体的观念革新、积极参与、协同配合。城市需要自上而下牢固树立生态文明理念，在绿色低碳理念建设、民众积极性调动等方面通过多种方式加强理念引导和制度保障，让简约适度、绿色低碳的理念与生活方式成为每个人的内生需要和行动自觉。

参考文献

蒋金荷、马露露：《城市绿色转型助力碳达峰碳中和》，《中国社会科学报》2021年4月7日。

庄贵阳、魏鸣昕：《"碳中和"目标下的中国城市之变》，《可持续发展经济导刊》2021年第5期。

杨飞：《美国德州大停电的警示：全球气候变暖、新能源政策和电网独立性》，"上林院"搜狐号，2021年2月20日，https：//www.sohu.com/a/451615640_114502。

《中国气象局5月新闻发布会文字实录》，中国气象局网站，2021年4月29日，http：//www.cma.gov.cn/2011wmhd/2011wzbft/2011wzxzb/xwfbh_2105/。

《2020中国天然气产业"十四五"发展规划前瞻》，"中商产业研究院"搜狐号，2020年9月22日，https：//www.sohu.com/a/420056168_350221。

张运洲等：《能源安全新战略下能源清洁化率和终端电气化率提升路径分析》，《中国电力》2020年第2期。

仝晓波：《"三权分立"成区域能源发展最大掣肘，专家呼吁尽快打破!》，《中国城市能源周刊》2021年5月7日。

景春梅：《谱写我国氢能产业科学发展蓝图》，《经济日报》2019年6月10日。

周伏秋等：《"十四五"综合能源服务产业发展展望》，《中国能源》2021年第2期。

陈光、郭磊：《东部地区城市发展面临六个困局》，《中国能源报》2020年8月24日。

B.15
全球能源发展动态研究

北京大学能源研究院课题组[*]

摘　要： 本报告系统总结全球能源转型进程、特征以及主要技术，全面梳理美国、欧盟等主要国家和地区的能源转型政策框架。详细介绍跨国能源公司能源转型战略设想，并以企业为研究对象，分析了壳牌低碳转型、BP净零计划和挪威船级社转型发展战略。

关键词： 能源转型　国际经验　能源产业

一　综述

（一）全球能源转型中的新趋势

2020年是全球能源领域具有分水岭意义的一年。不仅因为新冠肺炎疫情使得全球GDP下降幅度超过了3.5%，世界一次能源消费下降了4.5%，也因为世界主要经济体纷纷提出了到21世纪中叶实现碳中和的承诺，能源

---

[*] 执笔人：杨雷，博士，北京大学能源研究院副院长、研究员，主要研究方向为能源清洁转型、油气产业发展与能源体制改革；毕云青，C40城市气候领导联盟气候行动规划技术经理，主要研究方向为碳减排模型、能源与气候变化政策；丁奕如，北京大学能源研究院研究助理，主要研究方向为能源清洁转型；季清，BP中国企业传播与对外事务部对外事务经理，主要研究方向为能源、气候变化与可持续发展；黄今，DNV集团副总裁，主要研究方向为海事业可持续发展；彭敏，壳牌中国政府事务部政策事务总经理，主要研究方向为能源和气候政策；卢佳汇，港华能源投资并购总监，主要研究方向为能源投资与碳市场。

转型正在加速进行。

气候变化和技术进步从外部和内部驱动全球能源发生深刻变革。能源是全球最大的温室气体（GHG）排放来源，尤其是化石能源的燃烧，使得能源发展面临越来越大的外部压力。同时，技术进步也推动全球范围内能源系统正在经历前所未有的深刻变革。

过去几十年，可再生能源在全球能源生产及消费中的比重不断提升。BP统计数据显示，石油在全球一次能源消费结构中的占比从1980年的46%下降到2020年的31%，而可再生能源在全球一次能源消费结构中的占比从20年前的不到1%稳步上升至2020年的6%（见图1）。2020年，全球发电量减少0.9%，但可再生能源发电量增加12.1%，新增发电量的96%来自可再生能源。REN21数据显示，2020年可再生能源发电量在发电总量中占比达28.6%。

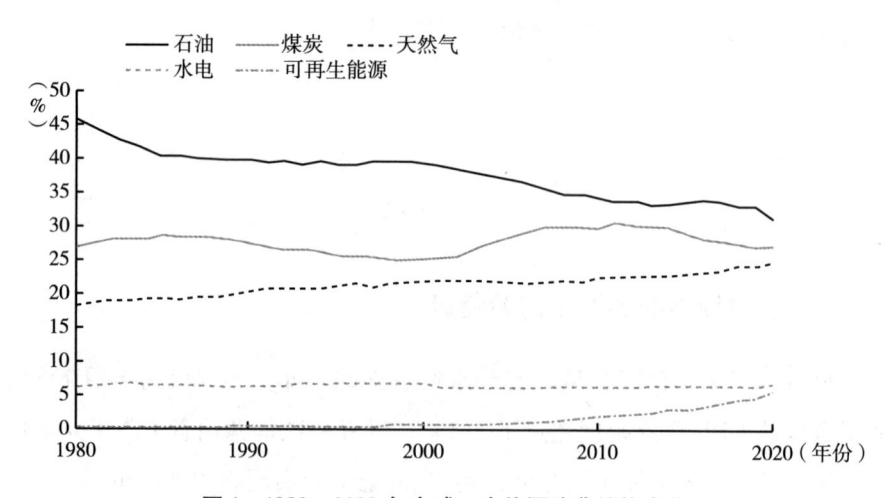

图1　1980~2020年全球一次能源消费结构变化

资料来源：历年《BP世界能源统计年鉴》。

从2010年到2020年，全球风电装机容量从1.8亿千瓦增加到7.3亿千瓦，光伏装机容量从4000万千瓦增加到7.1亿千瓦。全球煤炭发电量的占比稳步下行，从2010年的40%降低到2020年的35%；石油和天然气发电量在全球电力结构中的占比从2010年的28%降至2020年的26%；可再生能源发电量的占比稳步上升，从2010年的4%增加到2020年的12%（见图2）。风电在一些地区已经逐步成为最主要的增量能源，太阳能发电在一些地区已成为最具竞争力的电源。比如，风电和光伏发电量占丹麦、德国和英国全部发电量的比重分别达到62%、32%和28%。可再生能源在交通用能领域的市场份额约为3.3%，占供热的10%以上。

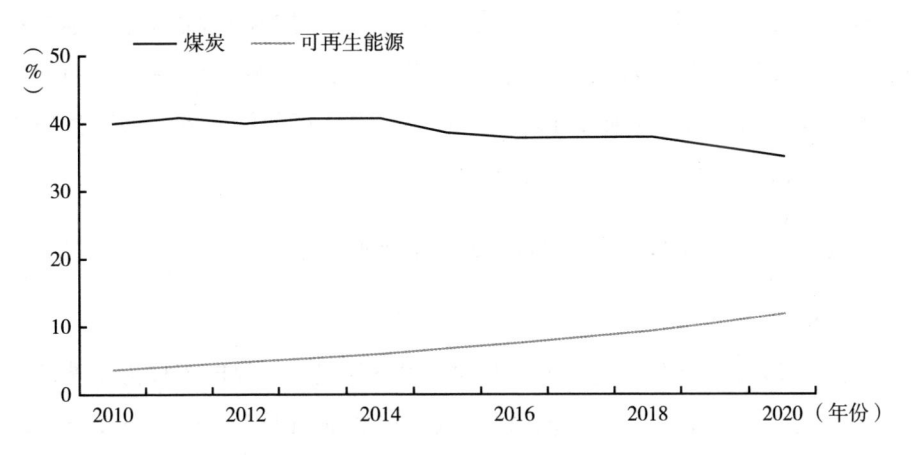

图2　2010~2020年可再生能源发电量和煤炭发电量在全球电力结构中的占比变化

资料来源：历年《BP世界能源统计年鉴》。

过去10年，全球能源领域的变化用"能源革命"描述恰如其分。作为曾经全球最大的能源进口国，美国通过"页岩油气革命"的成功，已经开始大量对外出口油气，实现了"能源独立"这个即使在10年前仍然看似不可能的目标。过去10年，诸多光伏、储能、电动汽车等新能源技术迈过了规模化发展的门槛，开始了爆发式的增长。而随着可再生能源产业的发展，2019年全球可再生能源就业人数达到1146万人，其中我国436万人、欧洲131万人、巴西116万人、美国76万人。

能源转型的核心表现为以下三个方面。一是低碳化。传统的化石能源中，天然气在过去20年快速增长，作为一种低碳能源，在替代煤炭的过程中显著降低了二氧化碳的排放。美国过去10年二氧化碳排放降低了10%左右，其中最主要的贡献就是来自页岩气对煤炭的替代。过去10年，风电、光伏等可再生能源的成本快速下降，风电、光伏装机快速增长，二者已经成为增长最快的能源品类，加速了能源系统的低碳化转型步伐。二是去中心化（分布式）。以去中心化为特征的分布式能源正在成为传统的集中式能源强有力的补充，改变了原来能源供应金字塔的主体结构。诸如冷热电多能互补系统、电动汽车、屋顶光伏、余热利用、生物质能源和多种消费侧储能等正在改变传统能源系统的价值链。三是数字化。数字技术的发展赋能了能源系统的升级转型，智能电厂、智能油田、智慧电网等方兴未艾。数字化也使供给侧和需求侧之间不断加强连接，一方面为"生产型消费者"的产生提供了条件，另一方面为更加广泛的需求侧创造了技术条件。

（二）全球能源转型的特征及主要技术评述

1. 低碳化

过去10年，光伏发电和风力发电（以下将光伏和风电统称为"波动性可再生能源"）成本大幅下降，根据国际能源署（IEA）和Lazard公司统计，光伏发电和陆上风电的平均平准化发电成本分别从2000年的500美元/兆瓦时和94美元/兆瓦时，下降到2019年的70美元/兆瓦时和55美元/兆瓦时。在阿布扎比Noor Abu Dhabi百万千瓦级光伏电站2020年4月新一轮的招标中，上网电价创下了1.35美分/千瓦时的新低，折合人民币每度电上网电价只有1角钱。

当前，光伏和风电的成本仍在进一步下降，而且光伏发电成本的下降速度超过了风电，在全球日照充足的地区，太阳能光伏已经成为成本最低的发电资源，甚至低于传统火电的燃料成本。风电近年来最明显的变化则是海上风电价格及成本的下降。

全球能源领域投资趋势也反映了低碳能源日益显现的成本优势。根据IEA统计，2017年可再生能源发电投资占全球发电投资总额的66%。根据IEA预测，到2025年，以风电和光伏为代表的波动性可再生能源装机增长率将高达84%（见图3），发电量将增长46%。

能源系统低碳化过程中的一个重要表现形式是电气化。目前全球终端用

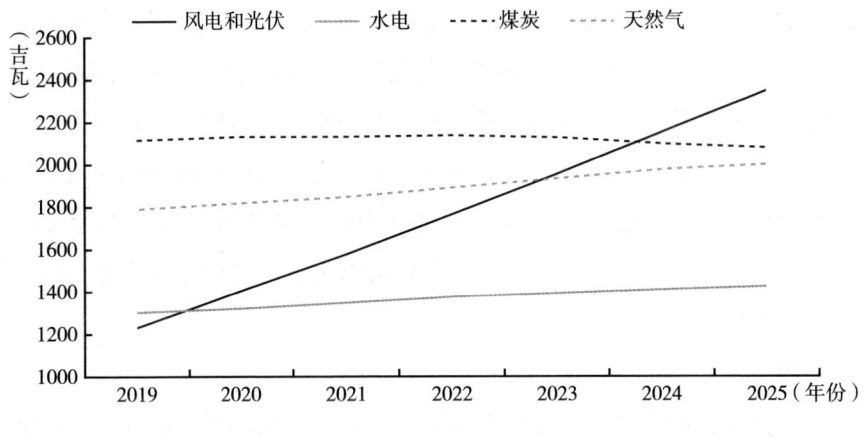

图3　2019～2025年主要品种新增电力装机情况

说明：部分年份为预测值。
资料来源：IEA。

能电力占比约为20%，这一数字正在逐年不断提高，电力消费的增长速度高于能源消费增长速度约一倍。中国目前终端电力消费占比高于世界平均水平，在25%左右，预计到2025年将达到28%。全球终端用能电气化预计在2030年前将超过1/4的比例。以可再生能源发电为主的电力占比的提高，将有力地推动低碳化的进展。

2. 去中心化

分布式能源包括多种技术，如分布式发电、储能等。除了传统的分布式天然气冷热电三联供、小型生物质能源、能效服务等已成熟的分布式能源技术以外，近年来国际上出现了新的分布式技术发展趋势，分别是屋顶光伏、电动汽车和电采暖技术。其中，电动汽车和电采暖技术将是终端电气化的主要驱动力。

屋顶光伏近年来发展迅速。2017年，住宅及商业光伏发电装机容量合计占美国光伏发电总装机容量的40%；在德国，这一比重则达到72%。2016年，澳大利亚有16%的家庭安装了屋顶光伏系统，其中南澳大利亚达到26%、昆士兰达到25%。夏威夷安装屋顶光伏系统的家庭占15%，比利时和德国分别有7%和4%的家庭安装了屋顶光伏系统。IEA预计未来3～4

年,全球分布式屋顶光伏发电装机容量将增加超过一倍。国际上光伏建筑一体化(BIPV)方兴未艾,越来越多的新建筑将光伏发电作为优先选项。

全球新增电动汽车逐步突破了早期发展的基础设施制约,并且在自动驾驶等领域发展迅速,正在进入新的阶段。电动汽车带有的储能电池成为分布式能源的组成部分,近年来V2G(车辆到电网)技术正在取得商业化的突破,通过电动汽车反向给电网送电,不仅可以为电网提供辅助服务,也为车主创造了新的收益。

3. 数字化

数字化正在改变包括能源在内的诸多行业。在能源领域,数字化在早期阶段,往往和自动化非常相似,通过数字技术的广泛应用,能源系统可以实时感知并做出响应,减少了用工,也降低了成本。智能矿山、油田、电厂等方兴未艾,这也为更加深入扩展数字化的影响奠定了基础,为进一步打通能源的价值链条做好了准备。

比如传统意义的电力系统一般是由集中式发电设施负责供电,电能通过输电网、配电网向住宅、商业、工业和交通行业的终端用户输送。数字化使得这种模式迎来重大改变,可以更好地将电力需求和电力生产进行实时匹配。在设计良好的电力市场框架下,可以使消费者和发电企业有机会出售电力,或为电网提供有价值服务并从中获利。这些电力资产可以是住宅上的屋顶光伏系统、小区锅炉或电动汽车等。

随着智能电表和通信技术的日益成熟,实时电价和需求侧响应已在很多地区推广普及。需求侧响应因此将成为未来电力系统中的重要环节,包括对价格信号的隐性响应(用户根据价格信号自主进行用电决策)及对价格信号的显性响应(用户与售电公司签订专门的合同协议)。在现代化电力系统当中,需求侧将逐渐从被动向主动转变,有助于消纳可再生能源,满足电力系统日益多样化的需求。从系统规划者的角度,需求侧更为积极的响应有助于主动塑造负荷曲线,从而更为经济有效地满足日益复杂化的系统需求。

数字化技术催生出了高度互联的能源系统,并模糊了传统能源生产者和消费者之间的界限，为小范围能源交易和电网服务创造了更多机会。此外，数字化可支撑能源资源整合平台的发展。

数字化技术可以提高小范围内能源系统的安全可控性，从而有力支持分布式能源的快速发展。国际经验表明，在不同的市场结构中，数字化可能带来能源系统参与者的责任的变化，也可能产生新的管理角色，如配电网运营商。随着分布式能源的快速增长，配电网范围内或局部地区需要更密切的具有系统性和稳定性的监控措施。在不同的市场结构中，数字化会引发能源系统中传统角色定位的变化，并产生新的监管方式和监管对象。

4. 其他

能效是能源系统运营管理的重要指标。在实现《巴黎协定》温度控制不超过1.5℃的情景中，能效发挥的作用与整个可再生能源的贡献可以相提并论。节约下来的能源是最清洁的能源，因此IEA称能效是"第一能源"。

提高能源利用效率在过去20年里获得持续性进展，产生了较高的成本效益，并进一步降低了能源安全风险，减少了能源环境的影响。许多国家采取了卓有成效的能效政策，包括建筑能源规范、家电标准、能效义务与拍卖，并采用了多种激励政策和金融机制，以打破诸多市场壁垒，从而以具有成本效益的方式挖掘能源系统节能潜力。

未来能源系统的效率仍有较大的可提升空间，主要体现在整个系统优化的过程中，进一步打破不同能源品类的壁垒，同时加入更加灵活的需求侧响应，从而在整个能源系统的价值链上获得更高的能效。

二 能源产业政策

（一）美国的能源转型及其支持政策框架

美国是目前世界最大的经济体，其能源政策可为我国提供经验及教训。美国在过去的10年间成功实现了"能源独立"，这是美国多年来的能源梦想。这一目标的实现主要得益于"页岩油气革命"的成功。同时，美国也致力于推动清洁能源发展，其能源政策的实践表明，作为全球最大的经济体，需要在发展经济和减少对气候变化影响之间寻求平衡点。

1. 美国能源政策演变

自"一战"结束至20世纪70年代，美国的能源供给充足且价格低廉，这一时期的美国能源政策致力于规范管理并引导能源消费结构向石油天然气转型，具体的能源法案有《联邦水力法》（1920年）、《公共事业控股公司法》（1935年）、《农村电气化法》（1936年）、《天然气法》（1938年）和《原子能法》（1946年）等。

1973年10月，第一次世界石油危机导致美国本土爆发能源危机，美国由此提出"能源独立"的政策理念。为了应对中东石油禁运和国内汽油价格上涨，国会通过了《能源重组法》（1974年）、《能源政策和保护法案》（1975年）和《能源部组织法》（1977年）。这些法案重组了联邦政府的能源职责，确立了战略石油储备和强制性车辆燃油经济性标准的实施，成立了能源部（DOE）以及联邦能源管理委员会。1978年第二次世界石油危机带来更大的不稳定性，为此美国政府出台了一系列重磅法案，包括《国家能源法案》（1978年，包含5项下属法案）和《能源安全法案》（1980年，包含8项下属法案）等，以应对石油断供和油价飙升。

为进一步推进能源市场化和多元化，获得更多安全、稳定、可靠、廉价的能源供给，20世纪90年代至今，美国联邦政府针对能源安全的立法转向放松管制，继而转向综合能源治理。这一时期的政策制定理念继续坚持石油与天然气能源独立，同时着眼于推进电气化和节能减排。具体的能源法案有《能源政策法》（1992年、2005年两次修订）、《能源独立与安全法》（2007年）、《美国清洁能源与安全法》（2009年，简称ACES）等。虽然政权更迭为美国能源政策带来不稳定性，但是气候政策成为新的能源政策已经势不可当，具体法案有《2009年美国复苏与再投资法案》（2009年）和《清洁能源计划》（2015年）等。

页岩油气的爆发式增长为美国的能源政策提供了新基础。"页岩油气革命"使美国不仅成为石油和天然气的主要生产国，而且成为主要的出口国。

因此，美国的能源政策制定已经从强调能源保供逐步转向最大限度地提高能源效益及降低排放。在特朗普政府执政期间，美国能源政策偏向于最大限度地提高能源生产，在能源出口中发挥更大作用，并在能源技术方面成为全球领导，这充分体现了以"能源主导"理念为中心的战略。

美国政府于2017年12月发布的国家安全战略（NSS）概述了"能源主导"战略在美国国家安全计划中将发挥的作用。具体来说，NSS描述了与"能源主导"相关的5个目标：减少障碍，促进清洁和安全的能源发展；促进出口，帮助盟国和伙伴实现能源多样化；确保能源安全，包括保护全球能源基础设施免受物理和网络攻击；实现能源普及，包括从高效矿物燃料、核能和可再生能源中获得能源，以减少贫困，促进经济增长和繁荣；进一步提高美国的技术优势，包括在核能、电池和碳捕集领域。

2. 能源和气候政策的制定

基于能源对气候影响的权重，能源和气候政策的制定是相辅相成、不可分割的。在国家层面，政府的行政和立法部门在制定能源和气候变化政策方面都发挥了关键作用。白宫拥有广泛的权力来设定国家应对气候变化的总体战略，并可以向国会提出立法建议。国会是唯一有权通过包括能源在内的联邦立法的机构。任何参议员或代表都可以提出法案，之后由有关委员会审议。能源政策通常由来自参议院的能源和自然资源委员会以及众议院的能源和商业委员会进行审议。委员会投票成功后，法案在取得下一步进展前，还需经过议会表决。

在行政方面，一系列联邦机构、委员会和总统顾问办公室都参与制定、协调和实施气候变化的策略。在白宫行政办公室中，几乎所有人都参与制定政府关于气候变化的路线，包括经济顾问委员会、环境质量委员会、国家安全委员会、管理和预算办公室以及科技政策办公室。

在所有联邦部门中，能源部对能源政策的影响最为广泛，而环境保护局（EPA）在气候变化和其他环境监管中发挥着最重要的作用。

3. 美国部分州的能源与气候政策

美国有3项致力于减少温室气体的区域规划，分别是《区域温室气体倡议》(RGGI)、《中西部温室气体减排协定》(MGGRA)和《西部气候倡议》(WCI)。这些规划共同覆盖 23 个州和 4 个加拿大省,涉及近半数的美国人口和 1/3 以上的温室气体排放量。

相关州有一系列政策致力于减少电力部门的温室气体排放,投资组合标准是其中常见的组成部分,投资组合标准要求电力公司从可再生或清洁能源中提供一定量的电力。常见的有可再生能源投资组合标准(RPS)和清洁能源标准(CES)。除此之外,还有通过总量控制和交易计划实施的碳定价政策、通过税收减免和折扣执行的能源效率政策、通过提供电动汽车折扣和执行低碳燃料标准的交通部门减排政策,等等。美国各州政府在环境治理方面具有高度自主性与积极性,部分州针对气候变化提出的具体政策内容非常丰富。

出于盘根错节的利益纠葛,美国政府在联邦层面依旧缺乏气候政策的制定,但是各级政府和各地区都分别出台了相应政策。加利福尼亚州的政策制定较其他州相对领先,其气候政策和减排目标基于 3 个里程碑式的立法而确定。参议院第 1771 号法案要求建立加州气候行动机构以跟踪温室气体排放,实行报告制度和验证排放标准,并设定基准和减排目标;第 32 号议会法案要求加州空气资源委员会(CARB)制定规则,以保证技术和经济的可行性,实现全州温室气体减排量在 2020 年前降低至 1990 年水平;参议院第 32 号法案增加了减排任务,并将到 2030 年的减排量要求降低到 1990 年水平的 40%。此外,2018 年,加州州长 Edmund G. Brown 签署了 B-55-18 号行政命令,设定了到 2045 年实现全州碳中和的目标。

4. 美国对碳中和的研究及其全球影响

美国两党就气候问题长期无法达成一致,导致在气候政策上出现多次反复,在达成碳中和目标上缺乏明确的立法,甚至没有富有成效的政治协商进展。在过去 4 年中,美国正式退出后又重新加入《巴黎协定》,目前执政的拜登政府在《清洁能源革命和环境正义计划》中承诺,美国将在 2050 年之前达到净零排放,实现 100% 的清洁能源经济。

可以明确的是,美国的气候和能源政策目标正越来越清晰,在 2050 年实现碳中和是其长远目标，而由传统能源独立转向清洁能源独立是其战略路径。在采取强有力的政策手段之外，美国一直是能源领域研发的全球领导者。美国拥有成熟的学术和技术成果转化机制，大量的公共投资和私人资本争相投入碳中和相关行业（见图4），致使其产业蓬勃发展，技术和服务世界领先。

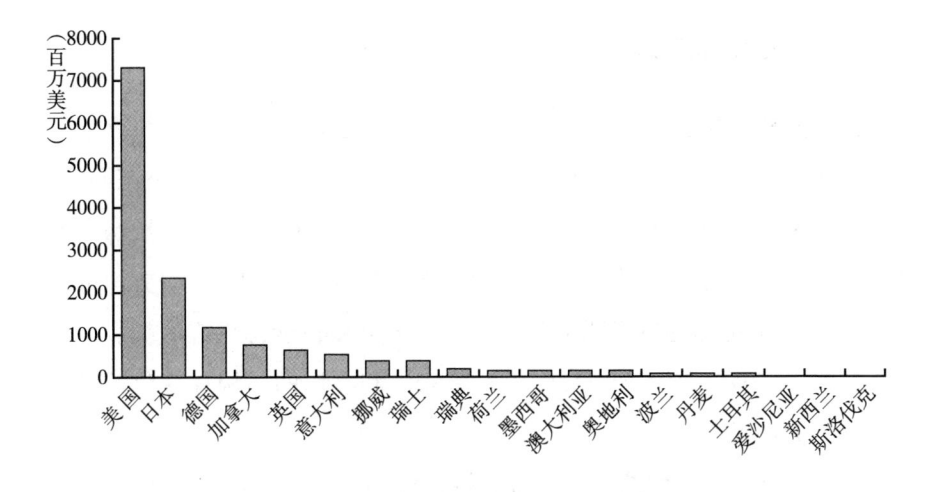

图 4 IEA 成员国政府能源研发投入

资料来源：IEA。

2017 年，美国将其国内生产总值的 0.038% 用于与能源有关的研发。以绝对数字计算，美国能源研发预算是迄今为止最大的预算，约占 IEA 所有成员国公共支出总额的 40%。在美国能源部领导下，大量公共研发资金投入清洁能源研究，包括能源效率的提高、电动汽车的大规模部署、核能研发等，尤其是开发小型模块化反应堆（SMR）技术，以及碳捕集、利用和存储（CCUS）技术等重点领域。2020 年 6 月，美国能源部决定投入 1700 万美元的联邦资金，用于碳利用研发计划的 11 个项目。拜登政府更是计划将在未来 10 年内对能源、气候的研究与创新，以及清洁能源的基础设施建设进行 4000 亿美元的投资，并专门设立专注于气候问题的跨机构高级研究机构 ARPA－C，帮助美国实现 100% 清洁能源经济的目标。

拜登政府不遗余力地推动美国重返《巴黎协定》表明，美国明确将气候因素确定为美国外交政策和国家安全的基本要素。拜登政府意图通过实现2030年的排放目标而刺激美国的工业、就业和竞争力。同时，通过推动贸易政策与气候目标挂钩、征收碳关税等以确保美国工人及其所在企业不会处于竞争劣势。

（二）欧盟能源政策

1. 欧盟能源转型现状

欧盟是制定气候政策及实施行动的领跑者，近些年大力推进能源转型。1990～2020年，欧盟人口增长了7%，人均GDP增长了88%（按购买力平价计算），但与能源相关的二氧化碳总排放量却减少了32%。一方面可归功为单位GDP的能源强度下降了58%，另一方面单位能源供应的二氧化碳强度也下降了68%。这一趋势反映了欧盟经济和能源的结构性变化，以及能源效率的大幅提升。

目前，欧盟的能源结构是化石燃料、核能和可再生能源的多元化组合。尽管化石燃料仍占欧盟能源结构的72%，略低于全球范围的80%，但欧盟能源结构正在向可再生能源转型。2020年，石油占欧盟一次能源供应的36%，天然气占25%，煤炭占11%。低碳能源包括核能（11%），以及其他可再生能源（17%）（见图5）。由于本土化石燃料的产量小，因此欧盟化石燃料多依赖进口，尤其是石油和天然气。欧盟约占全球最终能源消费总量的10%，仅次于中国（26%）和美国（16%），居全球第3位。化石燃料占欧盟最终消费总量的2/3，其中石油居首位。

按国家来看，欧盟各国能源状况差别较大。大部分国家主要依靠石油和天然气，但少部分东欧国家（如波兰和爱沙尼亚）仍大量使用煤炭。法国是欧盟核电大国，目前其电力供应约70%来自核电，并大量出口电力。相反，德国则计划于2022年退核。北欧各国相对较为清洁，在瑞典，化石能源几乎只占一次能源供应的1/5（见图6）。

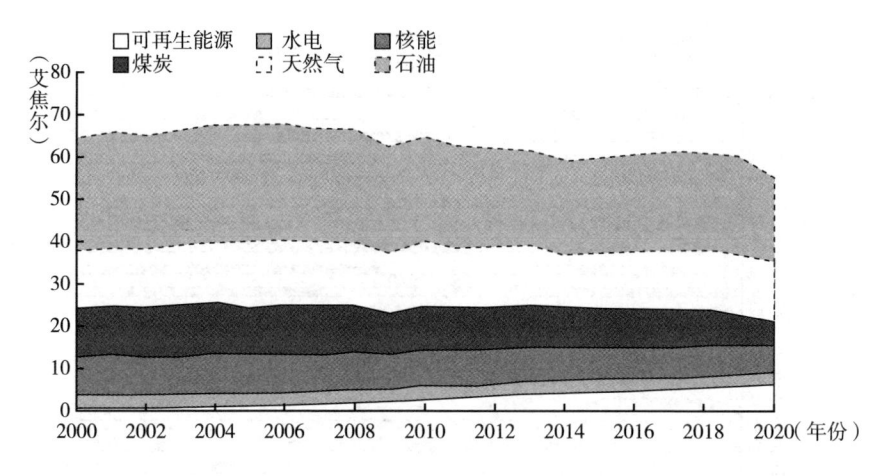

图 5　2000～2020 年欧盟一次能源供应结构变化

资料来源：IEA。

2. 欧盟气候政策

欧盟气候政策可概括为以下两点：一是碳中和及温室气体减排目标或立法；二是分领域分行业的财政激励或补贴政策。

（1）碳中和及温室气体减排目标或立法

欧盟于 2007 年制定了"20—20—20"目标，即到 2020 年温室气体排放量比 1990 年减少 20%，可再生能源在欧盟最终能源消费总量中所占份额增至 20%，且运输领域的可再生能源占比至少为 10%；能耗比 2007 年基准预测值降低 20%。目前该目标基本顺利完成。欧盟后又制定了 2030 目标，即 27 国国内温室气体排放量在 1990 年水平上至少减少 40% 的约束性目标；到 2030 年将可再生能源在欧盟 27 国中所占的能源份额提高到最终能源消费总量至少 32% 的约束性目标；能源效率比 2007 年至少提高 32.5%。2020 年 12 月，欧盟又达成新的更高目标，到 2030 年温室气体排放量比 1990 年降低 55%。

2019 年 12 月，欧盟签订《欧洲绿色协议》，旨在通过将气候和环境挑战转化为机遇，使转型对所有人都具有公正性和包容性，使欧盟经济具有可持续性。《欧洲绿色协议》不只是针对气候和能源的改革，还是有

能源蓝皮书

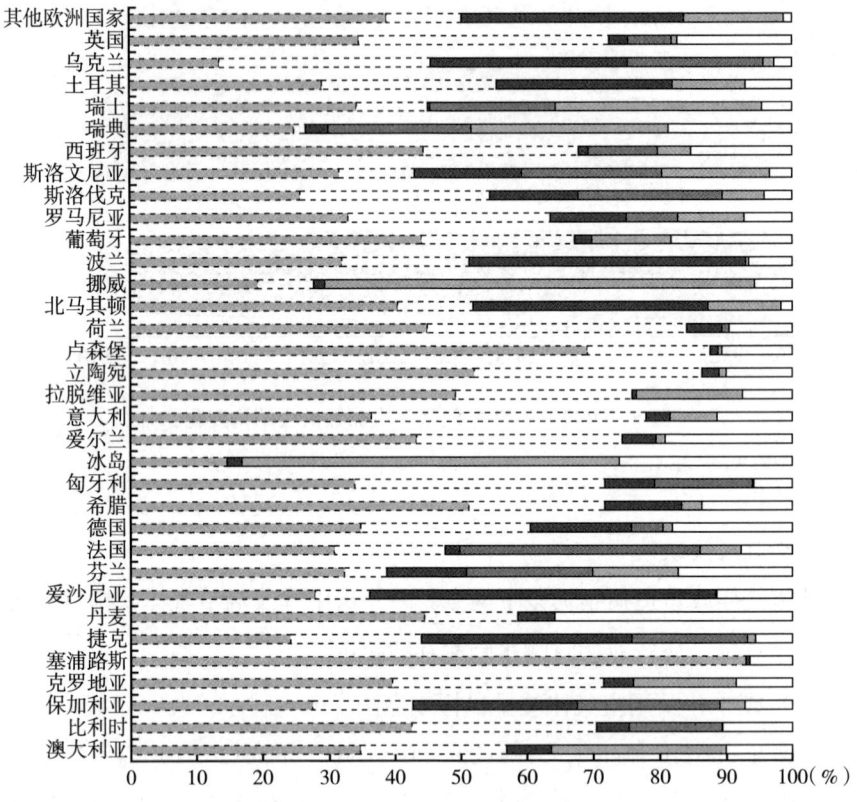

图 6 2020 年欧盟一次能源供应状况

资料来源：IEA。

着广泛性的可持续发展议程。例如 2020 年 3 月通过的新版《循环经济行动计划》（CEAP）包括 35 项政策举措。欧盟委员会打算在 2023 年之前逐步引入欧盟机构（欧盟委员会、欧盟理事会和欧盟议会）在化学品、产品和废物立法领域的政治协议立法，其中包括可持续发展化学品战略、可持续产品政策立法倡议、关于支持绿色主张的立法提案、包装和包装废物指令的改革、废物框架指令、废物运输条例和工业排放指令等。《欧洲绿色协议》将修改多达 50 项立法，并经过政治谈判，以实施扶持框架，使企业能够进行投资和能源系统转型。能源和气候变化的主要立法预计将在 2021 年夏季公布，经历 18 个月至 2 年的政治谈判，然后在 2024 年底之前实施。

2021 年 4 月，欧盟谈判人员达成了《欧洲气候法》，计划到 2030 年将温室气体净排放量在 1990 年的基础上减少 55%，到 2050 年实现净零排放。欧盟副主席蒂默曼斯表示，将在 6 月份公布立法方案，巩固碳定价机制，促进节能减排，增加可再生能源供应，促进可持续运输，并修改土地利用、土地利用变化和林业法规（LULUCF）来增加生态碳汇，同时限制可能导致森林砍伐的产品进口。蒂默曼斯认为，该方案是目前世界上解决气候问题最全面的立法框架。同时，欧盟执行机构将引入绿色投资标签制度，该制度可将数千亿美元的资金转移至特定行业和公司。欧盟还希望从其第一批绿色债券中筹集 2500 亿欧元（约 3010 亿美元），用于资助大规模经济刺激计划，私人资金也有可能进入已获批准的行业。该委员会即将开始出售由欧盟 27 个成员国共同支持的债务，以筹集绿色投资资金。

在欧盟气候政策的框架下，各国亦推出国家层面的碳中和及减排目标，其中很多目标高于欧盟标准。德国宣布到 2045 年实现碳中和，并计划到 2030 年温室气体排放较 1990 年减少 65%，同时在建筑、交通、工业等领域制定减排措施，并启动国家碳排放交易系统。法国于 2015 年公布 "国家低碳战略"，建立碳预算制度，并于后续宣布 "2050 碳中和" 目标，该预算于 2019 年由法国政府以法令形式正式通过，成为欧洲第一个用法令约束净零温室气体目标的国家。丹麦首都哥本哈根计划成为全球第一座实现碳中和的城市，其为低碳转型打造了 375 公里的专用自行车道，并大力推广风电和区域供暖系统。

（2）分领域分行业的财政激励或补贴政策

2020 年 7 月，为了进一步促进气候目标的实现以及加速新冠肺炎疫情稳定后复苏计划的实施，欧盟正式发布了《欧盟氢能战略》，并制定了 3 个阶段的政策。到 2024 年，欧盟将安装至少 6 吉瓦的可再生氢能电解槽，可再生能源制氢年产量将达到 100 万吨；从 2025 年到 2030 年，欧盟可再生氢能电解槽装机容量将达到 40 吉瓦，可再生能源制氢年产量将达到

1000万吨；从2030年到2050年，绿氢技术达到成熟水平，可在所有难以去碳化的领域大规模部署。同时，欧盟各国也纷纷出台了国家层面的氢能战略。

在其他领域，各国也推出了多种激励机制以及政策、法规，以促进节能减排和能源转型。英国于脱欧前宣布到2030年禁售汽油及柴油车，到2035年禁售混动车。同时，英国宣布在2024年之前关闭所有燃煤电厂，到2050年实现净零排放。英国将大力支持海上风电，2020年8月，英国风力发电占比最高曾达到60%，创历史新高。

德国政府宣布到2038年退煤，具体政策包括禁建新煤电厂并关停已有煤电厂，同时给予电厂补贴。2020年，德国《煤炭区域结构性支持法》生效，政府将给以煤炭为支柱的地区提供高达140亿欧元的财政援助，用于城市转型并确保就业。同时，德国决定要在2022年退核，核电目前占德国发电的11.4%。

此外，法国（2022年）、匈牙利（2025年）、爱尔兰（2025年）、意大利（2025年）等欧洲国家都纷纷宣布退煤计划，向清洁能源迈进。

3. 欧盟碳排放交易体系（ETS）

欧盟碳排放交易体系在所有欧盟国家以及冰岛、列支敦士登和挪威运行，覆盖超过11000个重型能源使用装置（发电和工业），以及在这些国家之间运营的航空公司，占欧盟温室气体排放量的40%左右。事实证明，欧盟碳排放交易体系是经济高效地推动区域总体减排的有效工具。2005~2019年，欧盟ETS覆盖的装置排放量下降了约35%。2019年引入市场稳定储备机制（MSR），导致碳价格更高、更强劲，确保了2019年排放总量同比下降9%，电力和热力排放量减少14.9%，工业排放量减少1.9%。

欧盟ETS采取"总量控制与交易"原则，对系统覆盖的所有装置的某些温室气体排放总量设置上限。上限逐年下降，因此总排放量会随之下降。在上限内，公司获得或购买排放配额，并根据需要相互交易。每年履约期到期时，公司必须消纳其碳配额，否则将被处以巨额罚款。配额上限确保环境成绩单的交付，而配额交易带来了灵活性，确保减碳排的社会成本最低。强劲的碳价格也促进了对清洁低碳技术的投资。

总体而言，欧盟 ETS 的发展可以划分为 4 个阶段。如表 1 所示，本报告将每个阶段的特点加以总结归纳。

表 1 欧盟 ETS 发展的 4 个阶段

阶段	第一阶段 (2005~2007 年)	第二阶段 (2008~2012 年)	第三阶段 (2013~2020 年)	第四阶段 (2021~2030 年)
特点	试运行	国家分配计划；市场逐渐成熟，掌握如何进行总量控制	由国家分配计划改为欧盟统一的总体分配方案。有针对性地发放免费配额，增加拍卖	正在讨论中的扩大范围和进一步缩减总体配额
配额总量	成员国自下而上设立配额限制	成员国自下而上设立配额限制	在 2013 年 20.84 亿吨二氧化碳排放总量的基础上设立欧盟统一的总量目标，按照 2008~2012 年的线性折减系数 (LRF) 1.74% 逐年递减，即每年减排约 3800 万吨二氧化碳	欧盟统一总量目标，LRF 提高到 2.2%，预计 2025 年后将进一步提高
纳入行业	电力和工业	电力和工业 (2012 年起加入欧盟境内航空业)	电力和工业、欧盟境内航空业	范围可能会扩大到海运、陆运和建筑
配额发放机制	免费发放	免费发放	对有碳泄漏风险的行业给予免费配额，为电力现代化提供有限的部分免费配额。其余行业需以拍卖方式购得配额	预计会更加趋严，免费配额有可能会被进口产品碳边境调整机制取代
交易规则	未使用配额，不可以被带到下一履约期	配额为主，自愿减排信用额 (VER) 有限纳入	配额为主，自愿减排信用额有限纳入。不合格的 VER：核电、林业、破坏工业气体的项目 (如 HFC-23 或 N_2O)	只允许配额交易

可以看出，欧盟 ETS 经历的 4 个阶段，每个阶段都在前面的经验教训上进一步优化。例如，ETS 第一、第二阶段免费发放配额有利于控排企业熟悉交易规则，而随着总体控排要求的加码，从 2013 年起有偿配额的比重加

大，更多经营者被要求通过拍卖支付配额，而免费配额将被限制使用于实现如下目的。

第一，降低碳泄漏风险，即避免更多企业以生产离岸外包的方式导致全球温室气体排放量上升；第二，提供脱碳激励，通过设置免费配额基准线来激励特定行业中的最佳表现者。

在没有制定全面气候协定的情况下，一些面临国际竞争的能源密集部门担心过高的碳成本会损害其国际竞争力。因此配额的发放要在避免碳泄漏和保证国际竞争力之间寻求平衡。

又如，在自愿减排信用额纳入问题上，欧盟ETS曾经采纳高达11%的自愿减排信用额。这样在鼓励更多社会主体自愿减排的同时，在一定程度上降低控排企业的减排成本。与此同时，这种做法被认为削弱了欧盟ETS的有效性。从2021年起，欧盟ETS不再接纳自愿减排信用额，改为只允许配额交易。

在纳入行业的范围上，分阶段逐步纳入也是值得汲取的经验。从最开始的电力和工业，到欧盟境内的航空业，第四阶段可能引入更多行业，以实现更高的减排目标。

在总量设定上，欧盟ETS每年按线性折减系数计算得出的配额总量递减。LRF随着欧盟ETS发展阶段逐步提升。为实现欧盟《欧洲绿色协议》的目标，第四阶段后半段的LRF将需要修订。目前，几种可能的情景正在被讨论中。

最后，也是最重要的，是建立在高质量数据基础上的完整、一致、准确和透明的监测、报告和核查系统（MRV）。如果没有它，欧盟ETS的合规将缺乏透明度，难以跟踪，执法将受到损害。碳市场参与者和主管当局都希望确保实际排放的一吨二氧化碳等于报告排放的一吨二氧化碳。这个原则已经被简化为标语："一吨必须是一吨！"只有这样，才能确保经营者履行义务，根据排放交足配额。

欧盟委员会是唯一有权对ETS提出立法提案的机构。鉴于碳交易的市场本质，欧盟委员会必须非常清楚和公平地公布任何变化信息，任何规则的修改都必须遵循具有法律约束力的程序，经历漫长而严谨的立法修订过程。欧盟委员会将在2023年开始与欧盟机构进行为期两年的政治谈判，并计划在2025年之前实施协议。

（三）其他地区

1. "欧佩克+"（"OPEC+"）政策的演变及影响

"欧佩克+"是在国际油价出现超预期下跌时，由欧佩克与一些非欧佩克国家组成的合作组织，目的是通过采取一致的产量调节措施影响国际石油市场供需基本面，确保油价处于相对合理水平，减产是其政策的核心。历史上，出现过3次"欧佩克+"，其中20世纪80年代的合作未能成形，1998年实现了首次为期4年的联合减产，2016年底再次达成合作并持续至今。

与前两次相比，2016年新成立的"欧佩克+"成立了专门委员会、建立了相关制度体系、形成了一定的约束机制，已不再是松散组织，其政策对市场和行业的影响也更直接和深远。本次联合减产自2017年1月1日开始实施，已持续4年多（2020年4月曾中断1个月），沙特阿拉伯和俄罗斯分别是欧佩克和非欧佩克减产的主力。

本次"欧佩克+"的减产政策演变大体可以分为3个阶段。2017年1月到2020年4月是第一阶段，主要针对美国页岩油产量增长和全球经济调整导致石油需求增长放缓带来的供需失衡，采用每半年对减产进行回顾和调整的机制，减产规模大体在200万桶/日；在此阶段，欧佩克国家大都超额完成了减产计划，但俄罗斯等非欧佩克国家的履约情况并不乐观，这也为之后的"价格战"埋下了隐患。2020年5～12月是第二阶段，针对新冠肺炎疫情和"价格战"导致的石油供应严重过剩和短期内油价急速下跌，"欧佩克+"实施了史上最大规模减产，其中5～6月减产1000万桶/日（后延长至7月），8～12月减产770万桶/日，采取季度或隔月回顾与调节机制，并一再强调全体成员履约的重要性，显示"欧佩克+"的纪律性在增强。2021年1月以来，减产政策进入第三阶段，采用月度回顾与调整机制，且明确每月的调整幅度不超过50万桶/日，其中1～4月实际执行的减产规模

均在700万桶/日以上（含沙特阿拉伯100万桶/日的自愿额外减产）；按照最新决定，"欧佩克+"会在5~7月逐月增产，沙特阿拉伯也会分阶段退出额外减产，目前估算的5月、6月、7月减产规模分别为730万桶/日、660万桶/日和576万桶/日，但不排除在月度会议上做出调整的可能。

从目前形势来看，短期内，疫情和疫苗接种仍是影响石油需求恢复的核心因素，在需求没有实质性恢复的情况下，"欧佩克+"不会取消减产行动；中长期内，全球能源转型加速趋势明显，石油需求进一步增长的空间有限，但资源潜力和供应能力充足，联合减产很可能会成为一场持久战。

就减产的直接影响而言，"欧佩克+"的供应侧管理使石油市场供应过剩现象得以显著缓解，全球原油库存下降，国际油价快速回升；与此同时，联合减产也导致了全球石油供应的结构性失衡，不同油种价格出现异常分化，甚至倒挂。就减产的间接影响而言，"欧佩克+"逆势推高石油价格不利于全球经济恢复和可持续发展；而且由于联合减产的指向性明确、可预测性较强，一定程度上影响了投资者的风险偏好，每次"欧佩克+"会议前后，投机资本在原油期货市场的活动都会显著增加，加剧了市场异常波动，一定程度上使得原油期货价格与实货价值背离，影响期货价格发现和规避风险功能的发挥。就减产的中长期影响而言，在全球能源转型的大背景下，联合减产给主要石油消费国的能源安全带来了负面影响，使得它们主动或被动寻求石油进口渠道和石油消费替代品，不仅导致"欧佩克+"的市场份额下降，也加快了能源需求的清洁低碳转型。

2. 中东主要国家能源转型的设想

历史上，中东国家曾多次提出能源转型计划，但都没能实现。近年来，在油价暴跌以及沙特阿拉伯"2030发展愿景"的带动下，中东地区的能源转型开始进入实质阶段，虽然各国的具体措施和路径不尽相同，但大方向基本一致，即从原油到石油产品、从石油到天然气、从化石能源到清洁能源。

（1）沙特阿拉伯

沙特阿拉伯是中东国家能源转型的带头人，其能源转型可能会分两个阶段完成，其中第一阶段为石油资源货币化和石油产业链延伸，第二阶段为以天然气为载体的清洁能源发展。

沙特阿拉伯的第一阶段能源转型以沙特阿美成功上市并完成对石化巨头SABIC的整合为开端，沙特阿美上市并成为全球市值最高的石油公司，使沙特阿拉伯成功实现了石油资源货币化，并将其用于后续转型计划；将SABIC整合为沙特阿美的一部分，使后者成为集石油勘探开发、炼油化工和销售于一体，业务遍布全球并同时拥有原料成本优势和炼油化工技术优势的国家石油公司，加速沙特阿拉伯从简单的原油出口国向石油产品供应国的转变，在石油峰值到来前更好地利用"石油红利"。

在第一阶段转型渐入佳境的同时，沙特阿拉伯也在为第二阶段转型做准备。从目前的规划来看，沙特阿拉伯很可能在10年内成为仅次于美国和俄罗斯的全球第三大天然气生产国，可再生能源发电能力也会大幅提高，结合其与美国和日本合作生产"蓝氨"、与韩国合作研究"绿氨""绿氢"等举动来看，沙特阿拉伯"以化石燃料为跳板、以可再生能源为支撑、以氢能为载体"的能源转型已初见端倪。

（2）卡塔尔

卡塔尔曾是欧佩克成员国（2019年退出），但与其他成员国不同的是卡塔尔是一个以天然气为主的国家，天然气储量居全球第3位，LNG（液化天然气）出口能力和出口量长期居世界前3位。目前来看，卡塔尔的能源转型是围绕LNG行业展开的，核心是提升LNG出口能力并减少LNG全过程的碳排放。卡塔尔在2021年初批准了一项近300亿美元的LNG项目，会使其LNG产能在2025年提高近40%，并计划为项目配套一个碳捕集和封存设施，回收LNG工厂75%的废水，以及增加额外的环保投资。未来，卡塔尔很可能会成为低碳LNG甚至是碳中和LNG的主要出口国。

（3）阿联酋

阿联酋的能源转型方向与沙特阿拉伯相似，最终都瞄准了氢气等替代能源产业链，但在具体路径上有所差异。短中期来看，阿联酋更重视在石油市场中的影响力，特别是随着穆尔班原油期货成功上市，阿联酋"以期货市

场为抓手,建立区域乃至全球定价基准,扩大石油出口范围"的战略意图越发明显,通过增强在中东乃至全球石油定价中的影响力,提升石油资源的综合价值,为长期能源转型提供保障。长期来看,阿联酋的替代能源产业发展与沙特阿拉伯相似,都是以丰富的化石资源和可再生能源为基础生产"蓝氢"和"绿氢"等油气替代能源,其将成为主要的清洁能源供应国。

3. 共建"一带一路"有关地区能源政策

(1) 南亚

南亚地区自身资源有限,能源供需呈碳排放高、对外依存度高、能效低、低碳能源占比低的"两高两低"特征,相关的能源政策以保障能源安全、提高能效、促进低碳能源发展为核心。研究南亚能源政策,对我国共建"一带一路"具有重要意义。

印度是该区的代表。印度一半以上的能源需求由煤炭提供,30%的能源需求依靠石油,约1/3的煤、80%的石油和50%的天然气依赖进口。为保障自身能源安全,印度计划在5年内将国内煤炭产量提高近20%,达到10亿吨;从政府层面推进"能源外交",力求实现进口多元化;通过设立海外基金等方式为企业获取国际能源项目提供支持。在提高能效方面,印度在供应侧提出了因地制宜的整体政策框架,要求生产商以最优方式提供能源;在消费侧鼓励企业采取能效管理措施,并建立了高能耗企业能效交易市场,推动国家整体能效提升。在可再生能源发展方面,有别于我国的税收减免政策,印度更侧重于发挥金融政策的作用,通过提供低息贷款、降低国有企业融资率、向私人企业提供类似回购合同的可再生能源项目特许权等方式推动可再生能源发展;此外,印度还对可再生能源实行配额制,不仅要求常规电厂同时提供一定比例的可再生能源电力,还对电网公司购买可再生能源电力的比例做出了明确规定。

2021年4月,印度政府宣称正考虑制定2050年前实现碳中和的气候目标。但外媒认为,鉴于印度至今仍未限制煤炭消费,且人口规模和高排放制造产业仍将持续增加,在2050年前实现碳中和对印度来说并不具备可行性。

（2）东南亚

在东盟的组织下，东南亚各国以《东盟能源合作行动计划 2016—2025》为框架，采取了方向大体一致的能源政策，主要包括提高能效和发展低碳能源两方面。

在提高能效方面，印度尼西亚提出逐渐减少石油消费，并使用国内其他基础更好的资源替代，从政策层面鼓励煤炭清洁利用、生物燃料、核能等，并提高能源使用效率。文莱从政策层面明确了减少能源消费，并强制要求所有电厂在扩大产能时必须采用更高能效的技术。新加坡除了为在工业领域改善能效的企业提供项目资助和税收激励外，还设立了能源效率基金，帮助企业确定可以进一步提升能效的领域，并在初期阶段给予技术和资金帮助。此外，新加坡还重视建筑领域能效提升，通过"绿色建筑标志计划""最低能效标准计划"等改善建筑用能效率。

在发展低碳能源方面，泰国提出综合利用财政手段促进可再生能源技术和产业发展，尝试通过"绿色城市"项目推广可再生能源终端使用；加大国内天然气生产和使用力度，替代石油和煤炭；明确要求政府部门坚持优先采购能耗低、排放少的设备，并通过政策引导企业减少高能耗、高排放设备的生产和销售。菲律宾自 2020 年开始正式在供需两侧同时施行可再生能源配额制，并要求购电额度每年增加 1% 以上，同时建立可再生能源证书交易平台，用于满足非可再生能源参与主体的配额需求。马来西亚制定交通运输领域替代能源发展目标，加大对混合动力汽车和电动汽车的扶持力度，并提出用生物燃料和低碳汽柴油替代普通车用燃油。新加坡在继续推进天然气替代石油发电的同时，因地制宜大力发展太阳能，通过《2030 年新加坡绿色发展蓝图》《新加坡可持续能源供给 2030 计划》等，提出了明确的太阳能发展目标。文莱制定了更加清晰的可再生能源监管框架，并为高能效和可再生能源项目提供免税和减退税等财政支持。

（3）俄罗斯

俄罗斯是全球主要油气资源国之一，其能源政策大体表现为短中期内将油气资源对国家发展的支柱作用最大化，长期内关注并推动可再生能源发展

和能源转型。

每五年更新一次的能源战略是俄罗斯制定和调整能源政策的重要参照。从俄罗斯2020年6月公布的最新版《俄罗斯2035年前能源战略》来看，其对能源工业的总体定位依然是促进俄罗斯的经济发展、保障国内能源需求、巩固俄罗斯在全球能源市场的地位，但不同之处在于新版战略中把天然气的地位提高到了前所未有的高度，针对天然气生产、设施建设、全链条环保等都做出了规定，并明确提出LNG是俄罗斯最优先发展的战略项目。石油方面，俄罗斯聚焦于税收体制改革，计划在2019~2024年逐步将原油出口税降为零，并同步提高石油开采税，向偏远地区炼油厂提供税收减免，向高标准石油产品占比高的炼油厂提供补贴，希望借此实现石油行业的提质发展，提升其在国际市场中的整体竞争力。俄罗斯对可再生能源的定位是化石能源的补充，发展可再生能源的目的是丰富国内能源供应类型以及履行全球气候承诺。《俄罗斯联邦可再生能源发电支持机制》是目前俄罗斯可再生能源发展的方向性政策，明确了各类可再生能源的装机目标。在此之下，俄罗斯借助《电力法》等，从上网电价、项目建设、税收优惠、电价补贴等多方面制定了促进可再生能源发展的措施。但到目前为止，俄罗斯的可再生能源发展速度一直显著低于全球平均水平，这主要与其可再生能源富集区的人口密度小、电力需求不高有关。不过俄罗斯能源部部长于2020年底表示，俄罗斯将在疫情后召开高层级会议研究清洁能源问题。

三 跨国能源公司战略

（一）跨国能源公司能源转型战略设想概述

近年来，随着可再生能源技术不断取得突破，可再生能源发电量显著增加，成为新增发电容量市场的重要组成部分。太阳能和风能在市场上日益成为最便宜的电力来源，并且大多数可再生能源在未来10年内将具有完全的成本竞争力。现在可再生能源发电的增长已经可以满足整体电力需求，目前正在开发许多创新解决方案，使电力系统和电网更加灵活，从而实现可再生能源越来越高的成本效益。因此，全球能源系统需要进行深刻的变革，不仅要在发电方面，还要在工业和运输等最终用途部门中，将基于传统化石燃料的现有系统替换为基于可再生能源的系统。

与此同时，全球能源公司正在面对一场意义深远的能源变革。许多大型油气公司为未来几年的发展制订了扩张计划，即从油气公司转变为综合能源公司。根据埃信华迈（IHS Markit）数据，2019～2020年，各大油气公司在太阳能和风力发电领域分别进行了18次和17次收购，远远高于2017年的9次收购。其中，埃尼（ENI）、壳牌（Shell）和道达尔（Total）正在通过收购整个供应链中的公司来改变其运营组织，并大力投资电力，它们还着重指出了电气化在未来将发挥关键作用；另外，法国能源公司（Engie）、英国石油公司（BP）和挪威国家石油公司（Equinor）开展了一系列并购活动，通过投资可再生能源资产，积累作为能源服务供应商的经验，巩固收益监管资产基础，使其投资组合多元化。此外，部分能源公司选择集中发展公司的核心能力，如德国莱茵集团（RWE）和德国能源公司（EON）之间的创新合作正在重塑欧洲的公共事业价值链。

在过去的15年中，油气公司的平均股东整体回报率（TRS）落后于标准普尔500指数7个百分点。这表明该行业的传统商业模式已经承受了一段时间的压力。因此，为了减少客户流失和增加收入来源，许多公司将发展客户端就地能源方案和数字化技术作为未来商业模式的重要组成部分。在电力供应方面，现阶段欧洲公司的可再生能源战略仍由"建造—销售—经营"（BSO）模式继续主导，它们也正在积极探索零补贴项目的新商业模式；美国公司更青睐绿色电价和新的可再生能源购电协议（PPA）结构，这在欧洲也很普遍。在电力需求方面，企业客户更加注重绿色电力采购。2020年，美国的企业客户可再生能源交易几乎占了美国所有可再生能源合同交易量的一半。在欧洲，企业客户在2020年签署了约470万千瓦的可再生能源购电协议。新公司涌入该领域表明，PPA消费群体将在全球范围内扩大，为新的可再生能源生产提供了一个出口。

411

许多油气公司已经设定了净零排放目标。尽管当前面临经济挑战，但它们仍在继续努力使其运营和价值链脱碳。

（二）主要能源公司的战略案例

1. 壳牌加速实现净零排放业务转型

壳牌近年来屡次提升碳排愿景和指标。2017年11月，壳牌集团提出到2035年将净碳足迹降低20%，2050年降低50%，与《巴黎协定》将全球升温控制在2℃以内的目标保持一致。

2020年4月，在壳牌集团战略日上，首席执行官范伯登将2035年减排目标提升到35%，2050年目标则提升至65%，与《巴黎协定》1.5℃目标一致。

2021年2月，壳牌在其"赋能进步"的集团战略中进一步提升减排目标：以2016年数据为基准，到2023年降低6%~8%，到2030年降低20%，到2035年降低45%，到2050年降低100%。壳牌还确认，公司的碳排放总量在2018年已经达到峰值。

值得关注的是，壳牌的减排目标不仅涵盖了生产运营中产生的排放、其生产的能源产品的排放，还包括了其销售的由其他人生产的能源产品所产生的排放，而最后这部分的排放约占其总排放的90%。①

壳牌通过有原则的资金分配实现碳中和的财务韧性和盈利水平提高。在其战略报告中，壳牌重申了其现金分配优先级，以期在为股东创造短期价值的同时，实现长期价值增长。除调整现金流分配优先级之外，壳牌还将全球16500名高管的薪酬与减排目标挂钩，并进行组织架构重组。重组后的组织将通过未来增长、转型支撑和传统上游三大业务支柱实现这些目标，并在资本支出上做出相应调整。预计每年对未来增长业务投资50亿~60亿美元（其中市场营销业务约30亿美元，可再生能源和能源解决方案业务20亿~30亿美元），对转型支撑业务投资80亿~90亿美元（其中天然气一体化业

---

① Our Climate Target: Frequently Asked Questions ǀ Shell Global.

务约40亿美元，化工和化工产品业务40亿~50亿美元)，对传统上游业务投资约80亿美元。

壳牌的未来增长业务包括加油站、润滑油、充电、生物燃料、可再生能源和能源解决方案。

面对全球电动化的趋势，壳牌正在实施"以客户为先"的转型战略。在持续投入其传统油品领域的同时，壳牌还设定了加快扩张其全球电动汽车充电网络的目标，从现在的6万多个充电位增长到2025年的50万个左右。在电力一体化方面，壳牌计划到2030年销售的电力翻番，为全球1500万名零售和商业客户提供服务，成为领先的清洁电力提供者和服务商。

发展氢能（尤其是清洁氢，即通过可再生能源、天然气重整并使用碳捕集、利用和存储技术等方式获取的氢气)，是实现碳达峰和碳中和的一条重要路径。氢能在工业和重型运输行业的应用场景广泛，壳牌协同合作伙伴也在全球积极布局氢能一体化产业链。

除开发可再生能源外，森林碳汇吸收温室气体的作用获得越来越广泛的认可。壳牌计划每年投资约1亿美元到高品质的独立验证的自然解决方案项目，以抵消每年约1.2亿吨销售产品中的碳足迹，帮助客户实现净零排放目标。

壳牌的转型支撑业务包括天然气一体化、化工和炼化业务。壳牌将天然气作为能源转型的过渡性支柱。在其每年削减1%~2%石油产量的同时，壳牌希望到2030年将天然气产量占比提高到约55%。而在炼化板块，将炼油厂布局从现在的13个工厂改造为6个高价值化工和能源园区，到2030年将传统燃料的产量减少55%，并增加化工品的产量。化工板块在循环经济中将发挥积极作用，到2025年，壳牌将主要通过化学回收方式每年处理100万吨塑料垃圾。

关于传统上游业务，壳牌披露其石油产量在2019年已经达到峰值，今后每年将逐步减少1%~2%，2025年以后不再进入新的勘探地段。然而，在2030年前上游业务仍然可以为能源转型提供重要现金流，因此壳牌对这一支柱仍将提供必要的、更注重价值的固定资产投资。

2017年以来，壳牌在全球加速布局新能源业务，尤其是面向电力一体化的布局，投资并购进入高潮。如收购英国供电公司First Utility，为英国电力用户提供100%绿电；收购荷兰电动汽车充电公司New Motion，搭建欧洲最大的电动汽车充电网络；收购以家用电池组闻名的德国公司Sonnen，拓展家庭储能和家用电动汽车充电领域；收购电动汽车充电和管理软件开发商Greenlots，其充电网络软件和充电桩服务遍布美国；在德国和美国加利福尼亚州通过合资等多种运营模式搭建加氢站网络。

在中国，壳牌通过与张家口市交通建设投资控股集团有限公司的合资企业在张家口市投资建设2万千瓦可再生能源电解水制氢项目，开发包括氢气的生产、储存、运输、加注和应用在内的一体化氢能产业链，期望在2022年北京冬奥会时为张家口地区的加氢站提供"绿氢"。2020年，壳牌入股环保桥（上海）环境技术有限公司，为其客户提供更多碳中和选择。壳牌2020年先后获得江苏省和广东省电力交易牌照，成为首批在中国从事电力贸易业务的全资外国公司。

在碳中和倒计时和全球电动化大势之下，壳牌这家有着100多年油气开发历史的国际能源巨头，如何制胜能源转型，值得拭目以待。

2. BP公司的转型及净零计划

2020年2月，新上任的BP集团首席执行官陆博纳（Bernard Looney）宣布了一项名为"重新构想能源未来"（Reimagine Energy）的全新使命和远景目标，并于当年8月提出"从IOC到IEC"——从"国际石油公司"向"综合能源公司"转型，力争在2050年或更早成为一家"净零"公司，并助力世界向净零目标迈进。

这意味着BP将从全球最大的化石能源供应商之一，转向以供应可再生和低碳电力与能源、拓展终端用能服务的综合能源供应商，一改传统能源行业单一线性的生产和消费模式，将多种能源通过智能电力系统联网，提高能效和灵活性，并充分利用各品种的可再生能源。

为了使全新使命和远景目标具体落地，BP将其业务布局和商业模式分为3个战略经营板块：低碳电力和能源、便利零售和移动出行（convenience and mobility)、富有韧劲且聚焦的石化业务（resilient and focused hydrocarbon）。

一是"低碳电力和能源"板块。在10年前从初创形态发展起来的光伏和风电资产，将对BP未来10年规模化布局可再生电源起到关键支撑作用。在2030年之前，BP计划将每年的低碳领域投资额增加10倍，规模每年约达50亿美元，可再生能源电力装机容量从2020年的3.3吉瓦跃升到50吉瓦。LNG也作为清洁能源被归入这一板块，目标是从供应量2000万吨/年的资产组合，到2030年增加至3000万吨/年。

光伏板块主体Lightsource BP已在全球14个国家运营3吉瓦装机容量的光伏发电站，风电板块的主体BP Wind目前的净风力发电装机容量达到1076兆瓦。全新战略蓝图启动之后，BP的多项资产布局和外部战略合作即围绕这两个主体来进行，如建设光伏发电直供加油站网络、通过海上风能电解水制备"绿氢"作为炼油厂的原料等。

二是"便利零售和移动出行"板块。从用户端切入多能转型，基于多年发展建立起来的零售网络，在加油站的基础上丰富多种能源的经营业态，即包括电力、可持续燃料和氢能在内的"未来出行解决方案"。该板块的2030年量化发展目标包括：全球消费客户人次从2020年的1150万人次，增加到超过2000万人次；在新兴市场的零售站点从2700个增加到超过8000个；电动车充电桩数量从目前的约1万个增至7万个；加油及充电业务的营业利润率从27.6%提升至50%。此外，BP计划与更多国家和城市、工业行业进行系统性合作，目标是到2030年与10~15座城市以及3个核心行业建立能源合作伙伴关系。

三是"富有韧劲且聚焦的石化业务"板块。采取稳步精简的策略，计划到2030年将其石油和天然气产量从当前240万桶/日的水平减少40%，炼油加工量从2020年的约160万桶/日下降至120万桶/日。

尽管如此，"富有韧劲且聚焦的石化业务"板块仍将对BP这条正在调头的"大船"发挥稳定器和过渡阶段的顶梁柱作用：一方面，遵从更为聚焦、精简的原则，保留最优质的上游生产和炼化业务资产组合，为公司开发新项目提供稳定的现金流支持；另一方面，前述"低碳电力和能源"板块

与碳抵消项目共同为传统石化业务降低排放强度，减少其生产过程中对其他一次化石能源的利用占比。

除了上述已有成熟商业模式的核心业务，更前沿、更有潜力为核心业务赋能的数字化和创新类初创业务，则由BP风投做早期参与和孵化。

在净零方面，BP公司于2020年2月提出了"到2050年或之前成为一家净零公司，并帮助世界实现零排放"的远景目标，是全球主要石油企业中率先提出具体减排目标的公司。公司的净零排放十大目标中既包括公司运营中的温室气体排放量，也包括售出油气产品的排放量，二者相加，相当于每年为地球减少4.15亿吨二氧化碳当量的排放。

其中目标1到目标5是实现BP的净零排放。目标1是到2050年或之前，在所有BP集团运营的业务上，以绝对减排为基础实现净零排放；目标2是到2050年或之前，在BP的石油和天然气生产项目上，以绝对减排为基础实现净零排放；目标3是到2050年或之前，将BP所销售产品的碳强度降低50%；目标4是到2023年在BP所有重大石油天然气作业地点安装甲烷检测器系统，同时及时发布数据，并将甲烷逸散强度降低7%；目标5是增加对非石油与天然气项目的投资比例。

同时还有5个支持世界向净零迈进的目标，目标6是更为积极地倡导并支持净零政策，包括碳定价。停止有关公司声誉的广告，重新整合资源，聚焦在推广净零相关的政策、计划、行动、合作以及公司的净零远景目标上。目标7是激励BP员工实现净零目标，并动员他们成为净零倡导者。目标8是为BP与行业协会的关系设定新的预期，在所参与的行业协会里成为气候变化先锋。目标9是在信息透明公开方面成为领导者。开展建设性合作，制定有关报告透明度的最佳实践标准。目标10是成立一个新的团队，开发清洁能源和移动出行的综合解决方案，帮助全球各个国家、城市和企业实现去碳化。

这是一个雄心勃勃的目标，净零目标无疑是一个挑战，同时也意味着巨大的机遇。BP希望能借此机会实现公司更好的发展，向世界提供可靠的、可负担得起的、清洁的能源，进而为社会创造更大的价值。为了实现这一远景目标，公司制定了10个中期（未来10年）行动目标作为具体支撑,并展开全面转型,以期在远景目标上取得重大进展,将 BP 重塑为一家更为多元化、更有弹性、更加低碳的能源公司。

其中,BP 计划在远景目标上取得重大进展,具体包括到 2030 年,运营排放比 2019 年减少 30%~35%,上游油气生产过程中所产生的碳排放比 2019 年减少 35%~40%,销售产品的碳强度比 2019 年降低 15% 或更多。

从 BP 全新"净零"远景目标宣布之后,通过其投资的项目(2020 年 2 月至 2021 年 4 月)也可以看出其转型的力度,其中包括与挪威国家石油公司战略合作开发美国海上风能资源,并以 11 亿美元收购其"帝国风电"(Empire Wind)和"信标风电"(Beacon Wind)项目资产 50% 的权益,合作开发 4.4 吉瓦海上风电项目。收购位于美国印第安纳州中部 Fowler Ridge 1 号风电资产剩余 50% 的所有权,包括 162 台风力发电机,装机容量为 300 兆瓦。收购后 BP 的净风力发电装机容量达到 1076 兆瓦,包括 355 台风力发电机。与沃旭能源在德国共同开发利用海上风能电解水制备"绿氢"的项目,替代 BP 德国林根炼油厂 20% 用于制氢的天然气。收购 845 兆瓦西班牙光伏发电资产。投资 10 亿美元与印度信实工业集团成立新的合资公司——燃料和交通业务合资公司信实 BP 交通有限公司,进入信实在印度的业务网络等。在印度尼西亚投资 40 亿美元开展 Tangguh LNG 扩建项目,并将 CCUS 计划在内。同时,BP 将携手宝马集团与戴姆勒移动出行,进一步推动电动化业务的增长。

与此同时,BP 剥离传统化石能源的举措力度也很大,2021 年 2 月,BP 以 26 亿美元的对价出售阿曼 61 区块 20% 的权益,保留 40% 的作业者权益。2020 年 6 月,以 50 亿美元的对价向英力士(INEOS)出售所有化工业务资产。

3. 挪威船级社(DNV)应对能源转型战略

挪威船级社集团于 2021 年 1 月发布了 2025 年战略,旨在推动其应对全球变革的新愿景。DNV 是世界上最大的船舶社,其 70% 的业务与能源相关,在制定行业规范及解决方案方面具有重要影响。

DNV 通过能源价值链及跨行业的优势,提供 3 项全球性服务,即咨询、数字监控和认证,包括能源生产、上游海上石油天然气、海上风能和陆上可

再生能源；能源运输包括中游、下游以及电力传输和分配；能源使用和存储包括能源管理。

首先，作为战略的一部分，DNV承诺到2025年，将减少50%的碳足迹，100%使用可再生电力。

为了更好地为客户提供能源领域的服务，根据联合国可持续发展目标（SDG）和《巴黎协定》1.5℃目标，DNV对气候、海洋、能源、食品、医疗保健和运输系统所面临的挑战开展了广泛的研究，认为能源转型既是巨大风险的来源，同时也孕育着机遇。为此DNV于2016年启动了专门的能源转型研究计划，自2017年以来，每年都发布《能源转型展望》年度报告，对全球和全球10个地区到2050年的能源发展做出自己的预测。在这项工作中，DNV吸收了自己在能源系统中众多专家的专业知识，并与包括技术、政策、经济学、人口统计学和地区方面的外部专家（包括几名中国专家）建立了联系。

与大多数其他预测机构不同，DNV不展示情景预测，仅生成一个最佳估计预测，认为当具有预期的政治、技术和政策发展的趋势时，就可以判断这是否就是我们想要的未来，并进一步探究这样的未来是否符合《巴黎协定》目标，如果没有，就需要确定人类需要做些什么来缩短与希望的未来的距离。DNV的预测也逐步被世界各地的专家所采纳。

从预测的情况来看，能源转型在可以电气化的行业中发展相对较快，而在航空、海运、货车运输、重工业以及楼宇供暖等无法轻易地从化石燃料转换为电力的"难减排"行业中，能源转型要慢得多。这些行业需要进一步的政治干预和措施以加速能源转型。在区域上，能源转型具有丰富的地域多样性，发展中国家已经达到能源峰值，并推行雄心勃勃的能源转型政策以逐步淘汰化石燃料的使用并增加电气化和可再生能源的生产。最不发达国家仍然在获取能源和缺乏基础设施方面苦苦挣扎，尽管跨越旧技术可以确保新的绿色能源在这些地区的增长，但这些国家的重点仍是使人们摆脱能源贫困。

以广泛的电气化和清洁技术为特征的能源系统将迅速实现脱碳。DNV在全球范围内选择了150家主要客户，借鉴这些客户在整个能源领域提供的多种有吸引力的转型主张，并依据选定的联合国可持续发展目标因素，评估是否有助于实现温升控制在 1.5℃内的目标，这一法则将指导 DNV 下一步扩大、缩小、撤资和/或避免的服务。

为了为能源转型做出积极贡献，DNV 成立了能源系统业务板块，将电力与可再生能源以及石油和天然气合并，与世界领先的能源参与者一起加快转型步伐。许多石油和天然气公司将转型为综合能源公司，其投资组合更加多样化，更加注重部门联系，既要对能源系统进行广泛的优化，又要特别关注诸如氢之类的能量载体。

DNV 的总体目标是支持客户以更快的速度朝着更加脱碳、安全和智能的能源系统转型。DNV 需要确保未来的能源系统能够通过专注于风险和机遇管理的（日益数字化）解决方案来安全有效地运行，关注需要高级技术知识和法律常识的高风险、复杂的网络物理资产系统。DNV 通过认证、尽职调查、监控能源效率服务以及扩大咨询服务组合范围，不断提高其在太阳能、风能和电网领域的地位。

此外，DNV 将维持但不再寻求在上游石油和天然气领域中的地位上升，同时将增长重点转移到中游和下游，包括在氢气、气体脱碳，以及碳捕集、利用和存储中发挥领导作用。DNV 计划将在风能、海工技术和海事领域的全球领先能力捆绑在一起，以巩固其在海上风电领域和浮动海上风电领域的领先地位。此外，DNV 利用部门协同的优势帮助其在储能、电网数字化和港口电气化方面不断提升地位。

海事部门是 DNV 历史悠久且规模最大的业务。在能源转型方面，海事行业属于"难减排"的行业之一。借助国际海事组织（IMO）温室气体减排目标，在未来几十年中，海事行业将经历充满挑战且代价高昂的能源转型。利益相关者，例如货主和金融机构，已经确定了自己的独立目标，并开始参与船舶规格和船舶运营要求的制定。

在接下来的 10 年中，航运业必须做出与燃料和技术相关的重要选择，以应对脱碳之旅。这已经对船舶投资产生影响，需要加快技术开发，特别是推动深海船舶的大型化并出台新的安全标准。随着越来越多的燃料类型的可得性增加、燃料价格的波动以及相关政策措施的出台，燃料的选择变得越来

越复杂。

海事行业的数字化正在蓬勃发展。疫情的发生客观上加快了行业中数字化技术的应用,持续增加的成本压力也加剧了这一势头。技术的飞速发展将提高数据的可得性,DNV公司将采用更多的数据驱动方法来改善船舶性能、优化和维护运营成本,并满足利益相关者对更高透明度的要求。

参考文献

Vietor, R. H. K., *Energy Policy in America since 1945*(Cambridge University Press: 1984).

Geri, L. R., McNabb, D. E., *Energy Policy in the U. S.: Politics, Challenges, and Prospects for Change*(CRC Press: 2011).

Fowler, L. et al, "Cultural Penetration and Punctuated Policy Change: Explaining the Evolution of U. S. Energy Policy," *The Review of Policy Research* 4 (2017).

Burton, I., Diringer, E., Smith, J., "Adaptation to Climate Change: International Policy Options," Pew Center on Global Climate Change, 2007.

"California Climate Policy Dashboard," Berkeley Law, February 9, 2021, https://www. law. berkeley. edu/research/clee/research/climate/climate – policy – dashboard/.

IEA, "Energy Policies of IEA Countries United States 2019 Review," 2019, https://webstore. iea. org/download/summary/2829.

House, T. W., "Fact Sheet: President Biden Takes Executive Actions to Tackle the Climate Crisis at Home and Abroad, Create Jobs, and Restore Scientific Integrity Across Federal Government," The White House, 2021, https://www. whitehouse. gov/briefing – room/statements – releases/2021/01/27/fact – sheet – president – biden – takes – executive – actions – to – tackle – the – climate – crisis – at – home – and – abroad – create – jobs – and – restore – scientific – integrity – across – federal – government/.

Chantal Beck et al, *The Big Choices for Oil and Gas in Navigating the Energy Transition*, Mckinsey & Company.

Elisa Asmelash, Ricardo Gorini, "International Oil Companies and the Energy Transition," IRENA, Staff Technical Paper, 2021.

Etienne Gabel, Senior Director, *5 Top Global Power Renewables Trends 2021 Whitepaper*, IHS Markit.

The Shifting Strategies of Power Companies, Bloomberg NEF.

B.16 后　记

本书是能源智库联盟和中国社会科学院能源经济研究中心成立后的第一部成果。作为智库机构，需要对能源行业持续跟踪和关注，对能源行业发展的内外部环境进行研判，回答能源领域出现的热点和难点问题，提出有价值的建议，推动能源行业高质量发展。这也是我组织编写《中国能源发展前沿报告》的初衷。

为了提高本书的专业性水平和编写质量，本书参与者分为两部分：撰写者和审读者。本书的撰写者长期从事能源问题的研究，且均来自能源智库联盟的成员单位。成员单位包括：中国社会科学院工业经济研究所能源经济研究中心、中国电力企业联合会、中海油能源经济研究院、国家能源集团技术经济研究院、中核战略规划研究总院、国家发展和改革委员会能源研究所、中国中化集团经济技术研究中心、中国社会科学院财经战略研究院、国家电网能源研究院、国网（苏州）城市能源研究院、北京大学能源研究院、深圳大学、青岛科技大学、申能集团东方证券研究所等国内知名能源研究团队。中国社会科学院工业经济研究所能源经济研究中心作为智库联盟主席单位组织协调本书编写，申能集团东方证券研究所给予了资助。本书主题是"十三五"回顾和"十四五"展望，有总报告、行业发展、热点分析、区域与全球能源动态4个部分15篇报告。总报告全面回顾了中国能源行业面临的宏观形势、内外部环境、存在的主要问题以及对未来的研判。行业发展部分重点对中国能源各行业发展特点、技术趋势进行梳理。热点分析部分主要围绕能源领域出现的热点问题，进行专题分析。区域与全球能源动态部分对区域能源、城市能源，以及全球能源总体情况进行研究。由我负责总体设计及各部分结构安排。各分报告研究团队及执笔人情况已在报告中注释说明。

本书审读者是国内资深能源专家。他们是（排名不分先后）：杜祥琬先

生、吴吟先生、张玉清先生、戴彦德先生、蒋莉萍女士、曾鸣先生、李俊峰先生、安丰全先生、徐华清先生、张永生先生、谭建生先生、陈宗法先生、孙宝东先生等。

本书编写过程中召开了两次全体会议。2021年3月召开启动会，明确了本书主题和各报告研究内容及承担单位。2021年7月召开初稿研讨会，各报告作者根据审读专家和与会专家的意见对报告进行了修改，2021年10月经我最后审定后交付出版社。申能集团的接道群先生为本书的两次全体会议和沟通联络作者等发挥了很大的作用。申能集团的宋雪枫先生、陈刚先生对本书也给予了大力支持。中国社会科学院工业经济研究所能源经济研究室王蕾先生为统一本书的体例和出版申请，社会科学文献出版社周丽女士、王玉山先生和李惠惠女士等为本书出版做了大量工作。借此一隅，向本书的所有参与者表示衷心的感谢！期望我们一起持续为社会贡献《中国能源发展前沿报告》。

需要说明的是，尽管本书由能源专业团队和专家完成，但受能力和数据资料的限制，难免存在疏漏和不足，诚恳希望读者批评指正。

史丹

2021年10月于北京

Abstract

2021 is the first year of the "14th Five-Year Plan", and it is also a year of troubles and opportunities coexisting in the energy industry. In September 2020, General Secretary Xi Jinping delivered an important speech at the general debate of the 75th session of the United Nations General Assembly, saying: "China will scale up its Intended Nationally Determined Contributions by adopting more vigorous policies and measures. We aim to have CO_2 emissions peak before 2030 and achieve carbon neutrality before 2060." This carbon peaking and carbon neutrality (CPCN) target Xi put forward has injected new momentum and set new requirements for the energy development in the "14th Five-Year Plan" period.

The *Report on the Frontiers of China's Energy Development* aims to reflect the latest dynamics of energy development, deeply analyze the existing problems, grasp the global energy trend, study the development focus, policy focus, theoretical hotspots and other topics of the year, judge the development trends of various industries in China's energy field during the 14th Five-Year Plan period, and put forward policy suggestions.

In the 13th Five-Year Plan period, China continuously enhanced its energy supply capacity, with the energy supply and demand structure being optimized. The efficiency of energy utilization was significantly improved, while the growth rate of energy demand gradually slowed down. The reform of the energy system was deepened, with the innovation-driven results made remarkably. The deeper international cooperation strengthened the global governance capacity. The energy sector gave full play to the role of poverty alleviation, benefiting the people with rich results. This part employs the system dynamics model to predict China's energy mix in achieving the goals of peak carbon dioxide emissions and carbon neutrality. It also analyzes the transition costs and corresponding paths of "double carbon" goals. Looking forward to the 14th Five-Year Plan period, China is facing a grim situation in its energy development. First, the economy is gradually recovering, while energy demand is beginning to rebound; second, the energy landscape is starting to change, with intensifying competition in energy technologies; third, green and low-carbon targets are being strengthened, but the construction of new power systems is a daunting task; fourth, regional imbalances are further emerging, complicating energy risks; and fifth, large-scale renewable energy available on networks is costing system transformation high. Therefore, China will complete seven important tasks of energy development during the 14th Five-Year Plan period. First, accelerating the energy transformation and serving as the pacesetter of peak carbon dioxide emissions and carbon neutrality; second, improving the clean utilization of fossil energy and ensuring energy security in the transformation; third, promoting the construction of modern energy and power system driven by technological innovations; fourth, facilitating the coordinated energy development across regions and underpinning the strategic deployment of "dual circulation"; fifth, deepening the reform of energy system and providing an institutional guarantee for low-carbon development; sixth, adhering to the strategy of prioritizing energy conservation and fully tapping the potential of energy utilization efficiency; and seventh, promoting the opening up of the energy sector and deepening international cooperation.

This report systematically summarizes the development achievements of the electric power, renewable energy, coal, oil & gas and nuclear power industries in the 13th Five-Year Plan period, analyzes the problems of these energy industries, and proposes measures and policy recommendations for their high-quality development in the 14th Five-Year Plan period. For the energy sector to better implement the 14th Five-Year Plan, the report proposes that the power industry should take multiple measures to improve the comprehensive regulation capacity of the system, effectively control the system cost of energy and power transformation, form a scientific power pricing and carbon pricing mechanism, and further deepen the reform of the power system; that the renewable energy industry, with a broad market prospect, should focus on promoting the transformation of energy structure through large-scale development; that the oil & gas industry should comprehensively enhance its international competitiveness, increase its efforts to acquire oil and gas resources in BRI participating countries, attach more importance to investment benefits, enhance risk prevention and control capabilities, promote the high-quality oil & gas cooperation with BRI participating countries, accelerate the optimization of global assets, increase investment in natural gas, strengthen connectivity with neighboring countries, deeply participate in the global oil & gas trade market, deepen the coordinated development of professional services and oil and gas investment, and actively participate in global energy governance; that the coal industry should improve its support capability and formulate a long-term plan for the strategic transformation of the industry; that the nuclear energy industry should further strengthen the sustainability and intensity of scientific and technological innovation and make its industrial chain and supply chain more balanced, independent and controllable, and its policy environment more favorable.

The report systematically studies the hot issues in the energy field such as the CPCN target, energy transformation, COVID-19 pandemic, energy governance, China's energy security, energy system reform, energy digitalization, intelligent energy, energy conservation and emission reduction. According to the report, since low-carbon energy transformation and development is a long-term arduous task, it is necessary to coordinate the relationship between energy development and energy security in the transition period, properly solve a series of problems in the orderly withdrawal of fossil energy, promote the low-cost large-scale development and utilization of renewable energy, and build an energy transmission and distribution system that adapts to the changes of the energy supply and demand pattern. The report proposes that under the background of low-carbon development, the energy sector should recognize the energy situation in different stages, pragmatically safeguard China's energy security, and take multiple measures to promote China's energy security from the height of the overall outlook on national security. According to the report, in the "14th Five-Year Plan" period, the development and reform in the energy sector will face the situation of overlapping challenges. In order to meet the requirements of high-quality development and the new development pattern, the energy sector needs to strengthen the top-level design, clarify the reform path, mobilize the enthusiasm of all parties, scientifically formulate reform plans, and promote and implement market-oriented reforms in key links of the energy system. As for the hot issue of energy digitalization, the report puts forward the basic idea of transformation that is guided by the overall coordination of planning and policies, based on integrated development, driven by the rapid development of smart power systems, guaranteed by the breaking of institutional barriers and the unification of standards, with the construction of data centers as the "bull's nose", with the improvement of independent innovation capability in key technologies as the foundation and the innovation of business models as the driving force.

The report analyzes China's regional energy transformation, urban energy development and global energy development trends from international, regional and municipal perspectives. According to the report, in order to promote the regional energy transformation in China in the 14th Five-Year Plan period, at the national macro level, it is necessary to strengthen top-level design and overall planning, adhere to local conditions and coordinated promotion, and strengthen mechanism innovation and policy support. In terms of regional action strategy, regions suitable for energy transformation should promote low-carbon frontier technology research and industrial iterative upgrading to seize the commanding heights of energy transformation and CPCN technologies. Regions not ready or suitable for energy transformation should turn resource advantages into industrial advantages, and remote and sparsely populated areas should focus on biomass energy, vigorously develop rural distributed energy and mobile energy technologies, improve energy accessibility, and promote the coordinated development of economy, society and ecosystem. The report pointed out that urban development in China has entered a new stage of changing the development mode and comprehensively improving the quality. Under the backdrop of striving to achieve the CPCN target, Chinese cities are taking on more responsibility for decarburization and becoming the main battlefield for the overall green and low-carbon transformation of the energy sector. In the future, urban energysupply will be safer and more resilient, urban energy Internet will flourish and urban energy governance will be more coordinated and efficient. During the "14th Five-Year Plan" period, the energy sector should change the way of improving energy efficiency, consolidate the foundation of energy security, shore up the weak links of energy infrastructure, rationalize energy system and mechanism, and pay more attention to the concept of green and low-carbon management.

Keywords: Energy Industry; Energy Transition; Energy Demand; Peak Carbon Dioxide Emissions; Carbon Neutrality

Contents

Ⅰ General Report

B.1 A Review of China's Energy Sector in the 13th
Five-Year Plan Period and Its Prospects in the
14th Five-Year Plan Period

Research Group of Institute of Industrial Economics,

Chinese Academy of Social Sciences / 001

Abstract: In the 13th Five-Year Plan period, China continuously enhanced its energy supply capacity, with the energy supply and demand structure being optimized. The efficiency of energy utilization was significantly improved, while the growth rate of energy demand gradually slowed down. The reform of the energy system was deepened, with the innovation-driven results made remarkably. The deeper international cooperation strengthened the global governance capacity. The energy sector gave full play to the role of poverty alleviation, benefiting the people with rich results. During the 14th Five-Year Plan period, China is facing many challenges in its energy development, including technical shortcomings in energy transformation, arduous tasks in building new power systems, rising costs driven by energy transformation, diversified energy risks, and gaps between energy supply and demand. The 14th Five-Year Plan period holds the key for China and its energy sector to achieve the "double carbon" goals. Driven by the "double carbon" goals, the energy mix needs to be adjusted greatly. This paper uses the system dynamics model to make preliminary analysis. Compared with the goal without carbon emission constraints, by 2030, fossil energy will drop to about 70% under the "double carbon" scenario, while clean low-carbon energy will increase to 24%. In 2060, the proportion of fossil energy consumption will drop to 31%, and the proportion of clean and low-carbon energy will increase to about 64%. Therefore, during the "14th Five-Year Plan" period, the energy sector should serve as the pacesetter of peak carbon dioxide emissions and carbon neutrality, ensure energy security in the transformation, and promote the construction of modern energy and power system. It should underpin the strategic deployment of "dual circulation", provide an institutional guarantee for low-carbon development, fully tap the potential of energy efficiency, and deepen international cooperation.

Keywords: Energy Industry; Energy Supply; Energy Security

Ⅱ Industry Development

B.2 Prospects for the Development of China's Electric Power Industry during the 14th Five-Year Plan Period

Research Group of China Electricity Council / 034

Abstract: In the 13th Five-Year Plan period, China continued to develop its electric power industry rapidly. In 2020, the per capita annual electricity consumption increased to 5331 kWh, and the power supply and demand were basically balanced. The total emissions of major pollutants and the emission intensity per kWh continued to decline. The proportion of non-fossil energy power generation increased from 27.2% in 2015 to 33.9% in 2020. Overall, China maintained the world's advanced level in the power grid technology and power generation efficiency. To aim to achieve peak carbon dioxide emissions and carbon neutrality, the electric power industry has been facing new opportunities and challenges during the 14th Five-Year Plan period. The main tasks are to accelerate the electrification and low carbonization, and "replace coal with electricity" and "substituting oil for electricity" in the industry, transportation, construction and civil use; to vigorously promote the construction of new energy sources such as solar and wind power generation; to advance the construction of a clean, low-carbon, safe and efficient energy system and expedite the construction of a new power system with energy as the main body. It is necessary for the electric power industry to increase the flexible upgrading of coal-fired power units, strengthen the construction of pumped storage and other physical and electrochemical energy storage facilities, and accelerate the intelligent construction of power system. The power industry should focus on solving the random fluctuation problem of new energy power generation to ensure the safe supply of power. To deepen the reform of the power system, the industry should establish a new mechanism for safe and stable operation of new power systems, explore the role of power grids in new energy systems, and speed up the construction of new business models such as energy storage, distributed energy systems, and integration of electric vehicles and power systems. It should develop new methods for economic evaluation of low-carbon power and a new electricity price formation mechanism and speed up replacement of technical standards underpinning the transformation. It is estimated that, by 2025, the electricity consumption across the board will reach 9.5 trillion kWh and non-fossil energy power generation will account for about 38%. 390 million kilowatts will be from conventional hydropower, 80 million kilowatts pumped storage, 80 million kilowatts nuclear power, 500 million kilowatts solar power and 400 million kilowatts wind power. The new scale of coal-fired power should be controlled to give full play to the role of electric power security.

Keywords: 14th Five-Year Plan Period; Power Development; New Electric Power System; Electric Power System Reform

B.3 Review and Prospect of the renewable energy development in China during the 13th Five-Year Plan period and the 14th Five-Year Plan period *Research Group of Orient Securities / 064*

Abstract: In the 13th Five-Year Plan period, China entered the grid-price-parity era of photovoltaic (PV) and onshore wind power. The PV industry has shifted from the policy-driven to market-driven model, with declining subsidies speeding up the price parity. It has dropped rapidly in the cost of power generation, gaining a competitive edge in the market. The fast-growing industry has its presence across the world, but the problem of large-scale power consumption cannot be ignored and is in urgent need of solutions. The wind power industry is expediting the cost reduction of the supply chain, resulting in the rapid rise of offshore wind power. The curtailment rate has been improved, but there is still room for the increase in wind power consumption. During the 14th Five-Year Plan period, a consensus has been reached on low-carbon transformation and the "double carbon" goals have been set. Such drives will expedite the energy system revolution to provide broad space for PV and wind energy markets. With the continuous advancement made in market-oriented reforms of the electric power sector, renewable energy certificates (RECs), carbon trading and other mechanisms has been introduced, which are more conducive to the development of PV and wind power.

Keywords: Renewable Energy; Renewable Energy Certificates (RECs); Carbon Trading; Large-Scale Consumption

B.4 Review and Prospect of the Oil and Gas Industry in China during the 13th Five-Year Plan period and the 14th Five-Year Plan period

Research Group of Institute of Energy Economics,
China National Offshore Oil Corporation / 095

Abstract: China has entered a new stage of building a modern socialist country in an all-round way. The goals of "double carbon" have set new requirements for the energy industry. The oil and gas industry will enter a new era of accelerating transformation and boosting high-quality development during the 14th Five-Year Plan period. China will firmly commit to the goal of increasing crude oil reserves and production, continuously focus more on exploration and development, and optimize the consumption mix of oil products. It will facilitate the upgrading of refineries and improve the price mechanism of refined oil products. In the 13th Five-Year Plan period, China continued to advance its energy supply-side reform, speeding up the development of natural gas industry. Its position in the primary energy consumption structure continued to rise, with a "production, supply, storage and sales" system with Chinese characteristics developed. The 14th Five-Year Plan period will see China's natural gas consumption grow rapidly and its output increase steadily. LNG imports will continue to rise sharply, with the supply being eased. The natural gas industry is still confronted with many challenges. It is necessary for the entire industry to build consensus and reduce emissions ahead of schedule. Policy and market work together to boost infrastructure construction. Domestic and foreign resources should be coordinated to secure the supply of natural gas.

Keywords: The Entire oil and Gas Industry Chain; International Oil and Gas Cooperation; High-Quality Development of the Oil and Gas Industry

B.5 Review and Prospect of the Coal Industry in China during the 13th Five-Year Plan period and the 14th Five-Year Plan period

Research Group of Institute of Technology and Economic,

National Energy Group / 139

Abstract: In the coal-rich China, the coal industry, in the 13th Five-Year Plan period, continued to shoulder the major responsibility of securing energy supply. It conducted the supply-side structural reform as the main task, with significant achievements made on all fronts. During the 14th Five-Year Plan period, China is entering a new stage of high-quality development of the coal industry. According to the far-reaching impact of the "double carbon" goals and the higher development requirements in safety, environmental protection and intelligence, it is predicted that China will have greater pressure to control the growth of coal consumption in the 14th Five-Year Plan period, with the overall balance between supply and demand. The layout will be further made in resource-rich areas. The production structure and organizational structure will be optimized to improve the safe development and green development. Scientific and technological innovation will continue to boost industrial upgrading, while the pace of transformation of coal enterprises will be expedited. Meanwhile, the difficulty and cost of coal mining will also be the inevitable problems of industrial development in the next stage. The next stage is critical for low-carbon energy transformation. It is still necessary to improve the ability to secure the coal supply and continue to play the role of coal as a "cornerstone" for energy security. Wages of coal mine workers will be improved to ensure the sustainable development of human resources. In the long run, long-term plans should be scientifically formulated for the transformation of mining areas (coal mines). Great importance should be attached to the extraction and utilization of coalbed gas (coal mine gas) so as to enhance the ability to adapt to the process of peak carbon dioxide emissions and carbon neutrality.

Keywords: Coal Industry; Supply-Side Structural Reform; High-Quality Development

B.6 Review and Prospect of the nuclear power industry in China during the 13th Five-Year Plan period and the 14th Five-Year Plan period

Research Group of Institute of Strategic Planning,
China National Nuclear Corporation / 165

Abstract: In the 13th Five-Year Plan period, China's nuclear energy production and operation were safe and stable, featuring the steady advance of project construction, fruitful technological innovations, the steady development of the whole industrial chain, and the constant improvements in the development environment. Currently, China is entering an active and orderly stage of nuclear energy development, giving prominence to its role and position in the clean and low-carbon energy system. It is emerging as an important carrier for building a new development paradigm of "dual circulation", with the great potential and good prospects of nuclear technologies. During the 14th Five-Year Plan period, China's nuclear energy and renewable energy will constitute a "green zero-carbon" energy system. The sustainability and intensity of technological innovations will be further strengthened, while the industrial chain and supply chain of the nuclear industry will be more balanced, independent and controllable. The policy environment for nuclear energy development will tend to improve.

Keywords: Nuclear Technology; Industrial Chain of the Nuclear Industry; Multi-Purpose Utilization of Nuclear Energy

III Focus Issues

B.7 Peak Carbon Dioxide Emissions and Carbon Neutrality
Goals and Energy Transformation Development
*Research Group of Institute of Energy Research, National Development
and Reform Commission* / 180

Abstract: It is of great significance for China to set the goals of peak carbon dioxide emissions and carbon neutrality. To meet the goals, low-carbon energy transformation is a critical move. From the overall goal of energy transformation, China is on track to underpin the realization of emerging as a great modern country with low per capita energy consumption. Non-fossil energy and power generation will hold a dominant position in the primary energy and power supply structure, while the proportion of electrification in the structure of terminal energy consumption will be greatly increased. In transforming the energy sector involving natural gas, heating sources and hydrogen energy, however, key issues still need to be identified in the road map. Low-carbon energy transformation and development is a long-term and arduous task. As such, it is necessary to make overall plans for the relations between energy development and security during the transition period, properly solve a series of problems of orderly withdrawal from fossil energy, promote the low-cost and large-scale development and utilization of renewable energy, and build an energy transmission and distribution system that adapts to the changes in energy supply and demand. To this end, it is proposed to establish a goal-driven mechanism and collaborative mechanism for low-carbon energy transformation and a low-carbon energy technology innovation system with division of labor and cooperation across the board and deepen the reform of energy price formation mechanism and market system.

Keywords: Peak Carbon Dioxide Emissions; Carbon Neutrality; Energy Transition

B.8 The Impact of the COVID-19 on Global Energy Governance
and Its Pattern　　*Research Group of Shenzhen University / 197*

Abstract: The spread of the COVID-19 epidemic has had a significant negative impact on the global economy and trade, and will also have a profound impact on the operation and transformation of the energy economy. This report summarizes the characteristics of the impact of the COVID-19 on China and the global economy. Moreover, combined with the impact of the COVID-19 on the operation of the energy economy, the trend and impact of global energy governance changes under the COVID-19 are discussed. Finally, it provides policy recommendations for China to better respond to the COVID-19, improve the level of international energy cooperation, and promote the formation of a green energy governance pattern.

Keywords: Renewable Energy; Green Recovery; Energy Transition

B.9 China's Vision for Energy Security
　　Research Group of Sinochem Energy Co., Ltd. / 222

Abstract: This paper reviews and looks forward to China's energy security from a traditional perspective. It focuses on the "double carbon" goals, analyzes the risk conversion of China's energy security in the new era, and presents that, in the context of low-carbon development, we should gain insights into the energy situation in various stages and pragmatically guarantee China's energy security. On the theory of overall national security, we should take multiple measures simultaneously to promote China's energy security.

Keywords: Energy Security; Energy Risk Conversion; Risk Management

B.10 Research on the Reform of Energy System in the 14th Five-Year Plan Period

Research Group of National Academy of Economic Strategy, Chinese Academy of Social Sciences / 249

Abstract: During the 13th Five-Year Plan period, progress was made in the reform of the energy sector, with the commodity attribute of energy continuously enhanced. This has improved the quality of economic development. The major energy industries are gradually opening up to social capital, while the vitality of various market players has been unleashed. The governance of monopoly in the network-based energy industry has achieved initial results, the relationship between the government and the market is becoming clearer, and the energy governance system and governance capacity have been improved in an orderly manner. The energy development model has started to make a shift towards the innovation-driven one. The ability to ensure energy security has been constantly bettered. Energy transformation has played an essential role in addressing climate change. The energy market is being explored for advancement. Major energy industries have initially constructed a competitive market structure through deregulation or restructuring. Natural monopoly has initially been placed under the government supervision, while the market has begun to play a greater role in the allocation of energy resources. Under the policy of subsidies and consumption guarantee, renewable energy is developing rapidly, with multiple energy sources complementing each other. With the deepening of the reform in the energy sector, some deep-seated institutional problems are being exposed gradually, which are the crux that restricts the reform from making greater progress. During the 14th Five-Year Plan period, China is facing multiple challenges in the development and reform of the energy sector. To meet the requirements of high-quality development and the new development paradigm, the energy industry still needs to strengthen the top-level design, identify the reform path, mobilize the enthusiasm of all sides, scientifically formulate reform plans, and put in place key steps and the market-oriented reform.

Keywords: Market-Oriented Reform in the Electric Power Sector; State-Owned Enterprise Reform; Supervision of Natural Monopoly

B.11 Prospects for Digital and Smart Development of the Energy Sector

Research Group of State Grid Energy Research Institute Co., Ltd. / 272

Abstract: This paper systematically summarizes the development foundation, trend, characteristics and basic ideas of China's digital and smart energy transformation. First, guided by the planning, we should take into full account the policy coordination; second, based on accelerating integration and development, we should gain traction from the fast development of smart power systems; third, we should remove the barriers of system and mechanism, unify standards as the guarantee, and focus more on building a data center; and fourth, we should innovate the business model as the driving force by improving the independent innovation capability of key technologies as a strong underpinning.

Keywords: Digital Energy Sector; Smart Energy Sector; Energy Industry

B.12 Prospects for Energy Conservation and Efficiency Improvement in China during the 14th Five-Year Plan Period

Research Group of Institute of Energy, National Development and Reform Commission / 307

Abstract: In the 13th Five-Year Plan period, China made remarkable achievements in energy conservation and efficiency improvement, with a total of 710 million tons of standard coal conserved, making up about half of the global energy saving in the same period. Such an effort played an important role in optimizing economic structure, advancing technologies, and reducing pollutants and carbon emissions from the source. From the 14th Five-Year Plan period to 2030, China is entering a critical stage of boosting high-quality development, making our skies blue again and achieving the goal of peak carbon dioxide emissions, setting higher requirements for energy conservation and efficiency improvement. According to studies, to achieve the goals of carbon peaking before 2030 as scheduled, the emissions reduction of energy saving and efficiency improvement during peaking accounts for 75%-80% of the total compared to freeze-out scenarios. During the 14th Five-Year Plan period, it is suggested to prioritize the improvement in the energy efficiency of key areas, energy conservation in industrial park systems and new infrastructure such as 5G facilitiesand data centers, adjustment of transportation structure, and efficient integration of production capacities. By improving economic incentive policies, deepening the supply-side structural reform, and giving play to the role of market mechanism, China will improve the delicacy management and strengthen the basic capacity building of energy conservation in a bid to ensure continuous advances in energy conservation and efficiency improvement.

Keywords: Peak Carbon Dioxide Emissions Energy Conservation and Efficiency Improvement

Ⅳ Regional and Global Energy Dynamics

B.13 China's Regional Energy Transformation Driven by "Double Carbon" Goals

Research Group of Qingdao University of Science and Technology / 329

Abstract: This paper systematically analyzes the background of China's regional energy transformation, constructs an evaluation system of regional energy transformation, and evaluates the performance of China's regional energy transformation during the 13th Five-Year Plan period. It puts forward differentiated policy recommendations for regions with various energy transformation foundations and performances in China.

Keywords: Constraints of Double-Carbon Goals; Performance Evaluation System; Energy Performance Adaptation

B.14 Review and Prospect of the city energy development in China during the 13th Five-Year Plan period and the 14th Five-Year Plan period

Research Group of State Grid (Suzhou) City &
Energy Research Institute Co., Ltd. / 358

Abstract: China has entered a new stage of changing the development model and improving the quality in urban development. In the context of achieving the goals of peak carbon dioxide emissions and carbon neutrality, cities are assuming more responsibilities for decarbonization, transforming the energy sector in a green and low-carbon manner. In this part, the review of China's urban energy development during the 13th Five-Year Plan summarizes the characteristics and achievements of urban energy development during the 13th Five-Year Plan period. The urban energy sector still features "high proportion, high density, high quality and high imports". The industrial structure of energy consumption is being optimized, the energy consumption of buildings is growing rapidly, and the total traffic energy consumption has not changed much. But the change in traffic structure has resulted in the continuous adjustment of energy consumption structure. Urban energy infrastructure have been made more clean, reliable and intelligent. The deepening of energy system reform and digital governance has enabled urban energy to be governed in a more coordinated and refined manner. The prospects and recommendations for urban energy development during the 14th Five-Year Plan Period analyzes the requirements of new cities such as low-carbon, smart and resilient cities for urban energy during the 14th Five-Year Plan period, looks forward to the development trend of urban energy, and puts forward the recommendation that cities should change the way of improving energy efficiency.

Keywords: New Urban Construction; Urban Energy; Supply and Consumption; New Infrastructure for Urban Energy; Urban Emerging Energy Industry

B.15 Research on Global Energy Development Trends

Research Group of Institute of Energy, Peking University / 387

Abstract: This paper systematically summarizes the process, characteristics and main technologies of global energy transformation, and comprehensively reviews the energy transition frameworks for the United States, Europe and America. It details about energy transformation strategies of multinational energy companies by taking enterprises as objects of case studies to analyze Shell's low-carbon transformation, BP's net-zeroplan and Det Norske Veritas' transformation development strategy.

Keywords: Energy Transition; International Experience; Energy Industry

B.16 Postscript / 421

社会科学文献出版社

皮 书
智库成果出版与传播平台

❖ 皮书定义 ❖

皮书是对中国与世界发展状况和热点问题进行年度监测,以专业的角度、专家的视野和实证研究方法,针对某一领域或区域现状与发展态势展开分析和预测,具备前沿性、原创性、实证性、连续性、时效性等特点的公开出版物,由一系列权威研究报告组成。

❖ 皮书作者 ❖

皮书系列报告作者以国内外一流研究机构、知名高校等重点智库的研究人员为主,多为相关领域一流专家学者,他们的观点代表了当下学界对中国与世界的现实和未来最高水平的解读与分析。截至2021年底,皮书研创机构逾千家,报告作者累计超过10万人。

❖ 皮书荣誉 ❖

皮书作为中国社会科学院基础理论研究与应用对策研究融合发展的代表性成果,不仅是哲学社会科学工作者服务中国特色社会主义现代化建设的重要成果,更是助力中国特色新型智库建设、构建中国特色哲学社会科学"三大体系"的重要平台。皮书系列先后被列入"十二五""十三五""十四五"时期国家重点出版物出版专项规划项目;2013~2022年,重点皮书列入中国社会科学院国家哲学社会科学创新工程项目。

皮书网

（网址：www.pishu.cn）

发布皮书研创资讯，传播皮书精彩内容
引领皮书出版潮流，打造皮书服务平台

栏目设置

◆ **关于皮书**
何谓皮书、皮书分类、皮书大事记、
皮书荣誉、皮书出版第一人、皮书编辑部

◆ **最新资讯**
通知公告、新闻动态、媒体聚焦、
网站专题、视频直播、下载专区

◆ **皮书研创**
皮书规范、皮书选题、皮书出版、
皮书研究、研创团队

◆ **皮书评奖评价**
指标体系、皮书评价、皮书评奖

◆ **皮书研究院理事会**
理事会章程、理事单位、个人理事、高级
研究员、理事会秘书处、入会指南

所获荣誉

◆ 2008年、2011年、2014年，皮书网均在全国新闻出版业网站荣誉评选中获得"最具商业价值网站"称号；

◆ 2012年，获得"出版业网站百强"称号。

网库合一

2014年，皮书网与皮书数据库端口合一，实现资源共享，搭建智库成果融合创新平台。

皮书网　　"皮书说"微信公众号　　皮书微博

权威报告·连续出版·独家资源

皮书数据库
ANNUAL REPORT(YEARBOOK) DATABASE

分析解读当下中国发展变迁的高端智库平台

所获荣誉

- 2020年，入选全国新闻出版深度融合发展创新案例
- 2019年，入选国家新闻出版署数字出版精品遴选推荐计划
- 2016年，入选"十三五"国家重点电子出版物出版规划骨干工程
- 2013年，荣获"中国出版政府奖·网络出版物奖"提名奖
- 连续多年荣获中国数字出版博览会"数字出版·优秀品牌"奖

皮书数据库　　"社科数托邦"微信公众号

成为会员

登录网址www.pishu.com.cn访问皮书数据库网站或下载皮书数据库APP，通过手机号码验证或邮箱验证即可成为皮书数据库会员。

会员福利

- 已注册用户购书后可免费获赠100元皮书数据库充值卡。刮开充值卡涂层获取充值密码，登录并进入"会员中心"—"在线充值"—"充值卡充值"，充值成功即可购买和查看数据库内容。
- 会员福利最终解释权归社会科学文献出版社所有。

卡号：281243662268
密码：

数据库服务热线：400-008-6695
数据库服务QQ：2475522410
数据库服务邮箱：database@ssap.cn
图书销售热线：010-59367070/7028
图书服务QQ：1265056568
图书服务邮箱：duzhe@ssap.cn

S 基本子库
SUB DATABASE

中国社会发展数据库（下设12个专题子库）

紧扣人口、政治、外交、法律、教育、医疗卫生、资源环境等12个社会发展领域的前沿和热点，全面整合专业著作、智库报告、学术资讯、调研数据等类型资源，帮助用户追踪中国社会发展动态、研究社会发展战略与政策、了解社会热点问题、分析社会发展趋势。

中国经济发展数据库（下设12专题子库）

内容涵盖宏观经济、产业经济、工业经济、农业经济、财政金融、房地产经济、城市经济、商业贸易等12个重点经济领域，为把握经济运行态势、洞察经济发展规律、研判经济发展趋势、进行经济调控决策提供参考和依据。

中国行业发展数据库（下设17个专题子库）

以中国国民经济行业分类为依据，覆盖金融业、旅游业、交通运输业、能源矿产业、制造业等100多个行业，跟踪分析国民经济相关行业市场运行状况和政策导向，汇集行业发展前沿资讯，为投资、从业及各种经济决策提供理论支撑和实践指导。

中国区域发展数据库（下设4个专题子库）

对中国特定区域内的经济、社会、文化等领域现状与发展情况进行深度分析和预测，涉及省级行政区、城市群、城市、农村等不同维度，研究层级至县及县以下行政区，为学者研究地方经济社会宏观态势、经验模式、发展案例提供支撑，为地方政府决策提供参考。

中国文化传媒数据库（下设18个专题子库）

内容覆盖文化产业、新闻传播、电影娱乐、文学艺术、群众文化、图书情报等18个重点研究领域，聚焦文化传媒领域发展前沿、热点话题、行业实践，服务用户的教学科研、文化投资、企业规划等需要。

世界经济与国际关系数据库（下设6个专题子库）

整合世界经济、国际政治、世界文化与科技、全球性问题、国际组织与国际法、区域研究6大领域研究成果，对世界经济形势、国际形势进行连续性深度分析，对年度热点问题进行专题解读，为研判全球发展趋势提供事实和数据支持。

法律声明

"皮书系列"(含蓝皮书、绿皮书、黄皮书)之品牌由社会科学文献出版社最早使用并持续至今,现已被中国图书行业所熟知。"皮书系列"的相关商标已在国家商标管理部门商标局注册,包括但不限于LOGO( )、皮书、Pishu、经济蓝皮书、社会蓝皮书等。"皮书系列"图书的注册商标专用权及封面设计、版式设计的著作权均为社会科学文献出版社所有。未经社会科学文献出版社书面授权许可,任何使用与"皮书系列"图书注册商标、封面设计、版式设计相同或者近似的文字、图形或其组合的行为均系侵权行为。

经作者授权,本书的专有出版权及信息网络传播权等为社会科学文献出版社享有。未经社会科学文献出版社书面授权许可,任何就本书内容的复制、发行或以数字形式进行网络传播的行为均系侵权行为。

社会科学文献出版社将通过法律途径追究上述侵权行为的法律责任,维护自身合法权益。

欢迎社会各界人士对侵犯社会科学文献出版社上述权利的侵权行为进行举报。电话:010-59367121,电子邮箱:fawubu@ssap.cn。

社会科学文献出版社